JN077472

京都大学百二十五年史

通史編

京都大学百二十五年史編集委員会

序文

京都大学は、一八九七（明治三〇）年に我が国第二の帝国大学として創立された。明治維新以来、日本が近代国家を目指す中で、独自に学術研究や高等教育を発展させるべきであるという機運が高まった時期のことである。爾来、本学は「京都帝国大学」「京都大学」「国立大学法人京都大学」と名称を変えながら、自由の学風を旨とし、強い自主独立の精神を育んできた。このような趣旨の下、多様な学術分野でノーベル賞やフィールズ賞受賞者などを多数輩出し、まさに自由で新鮮な、そして本当に真理を探求し学問を研究する学府として、社会の各方面にすぐれた卒業生を送り出し、今日まで百二十五年の歴史を刻んできたのである。

早や二十一世紀も第一四半世紀の終盤に近づき、人工知能やビッグデータなど科学技術の発展には目を見張るものがある。一方で私たちは、気候変動やそれに伴う大規模な自然災害をはじめとする大きな地球環境の変化や、少子高齢化による人口社会構造の変化、さらに新型コロナウイルス感染症の拡大など、人々の生命や健康を脅かす多くの困難な課題に直面しているのもまた事実である。今こそ本学の基本理念である「地球社会の調和ある共存に貢献する」という原点に立ち返り、他者と対話することで、これまで当然と感じていた価値や形式を見直し、京都大学が誇る学術領域と考え方の「自由」により、新たな発想の飛躍や転換によるイノベーションからパラダイムシフトを実現するときであると考える。

京都大学が全学事業として沿革史を編纂するのは『京都帝国大学史』（一九四三年刊行）、『京都大学七十年史』（一九六七年刊行）、『京都大学百年史』（一九九七〜二〇〇一年刊行）に続いて四回目を数える。大学の創立、存続の記録は、大学の存在理由を語る無二の証拠であり、これからの歩みを考えるための重要な手がかりである。大学の沿革史は、その記録を用いて自らの軌跡を実証的に跡づけるものであり、正しく認識することによって、歴史的観点に立った自己検証のうえに、未来への展望を描くべく、パラダイムシフトへの地平開拓の礎となるであろう。

『京都大学百二十五年史』の編纂にあたっては、編集委員会が組織され、森田正信理事、平井明成理事、稲垣恭子理事が編集委員長を務めた。また、各編集委員、西山伸百二十五年史編集室長、久保田裕次特定助教、川口朋子特定助教および百二十五年史編集室の職員の方々には、大変な御尽力をいただいたことに深く感謝する。さらに通史編・資料編の刊行は京都大学基金によるものであり、このたびの寄附に御協力くださった方々に、衷心より謝意を表したい。

二〇二二年六月一八日

京都大学総長　湊　長博

序文

京都大学創立百二十五周年を記念する事業については、総長を委員長とする創立百二十五周年記念事業委員会を設置し全学で検討が行われ、二〇一六（平成二八）年九月に全体の事業計画が決定された。本京都大学百二十五年史は、その事業計画の一環として作成し刊行することとなったものである。

この京都大学百二十五年史の編集のため、記念事業委員会のもとに総務担当理事を委員長とし教員八名からなる百二十五年史編集委員会が組織され、百二十五年史の構成及び内容に関する基本的な計画そして編集の総括を行うこととなった。さらに、これらの素案の作成その他編集に関する業務を行うため、編集委員会の下に大学文書館の教員を中心とする百二十五年史編集室が設置され、具体的な編集業務が行われてきた。

今回の百二十五年史の編集方針としては、第一に、編成については、京都大学創設以来の歴史を叙述した「通史編」と、併せて、昨今の大学改革開始以後の京都大学に関する資料を系統的に収集・整理した「資料編」を作成すること、第二に、「通史編」については、『京都大学百年史』刊行後における資料の収集・整理状況も踏まえ、学術的実証性を保ちつつ、読みやすい文体で叙述すること、第三に、事務本部・各部局所蔵の法人文書、大学文書館所蔵の特定歴史公文書等の網羅的な調査を行い、基本的な資料を収集・整理し、「資料編」に収録すること、さらに、「資料編」には、学生数、教職員数、経費、主要人事等の基本データ、また、いわゆる大学改革開始以後の京都大学に関する詳細な年表を収録すること、そして、これらの作業を進めるに際しては、学外諸機関からも可能な限り関係資料を収集しつつ進められてきた。

「通史編」内容については、京都大学の創立から今日までを対象年代ごとに京都帝国大学時代、京都大学時代、国立大学法人京都大学時代の三編に区分し、各々、制度的変遷とともに、主な出来事に焦点をあてつつ、できるだけ読みやすい文体で記述している。

一方、「資料編」については、主として、大学設置基準の大綱化が進められた一九九一（平成三）年四月以降を対象年代とした学内規則、各種答申・決定等の基本資料及び学生数、教職員数等の基本データについて収録し、また、多量なデータを効率的に掲載、検索できるよう電子媒体を用いて作成することとした。

本学ではこれまで、七十年史、百年史など、それぞれの節目において、それまでの歩みの検証も含め周年史が編纂されてきた。今日、我が国では、将来の発展の源泉として高等教育機関への期待は高まり、それとともに、大学は改めて大きな変革期の中にある。今後の大学運営の指針を考える上で、これまでの組織の歴史的な場面場面で行ってきた選択を振り返ることも極めて重要と考えられる。

現在まで我が国を代表する研究大学としての本学の歩んだ道のりを、今後、一五〇年、二〇〇年へと向かう中で、有用な道標とすべく百二十五年史としてまとめた。

同時に、より多くの幅広い方々に気兼ねなくお読みいただけるよう、構成、文体などをできるだけ読みやすく工夫することとし、創立百二十五周年を契機に、本学への理解を深めていただけることを期待している。

百二十五年史の編集作業は、二〇一七（平成二九）年四月に、初代委員長として森田正信総務担当理事のもとに編集委員会が組織されたところから本格的に開始され、今日まで、約五か年にわたり続けられてきた。その間に各編集委員並びに編集室の事務を担ってきた大学文書館及び総務部総務課の担当者の長期にわたるご努力に対して、改めて心から感謝申し上げます。

また、今回の編纂に際して、有用な資料をご提供いただいた方々のご協力に対して、この場にて深くお礼を申し上げます。

特に今回は、二〇〇〇（平成一二）年に設置された大学文書館における、歴史的な文書の収集、検証等の機能が大きく発揮されました。それらをもとに、編集室員として主に資料の整理及び素案の執筆をご担当いただいた西山伸教授、久保田裕次特定助教、川口朋子特定助教のご尽力に対し、特段の感謝の意を表します。

二〇二二（令和四）年六月一八日

京都大学百二十五年史編集委員会第二代委員長　平井　明成

目　次

第一編　京都帝国大学

第二編　京都大学

第三編　国立大学法人京都大学

図表一覧

写真一覧

（写真２－４－１は京都大学総務部広報課所蔵、他は京都大学大学文書館所蔵）

凡　例

一　『京都大学百二十五年史』は、京都大学百二十五年史編集委員会が編集する京都大学百二十五年の歴史であり、通史編および資料編よりなる。

二　通史編は、第一編「京都帝国大学」、第二編「京都大学」、第三編「国立大学法人京都大学」よりなる。

三　通史編の記述については、次の要領によった。

(一) 本文は原則として常用漢字、現代かなづかいを使用した。

(二) 資料引用文は常用漢字を使用したが、かなづかい、送りがなは原文によった。編者による補足は〔　〕で示し、疑義のある箇所は〔ママ〕を付した。

(三) 年代の表記は、旧暦を使用していた明治五年一二月五日までは和暦を使用し、太陽暦への改暦以後は基本的に西暦を使用し適宜和暦を補った。

(四) 敬称・敬語は使用していない。

(五) 使用した一次資料については、註に資料名のほか、所蔵機関および所蔵機関が当該資料に付している番号を記した。

第一編　京都帝国大学

第一章　創立期

第一節　創立経緯

設置を求める動き

一八八六（明治一九）年、第一次伊藤博文内閣の森有礼文部大臣のもと、学校に関する一連の法令が公布された。「帝国大学令」（三月二日公布、勅令第三号）、「師範学校令」（四月一〇日公布、勅令第一三号）、「小学校令」（同日公布、勅令第一四号）、「中学校令」（同日公布、勅令第一五号）がそれで、これにより明治維新後改編を繰り返してきた学校体系の基本が整備された。

帝国大学令第一条には帝国大学の目的が次のように定められた。

第一条　帝国大学ハ国家ノ須要ニ応スル学術技芸ヲ教授シ及其蘊奥ヲ攷究スルヲ以テ目的トス

帝国大学は国家にとって重要な学問の教育・研究を行うことを目的とすると明示された。また第二条には帝国大学に大学院と分科大学を置くとされ、前者が「学術技芸ノ蘊奥ヲ攷究シ」、後者が「学術技芸ノ理論及応用ヲ教授スル」と規定された。一八七七年に設置されていた東京大学は、帝国大学令によって帝国大学に改編され、法・医・工・文・理の各分科大学が置かれた（一八九〇年に農科大学設置）。

中学校令によって設置されることになった高等中学校は全国に五校置かれ、東京大学への入学予備教育を行っていた大学予備門が第一高等中学校に、明治二年設置の舎密局および洋学校を前身として大阪にあった大学分校が第三高等中学校に改編された。さらに翌一八八七年には第二高等中学校が仙台に、第四高等中学校が金沢に、第五高等中学校が熊本にそれぞれ置かれ、帝国大学進学者と実業に就く者の両方を対象にした教育を行うことになった。なお、第三高等中学校は一八八九年に京都（現在の京大本部構内）に移転している。

こうして帝国大学一校、高等中学校五校で始まった高等教育制度だが、間もなく新たな帝国大学設置を求める動きが表面化する。一八九一年八月の日付が入り「京都大学条例」と名づけられた資料は、帝国博物館総長の九鬼隆一の手になるもので全四二条の法令の形をとり、「京都大学」に天皇の保護のもとで独立の法人格をもたせるとしていた(1)。これは、この二年前に帝国大学の教員六名が作成した「帝国大学独立案私考(2)」と共通するところが多く、この頃一時唱えられていた帝国大学改革論の流れにあった。

九鬼は翌一八九二年一〇月一六日、京都で開かれた関西地方教育者大集会にも「京都大学設立考案」という文章を寄せ、西洋諸国では多くの大学がつくられており、京都に大学を新設し東京の帝国大学と競わせ学術の普及を図るべきと主張していた(3)。また、京都府選出の衆議院議員石原半右衛門も同じ場で、やはり社会の進歩のためには競争が必要であるとして京都に大学を設置すべきと述べていた(4)。

また同年一二月二四日、衆議院本会議では自由党所属の長谷川泰などが「関西ニ帝国大学ヲ新設スル建議案」を提出した(5)。ここでも強調されていたのは競争の視点で、東京の帝国大学が「他ニ競争者ナキカ為メ」に教員の学術が「退歩」し卒業生の学力が「薄弱」になっているとして、関西に新たな大学を設置することを建議している。[6] さらにこの建議案には予算案も付されていて、大学本部と法・理・医・文の四分科大学の人件費・校費などの経常的経費が年間二〇万円と計算されている。ただし長谷川の議論は、建議案にもあるように「不必用ナル三四ノ官立学校ヲ廃」することで浮く経費を新大学に充当することを前提としており、これは帝国議会開始以来の自由党の政費節減路線に沿った建議であるといえた。

一方政府側でもこうした動きがなかったわけではない。帝国大学文科大学長であった外山正一は一八九三年三月一四日付で井上毅文部大臣に「大学新設得失に関する意見」を提出しており、そのなかで芳川顕正が文部大臣であったときに、競争の必要から新たに大学を設置するよう意見書を出したと述べている。[7] 芳川の文相在任は一八九〇年五月一七日から一八九一年六月一日までであり、帝国大学令公布の四、五年後には第二の大学設置を求める動きが始まっていたことが分かる。ただし外山は自由党と異なり、帝国大学の経費や官立学校の削減には反対していた。

設置構想の変遷（一）

一八九三年三月に第二次伊藤博文内閣の文部大臣となった井上毅は、高等教育改革を積極的に進めた。帝国大学については、帝国大学令を改正し講座・教授会・名誉教授などの制度を導入したほか、学内教職員の進退に関する総長による文相への具状権も規定した（本章第三節参照）。高等中学校については、一八九四年六月二五日公布の勅令第七五号「高等学校令」により高等学校への改編を行った。前述のように高等中学校は帝国大学進学者のための教育と実業に就く者のための教育の両方を行っていたが、高等学校令によって「高等学校ハ専門学科ヲ教授スル所トス」と、主たる目的が高等学校で完結する専門教育であり「但帝国大学ニ入学スル者ノ為メ予科ヲ設クルコトヲ得」と、帝国大学への進学教育は第二義的な目的であると規定された。

当時、帝国大学が求める学力水準が国民の実態からすると高く、大学卒業まで年数がかかりすぎるという批判が教育界から起こっていた。井上の改革はそれに応じて、高等学校を「地方大学」として学校体系の最終段階とし、帝国大学は大学院を中心とした研究機関とすることを目指していた。そして、七月一二日公布の文部省令第一五号により京都の第三高等学校（三高）に法・医・工の学部が、その他の第一・第二・第四・第五高等学校には医学部と大学予科が置かれることになった。大学予科が置かれなかった三高は、井上の改革のモデルに選ばれたといえる。新聞報道によると、三高の折田彦市校長は「今回の改革は実に関西大学の一階梯と為り多年京都人士が熱望せる大学の設置に一歩を近けたるものと云ふべし」と述べていたが[8]、その「大学」とは帝国大学とは異なるものであったと考えられる。

しかし、井上が病気のため文部大臣を辞任し（一八九四年八月二九日）、日清戦争が終結する（一八九五年四月一七日日清講和条約調印）ころには、状況は変化し始める。のちに京大の理工科大学長に就任した中沢岩太の作成と考えられる「京都大学創立ノ事情」という資料には、井上の後任文相西園寺公望のもと、牧野伸顕文部次官・木下広次文部省専門学務局長・永井久一郎文部省会計課長・折田彦市の四名が創立委員となり、新たな帝国大学設置に向けた準備が開始されたとある[9]。また、文部大臣名で首相に宛てられた「清国賠償金ノ一部ヲ東京及京都ノ帝国大学基本金トシテ交付セラレンコトヲ請フノ議」には、帝国大学への入学者が増加していること、尋常中学校数も増えておりそのため大学進学者は今後も増加が見込まれることを理由に、三高を拡張して京都帝国大学とし、法医工文理の五分科大学を置いて「東京ノ帝国大学ト対立セシメ」ることが提案されていた[10]。この前後、帝国大学入学者数は表1-1-1に示したように増加していたのは事実であり、それが第二の

表１－１－１　帝国大学入学者数（1893～1897年）

	法	医	工	文	理	農	計
1893	123	37	73	57	24	42	356
1894	104	31	91	63	38	20	347
1895	157	122	121	81	35	80	596
1896	213	164	135	99	99	76	786
1897	331	183	138	134	39	104	929

・東京大学百年史編集委員会編『東京大学百年史　資料三』1986年、474頁より作成。

帝国大学が必要な理由とされた。ちなみに、同資料では日清講和条約に基づく清国の賠償金のうち一八七五万円を両帝国大学の基本金とすることが提案されているが、実際には賠償金が大学にそうした形で使われることはなかった。[11]

右の創立委員による比較的初期の設置構想と思われる「京都大学創設計画案」が残されており、そこには計画の概要、講座数、経常費、創設費が記されている。[12] この案の冒頭には次のような記述がある。

一第三高等学校ヲ更メテ京都帝国大学トナス

一京都帝国大学ハ法科大学医科大学工科大学文科大学理科大学及予備科ヲ以テ構成スルモノトシ漸次ニ分科大学ヲ設置シ其完成ヲ期ス但医科大学ハ岡山ニ置ク

三高を改編して京大とする、京大には五分科大学を置くなど前述の「清国賠償金ノ一部ヲ東京及京都ノ帝国大学基本金トシテ交付セラレンコトヲ請フノ議」と同趣旨の案といえる（三高の医学部は第三高等中学校時代以来岡山にあった）。さらに創設計画案には大学への進学課程である予備科も加えられていた。近隣に大学予科が存在しないため構想されたものと思われる。ところが、この案には加除訂正が行われており、右の二項は次のように改められている。

一京都ニ帝国大学ヲ置キ第三高等学校ノ土地建物ヲ以テ之ニ充ツ

一京都帝国大学ハ法科大学医科大学理工科大学文科大学及大学院ヲ以テ構成シ漸次ニ之ヲ設置スルモノトス

新設の京大は三高の改編ではなく三高の土地と建物を使って置かれるようになったこと、理科大学と工科大学が合同して理工科大学となったこと、予備科がなくなり大学院が置かれるとされたこと、医科大学は岡山に置くとの文言がなくなったこと、といった大きな変更があったことが分かる。予備科がなくなったのは、次項で述べるように三高に大学予科が置かれるようになったためである。また大学院が置かれるとされ、これで東京の帝国大学と同様の構成となった。「京都大学創設計画案」に記されている経常費の予備科の欄には朱筆で大きく上から「×」印が付され「九月三十日廃案」と書かれているところから、一八九五年の九月末頃には、新設京大の基本線がほぼ定まったといってよいと思われる。

設置構想の変遷（二）

続いて作成されたと思われる「京都帝国大学創立計画ニ関スル諸案」には、前述の経緯を受けてさらに具体的な設置構想が記されている。(13) ここでは、設置の理由として尋常中学校の増加によって高等学校在学者が増え、従って大学入学志望者も増えると予想されることが挙げられている。分科大学関連では、医科大学は京都あるいは大阪に置くが大阪の方が「学術実験上等ニ便益アリ」とされ、理科と工科を一つにした理由としては数学・物理学・化学などは両科共通にしても差し支えないと考えられることと、経済上の利益があることが挙げられている。さらに設置の順番は目下需要が多く学生数が増加している順として、法・理工・医・文の順が適当であるとしていた。そのほか三高については、大学予科が必要であること、現在の土地建物は新設の京大に引き継ぎそれによる校舎の建設費を京大の創設費から支出することなどが提起されていた。新たに京大の土地を買収し建物を新築するよりもその方が安価に抑えられるからと思われる。

開設時期については、設置計画の摘要が記された「内申」と題される資料に記載がある。[14]これによると、当初は一八九八年開設を予定していたが、一八九六年に至り各高等学校からの工科志望者数がにわかに増加したため、急遽開設期を一八九七年に繰り上げて志望者の特に多い理工科大学の土木工学科と機械工学科を置くこととしたのだという。新聞報道をみても、一八九六年四月の段階では一八九八年九月と報じられていた開設時期が、[15]七月下旬になると志望者増加のため工科のみ一八九七年九月に開始するであろうとする記事が掲載されていた。[16]

京大設置に関する予算案は一八九五年一二月に第九回帝国議会に提出された。設置そのものに反対する意見は見られなかったが、議会で論議の対象となったのは医科大学の設置場所であった。一八九六年一月一四日および二〇日の衆議院予算委員会では、自由党所属の議員などが管理上あるいは経済上の観点から医科大学も京都に置くべきではないかと政府を責め立てた。[17]答弁に立った牧野文部次官は、医科大学では実際の患者を対象にした臨床講義が重要でありそのためには「材料ニ一番富ンデ居ル」大阪がふさわしく、「専門家ナドノ意見ヲ聞イタ」結果決定したものであると述べていたが、[18]反対論の多さに再考を約束せざるを得なかった。[19]結局医科大学は京都に置かれることになるが、その背景には議会での反対だけでなく、府会議員などが積極的に設置のために動いた京都[20]と対照的に反対した大阪[21]という、両地域の帝国大学設置に対する温度差もあったものと思われる。

医科大学およびその附属医院の敷地は、三高の移転先と合わせて京都市上京区吉田町・聖護院町にまたがる約四万五～六〇〇〇坪の広さで、京都府による買収地と文部省が直接買収した土地とがあったという。[22] 現在の京大医学部構内・附属病院構内・吉田南構内にほぼ相当する。

第二節　創立

創立

一八九七年六月一八日制定、二二日公布の勅令第二〇九号により京都帝国大学が創立された。勅令の条文は次のとおりである。

第一条　京都ニ帝国大学ヲ置キ京都帝国大学ト称ス
第二条　京都帝国大学ノ分科大学ハ帝国大学令第九条ニ依ラス法科大学医科大学文科大学及理工科大学トス
第三条　京都帝国大学ノ分科大学及分科大学中ノ各学科開設ノ期日ハ文部大臣之ヲ定ム

右のうち第二条の「帝国大学令第九条ニ依ラス」とは、既存の帝国大学が同条により法・医・工・文・理・農の六分科大学を有していたが、それとは異なる形をとるとの意である。そして第三条に基づき、六月二三日公布の文部省令第八号によって理工科大学が九月一一日に開設されること、土木工学と機械工学の二学科が置かれることが定められた。また、京大設置の勅令と同じ六月二二日に公布された勅令第二〇八号により、帝国大

写真１－１－１　正門と理工科大学本館

学は東京帝国大学に改称された。

続いて六月二八日付で文部省専門学務局長であった木下広次が総長に任命された。木下は熊本藩の儒官の家に生まれ、法学者としてフランス留学の経験もあったが、研究者としてよりは第一高等中学校教頭・校長として同校寄宿舎に自治を導入した人物として知られていた。

九月一三日、新入学生の宣誓式が挙行され[23]、木下は告辞を述べている。ここで木下は「当大学は東京帝国大学の支校にあらず又小摸形にも非ず全く独立の一大学なり已に一大学とせば固有の生存を有せざる可らず固有の生存を為すには独得の資性を具へざる可らず」としたうえで、「大学々生に在ては自重自敬を旨とし以て自立独立を期せざるべからず故に諸君は既に後見を脱したる者として吾人は諸君を遇する也」と学生が自発性を発揮することを求めた。さらに木下は日清戦争後の状況を踏まえ「東洋の覇権を握り先進国を以て自任する日本人」として中国大陸で腕を振るうことを学生に求めていた[24]。

「独立の一大学」として「独得の資性」をもつことを強調する木下の告辞は、新しい大学としての文字通りの独立宣言と受け取ることもできる。しかしその一方で当時の雑誌には、新設の京大には教授が集まらず東大の競争者には容易になれないであろうとか[25]、設備の整わない京大に世間は「猶東京大学の分校の如き看を為す」であろう[26]といった記事が散見されており、こうした周囲の懸念を打ち消そうとしたものともいえるであろう。

理工科大学・法科大学・医科大学・文科大学

すでに述べたように京大に最初に置かれた分科大学は理工科大学で、土木工学科と機械工学科の二学科によって構成されていた。理工科大学長には中沢岩太が就任した。設置翌年の一八九八年六月三〇日には数学科・物理学科・純正化学科・電気工学科・採鉱冶金学科・製造化学科が置かれ、計八学科となった。その後一九〇四年八月二二日には、数学科・物理学科・純正化学科が統合されて理学科となっている。

理工科大学設置二年後の一八九九年九月一一日には文部省令第三五号によって法科大学と医科大学が設置された。法科大学には法律学科・政治学科が置かれたが、一九〇三年九月一九日に廃止されて学科制はなくなり、さらに一九〇七年五月一八日には両学科とも復活している。法科大学長には織田万が就任した。

医科大学には医学科のみが置かれ、医科大学長には坪井次郎が就任した。また、一八九九年一二月一〇日には医科大学附属医院の診療が開始されている[27]。医院長には猪子止戈之助が就任した。

京大創立から一九〇四年七月までに以上の三分科大学に就任した教授の一覧を表1-1-2に示した。就任時、一部に二〇歳代の教授もいたほか多くが三〇歳代の若さであった。また、大部分が帝国大学またはその前身学校（東京大学・工部大学校・東京開成学校）の出身で、外国――そのほとんどはドイツ――留学の経験を有していた。

一九〇三年三月二五日公布の勅令第五四号によって、福岡に第二の医科大学が置かれて福岡医科大学となり、同時に京都にある既存の医科大学は京都医科大学に改称された。福岡に医科大学が置かれた背景には、高等学校大学予科第三部（医科大学への進学課程）の生徒数が増加し東京・京都の医科大学だけでは収容しきれなくなったことに加えて、有力な県立病院があった福岡で県会を中心とした大学誘致運動が展開されていたことが挙げられる[28]。当時の帝国大学令では単一分科の大学設置を想定していなかったため、福岡医科大学は京大の一分科大学と位置づけられたが、福岡に他の分科大学が置かれれば独立の帝国大学となるのは前提とされていた。

予定されていた四分科大学のうち、文科大学の設置はやや遅れた。当初哲学者で東京専門学校講師であった大西祝に設置のための調査が託され、設置計画案が作成されたといわれる[29]が、大西は一九〇〇年一一月に死去する。その直後に京大では文科大学設置準備が進んでいるとの報道があるので[30]、計画はある程度具体化されていたものと思われる。その後教育学者の谷本富が中心になって設置計画が考えられていたようで、谷本の名で作られた「京都帝国大学文科大学の組織に関する卑見」という資料が残されている。ここで谷本は、ドイツの大学を模範として研究中心の大学とするとともに学生自らの研究心を育てるため演習を重視し、図書館および各学科の研究室を充実させることを主張した。さらに学生に主たる専攻以外に副専攻ともいうべき「副科」を課すこと、学術の公開・資料の収集のため博物館を設けることなども必要であるとしていた[31]。

文科大学の設置は、日露戦争後の一九〇六年九月一一日のことであり（文部省令第一〇号）、最初に哲学科、翌一九〇七年に史学科、一九〇八年に文学科が順次置かれていった。文科大学長には狩野亨吉が就任した。

本章で主に対象にしている一八九七年の創立から一九〇七年までの分科大学ごとの講座数（講座については本章第三節参照）の変遷は表1-1-3のとおりである。どの分科大学も設置以後順調に増加している。入学者

就任した教授

留学歴	主な前職
独（1885～1887、1896～1898）	鉱山監督署技師
独（1899～1901）	
英・米（1896～1898）	帝国大学工科大学助教授
米（1895～1896）	京都市電気技師
米・独（1897～1899）	静岡中学校教諭
独（1899～1902）	高等師範学校教授
英・独（1898～1901）	
独（1899～1901）	第三高等学校教授
独（1900～1903）	第三高等中学校教授
米（1879～1881）	東京大学教授、第一高等学校長
米（1887～1889）	京都府御用掛、帝国大学工科大学教授
	農商務省特許局審査官
独（1883～1887）	帝国大学工科大学教授
独（1900～1902）	関西鉄道技師
仏（1880～1884）	第二高等中学校教授
	第三高等学校教授
独・仏（1892～1895）	東京工業学校教授
独（1899～1901）	第三高等学校教授
独・仏（1903～1905）	学習院教授
独（1899～1901）	第一高等中学校教授
独（1878～1881）	第三高等学校教授
独・仏（1898～1900）	第一高等中学校教授
独・米（1897～1904）	
独（1898～1901）	第三高等学校教授
独・仏（1896～1899）	
独（1885～1891）	第三高等学校教授
独・仏・伊（1896～1899）	
独・仏（1899～1902）	東京帝国大学法科大学講師
独・仏（1896～1899）	陸軍経理学校教授
独・仏（1899～1902）	東京控訴院検事
独（1885～1897）	
独・英（1896～1900）	学習院教授
独（1897～1900）	
独・英（1897～1900）	

表1－1－2　1904年7月までに

	氏名	就任年月日 年	月	日	生年	講座	最終学歴 年	教育機関
理工科大学	阿部正義	1898	8	23	1860	採鉱学第二	1884	工部大学校卒業
	青柳栄司	1901	10	9	1873	電気工学第一	1898	帝国大学工科大学卒業
	小川梅三郎	1898	10	11	1862	土木工学第三	1886	帝国大学工科大学卒業
	小木虎次郎	1899	9	27	1866	電気工学第三	1889	帝国大学工科大学卒業
	織田顕次郎	1899	9	11	1857	化学第一	1879	東京大学理学部卒業
	大幸勇吉	1903	10	30	1866	化学第一	1892	帝国大学理科大学卒業
	大塚　要	1898	8	1	1869	機械工学第二	1893	帝国大学工科大学卒業
	大藤高彦	1901	10	9	1867	材料強弱学	1894	帝国大学工科大学卒業
	河合十太郎	1903	6	5	1865	数学第一	1889	帝国大学理科大学卒業
	久原躬弦	1898	7	20	1855	化学第二	1877	東京大学理学部卒業
	田辺朔郎	1900	10	1	1861	土木工学第二	1883	工部大学校卒業
	朝永正三	1898	10	11	1865	機械工学第三	1888	帝国大学工科大学卒業
	中沢岩太	1897	6	28	1858	化学第四	1879	東京大学理学部卒業
	那波光雄	1902	12	27	1869	土木工学第四	1893	帝国大学工科大学卒業
	難波　正	1898	8	23	1859	電気工学第二	1879	東京大学理学部卒業
	二見鏡三郎	1897	8	19	1856	土木工学第一	1879	東京大学理学部卒業
	細木松之介	1902	4	30	1863	化学第四	1888	帝国大学工科大学卒業
	松村鶴蔵	1901	11	16	1871	機械工学第四	1894	帝国大学工科大学卒業
	三輪桓一郎	1900	5	14	1861	数学第一	1880	東京大学理学部卒業
	水野敏之丞	1902	1	14	1862	物理学第一	1890	帝国大学理科大学卒業
	村岡範為馳	1898	7	20	1853	物理学第二	1875	東京開成学校退学
	山口鋭之助	1897	8	19	1862	物理学第一	1884	東京大学理学部卒業
	山田邦彦	1899	12	11	1871	冶金学第二	1896	帝国大学工科大学卒業
	横堀治三郎	1899	12	11	1871	冶金学第一	1894	帝国大学工科大学卒業
	吉田彦六郎	1898	8	1	1859	化学第三	1880	東京大学理学部卒業
法科大学	井上　密	1899	9	11	1867	憲法	1892	帝国大学法科大学卒業
	巌谷孫蔵	1899	9	11	1867	民法第二	1884	東京外国語学校卒業
	岡松参太郎	1899	9	11	1871	民法第一	1894	帝国大学法科大学卒業
	岡村　司	1902	9	9	1866	民法第三	1892	帝国大学法科大学卒業
	織田　万	1899	9	11	1868	行政法	1892	帝国大学法科大学卒業
	勝本勘三郎	1902	9	12	1866	刑法刑事訴訟法	1893	帝国大学法科大学卒業
	千賀鶴太郎	1899	9	11	1857	羅馬法	1897	ベルリン大学
	高根義人	1900	4	2	1868	商法第一	1892	帝国大学法科大学卒業
	田島錦治	1900	9	28	1867	経済学第一	1894	帝国大学法科大学卒業
	仁井田益太郎	1900	12	22	1867	民事訴訟法	1893	帝国大学法科大学卒業

米・独（1884～1891）	札幌農学校教授、台湾総督府技師
独（1897～1900）	
独（1897～1901）	
独（1889～1905）	第三高等学校教授
独（1897～1902）	京都府医学校教諭
独（1899～1904）	第三高等学校教授
独（1896～1898）	第二高等中学校教授
独（1896～1899）	公立札幌病院医長
独（1899～1903）	
独（1900～1901）	京都府医学校長
独（1899～1902）	帝国大学医科大学助教授
独（1894～1896）	京都府医学校教諭
独（1896～1899）	第四高等中学校教授
独（1890～1894）	帝国大学医科大学助教授
独（1897～1901）	
独（1899～1902）	京都府医学校教諭
独（1896～1900）	
独（1899～1902）	
独（1897～1902）	
独（1896～1900）	
独（1898～1901）	

数の変遷は表1-1-4のとおりである。法科大学や理工科大学では年度による増減が激しく、安定していない状況がみられる。なお創立初年度である一八九七年度の理工科大学については、京大が同年一二月末日調査として文部省に報告したところによると、当初土木工学科三二名・機械工学科二二名の計五四名が入学したが、そのうち機械工学科の七名が東京帝国大学に転学していた[32]。転学の時期については、一一月二日付で香川県からの学生数の照会に対して京大は四七名と回答しているので[33]、この照会以前のことであると思われる。文部省が毎年度行っている集計で京大の一八九七年度の在学者が四七名と記されているの[34]は七名

	新渡戸稲造	1904	6	14	1862	経済学第二	1881	札幌農学校卒業
	仁保亀松	1900	12	22	1868	法理学	1893	帝国大学法科大学卒業
	春木一郎	1901	3	2	1870	羅馬法	1894	帝国大学法科大学卒業
医科大学	荒木寅三郎	1899	9	11	1866	医化学	1891	ストラスブルク大学
	浅山郁次郎	1902	2	7	1861	眼科学	1884	東京大学医学部卒業
	足立文太郎	1904	5	27	1865	解剖学第二	1894	帝国大学医科大学卒業
	天谷千松	1899	11	29	1860	生理学	1885	東京大学医学部卒業
	伊藤隼三	1900	7	14	1864	外科学第二	1889	帝国大学医科大学卒業
	今村新吉	1903	12	14	1874	精神病学	1897	東京帝国大学医科大学卒業
	猪子止戈之助	1899	7	6	1860	外科学第一	1882	東京大学医学部卒業
	岡本梁松	1902	12	23	1863	法医学	1887	帝国大学医科大学卒業
	笠原光興	1899	8	31	1861	内科学第一	1888	帝国大学医科大学卒業
	鈴木文太郎	1899	10	13	1864	解剖学第一	1888	帝国大学医科大学卒業
	坪井次郎	1899	7	6	1862	衛生学	1885	東京大学医学部卒業
	中西亀太郎	1901	9	3	1868	内科学第二	1891	帝国大学医科大学卒業
	平井毓太郎	1902	12	23	1865	小児科学	1889	帝国大学医科大学卒業
	藤浪　鑑	1900	12	13	1870	病理学	1895	帝国大学医科大学卒業
	松浦有志太郎	1902	12	23	1865	皮膚病黴毒学	1892	帝国大学医科大学卒業
	松下禎二	1903	10	22	1875	衛生学	1894	第五高等学校医学部卒業
	森島庫太	1900	11	21	1868	薬物学第一	1893	帝国大学医科大学卒業
	吾妻勝剛	1901	6	26	1867	婦人科学産科学第一	1893	帝国大学医科大学卒業

・「教員履歴データベース」（京都大学大学文書館ホームページ、https : //kensaku.kua1.archives.kyoto-u.ac.jp/rireki/）より作成。

転学後の数値であり、現在京大で作成されている統計(35)もこれを踏襲している。また、教授・助教授数の変遷は表1-1-5のとおりである。講座数の増加に比べると教授数の増加は鈍く、法令によって講座が設置されても適任者がすぐには配置されなかった状況があったものと思われる。

図書館

　図書館が正式に開館したのは一八九九年一二月のことであるが、京大創立直後から準備が進められていた。木下広次総長は、創立間もない時期の新聞取材に対して、図書館はすでに設計にかかっていると述べたうえで設立の暁には一

表１－１－３　講座数（1897～1907年）

	文	法	理工	医	福岡医	計
1897	—	—	21	—	—	21
1898	—	—	21	—	—	21
1899	—	10	24	8	—	42
1900	—	15	25	12	—	52
1901	—	20	26	14	—	60
1902	—	21	28	18	—	67
1903	—	21	28	18	6	73
1904	—	21	28	18	11	78
1905	—	21	28	19	14	82
1906	6	22	30	21	18	97
1907	13	27	31	21	19	111

・京都大学百年史編集委員会編『京都大学百年史　資料編３』2001年、44頁より作成。
・医科大学は、1903年からは京都医科大学。

表１－１－４　分科大学入学者数（1897～1907年）

	文	法	理工	医	福岡医	計
1897	—	—	54	—	—	54
1898	—	—	47	—	—	47
1899	—	46	55	10	—	111
1900	—	53	76	25	—	154
1901	—	62	69	36	—	167
1902	—	59	61	56	—	176
1903	—	156	74	80	65	375
1904	—	188	131	81	101	501
1905	—	124	87	80	90	381
1906	16	81	97	82	103	379
1907	40	34	71	80	62	287

・京都大学百年史編集委員会編『京都大学百年史　資料編３』2001年、466頁より作成。
・医科大学は、1903年からは京都医科大学。

表１－１－５　教授・助教授数（1897～1907年）

	文		法		理工		医		福岡医		計	
	教授	助教授	教授	助教授	教授	助教授	教授	助教授	教授	助教授	教授	助教授
1897	—	—	—	—	3	3	—	—	—	—	3	3
1898	—	—	—	—	9	10	—	—	—	—	9	10
1899	—	—	5	1	11	12	5	0	—	—	21	13
1900	—	—	7	2	16	12	9	4	—	—	32	18
1901	—	—	10	2	17	14	11	4	—	—	38	20
1902	—	—	11	3	21	14	12	2	—	—	44	19
1903	—	—	11	5	23	13	15	6	3	0	52	24
1904	—	—	12	6	22	13	17	9	8	1	59	29
1905	—	—	14	5	24	13	18	8	11	2	67	28
1906	6	1	15	5	24	14	19	9	17	3	81	32
1907	7	5	16	6	25	12	21	10	18	4	87	37

・京都大学百年史編集委員会編『京都大学百年史　資料編３』2001年、402頁より作成。
・医科大学は、1903年からは京都医科大学。

般に公開する見込みであると語っている。[36]一八九七年一〇月二五日付の木下総長名で作成された諸学校に対する書籍寄贈依頼においても、図書館は「本学々生ノ外一般公衆ノ閲覧ヲモ許シ候様致度希望ニコレアリ候」と記されており、[37]木下が図書館の一般公開を構想していたのは間違いないようであるが、それは実現しなかった。書籍の収集については、翌一八九八年四月九日付でベルリンに留学中の織田万から木下に送られた書翰に、織田のほか共に留学していた井上密・岡松参太郎・高根義人という、いずれも法科大学教授に就任することになる四名が、留学先で行っている旨記されており、[38]教授就任予定の留学生たちが自らの研究以外にそうした役割も果たしていたことが分かる。

図書館の建物は一八九八年には本部構内の西側に完成していたが、書庫の壁土が乾燥しておらず当初は理工科大学本館の二階の一部を図書室に充て出納を行っていた。[39]閲覧業務が正式に開始されたのは一八九九年一二月一一日のことであり、午前八時開館、午後五時閉館とされた。[40]正式開館に先立つ一一月六日、かねてより図書館創立事務を任されていた島文次郎が法科大学助教授となり同時に附属図書

写真１－１－２　図書館閲覧室

館長に補された。蔵書数は、一八九九年度は和書三万七七四六冊、洋書五三一五冊の合計四万三〇六一冊であったが、一〇年後の一九〇九年度には和書一二万三五九二冊、洋書一〇万〇七七三冊の合計二二万四三六五冊に達した(41)。

第三節　各種制度設計

帝国大学としての諸制度

帝国大学には他の教育機関にはない各種の制度が設けられており、その多くは前述の井上毅文相による改革の際実現したものであった。

各分科大学には講座が置かれ教授（教授を欠く場合には助教授または講師）が担任することになった（帝国大学令第一七条）。講座は各専門分野ごとに置かれ、その分野の研究教育に対する教授の責任を明確化したものである。講座の種類・数は勅令によって定められることになっていた（同第一八条）。また講座には職務俸が定められており、教授は本俸と合わせて受け取ることにより大幅な待遇改善が実現した。職務俸は、一八九七年六月二二日公布の「帝国大学高等官官等俸給令」（勅令第二二二号）によると年額四〇〇円から一二〇〇円の間で文部大臣がその額を定めることとされていた。

全学的な審議機関である評議会は帝国大学令施行とともに設置されていたが、井上の改革によって権限が明示され、①各分科大学における学科の設置廃止、②講座の種類についての諮詢、③大学内部の制規、④学位授与、⑤文部大臣または総長より諮詢された件、について審議するとされ、高等教育に関する事項について意見を文部大臣に建議することもできるとされた（帝国大学令第八条）。評議会の構成は、各分科大学長および各分科大学で互選された教授一名からなり、総長が議長となっていた（同第六・七条）。京大では、分科大学が複数となった一八九九年の一一月二四日に第一回の評議会が開催されている。(42)

各分科大学には教授会が置かれ、①学科課程に関する件、②学生の試験、③学位授与資格の審査、④文部大臣または総長より諮詢された件、を審議することとされた（同第一五条）。これにより、各分科大学における教育の主体は教授会であると位置づけられたことになる。なお、井上は教授会に教員の人事権を与える案も構想していたが、これは最終段階で案から外れた。(43)京大における資料で確認できる最初の教授会は、一八九八年九月二〇日開催の理工科大学教授会である。(44)

名誉教授制も井上の改革で導入された。「帝国大学ニ功労アリ又ハ学術上効績アル者ニ対シ」勅旨または文部大臣の奏宣により授与されるものとされた（同第一三条）。京大最初の名誉教授称号は、一九〇七年三月三一日にまだ総長在職中だった木下広次と最初の理工科大学長であった中沢岩太に授与されている。(45)

一八九七年六月二二日公布の勅令第二一一号「京都帝国大学官制」によって、総長には高等官の進退に関して文部大臣に具状し、判任官については専行する権利が付与された。これは一八九三年八月一一日公布の勅令第八三号「帝国大学官制」にならったものである。当時官吏の階等は詳細に規定され、帝国大学の教授・助教授は高等官に分類されていたので、この官制によって総長は教授・助教授の進退を具状、すなわち理由を付して上申することができるようになった。総長の具状権は、後に滝川事件で重要な争点となる。

通則

一八九七年九月三日、学生に関する基本的な規定である「京都帝国大学分科大学通則」が制定された(46)。通則は全一〇章・五一条からなっており、その主な内容は次のとおりである。

「第一章　学年学期休業」では、学年を七月一一日から翌年七月一〇日までとしたうえで、一月二一日から七月一〇日までの春季学期と七月一一日から翌年一月二〇日までの秋季学期の二学期制を採用した。また、冬季休業を一二月二五日から翌年一月二〇日、夏季休業を七月一一日から九月一〇日までとして、春季の休業は設けなかった。

「第二章　入学」では、入学資格を高等学校大学予科卒業者とし、各学科の志望者が定員を超過する場合には試問を行うこととされた。入学者は父兄（父兄のない者は親戚一名）を保証人とすること、「専心勤学ノ宣誓」を行うことが求められた。

「第三章　在学」では、分科大学における在学年数を三年以上六年以内とし、学生は授業を受けるに当たって受教簿を用意し担任教授の承認を経ることとした。

「第四章　休学及退学」では、学生が「正当ノ事故」により五カ月以上修学を中止するときは一年以内の休学とすることができること、「止ムヲ得サル事故ノ為メ」修学を継続できないときは総長が退学を許可する場合があることが定められた。

「第五章　試問」では、試問を科目試問と卒業試問の二種とし、前者は各授業の完了時に行い、後者は科目試問に合格した者が受けられると定められた。

「第六章　卒業」では、卒業試問合格者には卒業証書を授与すること、卒業者は学科に応じて法学士・医学士・薬学士・文学士・理学士・工学士と称することが定められた。

「第七章　聴講生」では、分科大学の一あるいは数科目の講義・実験への出席を希望しその学科の学生定員に欠員がある場合は聴講生として受入を許可することがあると定められた。

「第八章　特待学生」では、「学術優等品行方正」な学生を特待学生とし、授業料を免除した。特待学生は、分科大学教授会が候補者を選び、総長の認可を経て分科大学長が定めるものとされた。

「第九章　授業料及用品料」では、学生の授業料を一カ月二円五〇銭とし、数学科を除く理工科大学学生には別に用品料一カ月一円を徴収するとした。また、夏季休業の二カ月および休学中の学生については徴収しないことが定められた。

「第一〇章　懲戒」では、「品行不良学業懈怠」の学生に対しては総長が懲戒委員の審議を経て懲戒に処すべきこと、懲戒には譴責・停学・放校の三種が定められた。

なお、同時期の「東京帝国大学分科大学通則[47]」との主な相違点をまとめたのが表1–1–6である。保証人、休学、懲戒については、京大の通則がより柔軟な規定となっている。両者の最も大きな違いは試問（東大では試業）であり、東大では各学年ごとに試験を行い進級に当たって厳格な判定を行う学年制をとっていたのに対して、京大は進級という概念がなく各科目ごとに試験を行いその合格者が最終的に卒業試問を受けるという科目制をとっていた。

表１－１－６　京都帝国大学分科大学通則と東京帝国大学分科大学通則の主な相違点

	京都帝国大学分科大学通則	東京帝国大学分科大学通則
学期	２学期制（１月21日～７月10日、７月11日～１月20日）	３学期制（９月11日～12月24日、１月８日～３月31日、４月８日～７月10日）
長期休業	冬季（12月25日～１月20日）・夏季（７月11日～９月10日）	冬期（12月25日～１月７日）・春期（４月１日～４月７日）・夏期（７月11日～９月10日）
保証人	父兄（父兄のない場合は親戚１名）	東京府内居住で土地あるいは家屋を持つ成年２名
休学	正当な事情で５カ月以上修学を中止する者	病気のため２カ月以上修学を中止する者
試問	・各授業ごとの科目試問 ・科目試問合格者を対象とする卒業試問	毎年６月に各科目ごとに実施の学年試業により、進級あるいは降級を決定、降級者は次年度全科目再受験、２年連続降級者は退学
懲戒	譴責・停学・放校	退学

・『学内達示済書類　明治三十年』（京都大学大学文書館所蔵、MP00318）、東京帝国大学『東京帝国大学一覧　従明治三十年至明治三十一年』1897年、45頁より作成。

通則はその後一九〇四年九月一日に全面的に改正され名称も「京都帝国大学通則」となった[48]。二学期制から東大と同じ三学期制に改めたほか、試問については通則ではなく各分科大学の規程で定めること、聴講生は選科生と改称されたこと、それまで通則になかった大学院、奨学資金についての条文が追加されたことなどが主な改正点であった。

学位と大学院

京大創立翌年の一八九八年一二月一〇日公布の勅令第三四四号によって「学位令」が改正された。それまであった「大博士」が廃止され、学位は博士のみとなり、法・医・薬・工・文・理・農・林・獣医の九種が規定された。そして①帝国大学大学院で定規の試験を経た者、②論文を提出して帝国大学分科大学教授会が①と同等以上の学力があると認めた者、③文部大臣監督下で、学位の授与および褫奪の件を議定する博士会が認めた者、④帝国大学総長の推薦する帝国大学分科大学教授、に文部大臣が授与するものとされた。京大では、直後の一二月一三日に六名の教授を推薦する上申を行い[49]、このうち難波正・阿部正義・二見鏡三郎の三名が工学博士を授与された[50]。これが京大からの学位授与の最初である。

一方学位と密接な関係のある大学院については、一八九九年二月二一日に「京都帝国大学大学院規程」が制定され七月一一日から実施された[51]。大学院の入学・在学は入院・在院と称され、入院資格は帝国大学分科大学卒業者またはそれと同等の学力を有する者とされた。また入院時期は随意、最短在院期間は一年、在院者は毎年六・一二月に研究事項についての報告を指導教授を経て分科大学長に提出すると定められた。その後大学院に関する基本的な規定は、前述のように一九〇四年九月一日に改正された通則の中に組み入れられた。主な改正点は、入院・在院という用語が入学・在学となり、入学時期は分科大学と同じになった。また、研究報告は指導教授にのみ毎学年の終わりに行うことになり、学位の希望者は論文を総長に提出し分科大学教授会の審査を受けるとされた。

帝国大学令第二条では、帝国大学は研究を行う大学院と教育を行う分科大学の両方で構成されると規定されていたが、実際には大学院は独自の予算措置や人員配置を有せず定まった学科課程もなかった。

大学院設置から戦後改革によって新制度の大学院が置かれるまでの、全学合計の大学院入学者数は表1－1－7のとおりである。

表1－1－7　大学院入学者数（1899～1954年）

	入学者数		入学者数		入学者数
1899	2	1918	42	1937	184
1900	16	1919	44	1938	125
1901	19	1920	69	1939	119
1902	27	1921	67	1940	126
1903	41	1922	82	1941	119
1904	66	1923	165	1942	111
1905	15	1924	113	1943	12
1906	32	1925	104	1944	101
1907	33	1926	147	1945	11
1908	38	1927	158	1946	0
1909	33	1928	181	1947	0
1910	28	1929	152	1948	131
1911	25	1930	194	1949	368
1912	24	1931	198	1950	0
1913	23	1932	179	1951	160
1914	26	1933	170	1952	0
1915	30	1934	271	1953	277
1916	51	1935	202	1954	66
1917	42	1936	225		

・京都大学百年史編集委員会編『京都大学百年史　資料編３』2001年、532頁より作成。

法科大学における改革

この時期、法科大学では学生の教育に関する改革が積極的に実施された。法科大学設置とともに制定された「法科大学規程」は、ほぼ先行の東京帝国大学法科大学の規程にならったものであった[52]が、早くも設置翌年の一九〇〇年九月二四日には改正されている[53]。主な改正点は二つあり、その一つは設置が随意であった演習科が必ず置かれるようになったこと、もう一つは各科目試問以外に論文試問が実施され卒業証書は双方に及第した者に授与されるようになったことであった。

演習は「論文試問ノ論題ニツキ学生ヲ指導スル」ことを目的とし、国法・刑法・私法・民事訴訟法・国際法・経済の六種が置かれることになった。京大から文部省への報告によると、六種は順次置かれ一九〇二年度にはすべて開設されたという。[54]そして論文試問とはその演習科で定められた論題に関する論文を提出することとされた。

続いて一九〇三年五月七日にも法科大学規程が改正された。[55]この改正では、従来の法律学科・政治学科の区分を廃止、四年だった最短の在学年数を三年に短縮、さらに全科目を四種に区分し学生はそのいずれかの区分の科目試問を受けることとされた。また同時に改正された法科大学規程細則で、試問の成績を数字ではなく甲乙丙丁の四段階で示すことになった。[56]

この改正を行った理由は、「京都帝国大学法科大学規程改正ノ理由」という資料に残されている。[57]これによると、学問の進歩に伴い必修科目が増加し学生の負担が重くなっていて「大学教育ノ目的ニ背馳スル」恐れがあるが、学生の志望に応じて科目選択の度合いを増すことによって在学年数を減らしても成績を向上させることが可能になるとしている。科目試問を四種に分けたのは、それぞれ司法の職に就く者、学理研究を希望する者、行政実務職に就く者、経済を勉強して就職する者に役立つ科目を分類したもので、学生は自ら志望する進路に応じていずれかを選択する形をとることにした。

右の一連の改革を主導したのは高根義人法科大学教授と考えられる。高根はこの時期「大学ノ目的」[58]「大学制度管見」[59]といった論考を発表しているほか、木下総長宛の書翰[60]でも大学制度改正について意見を述べている。これらのなかで高根は、「法律的練習」のため演習科を必修にすること、科目を数種に分けて学生はそのいずれかに及第すればよいとすること、在学年数を三年に短縮すること、論文試験を導入することなど実現した改革について述べているほか、学生の転学の自由、教授互選による総長選出、教授会による教授候補者推薦、教授の終身官化など、踏み込んだ改革論を展開している。

高根の大学論は、留学経験があるドイツの大学の影響を受けていた。高根は、研究を第一の目的としながら研究と結びついた教育も行っているドイツの大学と、研究と分離した教育が目的であるフランスの大学とを比較して、ドイツ流の制度を採用することを主張していた。

　こうした法科の改革の方向性を文部省も支持していた。一九〇三年二月二三日付の松井直吉専門学務局長から木下総長宛の文書では、法科の科目選択を自由にし時間数を減らすことによって志望する学生を三年で卒業させる方法を取り調べて実現させてほしい旨述べられていた[61]。当時の新聞雑誌でも、改革に対して「その意気嘆称すべきなり」と高評価を与えたり[62]、法科に進む高等学校生徒の多くは京大を志望するだろうと予想したりする[63]など好意的な報道がみられた。また『読売新聞』には斬馬剣禅による「東西両京の大学」という記事が七カ月にわたって連載され、そのなかでは京大が「真に大学らしき大学」と称えられていた[64]。一方東京帝国大学法科大学では、京大法科の改革を受けて教授会で審議が行われているが、学年制廃止・三年制への短縮は否決され学科制についても現状維持が確認されている。また一九〇三年四月三日の教授会に出席していた山川健次郎総長から現行試験制度は学生に過大な負担を強いているのではないかとの問題提起があったが、教授会の多数は同調しなかった[65]。

　しかし、間もなく京大法科内部から見直しの動きが起こってくる。一九〇五年六月三〇日の評議会には卒業に当たって論文だけでなく試問も行う規程改正案が提出されたが、このときは現行の規程制定以来まだ日が浅くその結果が明瞭でないうちに改正を行うのは望ましくないとして評議会で否決された[66]。だがその二年後の一九〇七年三月二〇日の評議会には、さらに徹底した見直しの規程改正案が提出され審議の結果承認されるに至った。その内容は、①最短の在学年数を四年とすること、②卒業論文を廃止して卒業試問を実施すること、③四種の科目試問を廃止して法律学科・政治学科を復活させることであり、これまで導入された京大としての特色の多くを改革以前の形に復帰させることを意味していた。改正の理由としては、教授すべき内容が多く四年制でなければ不完全な教育となってしまうこと、東大と比べて在学年数の短い京大は「第二流ノ大学」と目されていること、論文の制度は大学院生に適しており分科大学生に課すと全般的な知識の習得ができなくなること、三年制に対応した制度である四種の試問制度は「学生ノ知識狭隘偏頗ニ陥ル」おそれがあること、などが挙げられていた[67]。結局同年五月一一日法科大学規程は改正され、四年制への復帰、卒業論文の廃止、各学年ごとの科目試問と卒業試問の実施などが定められた[68]。

なぜこのような短期間で改革の多くが撤回されたのか。指摘されているのが、高級官僚の採用試験である文官高等試験における法科大学卒業生の不振である。合格者数を東大法科と比較すると、一九〇五年度で東大三九名に対し京大二名、一九〇六年度は五〇名に対し五名、一九〇七年度は五八名に対し一名にとどまっていた[69]。また、この不振とどれだけ直接的な関係があるかは不明であるが、表1-1-4でみたように一九〇五年度以降法科大学の入学生が急減していることも、改革の見直しを促す要因となったであろう。改革当時から法科内部には「復旧説」があり、復旧派と改革派の間で内訌の風聞があると伝える新聞記事もあった[70]。先行の東京帝国大学とは異なる特色を持たせる創立期法科の改革の試みは、短期間で幕を下ろすことになった。

大学自治をめぐって

戦前期を通して、大学自治については教授の任免と総長などの管理者の選考が大きな問題となっていた。創立期の京大では、関連して二点の意見書が作成されている。

一九〇二年七月一四日付で、織田万・井上密・仁保亀松・岡松参太郎・高根義人の各法科大学教授から木下広次総長に宛てられた意見書は、現状の京大が虚名のみで実績が上がっていないとの危機感に基づき「現下ノ情弊ヲ指摘シ并セテ改善ノ方案ヲ開陳」するとしているが、そのなかに教授選任は情実によらず各分科大学教授会の議決を経て行うよう求めた項目があった[71]。なお教授の任免にあたって教授会の同意を要する原則が確立するのは、この一二年後の沢柳事件においてである（本編第二章第一節参照）。

同じ一九〇二年の九月には、中沢岩太理工科大学長を提出者、山口鋭之助・村岡範為馳・水野敏之丞・阿部正義の各理工科大学教授を賛成者として「京都帝国大学官制改正ノ義ニ付建議」が木下総長宛に提出されている。ここでは、学術の進歩が著しいなかで学務を統理すべき分科大学長の職に一人の人物が長く就くことは好ましくないとして、ヨーロッパの大学にならって当該分科大学教授の互選で学長を選ぶことを提議している。具体的には「京都帝国大学官制」第一〇条に「分科大学教授ヨリ文部大臣之ヲ補ス」とされている学長を、教授互選で三名の候補者を選出しその中から文相が補任することを提案していた[72]。

資料上で確かめられる互選による最初の分科大学長選出は一九一四年四月の松本文三郎文科大学長の再選で、「満場一致」で「互選」されたと報じられた[73]。ただし、その少し前の新聞記事では、理工科大学の少壮教授中に「法科大学の如く教授の公選により」学長を選ぶべきとの意見があると紹介されており[74]、すでに法科大学では学長が教授の互選で選出されていたものと思われる。敗戦直後に京都大学事務局によって刊行された冊子には、「中島玉吉名誉教授談話」として一九〇七年に辞任した織田万学長の後任が互選で井上密となったが、文部省が天皇の官吏任免大権干犯として強く反対し、木下総長は「見ず聞かずの態度に立ちたい」として推薦書中の「選挙ノ結果」との字句を削って文部省に新学長を具状したのだと記されている[75]。しかしこれを証明する一次資料は見つかっていない。

日露戦争の講和会議が始まろうとしていた一九〇五年六月一七日、久保田譲文相から木下総長宛に電報があり、前日の新聞に掲載されていた千賀鶴太郎法科大学教授の講和についての談話が穏やかでないとして、時局に関する言論を慎むよう厳重な取り締まりを求めてきた[76]。その新聞記事において、千賀は講和条件として自分は元来シベリア南東部のバイカル湖以東の併合が持論だが、現状では最低限沿海州の割譲が必要であり賠償金の額については多少譲歩してもよいと語ったと報じられていた[77]。

このような対露強硬姿勢は日露戦争前から言論界に一定程度勢力を占めており、帝国大学関係では東京帝国大学法科大学の戸水寛人教授らが講演や論考などで盛んに開戦を主張していた。戦局が進み講和が現実の問題になってくると、戸水らは過大とも思える講和条件を主張するようになり、六月一四日には久保田文相から東大の山川健次郎総長に対して、時局に関する大学教授の言動は国際上・戦局上影響するところが大きいので慎むべきとして、そうした教員に訓戒を加えるよう求める通牒が出されていた[78]。さらにその後も発言を続ける戸水に対して、政府は八月二四日付で文官分限令第一一条第四項（「官庁事務ノ都合ニ依リ必要ナルトキ」）による休職処分を発令するに至った。これに対して東大法科大学教授会は翌二五日総長に戸水復職の必要を上申し、九月一九日には教授・助教授二一名が連署して戸水休職処分を不当とする抗議書を文部大臣に提出した[79]。また、一〇月一日付で発行された法科大学の研究団体の雑誌である『国家学会雑誌』第一九巻第一〇号は、戸水休職に関連した学問の独立と大学教授の地位に関する教授たちの論説で埋め尽くされた。そうしたなか戸水らはさらに九月二一日に講和条約拒絶の上奏文を宮内省に提出していた[80]。

京大の法科大学も東大法科に呼応した動きを見せた。九月一一日、織田万法科大学長は木下総長に宛て今回の事態に対する教授会議の意見を文部大臣に伝達するよう要請する文書を送付した。その決議には、戸水の職務は余人を以て代えがたいものであり「官庁事務ノ都合」による休職はかえって事務の進行を阻害するものであること、処分の理由が本人の時局に関する発言にあるとすれば文官分限令ではなく文官懲戒令によって休職が明示されるべきであること、と述べられ「本人ノ言動ノ是非ハ姑ク舎キ」文部大臣が法令の適用を誤って官吏の分限を害していることは黙過できないとされていた。[81] 織田は同じ日に木下に書翰を送り決議の伝達を求め、万一木下が不同意ならば同僚連名の上直接大臣に建白すると覚悟を述べていた。[82]

文部省側からは、これに対して九月一五日付で松浦鎮次郎文部大臣官房秘書課長名で、右の意見書は教授会で議決されるべきことではないとして受理を拒否し返戻するとの文書が送られてきた。[83] これに織田は一九日、今回は大学の機関である教授会ではなく教授全体の会合における意見であり、本件が公益に関する重要事項なので総長を通して進達したのであると直接久保田文相に反論している。[84] さらに新聞報道によると、九月二九日にも法科大学教員は臨時集会を開いて勧告書の提出を決定し、一〇月三日に発送したという。勧告書には、法令を曲解し官吏の分限を侵犯し大学の教務を荒廃させた文相は戸水を復職させ自らの誤りを改める雅量を示せと記されていた。[85]

結局久保田文相は一二月一四日に辞職、さらに翌一九〇六年一月一九日戸水の復職が実現して、帝国大学教授の言論活動と身分保障に関するこの事件は帝大側の主張が貫徹される形で終結した。

帝国大学特別会計法

一九〇七年三月二五日、法律第一九号「帝国大学特別会計法」が公布された。これにより、従来文部省・大蔵省の審査、帝国議会の審議を経て毎年決められていた両帝国大学への政府支出金が、東京帝国大学が年額一三〇万円、京都帝国大学が一〇〇万円の定額制となった。

法案の作成経緯は明らかでないが、公布の一年以上前には両帝国大学に文部次官より意見要請があった。送付された法案には、両帝国大学会計は特別とし政府支出金・資金より生じる収入・寄附金その他の収入をもって歳出に充てること、一年当たりの政府支出金は東大一三〇万円・京大一〇〇万円とすること、経理委員会を新設して帝国大学経理に関する重要事項を審議すること、などが規定されていた[86]。京大では一九〇五年一一月二〇日の評議会でこれが議論され、大体において異存なく予算内部の流用度を高めることなどを求めると回答している[87]。

法案の目的について、一九〇七年一月二二日の衆議院本会議において牧野伸顕文部大臣は、大学の基礎がほぼ定まったので定額制が可能となったこと、定額制の実施によって財政当局者も便宜を得て大学側も数年後を見据えた計画を立てやすくなることを挙げ、授業料・医院収入などの大学自己収入増加にも期待することを付け加えていた[88]。なお、東大・京大それぞれの金額は最近五カ年の政府支出金から割り出されたものであった。京大における一九〇一年度からの経常費・臨時費を合わせた政府支出金額および自己収入額は表1-1-8のとおりである。

表1－1－8　政府支出金額・自己収入額（1901～1906年度）

（単位：円）

	政府支出金額	自己収入額
1901	767,327	48,351
1902	1,075,563	82,631
1903	952,009	193,266
1904	948,642	225,246
1906	865,559	235,436

・「帝国大学特別会計法ヲ定ム」（『公文類聚・第三十一編・明治四十年・第九巻元・財政一・会計一（会計法）』（国立公文書館所蔵：類01033100-00500））より作成。
・1905年度については上記資料に記載なし。

　議会における審議では、二月一四日の衆議院本会議での花井卓蔵のように、特別会計制度の濫用であって会計法の原理に反しているという批判があった[89]ほか、法案に見られるような会計上の独立だけでなく、大学そのものに独立・自治を与えよとの議論もあった。例えば一月二八日の衆議院帝国大学特別会計法案外一件委員会において憲政本党の合田福太郎は、教授を官吏にしておくと「昨年ノヤウナ問題ヲ解決スルニ苦ムダラウ」と述べ、この機会に会計だけでなく教授の任免や講座の設定などに自治を与えたらどうかと質していた。[90] このような大学の独立を求める議論は当時新聞などにも見られたが、[91] これは前項で述べた戸水寛人教授の休職事件との関連のなかで表面化してきたものである。これに対して牧野文相は経済以外の独立を認める方針はないと回答し、合田が重ねて大学教授が外交内政事項について種々論議を挟んできたらどう処置するかと問うたのに対しては、政府は大学教授を官吏と見ておりその言論が官規に触れるかどうかは「時ノ政府ガ定メル訳デアリマス」と答弁していた。[92]

こうした質疑はあったものの、法案は議会を通過し前述のように一九〇七年度から京大に支給される政府支出金は一〇〇万円で固定されることとなった。一九一一年度には福岡医科大学の分離で八四万円に減額されたが、その後大学の規模拡大に伴い定額支出金が東大とともに毎年のように改定され、その改定額でも恒常的に予算不足に見舞われるようになると定額制の廃止論が唱えられるようになった。結局一九二五年三月三〇日公布の大学特別会計法改正（法律第一七号）によって定額制は廃止となり、京大の政府支出金は毎年度予算の定めるところにより一般会計から繰り入れられることになった。

キャンパスの整備

現在京大の本部構内がある地に最初に置かれた教育機関は、一八八九年に大阪から移転してきた第三高等中学校であった。この地には、幕末の一時期に尾張徳川家の藩屋敷が置かれていたが、明治維新後は畑地に戻っていた。本章第一節で述べたように一八八六年四月一〇日公布の中学校令によって、全国に五校の高等中学校が置かれることになったが、大阪の第三高等中学校は前身校時代からその校地の狭隘さのため移転を構想していた。移転先は移転に要する一〇万円を負担することを表明した京都に決定したが、近年の研究ではそれは知

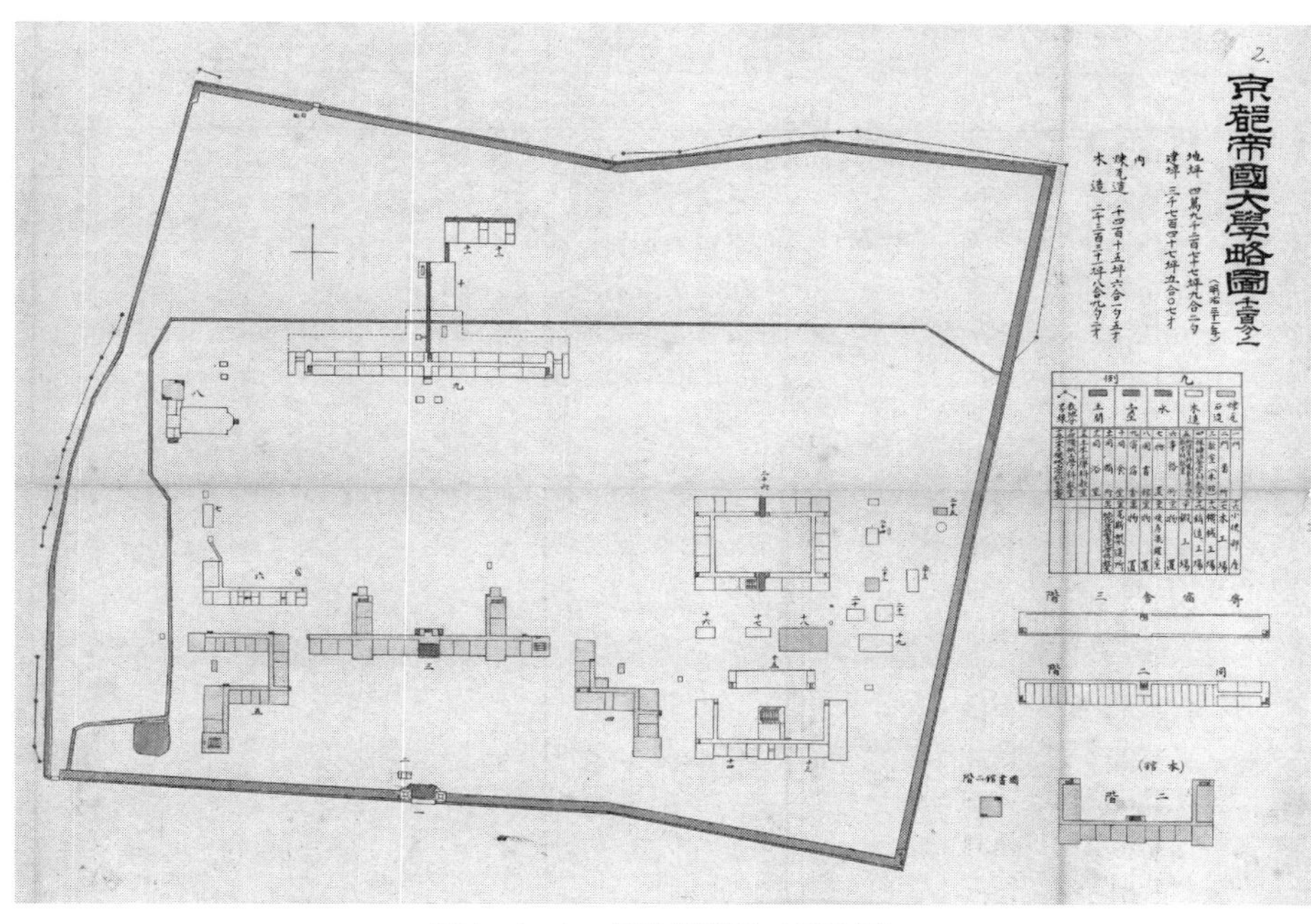

図１－１－１　建物配置図（1898年）
（京都帝国大学『京都帝国大学一覧　従明治卅一年至明治卅二年』1899年）

事や市民が高等教育機関誘致を求めて動いた結果というより、京都府が既設の府立中学校を官立の高等中学に組み込むことでその運営費を浮かせようとするなど、財政難のなか教育費の削減と効率化を目指していたからであることが分かっている。[93]

京都のどの地に移転するかについては、新聞によると候補地が三カ所あったらしい。第一は葛野郡谷口村の御室仁和寺の東、第二は愛宕郡紫竹大門村の大徳寺の南、そして第三が愛宕郡吉田村の吉田山の西の旧尾張徳川家屋敷で、森有礼文部大臣自らが検分に回ったという。[94]記事はそのうち吉田村が最有力と伝えているが、その理由としては「水質純良」であることと、「吉田山を除くの外三方皆田野」で「至極の清地」なため「学業中眼に耳に障害」がないことが挙げられて

建築物（1889～1907年）

年代	構内	第三高等中学校時代の名称	備考
1889	本部	本校	
1889	本部	寄宿舎	
1889	本部	寄宿舎食堂	
1889	本部	賄所及浴室	
1889	本部	物理学実験場	現存
1889	本部	化学実験場	
1893	本部	正門	現存
1898	本部		現存
1898	本部		
1898	本部		
1898	本部		
1899	本部		
1899	医院		
1899	医院		
1899	医院		
1900	本部		
1901	医科大学		一部現存
1901	医院		
1902	本部		
1902	本部		
1902	医科大学		現存
1902	医科大学		
1902	医科大学		
1902	医科大学		
1902	医科大学		
1903	本部		現存
1903	医科大学		
1903	医科大学		
1903	医科大学		
1904	医院		
1907	本部		

表1－1－9　新築された主要

名称	設計者
理工科大学本館	山口半六・久留正道
寄宿舎	山口半六・久留正道
寄宿舎食堂	山口半六・久留正道
賄所及浴室	山口半六・久留正道
理工科大学物理学及数学教室	山口半六・久留正道
理工科大学採鉱冶金学教室	山口半六・久留正道
正門	山口半六・久留正道
理工科大学物理学及数学教室	山本治兵衛
理工科大学機械工学教室及土木工学教室	真水英夫（推定）
理工科大学純正化学製造化学教室	真水英夫（推定）
附属図書館閲覧室及事務室	真水英夫（推定）
理工科大学採鉱冶金学教室	山本治兵衛（推定）
医科大学附属医院本館	真水英夫・山本治兵衛
医科大学附属医院眼科学教室	真水英夫・山本治兵衛（推定）
医科大学附属医院婦人科学産科学教室	真水英夫・山本治兵衛（推定）
理工科大学電気工学教室	山本治兵衛
医科大学解剖学教室本館	山本治兵衛
医科大学附属医院外科学教室研究室	山本治兵衛（推定）
法科大学講義室	山本治兵衛
理工科大学電気工学教室	山本治兵衛
医科大学解剖学教室講堂	山本治兵衛
医科大学生理学及衛生学教室本館	山本治兵衛
医科大学生理学及衛生学教室講堂	山本治兵衛
医科大学薬物学教室本館	山本治兵衛（推定）
医科大学薬物学教室講堂	山本治兵衛（推定）
尊攘堂	
医科大学医化学教室本館	山本治兵衛（推定）
医科大学病理学教室本館	山本治兵衛（推定）
医科大学病理学教室講堂	山本治兵衛（推定）
医科大学附属医院内科及小児科学研究室	山本治兵衛（推定）
法科及文科大学事務室及研究室	山本治兵衛

・京都大学百年史編集委員会編『京都大学百年史　総説編』1998年、805・818頁より作成。

いた。

一八八九年九月一一日、第三高等中学校は京都での開校式を挙行し、高等学校への改編を経て京大創立までこの地にあり、一八九七年九月に東一条通を挟んだ南隣の地に移転していった。新設の京大は三高から譲り受けた本部構内に加えて、医科大学および医科大学附属医院構内を取得して施設の整備を行っていった。

第三高等中学校京都移転の一八八九年から一九〇七年までの間に新築された主要な建築物は表1-1-9のとおりである。各分科大学の設置に伴って、理工科・医科・附属医院関連の建築物が数多く建てられていることが分かる。このうち第三高等中学校時代の物理学実験場という平屋建ての煉瓦造建築は、京大創立後増築され二階建てとなり、物理学及数学教室、石油化学教室と名称が変わり、現在は教育推進・学生支援部棟となっている。これが京大キャンパスに残る最も古い建物である。また尊攘堂とは、山口藩出身の品川弥二郎が吉田松陰の遺志を継いで維新の志士の霊を祀り遺墨などを公開する場として京都市中に建てた施設で、品川の死後京大に置かれることになりその際建物も新築されたものである。

文科大学設置時に教授に就任した松本亦太郎は、当時のキャンパスについて「学校の中が松林で松茸や初茸がとれて、家の子供などがそれをとりに行きました」とのちに回想している。[95] この頃は建物も少なく、現在とは相当異なった風景が広がっていたものと想像される。

第四節　学生生活

寄宿舎

京大創立にあたって第三高等学校は土地と建物を京大に譲り南隣の地に新築移転したが、寄宿舎については三高側の設置が間に合わなかったため、京大の寄宿舎生は当初理工科大学本館の西側にあった木造平屋建ての旧三高事務所に入った[96]。京大が本部構内の北端にあった木造三階建ての三高寄宿舎の引き継ぎを受けたのは、創立翌年の一八九八年七月のことであった[97]。開舎から一九〇五年までの入居者数の推移は表1-1-10のとおりである。

表1－1－10　寄宿舎入居者数（1897～1905年）

	人数
1897	23
1898	41
1899	70
1900	61
1901	75
1903	75
1904	89
1905	85

・『文部省学事年報資料　自明治三十年至明治四十年』（京都大学大学文書館所蔵、MP00264）より作成。
・1902年については、上記資料中に記載なし。
・1897年は12月31日現在、1903年以降は4月1日現在の数値、それ以外の年度は日付の記載なし。

ところが、一九〇五年一二月二九日に寄宿舎は閉鎖されることになる[98]。当時の新聞によると、寄宿舎には規則がないため「不規律甚だしく」食費の滞納が多発したり、「乱暴狼藉」がひどかったので一旦閉鎖し、時機を見て「品行方正なる学生のみ」を収容する意図が大学当局にあったのだという[99]。また、一九〇四年に理工科大学に入学していた外山岑作[100]も、当時の寄宿舎には規則がなく「不心得な連中がどしどし入舎して規律は出来るだけ蹂躙し」て舎生相互の交流もなく、一般学生や大学周囲の住民から寄宿舎は「堕落の標本」のように見られていたのだと数年後に回想している。そして、当時「五、六の士」が寄宿舎における一定の規約作りを提案したが他の舎生に否決されたため、大学当局による閉鎖に至ったのだとしている。[101]

閉鎖された寄宿舎は、翌一九〇六年二月五日に再び開舎された。開舎に当たって木下広次総長は告示を発し、寄宿舎は「学生ノ研学修養上」重要な機関で、そのためには学生が「規律アリ制裁アル一ノ切礎団体」を組織する必要があるとした。さらに入舎を希望する学生の選考は大学職員が務める学生監が行うこととした。[102]

これを受けて新たに入舎した学生は五六名で、[103]舎生たちは三月三日に総会を開き「寄宿舎申合」を定めた。ここで彼らは木下総長の告示を踏まえ「規律あり制裁ある切磋団体を組織すること」、舎内の事務を行うため各室から総代一名を選び総代会を組織すること、総代中から専務総代三名を選び日常の事務などを担当させること、入舎の許可は学生監が行うこと、などを取り決めた。さらに共同生活を害するものがあるときは、総代会によって相当の制裁を加えることも決められた。[104]

運動会

運動に関する部を束ねるとともに運動大会を挙行する主体である運動会は、山口鋭之助理工科大学教授および学生数名が木下総長に設置を願い出て、一八九八年三月か四月頃に置かれることになったという。[105]制定された「京都帝国大学運動会仮規則」では目的を「学生ノ身体ヲ壮健ニシ心神ノ修養ヲ謀ル」こととされ、総長を会長、学生を正会員として会費は月五銭、野球部とテニス部の二部が置かれた。[106]

翌一八九九年四月三日には第一回運動大会が本部構内の理工科大学本館北側（現在の法経済学部本館のあたり

写真１－１－３　第１回運動大会（1899年４月３日）
後方中央に見えるのは図書館、右端が寄宿舎。

と推測される）で開催され、午前はテニス、午後は陸上競技が行われた。競技には京大の学生だけでなく、関西の中学校や師範学校の生徒も参加していた[107]。木下総長は運動大会の開催に熱心だったようで、翌年の第二回大会において開催の趣旨を述べた資料が残っているが、それによると、最近中学校以上で催されている運動大会は「余興的祭礼的」であると批判し、京大で開催する大会は「士気ノ振作」「体育ノ奨励」を目的とすると、その教育的効果を強調していた[108]。

一九〇〇年二月二日には「京都帝国大学運動会規則」が発布された[109]。内容としては右の仮規則とほぼ同様だが、部に弓術部が加わり、事業として毎年四月三日に陸上運動大会を開くことが明示され、さらに正会員の会費が月一五銭に変更された[110]。

陸上運動大会は、第二回以降本部構内北東隅に造られた運動場で行われるようになり、日露戦争が始まった一九〇四年は中止されたがその他は毎年開催された。さらに、一九〇六年四月一五日に大津三保ヶ崎で水上運動大会（端艇による競漕）が行われると、以後

表1－1－11　学生の毎月消費金額

（単位：円）

	法・理工科	医科
授業料	3.500	3.500
食費	6.000	6.000
被服費	2.317	2.613
学校用品	1.500	5.500
雑費	6.300	6.300
計	19.617	23.913

・『文部省往復書類　自明治三十九年至明治四十一年』（京都大学大学文書館所蔵、MP00169）より作成。

図1－1－2　ボタン（右）と帽子徽章デザイン（左）
（『文部省伺指令書類一　自明治三十年至明治三十六年』（京都大学大学文書館所蔵、MP00365））

四月に水上、一一月に陸上運動大会が催されるようになった。(111)部としては一九〇五年に撃剣部（のち剣道部）と柔道部、(112)一九〇六年の運動会規則改正の際に端艇部と水泳部が新たに置かれている。(113)また馬術部は一九〇九年には存在していることが確認できるが、(114)正確な設置年代は不明である。

生活の諸相

創立直後の一八九七年七月一五日、学生の制服制帽について議論が行われ文部省に上申されている。それによると、制服は「背広形　但建襟」という詰襟の学生服タイプで、冬服は黒または紺、夏服は鼠色、「但ボタンヲ除ク外総テ東京帝国大学ノ形式ニ倣フ」とされ、制帽はいわゆる角帽の形で黒色、やはり「東京帝国大学ノ形式ニ倣フ」とされた。(115)ボタンおよび帽子の徽章のデザインは図1-1-2のとおりである。

しかし本編第二章第一節でも触れるように、一九〇七年一一月一一日の評議会で「学生ノ制服制帽着用ヲ励行」すること、翌年二月一日以降は着用しない者の教室・図書館の出入を禁止することが決められている(116)ところをみると、学生は日常的にはあまり着用していなかったものと推測される。一九〇八年に法科大学に入学した小島昌太郎は、当時の学生たちは入学式・卒業式・三大節（四方拝・紀元節・天長節）などの式典では制服を着用したが、普段は主に和服で袴を着け、それに制帽をかぶって通学していたと回想している。[117]

一九〇六年一一月五日付で「京都帝国大学々生毎月費消ノ平均金額調」という資料が京大から文部省に送付されている。[118]それによると、学生が一カ月に使う金額は表1-1-11のとおり法科および理工科大学で二〇円弱、医科大学で二四円弱となっていた。医科大学生がより高額になっているのは、四年制であるため制服が夏冬二着ずつ必要と計算されている（夏服一二円、冬服一五円）ことと、学校用品中の書籍代が四年間で一九〇円と法・理工科大学学生（三年間で三〇円）よりかなり高く見込まれていることによっている。一九〇〇年の小学校教員初任給が一〇円から一三円、一九〇六年の第一銀行における大卒者の初任給が三五円であったとされており、[119]相当に高収入の家庭でなければ当時子弟を大学に通わせるのは困難であったと思われる。

一九〇四年六月八日、木下総長は久保田譲文部大臣に対して卒業証書授与式の廃止を申し出ている。その理由として木下は、京大では科目制をとっているため学生の卒業時期が学年末とは限らず、これまでそれぞれの学生の卒業時に証書を授与しており、学年末だけ特に盛大な式典を挙行する意味がないことを挙げていた。[120]これに対して文部省側は六月一七日付の松井直吉専門学務局長名の文書で、申出の件は「聞置カレ候条御了知相成度」とのみ回答したが、[121]京大では以後卒業証書授与式を行わないこととなったと報ずる新聞もあった。[122]

後述する（本編第三章第三節参照）ように、この翌年の一九〇五年から従来の六月一八日に代わって四月一日が大学の祝日となるが、その日の式典では優等卒業生への御下賜品の授与が行われることになった。[123]このとき授与されたのは一九〇四年七月法科大学卒業者一名と一一月医科大学卒業者二名であり、もし一九〇四年に卒業証書授与式が挙行されていたら前者はその際に御下賜品の授与があったはずであるから、文部省側の意向にかかわらず新聞報道のとおり一九〇四年には卒業証書授与式は廃止されたものと推測される。しかし本編第二章第一節で触れるように、三年後の一九〇七年一一月一一日の評議会において「卒業式執行ノ事」が決定され、[124]翌一九〇八年に卒業証書授与式は復活している。

註

(1)「京都大学条例」(京都府立京都学・歴彩館所蔵『上野家文書』館古603, 6508。京都大学百年史編集委員会編『京都大学百年史　資料編二』二〇〇〇年、八八頁)。
(2) 寺﨑昌男『増補版　日本における大学自治制度の成立』評論社、二〇〇〇年、一八七頁。
(3) 九鬼隆一「京都大学設立考案」(『京都府教育雑誌』第六号、一八九二年一〇月三一日、一頁)。
(4) 石原半右衛門「京都に大学を設くるの意見」(『京都府教育雑誌』第六号、一八九二年一〇月三一日、一一頁)。
(5)『第四回帝国議会衆議院議事速記録第二十一号』五一八頁。
(6)『京都帝国大学創立ニ関スル書類』(京都大学大学文書館所蔵、MP00106)。
(7)「大学新設得失ニ関スル意見」(国学院大学図書館所蔵『梧陰文庫』B-2881。外山𠀋作『〻山存稿』丸善株式会社、一九〇九年、一四四頁)。
(8)『日出新聞』一八九四年六月二四日付。
(9)「京都大学創立ノ事情」(京都大学百年史編集委員会編『京都大学百年史　資料編二』二〇〇〇年、一二四頁)。
(10)「清国賠償金ノ一部ヲ東京及京都ノ帝国大学基本金トシテ交付セラレンコトヲ請フノ議」(国立国会図書館憲政資料室所蔵『牧野伸顕関係文書』224)。
(11) 井上光貞・永原慶二・児玉幸多・大久保利謙編『日本歴史大系4　近代Ⅰ』山川出版社、七九七頁。
(12)「京都大学創設計画案」(京都大学大学文書館所蔵『木下広次関係資料』木下Ⅰ-102)。
(13) 註(6)に同じ。
(14)「内申」(『木下広次関係資料』木下Ⅰ-121)。
(15)『東京朝日新聞』一八九六年四月一〇日付。
(16)『日出新聞』一八九六年七月二六日付。

(17)『第九回帝国議会衆議院予算委員会速記録（第一科第二号）』四・五頁。『第九回帝国議会衆議院予算委員会速記録（第一科第五号）』七・九頁。
(18) 註（17）前掲『第九回帝国議会衆議院予算委員会速記録（第一科第五号）』九頁。
(19) 註（17）前掲『第九回帝国議会衆議院予算委員会速記録（第一科第五号）』三一頁。
(20)『大阪朝日新聞』一八九五年一二月一八日付。『日出新聞』一八九六年一月七日付。
(21)『大阪朝日新聞』一八九五年一二月二八日付。
(22)『日出新聞』一八九六年四月二三日付。『日出新聞』一八九六年七月一五日付。
(23)『学内達示済書類　明治三十年』（京都大学大学文書館所蔵、MP00318）。
(24)『京都日出新聞』一八九七年九月一七日付。
(25)「京都帝国大学」（『日本人』第四六号、一八九七年七月五日）六頁。
(26)「京都大学の開設」（『教育時論』第四四一号、一八九七年七月一五日）四頁。
(27)『文部省学事年報資料　自明治三十年至明治四十年』（京都大学大学文書館所蔵、MP00264）。
(28) 九州大学百年史編集委員会編『九州大学百年史　第一巻　通史編Ⅰ』二〇一七年、七六・九七・一〇四頁。
(29) 京都帝国大学文学部『京都帝国大学文学部三十周年史』一九三五年、二四二頁。
(30)「京都文科大学の新設」（『教育時論』第五八五号、一九〇一年七月一五日）三三頁。
(31)「京都帝国大学文科大学の組織に関する卑見」（京都大学大学文書館所蔵『木下広次関係資料』木下Ⅰ‒39）。
(32)『文部省往復書類　自明治三十年至明治三十四年』（京都大学大学文書館所蔵、MP00638）。
(33)『各庁諸向往復書類　自明治三十年至明治三十五年』（京都大学大学文書館所蔵、MP00447）。
(34) 文部大臣官房文書課『日本帝国文部省第二十五年報　自明治三十年至明治三十一年』一八九八年、六五頁。
(35)「創立以来の比較」（「データ集（学生数、入学状況等）」京都大学ホームページ、https://www.kyoto-u.ac.jp/sites/default/files/inline-files/2020-2nd-04.pdf、二〇二一年六月三日閲覧）。
(36)『大阪毎日新聞』一八九七年八月二九日付。
(37) 註（33）に同じ。
(38) 木下広次宛織田万書翰（京都大学大学文書館所蔵『木下広次関係資料』木下60‒1）。
(39)「明治三十一年京都帝国大学年報」（註（27）前掲『文部省学事年報資料　自明治三十年至明治四十年』）。
(40)『文部省開申上申書類　自明治三十年至明治三十六年』（京都大学大学文書館所蔵、01A21026）。

(41) 京都大学附属図書館編『京都大学附属図書館六十年史』一九六一年、七九頁。
(42) 『評議会議事録　自明治三十二年至明治四十五年』（京都大学大学文書館所蔵、MP00001）。
(43) 寺﨑昌男『日本近代大学史』東京大学出版会、二〇二〇年、九六頁。
(44) 『教授会通知　工学部』（京都大学大学文書館所蔵、02B00230）。
(45) 「教員履歴データベース」（京都大学大学文書館ホームページ、https://kensaku.kua1.archives.kyoto-u.ac.jp/rireki/　二〇二一年六月三日閲覧）。
(46) 註（23）に同じ。
(47) 東京帝国大学『東京帝国大学一覧　従明治三十年至明治三十一年』一八九七年、四五頁。
(48) 『学内達示書類　自明治三十年至明治三十八年』（京都大学大学文書館所蔵、MP00301）。
(49) 『学位授与関係書類　自明治三十一年至明治四十四年』（京都大学大学文書館所蔵、MP00573）。
(50) 京都帝国大学『京都帝国大学一覧　自大正十三年至大正十四年』一九二五年、三三七頁。
(51) 京都帝国大学『京都帝国大学一覧　従明治三十二年至明治三十三年』一九〇〇年、四・九九頁。
(52) 註（48）に同じ。
(53) 註（48）に同じ。
(54) 註（27）に同じ。
(55) 註（48）に同じ。
(56) 註（48）に同じ。
(57) 『文部省伺指令書類一　自明治三十年至明治三十六年』（京都大学大学文書館所蔵、MP00365）。
(58) 高根義人「大学ノ目的」（『法律学経済学内外論叢』第一巻第二号、一九〇二年、一二四頁）。
(59) 高根義人「大学制度管見」（『法律学経済学内外論叢』第一巻第五号、一九〇二年、八一頁）。
(60) 一九〇二年五月六日付木下広次宛高根義人書翰（京都大学大学文書館所蔵『木下広次関係資料』木下144-2）。
(61) 『文部省往復書類　自明治三十五年至明治三十八年』（京都大学大学文書館所蔵、MP00168）。
(62) 「京都法科大学規程改正」（『教育時論』第六五二号、一九〇三年五月二五日）三八頁。
(63) 『東京朝日新聞』一九〇三年六月三〇日付。
(64) 『読売新聞』一九〇三年三月一日付。
(65) 東京大学百年史編集委員会編『東京大学百年史　部局史一』一九八六年、一〇三頁。

(66)『評議会関係書類　自明治三十二年至明治四十四年』(京都大学大学文書館所蔵、MP00026)。
(67)註(42)に同じ。
(68)『学内達示書類　自明治三十九年至明治四十四年』(京都大学大学文書館所蔵、MP00302)。
(69)潮木守一『京都帝国大学の挑戦』講談社、一九九七年、一四二頁。
(70)『大阪朝日新聞』一九〇七年三月一〇日付。
(71)「〔総長批判の意見書〕」(京都大学大学文書館所蔵『木下広次関係資料』木下I-31)。
(72)「京都帝国大学官制改正ノ義ニ付建議」(京都大学大学文書館所蔵『木下広次関係資料』木下I-32)。
(73)『大阪朝日新聞』一九一四年四月三〇日付。
(74)『大阪朝日新聞』一九一四年二月二一日付。
(75)京都大学事務局『京都大学概覧　昭和廿二年』一九四七年、一一三頁。
(76)『機密書類　明治三五年~昭和二五年』(京都大学大学文書館所蔵、MP00107)。
(77)『大阪毎日新聞』一九〇五年六月一六日付。
(78)東京大学百年史編集委員会編『東京大学百年史　通史二』一九八五年、一六四頁。
(79)註(65)に同じ、一一六・一一七頁。
(80)『読売新聞』一九〇五年九月二二日付。『読売新聞』一九〇五年九月二三日付。
(81)註(76)に同じ。
(82)一九〇五年九月一一日付木下広次宛織田万書翰(京都大学大学文書館所蔵『木下広次関係資料』木下60-2)。
(83)註(76)に同じ。
(84)註(76)に同じ。
(85)『東京朝日新聞』一九〇五年一〇月六日付。
(86)註(78)に同じ、四一頁。
(87)註(42)に同じ。
(88)『第二十三回帝国議会衆議院議事速記録第三号』一二頁。
(89)『第二十三回帝国議会衆議院議事速記録第七号』五四頁。
(90)『第二十三回帝国議会衆議院帝国大学特別会計法案外一件委員会議録(速記)第三回』九頁。
(91)『東京朝日新聞』一九〇七年二月三日付。

(92) 註(90)に同じ、九・一一頁。
(93) 田中智子『近代日本高等教育体制の黎明――交錯する地域と国とキリスト教界』思文閣出版、二〇一二年、二五一頁。
(94) 『日出新聞』一八八七年一月四日付。
(95) 註(29)に同じ、一八一頁。
(96) 『本学限伺開申書類　自明治三十年至明治三十五年』(京都大学大学文書館所蔵、MP00153)。
(97) 註(39)に同じ。
(98) 「明治卅八年度京都帝国大学年報」(註(27)所収)。
(99) 『京都日出新聞』一九〇五年一二月二四日付。
(100) 京都帝国大学『京都帝国大学一覧　自明治四十二年至同四十三年』一九一〇年、二九四頁。
(101) 外山岑作「我寄宿舎の生立」(『京都帝国大学寄宿舎誌』第一号、一九一〇年)三〇頁。
(102) 註(68)に同じ。
(103) 京都大学寄宿舎舎史編纂委員会『京都帝国大学寄宿舎誌』一九八六年、二七頁。
(104) 註(103)に同じ、二八頁。
(105) 「運動会記事」(『以文会誌』第一号、一九〇九年)七頁。
(106) 京都帝国大学『京都帝国大学一覧　従明治三十年至明治三十一年』一八九八年、三八頁。
(107) 註(105)に同じ、八頁。
(108) 「京都帝国大学第二回陸上競技運動会ノ執行ニ関スル本旨及方針ニ付木下京都帝国大学総長ノ演説」(京都大学大学文書館所蔵『木下広次関係資料』木下I-11)。
(109) 註(105)に同じ、八頁。
(110) 『京都帝国大学一覧　従明治三十二年至明治三十三年』一二三頁。
(111) 註(105)に同じ、一六頁。
(112) 註(105)に同じ、一六頁。
(113) 註(105)に同じ、一六頁。
(114) 註(105)に同じ、二五頁。
(115) 註(57)に同じ。
(116) 註(42)に同じ。

(117) 小島昌太郎「わたくしの学生時代」(『京大広報』第一三六号、一九七七年三月一五日)。
(118)『文部省往復書類　自明治三十九年至明治四十一年』(京都大学大学文書館所蔵、MP00169)。
(119) 週刊朝日編『値段史年表　明治・大正・昭和』朝日新聞社、一九八八年、九二・五一頁。
(120)『文部省伺指令書類　自明治三十七年至明治四十四年』(京都大学大学文書館所蔵、MP00366)。
(121) 註(120)に同じ。
(122)『東京朝日新聞』一九〇四年六月二三日付。
(123)『記念祝式関係書類　自明治三十一年至大正三年』(京都大学大学文書館所蔵、MP00319)。
(124) 註(42)に同じ。

第二章　模索期

一九〇八〜一九一八年の概観

本章で主に対象としている一九〇八（明治四一）年から一九一八（大正七）年までの京大の状況を概観すると次のとおりである。

まず分科大学では、福岡医科大学が一九一一年三月三一日公布の勅令第四五号によって九州帝国大学医科大学に改組され、京大から離れた。それとともに京都医科大学は設置当初の医科大学の名称に戻った。また、理工科大学は一九一四年七月六日公布の勅令第一四五号によって理科大学と工科大学に分離した。

各分科大学における学科の改編は左記のとおりである。

法科大学　政治学科を政治経済学科に改称（一九一四年八月二九日）

理工科大学　理学科を数学科・物理学科・純正化学科に改組（一九〇八年九月一一日）

このほか、一九〇九年一〇月七日の評議会では日本が当時植民地として統治していた台湾において林地の編入を受けることになったとの報告があり[1]、これが演習林となった。その後一九一二年には朝鮮に、一九一五年には樺太に演習林が置かれている。

分科大学ごとの講座数の変遷は表1-2-1のとおりである。新設間もない頃の文科大学で若干の増加がみられるほかは、全体としては微増に留まっている。

分科大学ごとの入学者数の変遷は表1-2-2のとおりである。一九〇五年度以降急減していた法科大学の入学者数（第一章第三節参照）が一九一〇年代に入ると急増し、二〇〇名を超えるようになったため、大学全体の入学者数も増加した。

教授・助教授数の変遷は表1-2-3のとおりである。これも全体としては微増に留まっている。

表１－２－１　講座数（1908～1918年）

	文	法	理工	理	医	福岡医	工	計
1908	18	27	32	—	21	20	—	118
1909	23	30	35	—	22	22	—	132
1910	23	30	35	—	22	22	—	132
1911	23	30	35	—	22	—	—	110
1912	24	32	35	—	23	—	—	114
1913	24	32	35	—	23	—	—	114
1914	24	34	—	11	23	—	26	118
1915	24	34	—	11	23	—	26	118
1916	25	36	—	13	24	—	26	124
1917	25	36	—	13	24	—	26	124
1918	25	37	—	15	24	—	27	128

・京都大学百年史編集委員会編『京都大学百年史　資料編３』2001年、44頁より作成。
・医科大学は、1910年までは京都医科大学。
・理工科大学は、1914年に理科大学と工科大学に分離。

表１－２－２　分科大学入学者数（1908～1918年）

	文	法	理工	理	医	福岡医	工	計
1908	30	41	106	—	81	43	—	301
1909	37	32	68	—	80	73	—	290
1910	34	115	88	—	80	86	—	403
1911	35	142	96	—	80	—	—	353
1912	51	239	101	—	88	—	—	479
1913	53	261	164	—	89	—	—	567
1914	46	260	—	43	85	—	110	544
1915	46	280	—	42	91	—	113	572
1916	30	254	—	28	83	—	101	496
1917	32	278	—	31	97	—	90	528
1918	38	270	—	32	95	—	103	538

・京都大学百年史編集委員会編『京都大学百年史　資料編３』2001年、466頁より作成。
・医科大学は、1910年までは京都医科大学。
・理工科大学は、1914年に理科大学と工科大学に分離。

表1－2－3　教授・助教授数（1908～1918年）

	文		法		理工		理	
	教授	助教授	教授	助教授	教授	助教授	教授	助教授
1908	8	5	16	4	26	12	—	—
1909	14	4	17	5	27	13	—	—
1910	16	5	17	6	28	13	—	—
1911	18	5	17	4	31	13	—	—
1912	19	5	18	3	30	11	—	—
1913	20	4	18	2	27	13	—	—
1914	19	5	19	4	—	—	9	5
1915	20	5	19	2	—	—	8	6
1916	19	6	18	3	—	—	8	6
1917	21	5	18	6	—	—	10	5
1918	22	6	22	5	—	—	11	6

	医		福岡医		工		計	
	教授	助教授	教授	助教授	教授	助教授	教授	助教授
1908	21	8	19	3	—	—	90	32
1909	22	8	18	1	—	—	98	31
1910	22	11	19	2	—	—	102	37
1911	22	10	—	—	—	—	88	32
1912	23	7	—	—	—	—	90	26
1913	21	11	—	—	—	—	86	30
1914	21	12	—	—	20	8	88	34
1915	20	13	—	—	20	7	87	33
1916	20	13	—	—	20	7	85	35
1917	21	12	—	—	19	9	89	37
1918	20	14	—	—	21	9	96	40

・京都大学百年史編集委員会編『京都大学百年史　資料編3』2001年、403頁より作成。
・医科大学は1910年まで京都医科大学。
・理工科大学は、1914年に理科大学と工科大学に分離。

第一節　沢柳事件前後

岡田総長退職事件

一九〇七年七月一日に総長を辞職した木下広次の後任はすぐには決まらなかった。当時文部次官であった沢柳政太郎から木下宛の二通の書翰には、後任の選定が困難なため当分久原躬弦理工科大学教授を事務取扱とする旨記されている(2)。

ようやく一〇月一六日付で学習院御用掛岡田良平の総長就任が発令された。岡田は帝国大学文科大学の卒業、文部総務長官も務めた官僚であった。当時京大は入学者数の減少にみられるように不振の状態にあるとの評判があり(3)、岡田にはその立て直しが期待されていたと考えられる。

岡田は、一一月一一日の評議会において、①翌年一月から人格修養のための課外講演開始、②学生の制服制帽着用義務、③学内の清潔を保つための責任者任命、④一九〇四年に廃止されていた卒業式の復活、⑤同じく一九〇四年に廃止されていた特待生制度の復活、⑥近い将来の寄宿舎増築拡張といった方針を打ち出した(4)。さらに翌一九〇八年一月三一日の評議会では、⑦従来新年と天長節のみであった拝賀式を紀元節にも行うことを決定した(5)。このうち、①の課外講演は一九〇八年一月一七日から毎週一回行われ(6)、④⑤⑦も実施されたことが確認できる(7)。

しかし、右のような人格修養や監督強化を目指した岡田の方針は、学内の反感を呼び起こしていたようで、当時京都二中教頭であった山本良吉の一九〇八年一月五日の日記によると、学生監の石川一は岡田について、法科などへの「荒療治」の任務を帯びてきたので「一仕事」するだろうと述べたのに対して、第三高等学校教授の森外三郎は「目下総長は一人の同情者を大学内に有せず」と話したという。(8) また、岡村司法科大学教授が残した岡田宛書翰の草稿（実際に出されたかは不明）には、岡田が教場を見てまわり教授を監督していることを「咄々怪事」と非難している文言がある。(9) こうした学内の動向を背景にして、岡田の文部次官就任発表により岡田排斥運動が一気に開始されたといえる。

一九〇八年七月一四日に第二次桂太郎内閣が成立すると、小松原英太郎文部大臣のもとで、二一日岡田が京大総長兼任の形で文部次官に就任した。すると、その四日後の二五日に各分科大学から一五名の教授が集まり、次官と総長の兼任拒否、岡田の次官を辞任しての総長専任拒否、教授のなかからの後任総長推薦、これらのため各分科からの委員選出などが決議された。(10) また、委員長には村岡範為馳理工科大学教授が選ばれた。二七日に村岡をはじめ委員四名が岡田に面会し「総長ノ兼任ハ大学ノ体面ニ関シ、事務ノ渋滞ヲ来スノ恐アリ」と、次官との兼任によって総長の職務が全うできなくなるとの懸念を表明する一方「殊ニ学内ノ総長ニ対スル不平ハ今日ニ起レルニ非ズ」と述べているように、(11) 兼任が契機となってかねてより岡田に対する反感を募らせていた教授たちによる岡田の辞任を求める動きとなったのである。

同じく委員となった田辺朔郎理工科大学教授らは、二九日から八月一日にかけて上京して有力者に面会し岡田の辞職を求めた。(12) 特に三一日に面会した山県有朋が教授側の主張を認めたことが大きく、小松原文相も兼任解除を約束した。

教授側はその後後任総長について議論を行っていく。その結果八月一〇日の委員会では学外であればすでに東京帝国大学総長を務めた経験のある山川健次郎を、学内ならば久原躬弦を推すことが決定された。(13) 村岡らは一二日に小松原にこの決定を書翰で伝えているが、そのなかで「山川氏ハ多分辞退セラル、事ト存候」とある(14)

ので、教授側の本音は久原の総長任命であったと考えられる。八月二八日に教授側は、後任総長に山川と久原を推薦すること、当局者は教授側に断りなく両氏以外を後任としないこと、の二点を貫徹するため一致した行動に出るとの宣言書を作成し合計五四名の教授がこれに署名した。[15]

しかし、運動のため再び上京した田辺らに対して、九月二日小松原は後任は菊池大麓となった旨を伝えた。田辺の聞いたところによると、後任は桂太郎首相・平田東助内務大臣・浜尾新東大総長と小松原の相談によって決定されたものであり、[16]教授側には事前の照会は一切なかった。政府側は、東大総長や文部大臣を経験している教育界の大物である菊池を後任に据えることによって、京大内部の混乱を収拾しようとしたのであろう。同日付で岡田は兼任を解除され、菊池が京大総長に就任した。

菊池の就任を受けて教授側は五日に会合を開いた結果、事前の照会なく後任総長が決定されたことに対する意見書を文相宛に送ったが、[17]九月三〇日付で文部大臣官房秘書課長より「本来大学総長ノ人選ハ当該大学教授ニ諮詢スヘキ筋ニ無之」、意見書は本省で棄却したとの回答が京大にもたらされている。[18]

岡村教授の譴責処分

この時期、教員の著作や言動が問題視された二つの事件があった。

その一つは、河田嗣郎法科大学助教授が著した『婦人問題』（一九一〇年九月刊）『社会主義論』（一九一〇年一〇月刊）の絶版問題である。両書刊行直後の一〇月二九日付で岡田良平文部次官に宛てた菊池大麓総長の書翰には「御申越之件拝承」としたうえで、「河田に付注意を与へ置候」とある。[19]続いて三一日には菊池は二通の書翰を相次いで岡田に発し、河田本人が両書の絶版に同意したこと、河田の親友である河上肇法科大学助教授が上京して絶版の手続きを行うことなどを知らせている。[20]同年の大逆事件に表れているように社会主義運動・思想に対する抑圧が強まるなかで、婦人問題や社会主義の概説書が絶版の対象となった出来事といえる。

翌一九一一年七月一七日には岡村司法科大学教授が譴責処分となった。[21]新聞報道によると、岡村は六月四日に開催された岐阜県教育総会で「民法上より見たる家庭」と題して講演を行い、家族制度は不必要であって西洋風の個人主義で結構であると述べ、さらに内務大臣の平田東助を「馬鹿者」、文部大臣の小松原英太郎を「狂者」として「斯の如き奴等」が国政を扱うのが誤りだと演説したという。[22]岡村は、七日の新聞紙上でも日本の家族制度は「昔時の遺風」であると語っており、[23]当時の民法典における家制度への批判は岡村の学説にもとづいていた。

文部省では福原鐐二郎専門学務局長が、最初に新聞記事が出た直後の六日に早くも岡村に対する処分について小松原文相と話し合っていたが、[24]これに対して法科大学では一三日教授会が開かれ、文部省の処置が「学問の独立を破壊し大学の神聖を汚辱する」ことがあれば「学界の不幸是より大なるはな」く、「各自予め覚悟するところなかるべからず」との議論も出たと報じられた。[25]

こうしたなか、菊池総長は岡村の処分軽減に動いていた。六月二九日付桂太郎首相宛の小松原の書翰によると、菊池が寛典を希望して桂へも書面を差し出すと記されている。[26]ただ同じ書翰に菊池が「本人ハ勿論教授一同恐縮致居候様子ニ有之」と語っているとあるが、これは前述の新聞報道とはかなり異なっている。菊池は七月三日には上京して小松原に会い寛大な処置を願い出ているが、その際もし懲戒免官などの重い処分を科すと、岡村の家族主義批判という学説を理由とした処分と世間に受け取られ、諸新聞などによる政府攻撃の材料となるのは政府としても得策ではないと述べていた。[27]岡村の処分が前述のように譴責という比較的軽いもので済んだのは、この種のイデオロギー的問題による政府批判を避けたいと当局側が考えたことによると思われる。岡村の処分理由は「講演中ニ於テ政府当局者ニ対シ過激ニ渉ル言辞ヲ用ヰタルハ官吏ノ職務上ノ義務ニ違背セル不都合ノ行為」[28]であるからということであった。

ちなみに、処分発令直後に法科某教授の談として、近来の政府の言論に対する圧迫を「憫笑」し、免官か罰俸に処すつもりだった文部省の意図が失敗に終わって岡村は「大笑ひをして居るだらう」との新聞記事が掲載されると[29]、菊池はすぐさまこのような「不都合之言議ヲ為ス者」がいることを首相や文相に謝罪し辞表を提出しようとしたが、小松原文相に慰留されている[30]。

沢柳総長就任と七教授辞職

菊池大麓総長は一九一二年五月八日枢密顧問官に転じ、後任総長には久原躬弦理工科大学教授が教授兼任のまま任命された。久原は、木下広次の総長辞職後三カ月半総長事務取扱を務めた経験があり、前述のように教授側が岡田良平の退職を求めた際総長に推されていた人物であった。しかし、久原にとって総長就任は意外なことだったようで、当時の雑誌には記者への久原の談として「全く唐突の事」と述べている記事がある[31]。学内教授の総長就任は京大で初めてであったが、その経緯は不明であり、少なくとも学内世論に推されて就任したのではないことは右の資料から推察される。

久原は翌一九一三年五月九日に総長を退任して教授専任に戻った。退任直後の新聞記事によると、久原は総長の仕事は「自分の長所にあらず」、今回東大はじめ他大学総長更迭の機会に「平生希望せる通り」純粋に教授の地位に戻ることを申し出て認められたものと述べていた[32]。

久原の後任は東北帝国大学総長を務めていた沢柳政太郎であった。沢柳は帝国大学文科大学卒業後、第一高等学校長や文部次官などを歴任する文部官僚であるとともに、教育学の研究者でもあった。

この時の総長交替は全帝国大学に及ぶものであり、東京帝国大学総長には九州帝国大学総長から山川健次郎が転じ、東北帝国大学総長には広島高等師範学校長であった北条時敬が、九州帝国大学総長には文部省実業学務局長の真野文二が就任した。この異動については、いずれも適材適所であるとして当時の山本権兵衛内閣の奥田義人文相の手腕を評価する向きもあった(33)。

沢柳の総長就任から約二カ月後の七月一二日、七名の教授が沢柳に辞表を提出した。坂口昂文科大学教授の日記によると、この日沢柳は全学の教授を集め、天谷千秋（医科大学）・村岡範為馳・三輪桓一郎・吉田彦六郎・横堀治三郎・吉川亀次郎（以上理工科大学）・谷本富（文科大学）の辞職を発表した(34)。一四日付の牧野伸顕外相宛の書翰で沢柳自身が述べているように、これは沢柳の要請に応じたものであった(35)。なお、当時法科大学教授であった神戸正雄は、七名のほかに法科の田島錦治教授も免官の候補に挙げられていたのを自らが沢柳を思い止まらせたと、一九四七年に催された京大創立五〇周年記念の懐古座談会で証言しているが(36)、真偽は定かでない。

沢柳は総長就任に前後して雑誌に発表した文章で、大学教授は「第一流の学者」でなければならず、時勢の進歩によって自らの学問が遅れたものになったら「高踏勇退」すべきと論じていた(37)。また、かねてより大学の改善について方策を考えており、そのなかには教授の任命は研究成績に重きを置くことが挙げられ、京大総長就任にあたって菊池大麓に相談し賛同を得ていたという(38)。少なくとも沢柳としては、七名の教授に辞職を求めたのは、こうした考えがあってのことと思われる。そして新聞報道によると、奥田文相も学問や人格の点で不適任な教授は免職させなければならないと述べ、沢柳の方策を支持していた(39)。

沢柳は、自らの専門である教育学を研究する文科大学の谷本富の後任についても、意向を通した。坂口の日記によると七月一六日の教授会に沢柳が出席して谷本の学力を「劣等中の劣等」などと激しく攻撃、後任に広島高等師範学校教授の小西重直を推薦した。そして議決に当たり坂口は沢柳に退席を求めたが、沢柳およびその意向を忖度した教授たちに一蹴されたという。(40)

法科大学による抗議と奥田文相の裁定

七教授辞職を聞いた法科大学は直ちに抗議行動を始めた。法科大学教授助教授一同が公表した交渉顚末によると、一九一三年中の動きは次のとおりである。(41)

七月一三日、協議会が開催され、仁保亀松学長が七教授辞職について報告、その際の議論にもとづきこれは学問の独立自由および大学の消長に関わる重大な問題であるとして仁保は沢柳に口頭で抗議した。次いで二三日には意見書の作成を決し、八月二日に総長に提出した。意見書では、教授の任免は当該分科大学教授会の同意を得なければならないと主張し、その理由として①学問の進歩は学者が研究に専念することによってなされるものであり、そのために教授の地位を安定させる必要がある②大学を学問の中心にするためには、教授をして「官権ノ干渉ト俗論ノ圧迫」の外に立たせなければならない③学者の能力と人物は同僚である学者でなければ判定できない④総長と教授は均しく大学の利益のために協力しなければならない⑤従来から教授の任命は教授会の推薦によることが不文法となっているが、それはこれが最良の方法だからである⑥総長の専断で教授を進退すると教授の地位が軽視され学生に悪影響を及ぼし、学問に対する社会の敬意を薄めてしまう、といったことが挙げられていた。

これに対して沢柳は一〇月二九日、現行の制度では教授の任免に際して教授会の同意が必要であるとは認められないとの答弁書を法科大学に送付したが、法科大学は一二月一〇日弁駁書を提出、現行制度の改革を求めているのではなくその運用上最も穏当と考えて要求しているのだと応じた。さらに法科大学は文部大臣に対する上申書を作成、仁保・中島玉吉・小川郷太郎の三教授が一二月一一日に上京して文相に裁決を求めるに至った。

翌一九一四年一月一二日沢柳は法科教授助教授の会合の席に出て、改めて現行制度のもとでは法科の意見に同意するのは不穏当であること、しかしながら文相の裁決には従うことを表明した。[42] その翌日の一三日、田島錦治・戸田海市・市村光恵の三教授が総長官舎を訪れさらに交渉を行い、沢柳との間に

総長ト教授会トハ互ニ相信頼シ共同一致京都大学ノ発展ニ尽力センコトヲ期ス従テ教授ノ任免ニ関スル教授会ノ意見ヲ尊重スルハ論ヲ俟タス

との覚書を交わした。[43] 三教授によると教授会の意見を尊重するとは教授会の同意を経なければならないことと同義だと沢柳が言明したので、法科側はこれによって沢柳が自らの主張に同意したものと受け取りその旨を公表、新聞も「教授側の勝利」「総長教授の意見を容る」などと報じた。[44]

しかし、一四日沢柳は仁保学長を呼び法科の公表した趣旨は自分の意図と異なると述べ、三教授が言ったとする自らの言明を否定した。これを受けて法科側は協議会を開催、教授助教授全員が沢柳に辞表を提出した。[45] 新聞に報道された仁保の談によると、辞表提出の理由は、第一に大学自治・学問の独立をめぐる見解の相違、第二は言を左右にする沢柳の不誠実な姿勢であった。[46]

沢柳が、本当にこのようないわば食言を行ったのかは定かではない。一貫して現行制度下では法科の主張は認められないとしていた沢柳が、急に百八十度意見を変えるとは考えにくいが、「娓々数千言巧妙ノ辞令」を

操ると法科側に思われていた沢柳の言葉遣いが解釈の相違をもたらしたのかもしれない。[47]

一五日、仁保学長は医科・理工科・文科の各分科大学教授助教授を集めて状況を説明、その後各分科は協議会を開いて対応を検討した。[48]その結果坂口昂の同日の日記によると、三分科いずれも法科の主張を是認するとの結論を出した。[49]また、法科の学生も教授助教授の辞表提出について仁保から説明を受け、同じ日に学生大会を開催、委員を選出して上京し有力者に陳情するなどの運動を開始した。学生たちは当初「教官の留任を期す」との決議をあげていたが、二〇日の学生大会では「誓て教官各位と進退を共にせんことを期す」と決議を修正した。[50]

法科教授助教授の辞表を受け取った沢柳は上京し、一六日に奥田文相に今回の顚末書を提出して事態を説明するところがあった。[51]一方、仁保も戸田・中島両教授と上京、一七日に奥田に面会している。[52]これに対して奥田は、法科教授助教授全員との会見を求める電報を一八日に発し、[53]法科側も応じて二二日に上京した。

このとき、東京帝国大学法科大学の穂積陳重・富井政章両教授が調停に立った。共に法学界の重鎮で、特に富井は京都法政学校およびその後身の立命館大学の校長・学長を務め、京大法科とは縁が深かった。山川健次郎東大総長の日記には一月一九日から連日菊池大麓や東大法科の教員と京大の件につき打合せを行った旨の記載があり、[54]そのときに穂積と富井が調停に入ることが決められたと考えられる。

法科側は二二日・二三日に穂積・富井と懇談、さらに二三日夜には奥田文相も入って協議の結果、奥田は法科の主張に対して次のような見解を表明した。

教授ノ任免ニ付テハ総長カ職権ノ運用上教授会ト協定スルハ差支ナク且ツ妥当ナリ[55]

そして翌二四日は、沢柳総長も加わって協議が行われ右の趣旨が確認され、法科教授助教授は辞表を撤回することになった。新聞報道によると、協議の場では「協定」の字句について論議があったが協定とは教授会の同意を経ると同一の意味で一致したのだという。[56] これによって法科側の主張が認められ、教授の人事について総長は文部大臣に具状するにあたり専断ではなく教授会と同意の上進めることになった。この原則は、戦前期帝国大学における自治を保障する柱として機能することになる。

しかし、この直後の帝国議会において奥田は報じられた法科大学との合意内容とは異なった答弁をしていた。一月二七日の衆議院予算委員会では立憲同志会の加藤政之助が、二月三日の衆議院予算委員会第一分科会では立憲政友会の八木逸郎が、同日の衆議院本会議では中正会の森田小六郎がそれぞれ京大の状況について質問した。[57] これらに対して奥田は、事件は総長と教授側の誤解、感情の衝突によるものであること、教授の任免について総長が教授会に諮る義務はないが、大学内部の円満のため総長が任意に諮ることは差し支えないこと、などと答弁していた。ちょうど海軍高官への贈賄事件であるシーメンス事件が表面化し、山本権兵衛内閣に対する攻撃が激しくなり始めた時期であることも手伝って、奥田は法科大学と議会に対して言葉を使い分けたことになる。法科大学では奥田の答弁を知り、小川郷太郎・佐々木惣一・雉本朗造といった比較的若手の三教授が大いに不満を抱き、[58] 九日には法科で協議会が開かれたが多数は奥田の弁明はやむなしとして教授会としては運動しないことに決した。[59] 小川らも織田万教授らの仲介で矛を収めたと報じられ、[60] 小川と佐々木は直接奥田に面会し奥田の理解が法科大学側と同一であることを確認したという。[61]

後任総長問題

奥田文相の裁定後、京大では総長互選を求める動きが始まった。新聞報道によると、この中心になったのは文科大学で、三月の半ばには案ができていた[62]。そして、四月一四と二四の両日各分科大学より委員が集まって協議会が開催され、そこでは総長任免の際はそれに先立ち京大に照会すること、学内の秩序維持の観点から総長互選が適当でその際には在職期限を二年ないし三年にすること、の二点で合意したという[63]。

この間、山本内閣は三月二四日に倒れ、若干の政治的空白の後四月一六日に第二次大隈重信内閣が成立し文部大臣には一木喜徳郎が就任した。沢柳は新文相就任後の四月二八日に免官、医科大学長の荒木寅三郎が総長事務取扱になった。一木は沢柳の後任として、専任総長ではなく山川健次郎を東京帝国大学総長と兼任させることを考え、山川に交渉した。山川は再三固辞したが、七月に入りついに承諾したので、一木は八月一七日に京大の各分科大学長を呼び山川兼任を伝えた[64]。これに対して、坂口昴の日記によると他の分科大学が山川で承認する様子であることを踏まえて、文科大学も山川を歓迎すること、総長は専任とされたいこと、の二点を文部省に通じておくことにしたという[65]。

山川の兼任は八月一九日に発令され、山川は二四日に総長として初めて京大に入った[66]。山川は総長としての人望はあったが、東大との兼任はいかにも無理があった。総長就任から『山川健次郎日記』で確認できる一九一五年四月一四日までの八カ月弱で、京都を訪れたのは一一回、最長の滞在期間は二四日、僅か二日で東京に戻ったことや、ほぼ一カ月訪れなかったこともあった[67]。従って、山川としては頃合いを見て専任の後任総長を見つけることを最重要の任務としていたと考えられる。

山川は一九一五年一月二一日、後任総長問題で松本文三郎文科大学長と会見したのをはじめに、二三日、二月九日から一二日までの計六日で三〇名ほどの教授たちと会い意見交換を行っている[68]。そしてそれを踏まえて二月一四日東京で一木文相に面会、京大総長の件について「補職より外に道なき旨」、つまり学内の教授から総長を任命するしかないと伝えている[69]。

これに対して文部当局側は当初は学外から候補者を決め、それを京大側に内示する方法を選択した。坂口昂の日記によると五月以来山川はまず最初に東大理科大学長の桜井錠二、次いで外交官で当時宮内省御用掛だった秋月左都夫を後任として推薦した。だが各分科大学の賛成を得られず（秋月は工科のみ可としていた）、三人目として山川が推薦した荒木寅三郎医科大学教授については法・医・工・文は賛成、理は学外から総長を招くべきとして反対、これによって荒木が総長に就任することになった[70]（六月一五日発令）。

このように、山川の後任総長は教授の互選ではないものの、学内の意向を反映する形で決定された。一方学外にはこうした決定方法を疑問視する意見もあり、六月九日の帝国議会貴族院本会議では、前年京大総長を辞職した沢柳政太郎が右の経緯を暴露したうえで「恰モ選挙ニ依ル制度デモアルカノ如ク」教授一般の意見を問うのは「悪慣例」で官制の精神を没却するものではないかと追及している。これに対して一木文相は、沢柳が言うような事実は聞いていないので回答はできないと突っぱねていた[71]。文部当局の建前としては関知しないという前提のもと、後任総長が決定されたといえる。

第二節　制度・組織改編などの動き

分科大学改編

一九一〇年一二月一一日、九州帝国大学の設置が公布され同時に同大学に工科大学が置かれた。これに伴い、翌一九一一年三月三一日公布の勅令第四五号によって福岡医科大学は四月一日から九州帝国大学医科大学となり、京都医科大学は勅令第四四号によって医科大学と改称された。本編第一章第二節で述べたように、福岡に設置された医科大学が京大の分科大学となったのは将来の独立が前提となっていたので、これは既定の路線であった。

一九一三年一一月二一日の評議会では、理工科大学の理科大学と工科大学への分離が可決された[72]。分離の理由として、新城新蔵教授が学友会（本章第三節参照）に語ったところによると、学術全般の発達および理科・工科双方の研究対象・方法の違いが挙げられていた[73]。分離は一九一四年七月六日公布の勅令一四五号によって実現し、理科大学には数学科・物理学科・純正化学科の三学科一一講座が、工科大学には土木工学科・機械工学科・電気工学科・採鉱冶金学科・工業化学科の五学科二六講座が属することになった。

新たに発足した両分科大学における学生の履修方法は対照的なものだった。理科大学は理科大学規程の第四条に「学修ニ関シテハ一定ノ課程ヲ設ケス学生ニ於テ各自学修スヘキ科目ヲ選択スルモノトス」と、学生の自主性に任せたいわゆる科目制度を導入した[74]。

一方工科大学は、工科大学規程の第四条で「第一学年ノ課程ヲ修了セシ者ニアラサレハ第二学年以後ノ科目ノ授業ヲ受クルコトヲ許サス」と、一年次から二年次にかけて進級制度を設け、学生に基礎的科目から専門的科目へ段階的に履修できるようにしていた[75]。

一九一四年八月一九日法科大学規程が改正され[76]、従来の四年制から三年制に学科課程が短縮された。法科は当初四年制で発足したものが学内の改革論議を経て三年制に短縮、それがまた四年制に復したことはすでに本編第一章第三節で述べたとおりであるが、ここに三たび変更されたことになる。今回の改編は前年六月一三日に文部大臣の諮問機関として発足した教育調査会での議論によるものであった。教育調査会においては、大学卒業までに要する年限の短縮が議題の一つであり、学年開始時期の四月への変更（本編第三章第一節参照）と並んで法科の年限短縮が議論されていた。委員の一人であった貴族院議員水野直の残した資料によると、現状では四年次の第三学期はほとんど卒業試験に費やすものとなってしまっており、他の二学期分の科目の整理を行うことによって年限を短縮させるとしていた。[77]一九一三年一二月一七日の教育調査会総会において法科の年限短縮は可決され、[78]その結果は福原鐐二郎文部次官より沢柳総長に伝えられた。[79]これに先立ち、京大では一一月二一日の評議会においてすでに法科年限短縮に賛成することが決定されていたが、[80]東大では山川健次郎東大総長の日記によると一八日の評議会で「議論百出」し議決できなかったという。[81]

しかし最終的には両帝大法科とも短縮を受け入れ、前述のように一九一四年九月から三年制となった。この規程改正によって、京大法科では改正前は試験は科目試問と卒業試問の二本立てだったものが、[82]改正後は卒業試問は廃止、毎学年の終わりに各学年配当科目の試験のみが実施されることとなった。[83]

学制改革案への対応

一九一五年一〇月五日の評議会では、文部大臣から諮詢された新大学令案について各分科大学教授会で審議することが決められた。[84]新大学令案とは一木に代わって文部大臣に就任していた高田早苗が教育調査会の議を経て立案したもので、官立以外に公立・私立大学を認めること、大学入学資格を中学校・高等女学校卒業とすること、その上で大学の修業年限を四年とすることなどが盛り込まれていた。[85]このうち公私立大学設置は前任の一木文相以来の構想である一方、大学入学資格と修業年限改編は、菊池大麓の案をもとにしていた。菊池は、中学校卒業者を入学させる学校はすべて「大学校」とし、高等学校を全廃して「学芸大学校」に改編する、帝国大学は下部に学芸部、上部に研究部を置くという全面的な高等教育改革案を構想していたが、これは菊池が京大総長在職中に渡米し現地の大学を視察してきたところから発想した改革案といわれている。[86]

当時教育調査会の委員であった山川東大総長は一〇月一日付の荒木総長宛の書翰で、教育調査会は私立学校派が多数で現状維持論の自分は「所謂孤城落日の有様」と嘆いていた。[87]新大学令案賛成派が多数を占めていた当時の状況が推測される。

この諮詢に対し、京大では一〇月二一日の評議会で審議の結果、公私立大学設置には異議ないこと、帝国大学の学科程度低下および修業年限短縮は不可であること、高等学校大学予科修業年限短縮も不可であることなどを答申することに決定した。[88]東大・東北大・九大も揃って同様の答申を行い、山川は教育調査会で高田と激しく対立したという。[89]帝国大学への進学過程となっていた高等学校廃止とそれに伴う年限短縮は、帝国大学として到底受け入れがたいものであった。結局、この新大学令案は貴族院などの反対もあり翌一九一六年六月一二日に審議延期となり、[90]同年一〇月に大隈内閣が総辞職することによって立ち消えになった。

その二年後の一九一八年四月二五日の評議会では、総長より学制問題に関する諮問があり、各分科大学から学長・評議員に加えて三名の教授を選んで臨時学制改革問題審議委員会を発足させ議論することにした。[91]これは、前年の九月二〇日に設置された総理大臣の諮問機関である臨時教育会議において、大学教育についての検討が始まることに合わせて諮問されたものと考えられ、他の帝国大学でも同様の議論が行われていた。[92]

京大では五月二三日の評議会で答申が決定された。[93]そこでは、学年制の廃止や試験方法、入学資格の改正などは各分科大学に一任することとされた一方、優等生・特待生廃止、卒業式廃止、評議員増員、大学院改良、四月学年開始、講座制廃止、教授停年制導入、学位制改正などの項目が多数の賛成を得ていた。また、総長学長の推薦手続きと教授助教授の任免手続きについてはこの委員会で議論するのではなく、近く適当な会議を設けて付議することが望ましいとされていた。

表１－２－４　新築された主要建築物（1908～1918年）

名称	設計者	年代	構内	備考
文科大学心理学教室	山本治兵衛	1908	本部	
医科大学附属医院整形外科学教室	山本治兵衛（推定）	1908	医院	
文科大学研究室	山本治兵衛	1909	本部	
医科大学法医学教室本館	山本治兵衛	1910	医科大学	
医科大学附属医院眼科学教室本館	山本治兵衛	1910	医院	
医科大学附属医院小児科学教室本館	山本治兵衛・永瀬狂三	1911	医院	
学生集会所	山本治兵衛・永瀬狂三	1911	南部	
医科大学附属医院精神病学教室本館	山本治兵衛・永瀬狂三	1912	医院	
医科大学附属医院精神病学教室講堂	山本治兵衛・永瀬狂三	1912	医院	
武道場	山本治兵衛・永瀬狂三	1912	南部	
寄宿舎	山本治兵衛・永瀬狂三	1913	南部	現存
文科大学陳列館	山本治兵衛・永瀬狂三	1914	本部	一部現存
本部事務室	山本治兵衛・永瀬狂三	1914	本部	
理科大学化学教室本館	山本治兵衛・永瀬狂三	1914	本部	
工科大学工業化学教室本館	山本治兵衛・永瀬狂三	1914	本部	
医科大学生理学教室研究室	山本治兵衛・永瀬狂三	1914	医科大学	現存
医科大学法医学教室講堂	山本治兵衛	1914	医科大学	
医科大学附属医院皮膚病学黴毒学教室本館	山本治兵衛・永瀬狂三	1914	医院	
法科大学研究室	山本治兵衛・永瀬狂三	1916	本部	
理科大学物理学教室輻射学及放射学研究室	山本治兵衛・永瀬狂三	1916	本部	現存
工科大学中央実験所	山本治兵衛・永瀬狂三（推定）	1916	本部	
工科大学土木工学教室本館	山本治兵衛・永瀬狂三	1917	本部	現存

・京都大学百年史編集委員会編『京都大学百年史　総説編』827頁より作成。

写真１－２－１　医科大学附属医院眼科学教室本館
右後方に見えるのは医科大学附属医院本館。

臨時教育会議においては、次章で述べるように公私立・単科大学設置といった大学制度全般に関わる事項だけでなく、教授停年制導入や四月学年開始といった事項も答申されており[94]、京大はじめ各帝大の議論も一定程度反映されていたといえる。そうした事項も含めて、この後大学に関してさまざまな改革が進められていくことになる。

キャンパスの整備

一九〇八年から一八年までに新築された主な建築物は表1-2-4のとおりである。この時期敷地が西へ拡大した医科大学附属医院における整備が目立っているほか、本部構内においても各分科大学の主要な建物が建てられており、その中には現存しているものも散見される。寄宿舎移転（本章第三節参照）後の本部構内では、その北端に理科大学と工科大学、その南に文科大学と法科大学の建物が配置された。理科大学（理学部）はこの後まもなく北部構内に移っていくが、それ以外についてはその後長く続く学部別の建物配置がこの時期に始まっていることが分かる。なお、一九一七年から北部構内の取得が始まっているが、施設の建設は次章の時期である。

一九一二年一〇月二一日夜、理工科大学本館二階から出火し本館は三時間ほどで全焼した。[95] この建物は、一八八九年第三高等中学校の京都移転時に本館として建てられたもので、一八九七年に第三高等学校が移転した後は理工科大学長室・事務室のほか純正化学科と製造化学科の研究室・実験室・講義室などが入っていた。理工科大学本館の焼失によって、一九二五年に本部本館が竣工するまで京大にはシンボルとなる建物は存在しなかったことになる。

第三節　学生生活

以文会・学友会

一九〇九年、学生・教職員などの親睦団体として以文会が発足した。契機となったのは、この年二月六日に法科大学講堂で催された学生大茶話会で、六〇〇名以上の参加者を得て教授・学生の講演、各種の余興などが行われた。[96] この場で、この種の会合を永続的に開催することが提案され賛成多数で可決されたという。これを受けて各分科大学から学生委員が選出されて規則草案の作成にあたり、菊池大麓総長に具申を行った。そして総長から教員や学生に草案が示されて賛成が得られたのが九月中旬であった。

以文会規則では、学生生徒および卒業生有志者が正会員、総長、教授助教授など教職員が特別会員、その他入会が認められた京大関係者が準会員に位置づけられ、会長は総長が、幹事には各分科大学長が就任、学生委員若干名が幹事の推薦によって置かれた。また年二回の大茶話会および臨時講演会を開催する親和部と、年一回雑誌『以文会誌』を発行する雑誌部の二部が設けられた[97]。年会費は五〇銭で、運動会同様学生生徒はすべて入会することとなっていた[98]。

以文会発足から間もない一九一〇年春には、以文会と一八九八年発足の運動会との合併の動きが起こった。四月二七日に両会委員の相談会が開催され、九月二三日には両会役員会で合併が可決された[99]。翌一九一一年二月二八日には合併後の新規則草案が立案されて会長に報告されたが、その後一年八カ月の空白ののち一九一二年一一月二一・二六日の両会合併役員会で規則案が訂正議決されるに至った[100]。合併までなぜ時間がかかったのかは不明であるが、一九一二年三月二四日、教職員二名と学生八名で構成された総代会において学友会規則が決定され、両会の合併が成立した[101]。

学友会は目的を「会員ノ身心ヲ修養シ親睦ヲ計リ思想ヲ通融セシムル」こととし、学生・選科生を正会員、教職員を特別会員、入会希望の卒業生を会友と位置づけた。会長には総長、幹事には各分科大学長・本部在勤事務官一名・学生監を充て、代議員は各分科大学学生から計八名を選挙で選ぶこととした。また、会の目的を達成するため、庭球部・弓術部・端艇部・剣道部・柔道部・馬術部・野球部・親和部・雑誌部・水泳部・陸上運動部が置かれ、春季の水上運動大会と秋期の陸上運動大会開催も規則に掲げられた。また、正会員は入会金一円、会費年二円五〇銭を払うことも定められている。

なお、その後発足した部としては、一九一五年に臨時狭窄射撃部（一九一八年から射撃部[102]）、一九一六年に弁論部と音楽部[103]、一九一八年には弁論部と親和部が合併した講演部が挙げられる[104]。

学生関連施設新築と寄宿舎移転

一九一一年に学生控所、翌一九一二年には道場が建てられ、そして一九一三年には本部構内にあった寄宿舎が移転して開舎した。これらは三カ年の継続事業として建てられ[105]、場所はいずれも第三高等学校南隣の元医科大学法医学教室があったところで、同教室の医科大学構内への移転新築に伴い学生関連施設がここに集中されたことになる。

学生控所は、一九一一年一月二八日以文会第四回大茶話会の開催とともに開所式が挙げられ、翌日から一般の使用が開始された[106]。木造二階建てで会合室・談話室のほか売店なども置かれ[107]、学生による各種の会合に利用された。なお、学生控所はその後学生集会所と呼ばれるようになり、この建物は二〇一三年まで使われた。

道場は一九一二年二月末に落成、三月一日に開場式が行われた[108]。木造平屋建てで東半分を柔道、西半分を剣道に使用することになった。

一方、寄宿舎の移転は難航した。一九一一年六月二九日山本良吉学生監は舎生たちと会い、学生控所・道場とともに三年計画で寄宿舎三棟を建設することが決まったと述べ、そのためには現在の寄宿舎に使われている資材を使用すること、また新旧二カ所の寄宿舎を併置すると多額の経費がかかるとして、現在の寄宿舎を翌一九一二年七月に閉じ一九一三年九月に新たな寄宿舎を開舎すると伝えた[109]。これは舎生にとっては全く寝耳に水のことだったようで、医科大学学生の千秋二郎は「一年間閉舎てふ重大なる案を舎生に予め諮らざるは学生監として舎に対する誠意を疑はざるを得ざるなり」と記している[110]。

その後一二月一〇日に寄宿舎の総会が開かれ、専務総代から現在の寄宿舎の半分を先に取り壊しそれにより新舎を建設する、閉舎に先立ち先に新舎を一棟建設する、閉舎中仮寄宿舎を建設する、の三案を大学当局に提

写真1－2－2　寄宿舎

案したがいずれも却下されたとの報告があった(111)。舎生はさらに一二日に学生監、一五日には総長と会談の機会を持ったが、いずれも新旧併立は不可とされ、総長との会見後に開かれた総会で閉舎を待たずに解散することを決議した(112)。結局舎生団体の解散式は二月一〇日に行われ(113)、七月一五日に寄宿舎は閉舎となった(114)。

新しい寄宿舎は一九一三年九月一〇日に開舎、一一日から舎生が入居した。木造二階建ての三棟に居室があり、部屋は八畳または一〇畳で二名用の甲室と、六畳で一名用の乙室からなっていた。また平屋建ての本館に、学生監室、学生監事務室、応接室などがあり、さらに別棟に食堂があった。開舎当初に入居した学生は一四二名を数えた(115)。この寄宿舎はその後長く吉田寮として使われていくことになる。

政治運動に対する統制

一九一〇年代に入ると、政治・社会状況の変動を受けて学生の政治運動参加を統制する通牒が文部当局から諸学校にたびたび発せられるようになる。一九一〇年九月には小松原英太郎文部大臣の名で、学生生徒への社会主義・無政府主義および自然主義の影響を警戒し、「矯激ナル思想」「卑猥ノ陋態」を描いた著作・図書の閲覧禁止、学生生徒主催の講演会に対する指導などを求める内訓が出された[116]。続いて翌一九一一年二月一三日には、岡田良平文部次官より重ねて講演会弁論会開催の際弁士の選択および題目内容について充分留意するよう通牒が発せられている[117]。これらはいうまでもなく大逆事件の影響が学生生徒に拡大することを恐れてのものであった。

一九一四年二月六日には、松浦鎮次郎専門学務局長より東京府知事宛の通牒が参考として他の教育機関にも通知されているが、そこでは政治問題に関する集会運動などに学生が参加することは「本人前途ノ為ニモ不利益不少」として、学校当事者が取り締まるよう求めていた[118]。これは前年の憲政擁護運動に続き、この直前に表面化したシーメンス事件によって内閣弾劾の大会が相次いで開催されるという政治状況に対応したものと考えられる。

こうしたなか、法科大学の学生は学友会とは別に法学会に弁論部をつくり一九一五年一一月六日には東大との連合演説会などを開催していたが[119]、一九一七年三月にはそのなかの五名の学生が、前年成立していた寺内正毅内閣の非立憲性を批判する講演旅行を京都府の両丹地方で始めた。講演は一日に綾部町で始まり好評を博したが[120]、五名のうちの一名であった高山義三の回想によると、次の加悦町からさらに宮津町に入ったときに大学からすぐに帰学するよう電報が来て、宮津町の講演会も警察の命令で中止になったため京都に戻ったという[121]。

新聞報道によるとこの間、京大に対して岡田良平文相から学生の行動について照会があり、荒木総長は五日に分科大学長会議を開催して協議していた[122]。学内には、学生の行動は前述の一九一四年二月六日の文部省からの通牒に照らして処分すべきとの意見がある一方、政談演説の禁止は言論の自由を圧迫するものとして処分に反対する者もあり、特に雉本朗造と佐々木惣一の両法科大学教授は荒木総長に面会して直接意見を述べていた。[123]

結局、八日に山本良吉学生監は五名の学生に対して事情聴取の上、学生が行ったのは政談演説であり文部省の通牒に違反しているが、学生も反省しているとして訓戒するにとどめた。[124] その一方で、一五日に田所美治文部次官より荒木総長宛に学生の政治集会・運動参加がないよう取り締まりを通牒してきており、同日の評議会では学生が政治運動に従事することは「学業懈怠秩序紊乱ニ流レ易」いとして禁止することを各分科大学長を通じて学生に訓示することが決定された。[125]

註

（1）『評議会議事録　自明治三十二年至明治四十五年』（京都大学大学文書館所蔵、MP00001）。
（2）一九〇七年七月一日付木下広次宛沢柳政太郎書翰（京都大学大学文書館所蔵『木下広次関係資料』木下133―8）。二〇日付（年・月不明）木下広次宛沢柳政太郎書翰（同、木下133―11）。
（3）「京都大学近況」（『教育時論』第八〇五号、一九〇七年八月二五日）三六頁。「京都大学に対する世評」（『京都日出新聞』一九〇七年九月七日付）。
（4）註（1）に同じ。
（5）註（1）に同じ。
（6）京都帝国大学以文会『以文会誌』第一号、一九〇九年、五八頁。
（7）註（1）に同じ。『学内達示書類　自明治三十九年至明治四十四年』（京都大学大学文書館所蔵、MP00302）。
（8）上田久『山本良吉先生伝』南窓社、一九九三年、九六頁。
（9）鈴木良「史料紹介　岡村司譴責事件に関わる資料について」（『立命館百年史紀要』第三巻、一九九五年）二三九頁。
（10）「明治四十一年京大総長問題　岡田良平退職顛末書」（京都大学人文科学研究所所蔵）史料番号③。
（11）註（10）に同じ、史料番号④。

(12) 註(10)に同じ、史料番号③。
(13) 註(10)に同じ、史料番号⑭。
(14) 註(10)に同じ、史料番号⑬。
(15) 註(10)に同じ、史料番号⑫。
(16) 註(10)に同じ、史料番号⑥。
(17) 註(10)に同じ、史料番号⑫⑰。
(18) 『機密書類　明治三五年~昭和二五年』(京都大学大学文書館所蔵、MP00107)。
(19) 伊藤隆・坂野潤治・竹山護夫「岡田良平関係文書」(『社会科学研究』第二一巻第五・六号、一九七〇年)二二四頁。
(20) 註(19)に同じ、二二四・二二五頁。
(21) 『官報』一九一一年七月一八日。
(22) 『大阪朝日新聞』一九一一年六月六日付。
(23) 『大阪朝日新聞』一九一一年六月七日付。
(24) 註(23)に同じ。
(25) 『大阪毎日新聞』一九一一年六月一五日付。
(26) 一九一一年六月二九日付桂太郎宛小松原英太郎書翰(国立国会図書館憲政資料室所蔵『桂太郎関係文書』29-6)。
(27) 一九一一年七月四日付桂太郎宛小松原英太郎書翰(国立国会図書館憲政資料室所蔵『桂太郎関係文書』29-7)。
(28) 註(21)に同じ。
(29) 『大阪毎日新聞』一九一一年七月一九日付。
(30) 一九一一年七月二〇日付桂太郎宛小松原英太郎書翰(国立国会図書館憲政資料室所蔵『桂太郎関係文書』29-10)。
(31) 「久原新総長」(『教育時論』第九七六号、一九一二年五月二五日)三二頁。
(32) 『大阪毎日新聞』一九一三年五月一五日付。
(33) 「新帝国大学総長」(『教育時論』第一〇一一号、一九一三年五月一五日)二六頁。
(34) 京都大学百年史編集委員会編『京都大学百年史　資料編二』二〇〇〇年、二三六頁。
(35) 一九一三年七月一四日付牧野伸顕宛沢柳政太郎書翰(国立国会図書館憲政資料室所蔵『牧野伸顕関係文書』469-10)。
(36) 『創立五十周年　記念式典　総長式辞　教授感想談及懐古談話会速記録』(京都大学大学文書館所蔵、MP00260)。
(37) 沢柳政太郎「大学教授の権威」(『太陽』第一九巻第一〇号、一九一三年七月一日)六三頁。

(38) 沢柳礼次郎『吾父　沢柳政太郎』大空社、一九八七年、一四一頁。
(39)『京都日出新聞』一九一三年七月一九日付。
(40) 註（34）に同じ、二三七頁。
(41)「大学教授ノ罷免ニ関スル交渉顚末」（『京都法学会雑誌』第九巻第一号、一九一四年）一頁。
(42)『大阪朝日新聞』一九一四年一月一六日付。
(43)「大学教授ノ任免ニ関スル事件ノ経過及解決」（『京都法学会雑誌』第九巻第二号、一九一四年）二頁。
(44)『大阪朝日新聞』一九一四年一月一四日付。『京都日出新聞』一九一四年一月一四日付。
(45) 註（43）に同じ、三頁。
(46)『大阪朝日新聞』一九一四年一月一七日付。
(47) 註（41）に同じ、七頁。
(48)『京都日出新聞』一九一四年一月一六日付。
(49) 註（34）に同じ、二四六頁。
(50)「所謂京大法科事件に於て採れる吾人法科学生の行動に就きて」（『学友会誌』第九号、一九一四年六月）八五頁。
(51)『京都日出新聞』一九一四年一月一七日付。
(52)『京都日出新聞』一九一四年一月一九日付。
(53) 註（52）に同じ。
(54) 尚友倶楽部史料調査室・小宮京・中澤俊輔編『山川健次郎日記』芙蓉書房出版、二〇一四年、四七頁。
(55) 註（43）に同じ、五頁。
(56)『京都日出新聞』一九一四年一月二七日付。
(57)『第三十一回帝国議会衆議院予算委員会議録（速記）第六回』六三頁。『第三十一回帝国議会衆議院予算委員第一分科会議録（速記）第五回』五一頁。『第三十一回帝国議会衆議院議事速記録第七号』八五頁。
(58)『大阪朝日新聞』一九一四年二月九日付。
(59)『京都日出新聞』一九一四年二月一〇日付。
(60)『大阪朝日新聞』一九一四年二月一二日付。
(61)「文相と京大教教（ママ）」（『教育時論』第一〇四〇号、一九一四年三月五日）三四頁。
(62)『大阪朝日新聞』一九一四年三月一九日付。

(63)『大阪朝日新聞』一九一四年四月一五日付。『大阪朝日新聞』一九一四年四月二五日付。
(64)花見朔巳編『男爵山川先生伝』故男爵山川先生記念会、一九三九年、二五九頁。
(65)註(34)に同じ、二六二頁。
(66)註(54)に同じ、八〇頁。
(67)註(54)に同じ、八〇～一三二頁。
(68)註(54)に同じ、八九～九四頁。
(69)註(54)に同じ、一一七頁。
(70)註(34)に同じ、二六三頁。
(71)『第三十六回帝国議会貴族院議事速記録第十一号』二五三頁。
(72)『評議会議事録　自大正二年至大正十五年』(京都大学大学文書館所蔵、MP00002)。
(73)『学友会誌』第一〇号、一九一四年一二月、一一七頁。
(74)京都帝国大学『京都帝国大学一覧　自大正三年至大正四年』一九一四年、一九九頁。
(75)註(74)に同じ、一八二頁。
(76)『学内達示書類　自明治四十五年至大正十年』(京都大学大学文書館所蔵、MP00304)。
(77)中野実「水野直教育関係文書　教育調査会関係史料(一)」(『東京大学史紀要』第三号、一九八〇年)九八頁。
(78)註(77)に同じ、一〇三頁。
(79)『文部省往復書類　自大正二年至大正十年』(京都大学大学文書館所蔵、MP00172)。
(80)註(72)に同じ。
(81)註(54)に同じ、三二頁。
(82)京都帝国大学『京都帝国大学一覧　自大正元年至大正二年』一九一三年、一〇六頁。
(83)註(74)に同じ、一一三頁。
(84)註(72)に同じ。
(85)「大学令案決定」(『教育時論』第一〇九六号、一九一五年九月二五日)一八頁。
(86)天野郁夫『大学の誕生(下)　大学への挑戦』中央公論新社、二〇〇九年、一二二頁。
(87)註(34)に同じ、一八九頁。
(88)註(72)に同じ。

(89) 註(64)に同じ、三三六頁。
(90) 『東京朝日新聞』一九一六年六月一三日付。
(91) 註(72)に同じ。
(92) 東京大学百年史編集委員会編『東京大学百年史　通史二』一九八五年、二一一頁。東北大学百年史編集委員会編『東北大学百年史一　通史一』二〇〇七年、一八七頁。九州大学百年史編集委員会編『九州大学百年史　第一巻　通史編Ⅰ』二〇一七年、一八四頁。
(93) 註(72)に同じ。
(94) 海後宗臣編『臨時教育会議の研究』東京大学出版会、一九六〇年、五一九頁。
(95) 『京都日出新聞』一九一二年一〇月二三日付。
(96) 「以文会前記」(『以文会誌』第一号、一九〇九年)二頁。
(97) 「以文会規則」(註(96)前掲『以文会誌』第一号)一頁。
(98) 「学資金額概調」(『以文会誌』第三号、一九一一年)一六頁。
(99) 「以文運動両会合併」(『以文会誌』第二号、一九一〇年)五五頁。
(100) 「運動以文両会合併始末」(『以文会誌』第七号、一九一三年四月)一〇七頁。
(101) 「本学学友会規則決定掲示」(京都大学大学文書館所蔵『学友会関係資料』MP70016)。
(102) 『学友会誌』第一三号、一九一五年一一月、六二頁。
(103) 「役員会決議録ノ一件」(京都大学大学文書館所蔵『学友会関係資料』MP70019)。「音楽部設置ノ件」(京都大学大学文書館所蔵『学友会関係資料』MP70019)。
(104) 「役員会記事ノ件」(京都大学大学文書館所蔵『学友会関係資料』MP70021)。
(105) 『文部省開申上申書類　自明治四十一年至明治四十三年』(京都大学大学文書館所蔵、MP00078)。
(106) 『本学限伺開申書類　自明治四十四年至明治四十五年』(京都大学大学文書館所蔵、MP00156)。
(107) 「学生控所の新設」(註(98)前掲『以文会誌』第三号)一頁。
(108) 『文部省開申上申書類　自大正元年至大正十年』(京都大学大学文書館所蔵、MP00078)。「道場落成」(『以文会誌』第五号、一九一二年四月、六頁)。
(109) 『京都帝国大学寄宿舎誌』第三号、一九一二年六月二五日(京都大学大学文書館所蔵『吉田寮関係資料』吉田寮6‒21)七二頁。

(110) 千秋二郎「吾が寄宿舎解散の成行」（註（109）前掲『京都帝国大学寄宿舎誌』第三号）七頁。
(111) 註（109）に同じ、七四頁。
(112) 註（109）に同じ、七六頁。
(113) 註（109）に同じ、七八頁。
(114) 京都大学寄宿舎舎史編纂委員会『京都帝国大学寄宿舎誌』一九八六年、八七頁。
(115)『文部省学事年報資料　自明治四十一年至大正六年』（京都大学大学文書館所蔵、MP00265）。「寄宿舎記事　総説」（『学友会誌』第八号、一九一三年一二月）九四頁。
(116) 註（18）に同じ。
(117)『文部省内訓例規書類　自明治三十年至明治四十五年』（京都大学大学文書館所蔵、MP00135）。
(118)『文部省内訓例規書類　自大正二年至大正十二年』（京都大学大学文書館所蔵、MP00135）。
(119)「東大京大連合学生演説会の記」（『学友会誌』第一四号、一九一五年一二月）三九頁。
(120)『京都日出新聞』一九一七年三月四日付。
(121) 高山義三『わが八十年の回顧』若人の勇気をたたえる会、一九七一年、三九頁。
(122)『大阪朝日新聞』一九一七年三月六日付夕刊。
(123)『大阪朝日新聞』一九一七年三月一〇日付朝刊。
(124)『大阪朝日新聞』一九一七年三月九日付朝刊。
(125) 註（72）に同じ。

第三章　整備期

一九一九〜一九三二年の概観

本章で主に対象としている一九一九（大正八）年から一九三二（昭和七）年までの京大の状況を概観すると次のとおりである。

まず、後述する大学令により分科大学から改称された学部では、一九一九年五月二九日公布の勅令第二五五号によって経済学部が法学部から分かれて新設され、続いて一九二三年一一月二八日公布の勅令第四八九号によって農学部が新設された。また、一九二六年一〇月五日公布の勅令第三一三号によって京大で最初の附置研究所である化学研究所が設置された。

各学部における学科の改編は左記のとおりである。

法学部　法律学科・政治経済学科廃止（一九二六年一月）

理学部　生物学科設置（一九一九年二月）、純正化学科を化学科に改称（一九一九年二月六日）、物理学科から宇宙物理学地球物理学科が分離（一九二〇年五月）、宇宙物理学地球物理学科が宇宙物理学科と地球物理学科に分離（一九二一年四月一三日）、生物学科が動物学科と植物学科に分離（同）、地質学鉱物学科設置（一九二一年四月）

工学部　建築学科設置（一九二〇年八月二一日）

農学部　農作園芸学科・林学科・農林化学科・農林生物学科・農林工学科・農林経済学科設置（一九二四年一月二六日）、農作園芸学科を農学科に改称（一九二六年一月二八日）

このほか、一九二四年五月二九日公布の勅令第一三三号によって農学部に附属農場と附属演習林が設置された。演習林は本編第二章「一九〇八～一九一八年の概観」で述べたように以前より置かれていたが、ここで勅令によって制度化されたものである。

学部ごとの講座数の変遷は表1-3-1のとおりである。全体として一九二〇年代半ばまでは増加傾向にあり、そのなかでも理・工学部と新設の農学部の増加が目立っている。学部ごとの入学者数の変遷は表1-3-2のとおりである。原敬内閣の高等教育機関拡張計画によって一九一九年以降各地に高等学校がつくられ、そのため帝国大学の入学者数もこの時期大幅に増加している。京大でも文・法・経済学部といった文系学部を中心に増え、その結果一九三二年には全入学者のうち文系学部所属学生の比率が六八・五％にまで達している。ちなみに、東京帝国大学においてもこの時期文学部の入学者が激増している（一九一九年の八六名から一九三二年の四〇一名）[1]。

学部ごとの教授・助教授数の変遷は表1-3-3のとおりである。こちらも全体としては増加傾向だが、入学者数とは異なり理・工・農学部の増加が目立っている。すなわち、教授・助教授一人あたりの学生数はこの時期文系学部において大きく増加したことになる。

表１－３－１　講座数（1919～1932年）

	文	法	経済	理	医	工	農	計
1919	27	29	8	18	24	28	—	134
1920	27	29	8	18	25	31	—	138
1921	27	29	8	27	25	35	—	151
1922	28	32	10	30	25	40	—	165
1923	28	32	10	30	25	40	5	170
1924	28	32	10	30	25	40	15	180
1925	29	32	10	30	25	40	23	189
1926	30	32	10	30	25	40	29	196
1927	31	32	10	30	25	40	29	197
1928	31	32	10	30	25	40	29	197
1929	31	32	10	32	25	40	29	199
1930	31	32	10	32	25	40	29	199
1931	31	32	10	32	25	40	29	199
1932	31	32	10	32	25	40	29	199

・京都大学百年史編集委員会編『京都大学百年史　資料編３』2001年、44頁より作成。

表１－３－２　学部入学者数（1919～1932年）

	文	法	経済	理	医	工	農	計
1919	32	114	106	43	92	130	—	517
1920	43	136	96	46	81	156	—	558
1921	27	148	102	72	81	177	—	607
1922	68	224	174	77	100	182	—	825
1923	82	262	216	90	101	188	—	939
1924	168	274	294	94	122	188	64	1204
1925	214	295	317	109	121	188	82	1326
1926	264	341	281	83	120	188	123	1400
1927	295	425	332	99	120	187	121	1579
1928	231	531	280	106	124	190	128	1590
1929	251	573	270	102	121	191	121	1629
1930	256	573	251	98	124	190	118	1610
1931	305	451	272	95	123	180	116	1542
1932	296	573	281	96	122	192	120	1680

・京都大学百年史編集委員会編『京都大学百年史　資料編３』2001年、466頁より作成。

表１－３－３　教授・助教授数（1919～1932年）

	文		法		経済		理	
	教授	助教授	教授	助教授	教授	助教授	教授	助教授
1919	25	5	14	4	8	2	11	7
1920	27	5	14	4	8	2	15	7
1921	26	5	15	2	8	3	21	9
1922	27	6	15	1	9	2	21	9
1923	25	8	13	1	9	2	23	13
1924	25	8	16	0	8	2	23	18
1925	25	9	17	2	8	5	25	16
1926	25	8	17	3	8	6	24	17
1927	22	8	16	4	8	3	25	12
1928	18	10	15	7	6	3	25	10
1929	18	12	16	8	6	4	26	15
1930	17	12	17	10	9	4	26	11
1931	20	11	17	9	9	5	27	13
1932	18	12	15	9	9	5	27	13

	医		工		農		計	
	教授	助教授	教授	助教授	教授	助教授	教授	助教授
1919	22	13	22	11	—	—	102	42
1920	20	10	25	11	—	—	109	39
1921	23	15	25	14	—	—	118	48
1922	25	16	27	15	—	—	124	49
1923	24	20	28	18	5	1	127	63
1924	24	16	30	25	10	8	136	77
1925	23	19	30	23	13	8	141	82
1926	23	17	30	23	16	5	143	79
1927	25	15	30	21	18	8	144	71
1928	24	20	33	20	21	9	142	79
1929	24	18	31	21	20	11	141	89
1930	23	19	32	20	21	11	145	87
1931	23	19	32	19	21	14	149	90
1932	24	16	30	21	23	14	146	90

・京都大学百年史編集委員会編『京都大学百年史　資料編３』2001年、406頁より作成。

一九二一年一月二〇日には京都帝国大学通則が全面改正されている。[2] 従前の通則[3]からの主な改正点としては、①学年暦の変更（後述）に伴い学年が四月一日から翌年三月三一日までとなった（第一条）、②入学志望者は願書に学校医か官公立病院の健康証明書を添付することになった（第七条）、③入学者が理由なく入学にあたっての宣誓を行わなかった場合は入学許可を取り消すことになった（第一〇条）、④特待学生に関する規定が廃止された、⑤通則上「卒業」という文言が使用されなくなり、学士称号を得るためには学部所定の試験に合格すればよいとされた（第一八条）、⑤従来独立した規程であった委託学生（官公庁公共団体などから一カ年以上修業科目を定めて入学する者）についての条項を通則中に組み込んだ、などが挙げられる。

第一節　制度改革

大学令・改正帝国大学令

一九一七年九月二〇日に総理大臣の諮問機関として設置された臨時教育会議は、初等教育から高等教育まで教育全般に亘る審議を行い、順次答申を提出した。そのうち、大学教育および専門教育に関する答申は一九一八年六月二二日に提出され、そこでは大学は総合制を原則とするが単科も認めること、大学の設置主体として官立・財団法人のほか特別な事情ある場合は公共団体も認めること、帝国大学教授の停年制を設けること、学年の始めを四月にすることなどが提起されていた。さらに、希望事項として大学においては人格の陶冶・国家思想の涵養に意を致すこととする一方、学生の自発的学習を喚起すること、なるべく科目制を導入して学生に科目選択の余地を与えることなども合わせて提起されていた。[4]

この答申を受けて、勅令第三八八号「大学令」が一九一八年一二月六日公布され、翌年四月一日に施行された。大学令は従来の帝国大学令に代わり大学全般について規定した法令で、大学の目的を定めたその第一条は次のとおりとなった。

第一条　大学ハ国家ニ須要ナル学術ノ理論及応用ヲ教授シ並其ノ蘊奥ヲ攻究スルヲ以テ目的トシ兼テ人格ノ陶冶及国家思想ノ涵養ニ留意スヘキモノトス

前半部分では、帝国大学令第一条にあった「国家ノ須要ニ応スル」が「国家ニ須要ナル」に、「学術技芸ヲ教授」が「学術ノ理論及応用ヲ教授」に変わっている。また、後半の「兼テ」以下は今回新たに入った文言であり、当初の文部省案には含まれておらず枢密院で法案が審議されるなかで「学生ノ精神教育ヲ忽諸ニ附スヘカラサルコト固ヨリ論ヲ俟タス」として追加されたものである。[5] この他帝国大学令と比較した主な改正点としては、分科大学が学部に改称されたこと、大学は複数学部を基本としながらも一学部のみでの設置も認めたこと、官立以外に公立（道府県）・私立大学設置を認めたこと（一九二八年一月二〇日公布の改正で市にも大学設置が認められた）、「卒業」という文言を使わず三年（医学部は四年）以上在学し一定の試験を受け合格した者を学士とすると定めたこと、などが挙げられる。

大学令の公布により、大学は従来東京・京都・東北（一九〇七年設置）・九州（一九一〇年設置）・北海道（一九一八年設置）の五帝国大学のみであったものが官立単科大学や公私立大学が認められるようになり、一九一九年の大阪医科大学、一九二〇年の東京商科大学・慶応義塾大学・早稲田大学を皮切りに次々と設置されていくことになる。

一方「帝国大学令」は、帝国大学のみに関する法令として一九一九年二月七日に改正公布され（勅令第一二号）、同年四月一日に施行された。改正帝国大学令では、従来の帝国大学令にあった目的規定はなくなったが、評議会・教授会・講座などについての規定は権限に若干の変更はあったものの基本的にそのまま踏襲された（評議員は学部長のほか各分科大学教授一名であったのが各学部教授二名に改正された）。また、従来教授・助教授などは分科大学に所属する形になっていたが、以後は大学に直接所属するようになった。

総長選挙

本編第二章第一節で述べたように、岡田総長退職事件以来京大では総長選考が大きな問題となっており、学内では教授による互選を求める声が起こっていたが実施には至っていなかった。しかし、山川健次郎兼任総長の後任として荒木寅三郎が一九一五年六月一五日に就任した際、山川によって各分科大学の意向が確認されたように総長就任には学内の支持が不可欠になりつつあった。

一九一八年五月二三日の評議会では総長からの学制問題に関する諮問に対する答申が決定されたが、そのなかで総長の推薦手続については「近キ将来ニ於テ適当ナル会」に附議するとされていた[6]。その会は間もなく設けられたようで、各学部より委員五名ずつが集まり翌一九一九年四月一七日に「総長選挙手続」が決定された[7]。

これにより、①選挙権・被選挙権ともに学内の教授で、三名連記無記名投票によって一〇名の候補者を選定する、②二名連記無記名投票によって候補者を一〇名から二名にしぼる、③この二名に現任総長を加えた合計三名について投票を行い過半数を得た者を当選者とする、④過半数獲得者がない場合は高点者二名で決選投票を行い一名を選出する、という手順で総長候補者が選定されることになった。

当時工学部教授で評議員を務めていた大井清一は、後の回想で一九一八年五月の会議で総長の任期を四年と定めたとしており[8]、一九一五年に総長に就任した荒木の任期が終わるタイミングで総長選挙手続が決定されたものと思われる。この手続に基づき一九一九年五月一二・一九・二六日に総長候補者選挙の投票が実施され、現任総長の荒木が投票総数九四票のうち七七票という圧倒的多数で選出[9]、日本の大学で最初の学内選挙による総長となった。なお、学内選挙による総長選出といっても大日本帝国憲法には天皇の官吏任命大権が規定されており、その意味では学内で選出されるのはあくまで「総長候補者」であった。大井の回想によると、文部省は学内選挙による選出の「実情ヲ知ルモ敢テ積極的ニ干渉セシコトナク黙認ノ形」をとったのだという[10]。

ちなみに、東京帝国大学でも一九一九年七月八日に「総長候補者選挙内規」が決定されたが、そこでは各学部三名ずつの教授により構成される協議会が候補者三名を選定した後に教授による投票が行われる（ただし、投票は協議会による選定には拘束されない）と定められていたように、京大とは異なる方法が採られていた[11]。

その後京大では、一九二三年二月から三月、一九二七年三月にも総長選挙が実施され、いずれも荒木が候補者に選出されている[12]。

一九二八年六月二八日の評議会で右の選挙手続は改正され名称も「総長候補者選挙手続」に改められた[13]。ここでは、総長の任期は四年で連続で二期は超えられないと明記されたほか、二回目の投票時から現任総長が加わるが、現任総長が被選挙資格を有しなかったり任期途中で辞任を申し出た場合はこれに入らないとされた。後述するように、荒木は同年の三・一五事件の責任をとって四月一六日の評議会で適当の時期に辞任することを表明しており、それに対処するための改正であったと考えられる。この手続に基づき一九二九年一月から二月にかけて選挙が実施され、新城新蔵理学部教授が総長候補者に選出されている[14]。

学年暦改定と卒業式廃止

一九一三年一二月一七日文部大臣の諮問機関である教育調査会の総会で法科大学の年限短縮が可決され、その結果東大・京大の法科は四年制から三年制に短縮となった経緯については本編第二章第二節で述べたが、この総会では同時に学年の始めを九月から四月に変更することも可決されていた[15]。九月開始の学年暦で始まった日本の各学校だったが、次第に四月開始に移行し一八九一（明治二四）年には中学校・高等女学校が四月入学・三月卒業になっていた。従ってこの時期には中学校卒業から九月の高等学校入学まで五カ月のブランクが存在し、高等教育機関卒業者の在学年限短縮が教育改革の目的の一つであったこともあり、大学を含む高等教育機関の学年暦改定が俎上に上がったのである。

京大ではこれを受けて一九一三年一一月二一日の評議会で学年暦改定が検討され、「大体ニ於テ異議ナシ」と決議されていた[16]。東大でも同様に一一月一〇日の評議会で可決されていたが、具体的な実施方法について分科大学間の一致ができず実現は延期になったという[17]。

これが本格的に動き出したのは臨時教育会議で議論されるようになってからである。一九一八年六月二二日の答申で学年の四月始まりが挙げられ、京大内でも五月二三日の評議会で四月学年開始が多数の賛成を得た経緯は本編第二章第二節で述べたとおりである。翌一九一九年一一月二〇日の評議会では四月開始について「差支ナキ事トス」と改めて決議されている[18]。その開始時期については、一九二〇年一月八日に松浦鎮次郎文部省専門学務局長より、一九二一年から高等学校が四月入学・三月卒業となるため、大学各学部も同年より四月入学に変更されたい旨照会があった[19]。従って、僅か一年余りの間に学年暦改定の準備を行わなければならなくなったが、そのなかでも大きな問題となったのは三月卒業をいつから始めるかということであった。

資料が残っている工学部の例を見ると、一九二〇年三月一六日の教授会で「過渡期ニ対スル案」として、九月の授業開始を早め（従来の一一日から一日へ）、冬季休業の短縮、春季休業の廃止を行って四月下旬に卒業・進級させることが決められていた。[20] つまり当時在学していた九月入学の学生を、従来どおりの七月ではなく次年度の新入生の入学に備えて卒業・進級を前倒しする、言い換えれば在学期間を短縮するという計画であった。そしてこれは工学部に限らず実施されたようで、この年の一二月の新聞記事には「各学部とも明年は二月下旬より学年試験を施行し三月下旬幾百の新学士は各学部より出づる筈」と報じられ、[21] 寄宿舎日誌の一九二一年二月四日条には「在舎卒業生予餞会を開く」と記されている。[22] また後年の回想だが、当時法学部に在学していた藤井崇治は「私共が京都帝国大学に在学したのは大正七年九月から十年三月までの二年七ヶ月」と振返っており、[23] 学科課程をどのように再編成したかは不明だが、一九二〇年度は各学部とも九月から三月までで一年分の教育を行ったものと思われる。こうした混乱を経て一九二一年度から学年は四月始まりとなった。

一九一九年四月二四日の評議会決定により卒業式が廃止された。[24] すでに述べたように卒業式は一九〇四年に一度廃止され（本編第一章第三節参照）一九〇八年に復活している（本編第二章第一節参照）が、このときは京大だけでなく他の帝国大学においても同様の措置が実施された。[25] 廃止の理由を明示した資料は見つかっていないが、すでに述べたように大学令では「卒業」という語を用いておらず、それを受けて改正された京大の通則においても同様で所定の試験に合格すれば学士の称号が得られるとのみ規定されていた。

大学令の前提となった臨時教育会議の答申においては、なるべく「学級制」を廃して「科目制」に移行することが望ましい旨希望事項に記されていた。[26] これは、各学年ごとに学生が受講すべき科目を定めてその試験に合格して初めて次の学年に進級させる学級制（学年制）よりも、学生をして自らが選択した科目を自由に受けさせる科目制の方が自発的に研究が進むという考え方によるものであった。法令規則上から「卒業」の語がなくなり卒業式も廃止されたのは、こうした文脈からと考えられる。なお、一九一九年九月一六日の工学部教授会では入学宣誓式の廃止も評議会で議論された旨報告されているが、(27)こちらは廃止されることはなかった。

しかし、廃止の八年後の一九二七年に卒業式は復活している。復活の理由についても明示された資料は見つかっていないが、前年一一月から一九二七年一月にかけて評議会で審議された記録によれば各学部からの要望があったようである。(28)

教授停年制導入

教授に停年制を導入する議論は、一九一〇年代前半には見られるようになっていた。本編第二章第一節で触れた沢柳政太郎の論説には大学教授は「第一流の学者」であるべきとの主張のほかに教授の停年論についても言及がある。(29)また、教育調査会においても一九一四年一二月四日小松原英太郎・三土忠造両委員によって、大学には名誉教授を置き年齢六五歳以上に達した教授はすべて退職して名誉教授にするという提案がなされていた。(30)

こうした流れを受けて、これまでたびたび触れてきた臨時教育会議の大学教育及び専門教育に関する答申では、「学界ニ於ケル新陳代謝ヲ行フコト」が学界の進歩のため極めて肝要であるとして教授の停年制を設け、合わせて退職教授に相当の退職俸を支給することが挙げられた。(31)

京大では一九一八年五月二三日の評議会で、退職者の優遇を条件として教授助教授に停年制を導入することに多数の賛成があり、その年齢は無条件で満六〇歳とすることに全会一致していた。(32)しかしその実現には少し時間がかかり、評議会で「在職教授退職ニ関スル申合」が決定されたのは一九二三年三月一三日のことであった。[33] これによると、教授の停年は満六〇歳、停年になっても辞表を提出しない教授に対しては教授会が必ず辞職させる処置をとること、停年退職した教授には一時金を支給すること、退職教授には教授会の同意を得て一年更新で講師嘱託が可能なことなどが定められた。

停年制導入には反対意見もあった。一八五七年生まれの千賀鶴太郎法学部教授は、荒木総長宛六月一日付(年代不明）書翰で、導入の理由は後進に道を開くということだが後進者がいないことに苦しんでいるのが現状で、実行されると「老練なる教授」に代わり「間に合せの新教授」が来て「所謂若朽之弊」が甚だしくなると訴えていた。なお千賀の書翰には、京大の当初案では停年になっても無条件に退職するとは規定されていなかったのが、東大の案が伝わってから必ず退職するものに変更され「真ニ歎息之至」であると記されている。[34] 京大内でどのような議論を経て前記申合が作成されたのかは、なぜ停年が満六〇歳と定められたのかという点も含めて不明である。

学位制度改正

一九二〇年七月六日、勅令第二〇〇号で新たな「学位令」が公布された。従来の学位令（一八九八年一二月一〇日公布、勅令第三四四号、本編第一章第三節参照）からの主な改正点は①授与の主体が文部大臣から官公私立大学となり文部大臣は認可するに止まるようになったこと、②法令で定められていた博士の種類を各大学が定めるようになったこと、③授与される者として大学院試験合格者・博士会による推薦・総長が推薦する分科大学教授が廃止され、論文提出者（二年以上研究科在学者あるいはこれと同等以上と学部教員会が認めた者）に限られるようになったこと、④学位授与後六カ月以内の提出論文の印刷公表を義務づけたこと、⑤取消の主体も文部大臣から各大学に移り文部大臣は認可に止まったこと、などが挙げられる。

この改正は一九一九年三月二八日付の臨時教育会議における学位制度に関する答申[35]に基づいており、帝国大学以外に官公私立大学が設置されることに合わせたものであった。国家による栄典としての性格が強かった従前の制度から、研究業績による評価への移行を表した改正であるといえる。

新たな学位令公布を受け、京大では一九二一年三月二六日に「京都帝国大学学位規程」が制定された[36]。ここでは、京大が授与する学位は法学博士・医学博士・工学博士・文学博士・理学博士・経済学博士の六種と定められ、授与の手続としては学部教授会によって選定された委員が調査をまず行い、当該学部教授の三分の二以上出席した教授会で出席者の三分の二以上の賛成が必要とされた。その後この学位規程は、学部・大学院の増設に伴い農学博士と薬学博士が学位の種類に加わるよう改正され、一九五八年に新たな学位規程が制定されるまで存続した。

第二節　学部・附置研究所などの設置・整備

経済学部

経済学部の設置は、必ずしも長期間にわたる検討によるものではなかった。その契機となったのは大学令第二条に大学に置く学部の一つとして経済学部が明示されたことと、東京帝国大学における経済学部設置の動きであった。東大では一九一三年一〇月二九日の評議会で法科大学から経済学科・商業学科を分離独立させる案が可決されていた[37]。その後、文相の交替などで具体化は遅れていたが、大学令公布後の一九一九年四月に経済学部設置に至った。

京大では当初は法科大学の政治経済学科を政治学科・経済学科に分離することを検討していたが、一九一九年三月二六日の法科大学教授会で経済学部独立が決議され、創設準備委員会が設けられた。準備委員会は、独立を六月一日とすることで案をまとめ、四月一四日には評議会への上申文書「経済学部ノ新設ヲ必要トスル理由」を作成した[38]。そこでは、経済学は進歩・分化しており大学令において経済学部が認められたのもそうした事情に適応するためと考えられること、東大で新設された経済学部の教授は合計八名だが京大でも経済学専攻の教授はすでに八名を数えていること、東大では学部を設置したのに京大で設置しなければ志望者が京大は経済学を習得するのに「便宜乏シキモノ」と誤解してしまうこと、などが理由として挙げられていた。

こうした動きを受けて四月一七日の評議会で経済学部独立が認められたが、一九一九年度については既定の法学部予算内で一切の経費を支弁すること、翌年度以降についても独立を理由とした予算増は部長給および書記一名と雇員一名分の給与のほかは認めないこと、の二点が条件として付されていた[39]。四月二四日には荒木寅三郎総長が文部大臣宛に経済学部独立にあたって必要な勅令改正を行うよう要請しているが、荒木はそのなかで「教務ノ都合上」勅令公布を五月中に行うよう特に申し添えている[40]。京大がこのように独立を急いだのは、当時の新聞記事に「是非とも九月の新学期より独立することの希望を有し」と記されていたように[41]、東大経済学部の授業開始時期に合わせた独立を目指していたからと思われる。

経済学部設置をうたった勅令第二五五号の公布は一九一九年五月二九日であった。設置時の講座は法学部から移行した経済学第一から第六、財政学、統計学の計八講座で、四年後の一九二二年には経済史と社会政策の二講座が増設されている。学部長には田島錦治教授が就任した。

農学部

農学部設置については、京大の外からの動きがまず表面化した。一九〇九年三月一一日、第二五回帝国議会衆議院に京都府選出の木村艮などによる「農科大学増設ニ関スル建議案」が提出されている[42]。ここでは、既設の東京帝国大学および東北帝国大学以外に京大にも農科大学設置を求めており、衆議院では議長指名の建議案委員会を設けて議論することになった。三月一六日の委員会で木村は、農科志望者が増加しており重要な農業地の関西にも農科大学が必要であると述べ、政府委員として出席した福原鐐二郎文部省専門学務局長も設置の必要性は認めたが、財政上の都合により見込みをつけかねると答弁していた[43]。

次いで一九一三年一二月一八日には京都府会が京大に農科大学設置を求め政府への土地の寄附を申し出る建議書を可決している[44]。これは、大正天皇の即位大典にあたり京都府が計画した大典記念京都博覧会の用地として買収した下鴨村一〇万坪の土地が博覧会が中止となったため宙に浮き、その転用案として考え出されたものであった[45]。建議は可決されたものの、府会議員のなかには農科設置がまだ具体的なものとなっていない段階でのこのような建議を疑問視する声もあったという[46]。この件は京大側でも検討の対象になっていたようで、沢柳政太郎総長退任（一九一四年四月）時の荒木寅三郎総長事務取扱への引継書類には、京都府よりの下鴨一〇万坪寄附について知事・内務部長にも相談し、文相にも口頭で内申した旨記されている。ただし沢柳は下鴨には第三高等学校を移し、新設の農科大学は三高の跡地に置くことを考えていた[47]。

こうした前史を経て農学部設置が確定したのは、原敬内閣による高等教育機関拡張計画が実施されることになったからである。一九一八年一二月に公表された高等教育機関拡張計画によると、一九一九年度から一九二四年度までの間に高等学校一〇校・実業専門学校一七校・専門学校二校を新設するほか、帝国大学においても

写真1－3－1　北部構内遠景
中央に見えるのが農学部本館。

四学部の設置が挙げられ、そのなかに京大農学部が含まれていた[48]。翌一九一九年二月六日の評議会では、中橋徳五郎文部大臣より荒木総長に農科大学設置が決定した旨内談があったとの報告がなされている[49]。

敷地の取得については、新聞によると一九一九年一一月には京都市が八〇万円を寄附する動きがあり[50]、場所は現在の京大本部に隣接した地が京大の希望であるとも報じられていた[51]。実際荒木総長から安藤謙介京都市長宛の文書（日付不明）には、本部構内の北側に移転を開始していた理学部敷地に接続する土地四万坪あるいはその買収費八〇万円の寄附依頼に対して市が賛同したことへの感謝の意が表されている[52]。一九二〇年七月五日の評議会では、京都市長より農学部敷地買収費として八〇万円の寄附を受けたことが報告され、次いで同年一一月二五日の評議会で敷地は「元白河〔川〕村及元田中村地内」に決定したとの報告があった[53]（白川村・田中村とも愛宕郡にあったが、一九一八年に京都市上京区に編入されてい

表１－３－４　農学部附属演習林・試験地（1920年代まで）

名称	所在地	管理開始時	主要部分面積(ha)	由来
台湾演習林	高雄州屏東郡	1909年11月	83,834	台湾総督府より移管
朝鮮演習林	慶尚南道山清郡・咸陽郡、全羅北道南原郡	1912年12月	16,963	朝鮮総督府より借受
樺太演習林	敷香郡泊岸村、敷香郡敷香村	1915年10月	19,833	樺太庁より移管
芦生演習林	京都府北桑田郡知井村	1921年４月	4,129	９字共有山林に99年の地上権設定
本部試験地	京都市上京区（北部構内）	1924年	1	
和歌山試験地	和歌山県有田郡八幡村	1926年１月	555	私有林に99年の地上権設定
上賀茂試験地	京都府愛宕郡上賀茂村	1926年９月	4	国有林を購入

・京都帝国大学農学部附属演習林『京都帝国大学農学部附属演習林概要　昭和三年十月』1929年、より作成。

た。この地は現在の京大北部構内にあたる）。

敷地の買収は翌年に完了、一九二三年九月には第一期工事の建物も完成し同年一一月二八日公布の勅令第四八九号によって農学部は設置された。設置当初は林学第一・第二、農林化学第一・第二、農林生物学の五講座のみであったが、翌一九二四年から講座は急増し一九二六年には二九講座となった。学部長には大杉繁教授が就任した。

農学部附属農場は農学部と同じ北部構内に約四万八〇〇〇平方メートルの敷地で、一九二四年五月二九日勅令第一三二号をもって設置された[54]。しかし、当初より敷地が狭く不便を感じることが多かったため、一九二七年一二月に大阪府三島郡磐手村の六万一八三〇平方メートルの土地を買収、次いで翌年三月に新京阪鉄道株式会社からこれに隣接する八万九八〇〇平方メートルの土地の寄附を受け、農場として整備することになった[55]。新たな農場は一九二八年一一月三日に開場し、荒木総長によって摂津農場と名づけられた。摂津農場は、二〇一六（平成二八）年四月京都府木津川市に木津農場が開設されるまで存続した。

農学部附属演習林は、附属農場と同じ一九二四年五月二九日公布の勅令第一三二号をもって官制に定められたが、すでに述べている（本編第二章「一九〇八〜一九一八年の概観」参照）ように演習林自体はそれ以前から設置されていた。京大における演習林および試験地の設置状況は表1-3-4のとおりである。このほかに、一九二一年一月二七日・二月三日・二月一七日の評議会では、当時日本が国際連盟からの委任統治を行っていた南太平洋カロリン諸島のポナペ島（現ミクロネシア連邦ポンペイ州）に演習林を設置すべく当局に交渉することが決定している(56)が、その後の経過は不明であり、実現しなかったものと思われる。

その後、一九四二年に山口県の徳山試験地を編入する一方、敗戦により台湾・朝鮮・樺太の演習林を失った。戦後は一九四九年に北海道演習林標茶区、翌一九五〇年に同白糠区が大蔵省から移管を受け、同じ一九五〇年に和歌山県の白浜試験地が五〇年の地上権設定によって設置されている。

化学研究所と遠隔施設

一九二六年一〇月五日公布の勅令第三一三号によって、京大最初の附置研究所である化学研究所が設置された。化学研究所の淵源は一九一五年八月に理科大学に置かれた化学特別研究所である。前年に勃発した第一次世界大戦によってドイツからの化学製品の輸入が途絶し、そのなかでも梅毒などの特効薬として開発されたサルバルサンの研究・製造を行うことが設置の目的であった(57)。

化学特別研究所ではそのほか砒素化合物の製造と薬理作用の研究が行われていたが、一九二六年にその拡張予算が議会を通過したのを契機として、化学に関する総合的な研究機関の設置が計画され化学研究所となったものである。[58] 所長には近重真澄理学部教授が補せられ、理・医・工・農の各学部から八名の教員が所員に補せられた。

敷地は一九二七年に新京阪鉄道高槻町駅（現阪急京都線高槻市駅）に程近い大阪府三島郡磐手村の土地を買収、一九二九年三月に第一期工事が終了して移転が開始され、[59] 翌一九三〇年五月一六日に開所式が挙行された。[60] なお、化学研究所は一九六八年に宇治キャンパスに移転している。

この時期、理学部に附属した自然観測施設が京大キャンパスから離れた地に相次いで置かれた。

一九二一年二月一七日の評議会では、和歌山県西牟婁郡瀬戸鉛山村（現白浜町）に臨海研究所を設置するにあたり、小原新三和歌山県知事より土地を提供しさらに五万円を寄附するとの申出があったことが報告され、これを受理することにした。[61] その結果一九二二年七月二八日に海洋生物の研究・実習施設として瀬戸臨海研究所が発足した。[62] 同所には、一九二九年六月一日に天皇が関西行幸の途中来所し、[63] その一周年を記念して翌一九三〇年六月一日から水槽に多少の修築を施して一般への公開を開始した。[64] なお、瀬戸臨海研究所は一九三七年一二月二七日公布の勅令第七三二号によって官制化され、理学部附属臨海実験所に改称された。

一九二二年度から従来医学部附属の施設であった滋賀県大津市の臨湖実験所が理学部附属となった。[65] 臨湖実験所は、石川日出鶴丸医科大学助教授が生理学研究のためドイツに留学していた際に淡水生物研究に関心を持つようになり、帰国後設置を主導して一九一四年九月に大津市から土地と建物の提供を受けて設置されたものである。[66] その後理学部における動物学講座の設置とともに同実験所は移管されることになった。臨湖実験所は右の臨海研究所と同じく一九三七年一二月二七日公布の勅令第七三二号によって官制化され、のち一九九一年四月一二日に生態学研究センターに改編された。

大分県速見郡別府町には地熱温泉現象の研究施設として地球物理学研究所が設置された。これは別府町および大分県から敷地建物の提供を受けて置かれたもので一九二六年一〇月二八日に開所式が挙行されている[67]。また、一九二七年四月二三日の評議会では、岡正雄熊本県知事より同県阿蘇郡内に火山研究所として金五万円に相当する建物・設備の寄附の申出があったとの報告があり、受理することになった[68]。火山研究所は阿蘇郡長陽村（現南阿蘇村）に一九二九年四月開設され[69]、その後一九三七年一二月二七日の勅令第七三二号によって前記の地球物理学研究所と統合して理学部附属火山温泉研究所として官制化された。

一九二七年三月七日に発生した奥丹後地震の後、地震研究を進めるため大阪府三島郡阿武野村（現高槻市）に一九三〇年一〇月阿武山地震観測所が設置されたが、同所建設にあたっては実業家原邦造からの寄附があった[70]。同所は、一九五四年三月三一日公布の文部省令第六号によって法制化されている。

京大における天文台は当初本部構内西側にあったが、周辺の市街化により移転することとなり一九二九年一〇月一九日、東山に花山天文台が開館した[71]。花山天文台は一九四一年設置の生駒太陽観測所とともに、戦後の一九五八年三月三一日に天文台として法制化されている。

キャンパスの整備

すでに述べた（本編第二章第二節参照）ように、一九一七年には本部構内北隣に新たに北部構内の取得が始まり、理学部の動物学教室及び植物学教室本館がまず建設された。その後一九二〇年に農学部開設のため京都市からの寄附金によってこの東側の地を買収し、現在の北部構内が形成された。農学部設置の翌年教授に就任した橋本伝左衛門の回想によると、一九二一年秋に農学部予定地を視察したときには「当時は一面に黄熟した水稲で、地域内に細い野良道が東西と南北に二、三本づつ通っていた」という[72]。

写真1－3－2　本部本館（1928年）

北部構内には、理学部と農学部の建物以外に農学部附属農場や演習林の試験地、理学部附属の植物園が置かれた。さらに一九二四年六月にグラウンド、同年七月にはプールといったスポーツ施設も建設される(73)など、他の構内とは異なった景観を見せていた。

なお、この時期京大の周囲に京都市電の路線が通るようになった。まず一九二八年一月一三日に医学部附属医院南東の熊野神社前から北へ百万遍まで路線が延長され、次いで一九二九年五月一四日には百万遍から東へ銀閣寺道まで延長されている(74)。前者の延長に際し本部構内西の東大路通が、後者の延長に際し北の今出川通が拡幅された。

一九一九年から一九三二年までに新築された主な建築物は表1－3－5のとおりである。新たに取得された北部構内だけでなく、本部・医学部・附属医院の各構内で多くの建物が建てられている。そのなかには、一九二〇年に設置された工学部建築学科の主任教授武田五一が設計し、京大最初の鉄筋コンクリート造でフラットルーフの工学部建築学教室本館や、「分離派」

表１－３－５　新築された主要建築物（1919〜1932年）

名称	設計者	年代	構内	備考
理学部化学教室金相学研究室	永瀬狂三	1919	本部	
医学部附属医院小児科学教室本館	永瀬狂三	1919	医院	
理学部動物学教室及植物学教室本館	永瀬狂三	1920	北部	
工学部建築学教室本館	武田五一	1922	本部	現存
理学部地質学鉱物学教室	永瀬狂三	1922	北部	
文学部中央館	武田五一・永瀬狂三	1923	本部	
理学部地球物理学教室	永瀬狂三	1923	本部	現存
農学部本館	武田五一・永瀬狂三・森田慶一・坂静雄	1923	北部	
理学部宇宙物理学教室	武田五一・永瀬狂三	1924	北部	
工学部共同講義室及事務室	永瀬狂三	1924	本部	
農学部表門及門衛所	森田慶一	1924	北部	現存
本部本館	武田五一・永瀬狂三・坂静雄	1925	本部	現存
施設部電気掛事務室	武田五一・永瀬狂三	1925	本部	現存
医学部衛生学教室本館	武田五一・永瀬狂三・坂静雄	1925	医学部	
武道場	武田五一・永瀬狂三・坂静雄	1925	北部	のち宇宙物理学教室
楽友会館	森田慶一	1925	南部	現存
医学部附属医院内科学教室研究室	武田五一・永瀬狂三・坂静雄・森田慶一	1926	医院	
医学部附属医院外科学教室及整形外科学教室研究室	武田五一・永瀬狂三・坂静雄・森田慶一	1927	医院	
医学部微生物学教室本館	永瀬狂三	1928	医学部	
北門門衛所	武田五一・大倉三郎	1929	本部	現存
医学部附属医院内科学教室隔離病舎	永瀬狂三・大倉三郎	1929	医院	現存
医学部病理学教室本館	武田五一・大倉三郎	1930	医学部	
理学部物理学教室本館（南館）	大倉三郎	1930	北部	
医学部附属医院婦人科学産科学教室	大倉三郎	1931	医院	現存
農学部附属演習林本部事務室	大倉三郎・関原猛夫	1931	北部	現存

・京都大学百年史編集委員会編『京都大学百年史　総説編』843・863頁より作成。

の建築家として知られた工学部助教授森田慶一設計の楽友会館など、現存する個性的な建物も含まれている。

京大のシンボル的な建物である本部本館（現百周年時計台記念館）の建設が決定されたのは一九二〇年九月九日の評議会においてであり、新営予定の法学部教室に隣接して「中央大講堂」を建設するとされていた。[75] 一九二三年八月三〇日に一部ができて本部庶務課が移転、[76] 最終的には一九二五年三月に完成した。[77] 二階に二〇〇名以上収容可能な講堂が置かれ、学生数の増加したこの時期、入学宣誓式をはじめとした全学的な行事に使われるようになった。そのほか、総長室、本部各事務室、教室なども入り、二階には教員用、地下には学生用の食堂も配置された。[78] また、北側に設けられた半円形の法経第一教室は学内最大の教室であり、一九二九年には拡声機が備えられたが、新聞報道によるとそれは日本最初の試みであったという。[79]

第三節　学生生活と思想問題

生活の諸相

日本の大学で女性が初めて入学したのは、一九一三年東北帝国大学理科大学においてであった。[80] 京大では、正規の学生ではなく特定の科目のみを履修する選科生として、一九一九年医学部に最初の女子生徒として二名が入学したことが報じられている。[81] 二名はそれぞれ小児科学と皮膚黴毒学を学ぶため入学したもので、その氏名は大学の刊行物でも確認できる。[82] しかしそのほかでは、この時期経済学部などで女性の選科生受入の動きがあることが新聞や雑誌の記事にあるものの、[83] 一九二二年九月九日付の文部省専門学務局長宛の報告では本科・

分かる。

選科とも女子在学者は存在しないとされており、[84]女子の受入は実現しなかったものと思われる。また、正規の学生については各年度の『文部省年報』を見ると、京大では結局敗戦まで女子学生を受け入れなかったことが分かる。

京大は一九二二年に創立二五周年を迎え、創立記念祝日の六月一八日に記念式典が久邇宮邦彦王・多嘉王を迎えて催された。[85]また、一九・二〇の両日は学内が一般に開放され、医・理・工・文の各学部において最新の研究成果や標本、史料類などの展示が実施された。[86]また、この創立二五周年を記念して卒業生から資金を募集して、各種の学会や講演会、卒業生や京大関係者の会合・宿泊などができる会館を建設することが決まり、[87]三〇万円の募金を得て一九二五年に竣工したのが前述の楽友会館であった。[88]

ところで、京大における創立記念日には幾度かの変遷がある。まず創立翌年の一八九八年六月一四日に「京都帝国大学創立紀念祝日規程」が制定され京大創立に関する勅令第二〇九号の制定日である六月一八日が創立紀念祝日とされた。[89]しかしその六年後の一九〇四年九月一日の通則改正によって、四月一日に改正されている。[90]この改正の背景には、改正の二年前の一九〇二年五月二二日に織田万法科大学長・坪井次郎医科大学長・中沢岩太理工科大学長の連名で木下広次総長宛に出された上申があったと考えられる。ここでは祝日となった六月中旬は卒業試問や学科試問が多く教員学生ともに「心中平時ニ無之」祝意を表するのにふさわしくないとされていた。[91]学年暦が九月から七月までであった当時、学年末にあたる六月は式典どころではないと考えられたわけである。その後、一九一一年六月一九日の通則改正で今度は三月一日に変更となった。[92]この件について議論した同年四月二七日の評議会では「都合上」と記されているだけで、[93]変更の理由は不明である。そして最後の変更が創立二五周年の一九二二年であり一月一九日の評議会で「本年ヨリ学年モ改マリタルヲ以テ」従前の六月一八日にすると決定され、[94]二月一五日の通則改正で実現した。[95]すでに述べたように一九二一年度から大学の学年暦が四月始まりになっており、それに合わせて記念日は年度末の三月一日から六月一八日に戻ったことになる。創立記念日は、以来六月一八日のままで現在に至っている。

スポーツ・文化活動

学友会の事業として規則に位置づけられていた陸上運動大会は、一九一四年一〇月九日予算の査定委員会で中止が決定された(96)。当時グラウンドは本部構内の東北隅にあったが、そこに教室が建てられることになったためであった。再開されたのは一九二〇年で、一一月七日に下鴨植物園運動場で開催され(97)、当日は、京大の学生だけでなく全国の大学高等専門学校や中等学校、市内の小学校の学生生徒も参加して行われた。一九二四年六月一日には整備がなった北部構内のグラウンドで開催され(98)、以後も毎年行われたが一九三〇年に学友会費未納者増加による財政逼迫を理由に中止された(99)。

学内の運動大会以外に各部は他校との試合を行っていた。一九二三年、各部で行われていた東京帝国大学との対抗戦を同じ時期に集中させようと東大の学友会から提案があり(100)、翌一九二四年一〇月に第一回が京都で開催された。一〇月二二日の歓迎会のあと、二三日から二五日にかけて野球・弓道・柔道・庭球・剣道・陸上といった競技での対戦のほか弁論大会と合同演奏会が実施された(101)。以後東大との対抗戦は、京都と東京の交互に開催されるようになり、一九二七年には経費不足のため廃止とされたが(102)、各部は任意に対抗戦を続けその多くが一〇月に集中していたので実質的には存続する形となった(103)。

このほかにも、各部は高等学校や専門学校等を招いてそれぞれ大会を開催していたが、次第に一斉に行われるようになった。資料上では一九二四年七月の実施から確認でき(104)、以後毎年催され一大イベントとして定着し

写真１－３－３　園遊会を楽しむ学生たち（1928年５月20日）

ていった。

第一回の東大との対抗戦の際、新聞体の学友会誌臨時号を毎日発行して結果を報道したところ好評だったことが契機となって新聞発行の議が持ち上がり、一九二四年一二月一二日の学友会役員会で満場一致で可決された[105]。部長には佐々木惣一法学部教授が就任、名称は『京都帝国大学新聞』となり一九二五年四月一五日に第一号が発行された。以後同紙は一九四四年に全国の大学新聞統合で『大学新聞』となったが、一九四六年四月一日に『学園新聞』として復活、一九五九年一一月三〇日付の第一〇〇〇号発行を契機に『京都大学新聞』と改称し現在に至っている。

この時期に発足した学友会所属の部としては、一九二〇年に陸上競技部から分離した遠足部（一九二四年に旅行部と改称[106]）、一九二三年の蹴球部（現在のラグビー部、なお蹴球部は前年にも新設が提案されていたが役員会で否決されていた[107]）、一九二四年に雑誌部廃止とともに発足した新聞部、一九二五年頃と思われるア式蹴球部（現在のサッカー部[108]）、一九二七年の共済部[109]、ホッケー部、籃球部、卓球部[110]、一九三〇年頃の排球部[111]が挙げられる。

一九二四年六月一八日には北部構内のグラウンドで学友会主催の園遊会が開かれた。これは学生の要望に基づいて六月五日の評議会で許可されたもので[112]、当日は歌舞伎役者で映画俳優でもあった尾上松之助の野外劇「上杉謙信春日山城中之場」が演じられ、模擬店が出、福引も行われるなど盛況であった[113]。ただ開催の時期について、翌一九二五年三月一三日に学友会代議員より総長宛に六月一八日は梅雨で天候不順なこと、学期末で都合がよくないことを理由に五月に変更を希望する申出があり[114]、これを受けて四月二五日の評議会では創立記念日とは別に五月第三日曜日を祝日とすることを決定[115]、以後園遊会はこの日に行われるようになった。

軍事教練

学校に陸軍現役将校を配属させ軍事教練を行うという議論は、まず臨時教育会議で行われた。一九一七年一二月一五日には「兵式体操振興ニ関スル建議」が可決され、森有礼文相によって始められた兵式体操の再建強化が唱えられたが[116]、具体的な動きにはつながらなかった。

その後、一九二四年六月一一日に加藤高明内閣が成立すると、岡田良平文相・宇垣一成陸相のもとで急速に導入に向けて事態が動いていく。八月には新聞紙上に、文部省が学校に現役将校を教官として派遣して兵式体操を強化する案を考究中で陸軍省も異存がない模様と報じられていた[117]。八月下旬から一二月上旬にかけて陸軍・文部両省の間で協議が重ねられ[118]、実施に関する骨子が決定された。その上で一二月一〇日に、学校における教練の振作のため中等程度の学校以上に現役将校を配属させる件について、総理大臣の諮問機関としてこの年四月に置かれていた文政審議会に加藤首相より諮詢があった[119]。一二月一三日に開催された同会の総会で趣旨説明を行った岡田文相は、諮詢案の目的として学生生徒の心身鍛練、国防能力増進と在営期間の短縮を挙げていた。[120]

そもそもこの時期に軍事教練導入が一挙に具体化した背景には、一つは宇垣陸相によって進められた陸軍軍縮があった。軍縮によって生じる余剰人員が教練開始で学校に配属できるほか、軍隊教育を予め行うことで中等・高等教育卒の学歴を持つ入営者の在営期間の短縮が可能になると考えられたのである。また宇垣が、軍縮による軍隊内の士気沈滞を青少年に対する軍事予備教育を普及することによって克服しようと考えていたこと[121]も、もう一つの背景として挙げられる。

文政審議会において反対論はなく翌一九二五年一月一一日に答申が出され、それを踏まえて四月一三日に勅令第一三五号「陸軍現役将校学校配属令」が公布された。これにより、官公立の師範学校・中学校・実業学校・高等学校・大学予科・専門学校・高等師範学校・臨時教員養成所・実業学校教員養成所・実業補習学校教員養成所における男子生徒に教練を行うため、陸軍現役将校が当該学校に配属されることになった。一方私立の諸学校および大学学部については、申出により配属されると定められた。また、一九二六年七月二一日公布の勅令第二六一号「一年志願兵及一年現役兵服務特例」によって、教練に合格した卒業生で一年志願兵として服務する者は一年の在営期間を一〇カ月に短縮することになった。一年志願兵とは、師範学校・中学校などの卒業者で在営中の食料・被服・装具などの費用を自弁できる者は、陸軍兵役を一年間（通常は現役三年間）にできる制度であったが、教練合格者はさらに在営期間が短縮された。翌一九二七年には兵役制度が全般的に改正され、その際一年志願兵制度に代わる幹部候補生制度が導入されたが、一一月三〇日公布の勅令第三三一号「陸軍補充令」によって、教練合格者に志願の資格が付与されたうえ、在営期間短縮および兵としての入営後八カ月で下士官の最上級である曹長に進級する特典が与えられた。

教練の具体的な内容については、一九二五年四月一三日公布の文部省訓令第六号「陸軍現役将校ノ配属ヲ受ケテ教練ヲ行フ学校ニ於ケル教練教授要目」に規定された。これによると、各個教練・部隊教練・射撃・指揮法などの術科と学科にあたる軍事講話とがあり、大学以外の諸学校は毎週の教授時数や毎年の野外演習日数が細かく定められていたが、大学は「適宜」とされて時数や日数は指定されていなかった。

京大では、七月九日の評議会で教練の希望者が三〇〇名いることが報告され、彼らに対して教練を行うため将校の配属を文相に申し出る旨決定された。ただし、そのとき河田嗣郎評議員より将来一般学生に教練を強制することのないよう尽力すること、森島庫太・佐々木惣一両評議員より今回の申出は現在の学生に限ること、大井清一評議員より配属将校と時間などに関し協議を行うときは各学部にも相談すること、といった希望意見が出されていた[122]。

教練は九月から開始され[123]、配属された長谷部照俉中佐は自身の任務について学生に「国防に関する正当なる理解と、国防施設批判力の要素とを提供するにあ」ると、学科重視の姿勢を示していた[124]。少し後のことになるが、一九三一年に法学部に入学した河東倍男は、一九三三年七月五日の日記に深草練兵場での教練で鉄砲を持つのは「二年半ブリ」と記しており、京大では術科にそれほど力が入れられていなかったことが分かる[125]。また同年一二月三日の日記には、友人の代わりに教練に出席したとあり[126]、出欠の管理もそれほど厳しくなかったものと推測される。

京都学連事件

一九二二年一一月七日、東京帝国大学学生第二控所において東京都下を中心とした大学・高等学校・専門学校の社会思想研究団体の連合体として学生連合会が発足した。その影響を受け、京大においても一九二三年秋に経済学部の学生を中心に伍民会という小グループが結成された。[127] 伍民会は同年一二月中旬には社会科学研究会（社研）に改称するとともに学生連合会への加盟を決議、一九二四年五月には新入生が多く参加したことによって会員は一五〇名以上に達したという。[128] 社研は五月二日、学生集会所において第一回学内講演会を開催していることが大学の資料にも見える。[129]

学生連合会は一九二四年九月一四日に東大で第一回全国大会を開催、学生社会科学連合会と改称し、そのころ導入が目指されていた軍事教練への反対運動などを積極的に展開した。さらに一九二五年七月一六日には第二回全国大会を京大で開催、学生運動を無産階級解放運動の一翼と位置づけ、そのため労働者に対して階級意識を植え付ける教育（プロレット・カルト運動）が重要な活動とされるようになった。[130]

こうした実践活動に傾斜していく社研に警察は警戒を強めていたが、一九二五年一一月一五日に同志社大学構内で軍事教練反対ビラを発見したのを機に、一二月一日から二日にかけて京大および同志社大社研の関係者計三六名（うち京大生一九名、京大卒業生一名）を検束した。[131] 検束された者は七日までに全員釈放されたものの、一日の検束の際に警察が京大の寄宿舎に大学側に無断で入ったことが問題視され、二日午前には荒木寅三郎総長の代理として鈴木信太郎書記官と花田大五郎学生監が京都府庁を訪れ、池田宏知事に抗議を行った。[132] さらに京大では二日午後と一〇日に学部長が召集され、一七日には評議会が開催されて対応が協議された。[133] 一方学生も一四日に法経第一教室で学生大会を開催、今回の警察の処置に対し府当局および内務大臣の弁明を求めること、今回の事件に関し大学当局の奮起を望むこと、を決議した。[134]

この事件に関して法学部は一二月二四日、在外勤務者を除く教授一同の名で意見書を発表した。ここでは今回警察が犯罪捜査の手続を踏まず行政上の検束を行った不法性、その行政上の検束を連日にわたって行ったことの不法性、さらに不法の捜査によって大学の使命である学問研究・学生の教育が妨げられたことの問題性が指摘されていた(135)。また同日、経済学部も在籍教授八名のうち六名（神戸正雄・財部静治・河上肇・河田嗣郎・本庄栄治郎・小島昌太郎）の名で意見書を発表、研究の自由を有する学生への取り締まりはあくまで適法に行われることを要求すると述べていた(136)。

また、一二月二三日の評議会では次の事項を決定した。

今回本学学生ガ何カ嫌疑ヲ受クル様ニナリタルハ遺憾ノ至リナルガ（此点ヲ強ク言フコト）京都府警察部ノ取リタル手段ニ就テハ不法ノ点アリ本学トシテハ迷惑ナルヲ以テ将来斯カルコトナキ様注意アランコトヲ乞フノ意味ヲ総長ヨリ口頭ヲ以テ内務、文部両大臣ニ上申スルコト(137)

この決定に基づいて、荒木総長は坂口昂文学部長・佐々木惣一法学部長を伴い上京、二六日に両大臣に面会した。坂口の日記によると、午後に面会した若槻礼次郎内相は、学生の取り締まりを大学に求める一方で捜査手続上不法があればしかるべく処置すると述べ、京大側が将来の措置について考慮を求めたところ「諒としたるもの丶如し」であった。これに対して夜に面会した岡田良平文相は、犯罪の有無が不明の現段階で内相に考慮を求めたのは前後を誤っていると激しい語気で荒木らを責めたが、佐々木と坂口が今回は手続の不法を問題としていること、学生の指導は怠りなく行うなどと岡田を宥めた。荒木は帰途「岡田大臣は困つた人なり」と言いつつ「今回の事件は内務大臣との会談にて一段落つきたり、新年には大に祝酒をあげうべし」と会談の成功を喜んだという(138)。

しかし、司法当局はこの間社研関係学生らの全国的な検挙に乗り出す方針を固め、翌一九二六年一月一五日に京大社研の学生一二名と同志社の学生二名が検挙され、河上肇らの私宅が家宅捜索を受けた(139)。同日付の花田学生監から荒木総長宛の報告によると、今回は寄宿舎に入る三〇分前に川端署から学生の拘引につき了解を求めてきたという。(140) 検挙はその後も続き、結局四月一六日までに合計三八名（うち大学院生一名を含む京大生一九名、京大卒業生一名）が検挙されるに至った。(141)

京大では一月一六日、二一日と学部長会議が開かれて対応が協議され、(142) さらに二五日には評議会が開催され、各学部から教授一名ずつを出してこの件の処理に当たる委員会を組織した。(143) この委員会での検討を受けて、二月一三日荒木総長は本部本館二階ホールで学生に対して訓示を行った。ここで荒木は、国禁に触れる行動だけでなくその恐れのある行動も取り締まりの対象となること、特に社会現象の研究に従事する際には注意が必要であることを強調している。(144) また、同じく委員会の検討を受けて社研に対する方針が決定され、それを受けて社研は二月一七日の臨時大会で会則から「普及」を削除すること、学術研究以外の外部との連絡を絶つこと、会の組織を大学に報告すること、教員の指導を受けることを決議、さらに二四日には学生社会科学連合会に脱退届を提出した旨二月二五日の評議会で花田学生監より報告があった。(145)

検挙された者は全員一九二五年に施行されたばかりの治安維持法違反により起訴され（他に出版法違反一二名、不敬罪一名）、この事件は内地で最初の同法適用事件となった。(146)

河上教授の辞職

一九二八年二月二〇日に初の普通選挙として行われた総選挙において共産党の活動が公然化したことに対して、警察は三月一五日全国で一〇〇〇名以上の共産党員・活動家の一斉検挙を行った（三・一五事件）。そのなかには高等教育機関の学生生徒が多く含まれ、京大関係でも起訴された者は最終的に二八名（在学者一二名、卒業生五名、中途退学者一一名）に及んだ。[147]

事件関係の報道が解禁となった四月一〇日以後文部省は対応策の検討を行い、一二日の省議で共産党加盟の学生で起訴された者は学校当局により無期停学とすること、いわゆる左傾教授には自発的辞職あるいは休職を求める旨各帝大総長に通告すること、社研を解散させるよう各総長に求めることを決定し、東京帝国大学の小野塚喜平次総長事務取扱と京大の荒木総長を同日招致して水野錬太郎文相から文部省の方針を伝えたと報じられた。[148]

京大において左傾教授として名指しされたのはマルクス主義研究者として知られた河上肇経済学部教授であった。新聞報道によると、一六日経済学部は教授会を開いて「総長の内意」について協議し、財部静治学部長は河上の辞任がやむを得ないと結論した旨総長に報告した。これを受けて荒木はこの日の一五時に河上を招き辞任を求めたところ、河上も了承したという。[149]一七時四〇分開始の評議会では、荒木総長が「河上教授ガ只今電話ニテ辞職スル旨ノ申出アリ」と報告し、自らも事件が片付いたら責任を取って総長を辞職する考えであることを表明した。[150]

一方河上の回想によると、この日の正午過ぎに大学から呼び出しがあり荒木および経済学部の古参教授であった神戸正雄に面会、その場で「友人として」辞職を求められたが拒絶した。しかし、帰宅したところ自宅に待っていた佐々木惣一・末川博法学部教授から、午前にあった経済学部教授会で自分の辞職が必要な旨決議されたと聞き、その決議に従うのが大学自治の原則に適うことと判断して辞職を決意したのだという。[151]河上が公表した自らの辞職理由書には、荒木が河上に示した辞職の理由は、前年刊行の『マルクス主義講座』の広告文にある河上の文章が不穏当であること、この年の総選挙にあたり河上が香川県で行った応援演説に不穏当な箇所があったこと、社会科学研究会会員から治安を紊乱する者を出したこと、の三点であり、いずれも辞職の必要を認めない理由であるが、すでに教授会の議を経ている以上総長および所属する学部の意思を尊重して辞職することにしたと述べている。[152] なお、このうち社研との関係については、これも河上の回想によると学連事件後に荒木からのたっての頼みで指導教授を引き受けたものであった。[153]

結局河上は四月一八日に辞職、社研に対しても翌四月一九日の評議会で解散を命ずることが可決された。[154] 荒木総長も同年一二月一七日の学部長会議および二一日の評議会で、事件の後始末をつけたこと、翌年度予算も見通しがついたことで、事件の責任を負って辞任する適当の時期がきたとして辞意を表明し、[155] 前述したように翌一九二九年二月一九日選挙の結果新城新蔵理学部教授が総長候補者となり、三月二二日後任の総長に就任した。

尖鋭化する学生運動

その後学生運動は尖鋭化し、検挙・起訴される学生が続いた。三・一五事件に続く全国的な共産党員・活動家の一斉検挙となった一九二九年の四・一六事件では、京大の学生も二名起訴されたことが同年一一月七日の評議会で報告されている。[156] 次いで一九三〇年二月から共産青年同盟のビラや無産者新聞の配布の疑いで京都の大学・高等学校の多くの学生生徒の検挙が始まった。[157] 五月八日の評議会では、二月一日以降の京大の被検束学生が五一名に上ったことが、[158] 九月一八日の評議会では「昭和五年度共産党事件」によって学生一五名が起訴されたことが報告されている。[159]

一〇月二四日には四・一六事件の公判闘争の一環として、被告を支援する左翼学生・労働者の一団が京都刑務所中京支所を襲撃する事件が起こり、京大の学生は一九名が検束された。このうち七名が暴力行為等の処罰に関する法律違反で起訴されたが、翌一九三一年一月二〇日には日本共産党の目的遂行のためにする行為であったとして四名（他に京大学生以外が二名）が治安維持法違反で起訴された。[160]

この時期、不況が続く状況を背景に学生消費組合がいくつかの高等教育機関でつくられつつあった。京大でも北門前に学生消費組合の事務所が置かれ、一九三〇年一一月一九日から加入申込を受け付け[161]二五日に開店し、雑貨、文房具、靴、洋服などを売り出した。[162]翌年九月一七日の評議会に報告されたところによると、この年七月には会員は一三〇〇名を数えるに至ったというが、一方で学生消費組合発行のニュースには、「反動学友会解散」「学生課即時撤廃」など大学の訓育方針を否定したり共産党員の公判を支援したりする内容が掲載されていたほか、学外無産者団体との関係も大学当局の警戒するところとなっていた。[163]結局一九三一年一〇月八日の評議会決定を受け、学生消費組合の解散を命じ学生の加入を禁止する達示・告示が一〇月九日付で出された。[164]

その他共産党とその関連組織への取り締まりでは、一九三一年八月の「八・二六事件」で数百名の検挙者が出たがそのうち京大からは九五名で、卒業生一名を含む三名が起訴、さらに一九三二年九月の「九・三事件」では京都で四〇〇余名が検挙されたなか京大からは六六名検挙、八名が起訴されている。[165]

これに対して、国家主義的学生運動団体としては一九二六年六月二日に猶興学会が設立されていた。[166]その活動はしばらく沈滞していたが一九三一年九月の満洲事変勃発以後活発になり、学内では学友会の一部と結んで愛国運動を起こし、学外では関西の右翼学生団体を結集する動きを見せていた。[167]この猶興学会に所属していた京大生三名が、政財界の要人暗殺を行った血盟団事件に関連して三月一五日および一七日に検挙されている。若槻礼次郎前首相暗殺未遂の容疑であった。[168]

註

(1) 東京大学百年史編集委員会編『東京大学百年史　資料三』一九八六年、四七七頁。

(2) 『学内達示書類　自明治四十五年至大正十年』(京都大学大学文書館所蔵、MP00304)。京都帝国大学『京都帝国大学一覧　自大正九年至大正十一年』一九二一年、一一七頁。

(3) 京都帝国大学『京都帝国大学一覧　自大正八年至大正九年』一九二〇年、一〇二頁。

(4) 海後宗臣編『臨時教育会議の研究』東京大学出版会、一九六〇年、五一九頁。

(5) 「大学令及高等学校令」(国立公文書館所蔵『枢密院審査報告・大正六年~大正七年』枢C00017100)。

(6) 『評議会議事録　自大正二年至大正十五年』(京都大学大学文書館所蔵、MP00002)。

(7) 『総長選挙一件書類　自大正八年至昭和十二年』(京都大学大学文書館所蔵、MP00128)。

(8) 「大井名誉教授談筆記概要」(『大学制度調査委員会一件　昭和十三年自八月至十一月』京都大学大学文書館所蔵、MP00129)。

(9) 註(7)に同じ。

(10) 註(8)に同じ。

(11) 東京大学百年史編集委員会編『東京大学百年史　通史二』一九八五年、二八七頁。

(12) 註(7)に同じ。

(13) 『評議会関係書類　自昭和二年至昭和三年』(京都大学大学文書館所蔵、MP00028)。

(14) 註(7)に同じ。

(15) 中野実「水野直教育関係文書　教育調査会関係史料(一)」(『東京大学史紀要』第三号、一九八〇年)一〇三頁。

(16) 註(6)に同じ。

(17) 註(11)に同じ、二五八頁。

(18) 註(6)に同じ。

(19) 『文部省往復書類　自大正二年至大正十年』(京都大学大学文書館所蔵、MP00173)。

(20) 『教授会議事録　工科大学　大正七年五月ヨリ九年七月マデ』(京都大学大学文書館所蔵、02B00179)。

(21) 『京都日出新聞』一九二〇年一二月二六日付朝刊。

(22) 『学友会誌』第二六号、一九二二年二月、七〇頁。

(23) 『有信会誌』第一〇号、一九六三年、五頁。

(24) 註（6）に同じ。
(25) 註（11）に同じ、二一五頁。東北大学百年史編集委員会編『東北大学百年史一　通史一』二〇〇七年、一九二頁。九州大学百年史編集委員会編『九州大学百年史　第一巻　通史編Ⅰ』二〇一七年、一九七頁。
(26) 註（4）に同じ、五二〇頁。
(27) 註（20）に同じ。
(28) 註（6）に同じ。『評議会議事録　自昭和二年一月至昭和五年五月』（京都大学大学文書館所蔵、MP00003）。
(29) 沢柳政太郎「大学教授の権威」（『太陽』第一九巻第一〇号、一九一三年七月一日）六五頁。
(30) 教育調査会『学制問題ニ関スル議事経過』一九一七年、七四頁。
(31) 註（4）に同じ、五二六・五二〇頁。
(32) 註（6）に同じ。
(33) 京都大学百年史編集委員会編『京都大学百年史　資料編一』一九九九年、三一五頁。
(34) 京都大学百年史編集委員会編『京都大学百年史　資料編二』二〇〇〇年、一九四頁。
(35) 註（4）に同じ、八七一頁。
(36) 京都帝国大学庶務課『学報』第五一五号、一九二一年三月二九日。
(37) 註（11）に同じ、三一七頁。
(38) 京都大学経済学研究科・経済学部　経済学部百年史編纂委員会編『京都大学経済学部百年史』二〇一九年、三六頁。
(39) 註（6）に同じ。
(40) 『官制改正関係書類　自明治四十年至大正十四年』（京都大学大学文書館所蔵、MP00332）。
(41) 『京都日出新聞』一九一九年四月二七日付朝刊。
(42) 『第二十五回帝国議会衆議院議事速記録第十八号』三八五頁。
(43) 『第二十五回帝国議会衆議院農科大学増設ニ関スル建議案委員会議録（速記）第二回』三頁。
(44) 『京都府通常府会議事速記録　全大正二年』（『京都府通常府会・市部会・郡部会議事速記録大正二年』京都府立京都学・歴彩館所蔵）四頁。
(45) 「京都の農科大学」（『教育時論』第一〇三六号、一九一四年一月二五日）四二頁。
(46) 『京都日出新聞』一九一三年一二月一九日付。
(47) 『引継書　沢柳総長ヨリ荒木事務取扱ヘ』（京都大学大学文書館所蔵、19B10844）。

(48)『東京朝日新聞』一九一八年一二月二七日付。教育史編纂会編『明治以降教育制度発達史　第五巻』芳文閣、一九九〇年、一二〇四頁。
(49) 註（6）に同じ。
(50)『京都日出新聞』一九一九年一一月二六日付夕刊。
(51)『京都日出新聞』一九一九年一一月二〇日付朝刊。
(52)『農学部創設関係書類』（京都大学大学文書館所蔵、01A00219）。
(53) 註（6）に同じ。
(54) 京都大学農学部附属農場編『農場五十年のあゆみ』一九七八年、五頁。
(55) 註（54）に同じ、九頁。
(56) 註（6）に同じ。
(57) 化学研究所『化学研究所要覧　昭和五年』一九三〇年。
(58) 京都大学百年史編集委員会編『京都大学百年史　部局史編二』一九九七年、七三六頁。
(59) 註（57）に同じ。
(60)『京都帝国大学新聞』一九三〇年五月五日付。
(61) 註（6）に同じ。
(62) 京都大学理学部附属瀬戸臨海実験所創立五十周年記念事業実行委員会編『瀬戸臨海実験所五十年史　一九二二―一九七二』一九七二年、三頁。
(63) 京都帝国大学庶務課『学報』第一五〇六号、一九二九年六月六日。
(64) 註（62）に同じ、四頁。
(65) 京都帝国大学庶務課『学報』第六八〇号、一九二二年三月三一日。
(66) 京都大学理学部附属大津臨湖実験所編『大津臨湖実験所五十年その歴史と現状』一九六四年、三頁。
(67) 志田順「別府地球物理研究所開所式に於ける謝辞」（『地球物理』第一巻第一号、一九三七年二月）一四頁。
(68) 註（13）に同じ。
(69)『京都帝国大学新聞』一九二九年四月二九日付。
(70)『荒木前総長ヨリ新城総長へ引継書　各種事業ノ経過及方針ニ関スル件』（京都大学大学文書館所蔵、19B10841）。
(71)『京都帝国大学新聞』一九二九年一〇月二一日付。

(72)　橋本伝左衛門「農学部発足のころ　―二三の回顧―」（京都大学農学部創立四十周年記念事業会編『京都大学農学部創立四十周年記念　歴史を語る』一九六四年）三四頁。
(73)　『帝国大学新聞』一九二四年六月二七日付。京都帝国大学庶務課『学報』第九九一号、一九二四年七月四日。
(74)　京都市編『京都の歴史　第八巻　古都の近代』京都市史編さん所、一九七五年、四六〇頁。
(75)　註（6）に同じ。
(76)　京都帝国大学庶務課『学報』第八七九号、一九二三年九月一日。
(77)　『京都日出新聞』一九二五年三月四日付朝刊。
(78)　京都帝国大学庶務課『学報』第九〇六号、一九二三年一一月一四日。
(79)　『京都帝国大学新聞』一九二九年二月一五日付。
(80)　註（25）前掲『東北大学百年史一　通史一』一〇〇頁。
(81)　『大阪朝日新聞』一九一九年一一月一八日付夕刊。
(82)　註（3）に同じ、三〇七頁。
(83)　『時事新報』一九二〇年二月二二日付夕刊。「京都帝大女子歓迎」（『教育時論』第一二六八号、一九二〇年七月五日）一七頁。
(84)　『文部省往復書類　自大正十一年至大正十五年』（京都大学大学文書館所蔵、MP00174）。
(85)　『京都日出新聞』一九二三年六月一九日付夕刊。
(86)　『京都日出新聞』一九二二年六月二〇日付朝刊。『京都日出新聞』一九二二年六月二一日付朝刊。
(87)　『京都日出新聞』一九二一年二月六日付夕刊。
(88)　『京都帝国大学新聞』一九二五年五月一五日付。
(89)　『記念祝式関係書類　自明治三十一年至大正三年』（京都大学大学文書館所蔵、MP00319）。
(90)　『学内達示書類　自明治三十年至明治三十八年』（京都大学大学文書館所蔵、MP00301）。
(91)　註（89）に同じ。
(92)　『学内達示書類　自明治三十九年至明治四十四年』（京都大学大学文書館所蔵、MP00303）。
(93)　『評議会議事録　自明治三十二年至明治四十五年』（京都大学大学文書館所蔵、MP00001）。
(94)　註（6）に同じ。
(95)　『学内達示書類　自大正十一年至大正十五年』（京都大学大学文書館所蔵、MP00305）。
(96)　『学友会誌』第一〇号、一九一四年一二月、七六頁。

(97)『京都日出新聞』一九二〇年一〇月一七日付朝刊。『京都日出新聞』一九二〇年一〇月二〇日付朝刊。『京都日出新聞』一九二〇年一一月八日付夕刊。京都帝国大学庶務課『学報』第四六五号、一九二〇年一一月八日。

(98)「運動大会競技種目」(京都大学大学文書館所蔵『学友会関係資料』MP70025)。京都帝国大学庶務課『学報』第九七七号、一九二四年五月二二日。

(99)『京都帝国大学新聞』一九三〇年一〇月二一日付。

(100)『帝国大学新聞』一九二三年一二月一一日付。

(101)『帝国大学新聞』一九二四年一〇月一七日付。『帝国大学新聞』一九二四年一〇月三一日付。

(102)『帝国大学新聞』一九二七年五月三〇日付。

(103)『帝国大学新聞』一九三一年九月二八日付。

(104)「高専各部大会一件書類一括」(京都大学大学文書館所蔵『学友会関係資料』MP70025)。

(105)『京都帝国大学新聞』一九二五年四月一五日付。

(106)『学友会誌』第二五号、一九二一年二月、一一一頁。『学友会誌』第二九号、一九二四年六月、五五頁。

(107)『学友会誌』第二八号、一九二三年一二月、一〇四頁。『学友会誌』第二七号、一九二二年一一月、四六頁。

(108)『京都帝国大学新聞』一九二五年六月一日付。

(109)「改正規則掲示ノ件」(京都大学大学文書館所蔵『学友会関係資料』MP70026)。「臨時役員会召集ノ件伺」(同)。

(110)『京都帝国大学新聞』一九二八年一月一一日付。『京都帝国大学新聞』一九二八年三月一一日付。

(111)京都帝国大学『京都帝国大学一覧　昭和五年』一九三〇年、二五五頁。

(112)註(6)に同じ。

(113)京都帝国大学庶務課『学報』第九八六号、一九二四年六月一四日。『帝国大学新聞』一九二四年六月二七日付。

(114)「願書(記念日延期ノ件)」(京都大学大学文書館所蔵『学友会関係資料』MP70026)。

(115)註(6)に同じ。

(116)註(4)に同じ、九一三頁。

(117)『東京朝日新聞』一九二四年八月一九日付朝刊。

(118)「軍事教育打合せ会」(『教育時論』第一四一二号、一九二四年九月五日、三一頁)。「軍事教育の両省案」(『教育時論』第一四一五号、一九二四年一〇月五日、三〇頁)。「軍事教育の協議会」(『教育時論』第一四二一号、一九二四年一二月五日、四一頁)。「軍教細目大体決定」(『教育時論』第一四二二号、一九二四年一二月一五日、三九頁)。

(119) 国立教育研究所内日本近代史料研究会『資料　文政審議会　第一集　総覧』明星大学出版部、一九八九年、一〇七頁。
(120) 国立教育研究所内日本近代史料研究会『資料　文政審議会　第二集』明星大学出版部、一九八九年、二一七頁。
(121) 遠藤芳信『近代日本軍隊教育史研究』青木書店、一九九四年、六一九頁。
(122) 註（6）に同じ。
(123) 『京都帝国大学新聞』一九二五年八月五日付。
(124) 『京都帝国大学新聞』一九二五年一〇月一日付。
(125) 西山伸「資料紹介　法学部学生河東倍男日記（抄録）」（『京都大学大学文書館研究紀要』第九号、二〇一一年）六二頁。
(126) 註(125)に同じ、六六頁。
(127) 菊川忠雄『学生社会運動史』中央公論社、一九三一年、二五六頁。
(128) 京都帝国大学学生運動史刊行会編『京都帝国大学学生運動史』昭和堂、一九八四年、三九頁。
(129) 京都帝国大学庶務課『学報』第九六六号、一九二四年五月一日。
(130) 註(127)に同じ、三八二・四〇七頁。
(131) 註(128)に同じ、五九頁。『京都帝国大学新聞』一九二五年一二月一五日付。
(132) 『京都日出新聞』一九二五年一二月三日付朝刊。
(133) 註（34）に同じ、三五二頁。
(134) 『大阪朝日新聞』一九二五年一二月一五日付朝刊。
(135) 『京都日出新聞』一九二五年一二月二五日付朝刊。
(136) 註(135)に同じ。
(137) 註（6）に同じ。
(138) 註（34）に同じ、三五八頁。
(139) 註(128)に同じ、六六頁。
(140) 註（34）に同じ、三六二頁。
(141) 註(128)に同じ、六七頁。
(142) 註（34）に同じ、三六三頁。
(143) 註（6）に同じ。
(144) 『京都帝国大学新聞』一九二六年二月一五日付。

(145)『評議会関係書類　自大正元年至大正十五年』(京都大学大学文書館所蔵、MP00027)。
(146)伊藤孝夫『大正デモクラシー期の法と社会』京都大学学術出版会、二〇〇〇年、三〇八頁。
(147)註(127)に同じ、五三一頁。
(148)『東京朝日新聞』一九二八年四月一三日付朝刊。
(149)『京都日出新聞』一九二八年四月一八日付夕刊。
(150)『評議会議事録　自昭和二年一月至昭和五年五月』(京都大学大学文書館所蔵、MP00003)。
(151)杉原四郎・一海知義編『河上肇　自叙伝(五)』岩波書店、一九九七年、三二頁。
(152)「大学を辞するに臨みて」(『京都帝国大学新聞』一九二八年四月二一日付)。
(153)註(151)に同じ、二八頁。
(154)註(150)に同じ。
(155)註(7)に同じ。註(150)に同じ。
(156)註(150)に同じ。
(157)文部省学生部『学生思想事件一覧　自昭和四年十一月至昭和五年十月』(思想調査資料集成刊行会編『文部省思想局　思想調査資料集成　第一九巻』日本図書センター、一九八一年)一七頁。
(158)『評議会関係書類　自昭和四年至昭和五年』(京都大学大学文書館所蔵、MP00029)。
(159)註(158)に同じ。
(160)文部省学生部『学生思想事件一覧　第二輯　自昭和五年十一月至昭和七年三月』(思想調査資料集成刊行会編『文部省思想局　思想調査資料集成　第二〇巻』日本図書センター、一九八一年)四三頁。
(161)『京都帝国大学新聞』一九三〇年一一月二一日付。
(162)『京都帝国大学新聞』一九三〇年一二月五日付。
(163)『評議会関係書類　昭和六年』(京都大学大学文書館所蔵、MP00030)。
(164)『評議会議事録　自昭和五年六月至昭和七年六月』(京都大学大学文書館所蔵、MP00003)。
(165)註(128)に同じ、二四三・二四八頁。
(166)『京都帝国大学新聞』一九二六年六月一一日付。
(167)註(160)に同じ、七五頁。
(168)『東京朝日新聞』一九三二年三月一六日付朝刊。『東京朝日新聞』一九三二年三月一八日付朝刊。

第四章　戦時期

一九三三〜一九四五年の概観

本章で主に対象としている一九三三（昭和八）年から一九四五年までの京大の状況を概観すると次のとおりである。

附置研究所としては、一九三九年八月二日公布の勅令第五二〇号によって人文科学研究所が、一九四一年三月二七日公布の勅令第二六七号によって結核研究所が、一九四一年一一月二九日公布の勅令第一〇二二号によって工学研究所が、一九四四年五月二〇日公布の勅令第三五四号によって木材研究所がそれぞれ設置された。このほか、一九三九年五月一五日公布の勅令第三一五号によって臨時附属医学専門部が設置されている（一九四四年三月三一日公布の勅令第二〇〇号で附属医学専門部に改称）。

また、各学部における学科の設置は左記のとおりである。

法学部　法律学科（一九四一年一二月一五日）、政治学科（同）　これは一九二六年一月に廃止された両学科の復活である。

医学部　薬学科（一九三九年三月三一日）
工学部　燃料化学科（一九三九年三月三一日）、化学機械学科（一九四〇年四月一日）、繊維化学科（一九四一年三月一五日）、鉱山学科（一九四二年三月二七日）、冶金学科（同）、航空工学科（同）　なお鉱山学科・冶金学科は採鉱冶金学科が分離したものである。

学部ごとの講座数の変遷は表1-4-1のとおりである。法学部や農学部においてはほとんど変化が見られず、文学部や経済学部も微増にとどまっているが、医学部と工学部は一九三九年度以降、理学部は一九四三年度以降に増加しているのが分かる。

また、学部ごとの入学者数は表1-4-2のとおりである。経済学部以外の文系学部が減少傾向にあるのに対して、医・理・工・農の各学部はいずれも増加している。中でも工学部は二・五倍以上の増加となっている。特に一九四三年度以降の増加が目立ち、その結果一九三三年度には六九・六%あった文系学部の比率が、一九四四年度に五割を切り、一九四五年度には四四・六%となっている。なお、一九四二年度の入学者数が多いのは、高等学校の年限短縮（三年から二年六カ月）のため、この年度に二回入学者を受け入れているからである。

一方、教授・助教授数の変遷は表1-4-3のとおりである。一九四二年度以降の数値が明らかでないため断言しがたいが、講座数と同様一九三九年度から増加に転じていることが分かる。なお本編第三章の表1-3-3で示した一九三二年とくらべて一九三三年の法学部教授・助教授数が減少しているのは、次に述べる滝川事件による辞職者が出たためである。

一九三八年三月二六日に京都帝国大学通則が全面改正されている。[1] 改正の必要性はすでに一九三三年一〇月には各学部から唱えられており、[2] 二年後の一九三五年一〇月一〇日の評議会で各学部よりの改正希望事項が集

表１－４－１　講座数（1933～1945年）

	文	法	経済	理	医	工	農	計
1933	31	32	10	32	25	40	29	199
1934	32	32	10	32	26	40	29	201
1935	32	32	10	32	26	40	29	201
1936	32	32	10	32	26	40	29	201
1937	33	32	10	33	26	40	30	204
1938	33	32	10	33	26	40	30	204
1939	33	32	12	33	28	42	30	210
1940	34	32	12	32	30	45	30	215
1941	34	32	13	32	31	50	30	222
1942	34	32	13	32	31	56	30	228
1943	34	32	13	34	31	63	30	237
1944	34	32	13	35	33	65	30	242
1945	34	32	13	38	33	67	30	247

・京都大学百年史編集委員会編『京都大学百年史　資料編３』2001年、44頁より作成。

表１－４－２　学部入学者数（1933～1945年）

	文	法	経済	理	医	工	農	計
1933	305	601	286	89	120	191	121	1713
1934	215	500	265	92	127	184	121	1504
1935	221	533	293	92	130	202	126	1597
1936	207	584	262	94	132	204	125	1608
1937	196	513	289	96	134	207	142	1577
1938	226	456	323	97	128	214	120	1564
1939	144	441	283	80	154	268	110	1480
1940	121	324	275	82	159	287	127	1375
1941	140	424	275	89	153	310	155	1546
1942	456	992	607	184	355	784	333	3711
1943	131	525	318	110	198	433	152	1867
1944	159	526	312	149	233	498	168	2045
1945	170	423	277	143	235	491	210	1949

・京都大学百年史編集委員会編『京都大学百年史　資料編３』2001年、466頁より作成。

表１－４－３　教授・助教授数（1933〜1945年）

	文		法		経済		理		医	
	教授	助教授	教授	助教授	教授	助教授	教授	助教授	教授	助教授
1933	20	13	8	3	9	7	26	13	24	16
1934	20	14	9	12	10	6	26	14	24	18
1935	22	12	10	11	10	6	25	15	24	21
1936	21	12	10	10	10	5	27	13	24	19
1937	20	10	10	12	9	5	28	15	22	21
1938	21	11	12	14	8	8	26	15	22	21
1939	24	9	13	13	11	10	26	19	28	19
1940	24	10	14	13	10	10	26	21	28	20
1941	21	11	16	11	10	10	22	22	30	27
1942										
1943										
1944										
1945										

	工		農		医専		計	
	教授	助教授	教授	助教授	教授	助教授	教授	助教授
1933	32	17	23	17	—	—	142	89
1934	33	19	23	15	—	—	145	98
1935	34	21	22	16	—	—	147	102
1936	34	20	24	14	—	—	150	93
1937	33	19	24	17	—	—	146	99
1938	32	24	25	18	—	—	146	111
1939	33	23	27	15	0	0	162	108
1940	37	24	28	17			167	115
1941	39	31	28	23	3	1	169	136
1942								
1943								
1944								
1945								

・京都大学百年史編集委員会編『京都大学百年史　資料編３』2001年、409頁より作成。
・空欄は不明を示す。

約されている。[3]そこでは、入学関係事項について改正希望が目立ち、入学志望者に対して身体検査や人物考査を行うべきという意見が医学部・工学部・農学部から出されていた（従来の通則では、入学志望者は願書に学校医あるいは官公立病院の健康証明書を添付することになっていた）。その後一九三六年三月五日に山田正三法学部教授を委員長とする通則改正委員会が設けられ、[4]一年間の審議の末一九三七年三月一日に改正案を松井元興総長に提出、[5]さらに検討が加えられ改正に至った。

従前の通則[6]からの主な改正点としては、①入学志望者または入学許可のあった者に対する身体検査の規定の新設（第七条）、②学士試験に合格せずして学籍を脱した者の再入学について評議会の議により許可することがある旨の規定の新設（第一二条）、③他学部講義の聴講を所属および当該学部長の許可があれば可とする規定の新設（第一四条）、④停学処分を受けた学生の当該期間中における授業料納付義務と停学三カ月以上にわたる場合その期間を在学年に算入しない旨の規定の新設（第二四条・第二八条）⑤学生票の交付とその携帯を義務とする規定の新設（第二五条）、⑥聴講生、専修科生および選科生・委託生以外の生徒について学部規程によって定める規定の新設（第四三条）が挙げられる。

第一節　滝川事件

発端

法学部で刑法を担当する滝川幸辰教授に対し、文部当局が休職あるいは辞職を求めてきたのは一九三三年四月二二日のことであった。文部当局は一カ月前の三月二二日に総長に就任したばかりの小西重直に上京を求め、滝川の著書『刑法読本』『刑法講義』に表れている滝川の思想は、国家社会の否定につながり学生に悪影響を与えるものとして、滝川自ら辞職するかあるいは休職の手続きをとるかのどちらかを迫った。小西は学説の問題なので、本人や専門の研究者から十分に説明を聴いたらどうかと述べた(7)が、文部当局側は、滝川に辞めてもらうことは省内で確定していて、その方法だけが問題だと、議論の余地のないことを小西に通告した(8)。これに対して小西は、直ちには受諾できない、学説を根拠に大学教授に辞職あるいは休職を要求すると容易ならざる事態を引き起こすかもしれないと応じた。

滝川の刑法論が問題視されはじめたのは、この前年一〇月二八日に中央大学で行った講演「『復活』を通して見たるトルストイの刑法観」からであった。一二月には文部当局から新城新蔵総長に対して滝川の講演内容および平素の講義内容について調査の要請があった(9)。翌一九三三年二月一日には帝国議会衆議院予算委員会において政友会の宮沢裕が、氏名は伏せながらも明らかに東大の牧野英一・末弘厳太郎・有沢広巳、京大の滝川幸辰各教授と分かるように、これらの「赤化教授」の罷免を要求し、鳩山一郎文部大臣はよく調査して適当な処置をとると答弁していた(10)。また、この頃いわゆる民間右翼も滝川への攻撃を行っていた。政界に影響力を持っていた原理日本社の蓑田胸喜は『日本総赤化徴候司法部不祥事件禍因根絶の逆縁昭和維新の正機』(一九三三年刊)において、一九三二年に起きた司法官赤化事件に関連して、東大の美濃部達吉・牧野・末弘と並び滝川を無政府主義者として攻撃していた(11)。

こうしたなか、一九三三年四月一〇日には滝川の『刑法読本』『刑法講義』が内務省により発禁処分に付されていた。従って、京大側としては文部当局のこの要求は唐突なものとはいえなかったが、これを受けて早急な対応が求められることになった。

京大側の対応

その後、五月八日になって文部当局は京大の岸興詳書記官に上京を求め総長がどのように考慮したか尋ねたところ、折りしも私用で上京中であった小西は翌九日、鳩山文相と面会した。その席で鳩山は、滝川処分の件はすでに閣議で決定していると伝えた。これに対して小西が処分を実行に移せば重大事件を惹起すると述べたところ、鳩山は高等官の処分を決定する高等文官分限委員会にかけてでも休職を命ずるつもりだと答えたという(12)。

当の法学部に対して、小西は宮本英雄学部長に状況を伝えていたが、滝川の件について教授会に諮問は行わなかった。小西に滝川を処分する意向がなければ、諮問しないのは当然のことであった。しかし、法学部としては事が閣議による決定までできている以上、何らかの意思表示をする必要があると考え、五月一〇日に小西を介して文部大臣に対して、教授の学問上の見解の当否は文政当局の判断で決定されるべきものではない、との意向を伝え(13)、次いで一三日の教授会後、学部長談として教授会の声明を発表した。それは、次の二点から今回の措置の不当性を述べていた。一つは、大学の使命は真理の探究にあるが、これは教授が大学において自由に学問研究を行うことによって達せられるにも関わらず、政府当局がその時々の政策で教授の地位を動かそうとするならばこの使命は達せられなくなり大学の存在理由が失われる。もう一つは、教授の進退は大学側の意見を顧みて行うべきであり、大学内部としては教授会の意見を尊重することと認められているにもかかわらず、今回はその手続きを踏んでいない、ということであった(14)。

大学の使命が真理の探究にある、とは大学に関するどの法令にも記されていない。しかし、これは日本の大学関係者が大学創立以来研究活動を実践し深めていくなかで、自らの使命として確信するに至ったものといえる。また、教授の進退は教授会の意見を尊重して行うべきというのは、言うまでもなく沢柳事件における当時の奥田義人文相の覚書に基づいていた（本編第二章第一節参照）。

また法学部は一六日、やはり学部長の談話の形式で、自分たちは滝川教授を擁護するという個人的見地に立っているのではなく、大学の使命を顧みて研究の自由を主張しているのであるとの意向を公表した[15]。

さらに法学部は右の二つの声明の間にあたる一五日、文部当局が直接滝川を処分するか、総長が教授会の同意なしに滝川の進退を文相に具状した場合は、声明書を公表した上で連袂辞職するとの申し合わせを作成し、当事者の滝川を除く一五名の教授が署名している[16]。

このように、法学部が文部当局との対決姿勢を鮮明にしていくなか、新聞報道によると文部当局側も法学部への反駁を公表している。その内容は、宮本学部長のいう「学問の自由」には「研究の自由」「教授の自由」「発表の自由」の三種があり、文部当局も「研究の自由」は尊重しているが、今回は「教授の自由」と「発表の自由」に関して滝川の責任を問うているのである、というものであった[17]。

五月一八日、小西総長が岸書記官をして滝川処分には同意できないと文部当局に伝えたところ、翌日帰学した岸書記官によって文部省の意向は絶対で考慮の余地はないとの回答がもたらされた[18]。

一方、この頃になると法学部以外の他学部によって文部当局との正面衝突を避けるため何らかの方策を模索する動きが出てきていたようである[19]。おそらくそのためと思われるが、法学部教授は二三日再び申し合わせを作成し、目的を貫徹しない限りいかなる場合も慰留に応じないとして、今度は滝川を含む一六名の教授全員が署名した[20]。

休職処分発令から法学部教員辞職表明まで

小西総長は五月二四日鳩山文相に面会し、滝川の処分には応じられない旨を最終的に回答した[21]。これを受けて、翌二五日文官高等分限委員会が開催された。文官高等分限委員会とは、この前年の一九三二年九月二四日公布の勅令第二五四号によって設置された総理大臣を会長とする委員会で、文官分限令（一八九九年三月二八日公布勅令第六二号）第十一条第一項第四号「官庁事務ノ都合ニ依リ」高等官に休職を命ずる場合に総理大臣の諮問を受けて検討し、答申する機関であった。

同委員会に諮問された滝川の処分理由としては、滝川の思想が「漸次左傾」し学生にその思想を講述し、かつ「極メテ過激」で発禁処分を受けるような著書を公刊するに至っているが、それが大学令第一条にあるところの「人格ノ陶冶及国家思想ノ涵養」に反しているとするものであった。具体的には、滝川の刑法学説が社会の経済的構造を変革しなくては犯罪の減少、消滅が実現しないと規定しているとし、その変革も漸進的な改造ではなく革命的改造であること、また刑法は有産者のみを擁護するとしてその階級性を主張していること、などにより滝川は「マルクス主義的思想を懐抱」しているとした[22]。

同委員会の議事経過を見る限り、滝川の処分理由について積極的に反対した議論はなく、総長の具状がないのに教授の進退を分限委員会で諮問することは可能なのかという手続き面についての質問が出ていた。これに対して政府側は通常の場合は総長の具状によるが、特別の場合には最後の手段として具状なしでの進退の決定はありうる、そうでないと大臣は補弼の責を全うすることができないと回答している。また、政府側が小西総長は一部教授の策動に引きずられたとの趣旨を述べたのに対して、一委員が教授の選挙によって総長が選ばれる仕組みが今回の事態をもたらしたのではないかと指摘していた[23]。

マルクス主義者とは言えない滝川がなぜ処分されたのか。また、前述のように滝川以外にも学説を問題視された教授がいたにもかかわらずなぜ滝川だけが対象となったのか。この問いに答えることは難しいが、一つには滝川の学説である客観主義的刑法学が、滝川の治安維持法批判[24]に見られるように、個人の思想や内面もその対象としようとする当時の法の有りように相反するものであったことが挙げられる。もう一つは、姦通罪の説明にあたって婚姻は「家庭内における階級闘争の縮図」で「姦通は闘争の必然的産物である」と述べたり、[25]当時法学部長だった宮本英雄の戦後の回想によれば「常識を欠」き「軽率な言葉を言」い、「相手構わずいろんなことを言[26]」う滝川の人格的側面が、攻撃されやすかったことが挙げられよう。

いずれにせよ、文官高等分限委員会は満場一致で政府原案を可決答申したため、翌五月二六日付をもって滝川は休職処分に付せられた。

滝川の処分はすぐに京大に伝えられた。二六日に開かれた評議会では、処分について報告があったほか、小西がこの事態の責任と健康上の理由によって辞意を表明し、さらに法学部教員全員が辞表を総長に提出したことが報告されている。[27]

この日の午後、法学部教授会を支持する法学部学生大会が法経第一教室で開かれていたが、その場に宮本学部長以下教員全員が赴き学生たちに向かって辞表を提出したことを伝え、同時に今回の措置は大学教授の職責を無視し大学の使命遂行を阻害するものとする声明書を読み上げ、さらに助教授以下も教授と行動を共にする旨の声明を発表した。[28]

「小西解決案」と他学部・学生などの動き

辞意を表明した小西総長だが、五月二八日上京して鳩山文相と会見、慰留を受け翌二九日帰学し引き続き解決にあたることを表明した。[29] 小西は、連日法学部教授に会い解決方法を模索していたが、その中で具体的な方針を助言したのが、すでに二度学部長を経験していた佐々木惣一であった。佐々木は、文部大臣が今回の法学部教授の主張は妥当なものであったと認めること、滝川復職を考慮し今後の事情によって決定すること、の二点を公表する案を示したという。[30]

小西は六月八日夜に上京、九日、一二日、一四日と立て続けに文部当局との交渉に当たった。その結果、一四日に両者の間で解決案がまとまり、その夜のうちに新聞発表された。これがいわゆる「小西解決案」である。翌一五日、京都に戻った小西が評議会に報告したところによるとその内容は次のとおりである。

> 文部大臣ハ学問ノ研究ニ対シ法学部教授ノ主張セシ精神ヲ酌ミ法令ノ範囲内ニ於テ研究、教授ノ自由及教授ノ進退ニ関スル大学自治ノ確立セラルル様深甚ナル考慮アリタキ旨総長ノ申出ニ対シ文部大臣ヨリ左ノ如ク回答アリ
> 大学ニ於ケル学問ノ研究、教授及教授ノ進退ニ関シ総長ヨリ希望アリタルトコロ右ハ法令並従来ノ取扱例ノ範囲内ニ於テ之ヲ承認シ得ベシ貴学ニ於テハ大学令第一条ノ趣旨ヲ体シ尚一層大学本来ノ使命ヲ達成スル様努メラレタシ[31]

小西は同日、法学部教員に右の解決案を説明したが、法学部側はこれを拒否した。佐々木惣一は新聞に談話を発表し、「小西解決案」の問題点として第一に滝川教授の問題が全く切り離されていること、第二に「法令ノ

範囲内」が曖昧で大学令以外の法令が含まれるとも解釈できること、第三に「従来ノ取扱例」とは総長の説明によれば総長が具状する際には教授会の同意が必要なだけであって具状そのものを従来の取扱例から除外していること、第四にやはり総長の説明によれば大学教授が大学で教授する学説の当否について文部大臣が任意に判断できること、を挙げている。(32)この佐々木の説明が正しいとすれば、右のうち第一、第三、第四の論点は文部当局として譲れない線であったと考えられ、その意味では前述の佐々木案は文部当局側としては到底受け入れられないものであったといえる。法学部の拒否により、小西は翌一七日の評議会で辞意を表明、(33)急遽総長選挙の準備が進められることになった。

この間、法学部以外の他学部では組織的に法学部を支援する動きはなかった。新聞報道によると、法学部と密接な関係にあった経済学部では職を賭してまで法学部と共同戦線は張らないが、総合大学としての京大と多数学生の前途を守るため、法学部教授の辞表提出を引き留めることに尽力すると決したという。(34)また、前述のように法学部と文部当局との間で正面衝突の気運が高まると、それを避けるための動きが他学部の一部の教授たちにあったらしい。そうしたなか「小西解決案」がもたらされると、小西のメモによると法学部以外の各学部は解決案に賛意を表し、(35)各評議員は手分けして法学部教授の辞表撤回を求めて説得を行った。(36)

これに対して、学生たちは法学部教員を支持して積極的に運動を展開した。五月一九日には法学部学生・卒業生・教員の親睦団体である有信会の学生会員大会が開かれて教授会絶対支持を声明し、(37)法学部教員が総辞職を表明した二七日には法学部学生一同の名で、滝川休職撤回、諸教授復職を目指し、その目的貫徹のためには総退学も辞さない決意であるとの声明を発した。(38)学生は出身高校単位で動いていたようで、姫路高等学校出身で当時法学部に在学していた河東倍男の日記には、五月三〇日に同窓生の集まる第八教室に赴いて退学届を預けたとある。(39)

学生の運動は次第に他学部にも広まり、六月六日および一六日には全学学生大会が開催されている。前者では三〇〇〇、後者では二〇〇〇名の学生が参加したと報じられ、後者では「小西解決案」には満足できない旨決議している。[40]とはいえ、こうした運動に参加しない学生も少なからずいたようで、前述の河東は六月二〇日の日記に、京都にいても何にもならないので実家のある神戸に帰省する、学生も大部分帰省したようだ、と記している。[41]

その一方、東京帝国大学、東北帝国大学、九州帝国大学などの学生はこの運動に呼応する動きを見せ、特に東大では六月一七日に経済・文合同の学生大会、二一日には法文経連合学生大会が開かれ、滝川休職反対、大学の自治・研究の自由死守などを決議したが、東大では学生課だけでなく直接警察の介入があり、前者では九名、後者では三八名の学生が検束された。[42]

しかし、こうした学生運動も次第に退潮していくことになる。その一つの契機は六月二〇日の京大の共産青年同盟員検挙で、検挙された学生の中には運動の中心的存在だった者が含まれていた。[43]さらに、京大では小西総長辞任表明以後学生運動に対する圧力が強まり、それも運動の退潮をもたらした。

「松井解決案」

小西の辞職を受けて総長選挙が行われ、七月七日松井元興理学部教授が総長に就任した。松井は就任早々に宮本英雄法学部長を訪ね今後とるべき方策について相談した。宮本の回想によると、この時宮本は、総長自らが先頭に立って全学の支持を取り付けて大学自治の回復と将来的な滝川復職を目指して文部当局と戦うこと、それと同時に法学部教員は辞表を撤回すること、との提案を松井に示したが、松井はその覚悟を持たなかった

のだという。(44)

松井は一〇日東京で鳩山文相に会い、教授全員の辞表を申達したが、鳩山はそのうち宮本英雄・佐々木惣一・宮本英脩・森口繁治・滝川幸辰・末川博の六名の辞表のみを受理し、他は松井に返した。文部当局は慰留に応じそうもない教授の辞表を抜き出して受け取る方針であるとかねてより報じられていたが、(45)この六名を選んだ理由――特に強硬派とは言い難い宮本英脩がなぜ含まれていたのか――は不明である。六名の依願免本官は翌一一日発令され、京都に戻った松井は残った九名（事件当初の教授一六名のうち井上直三郎は六月二八日に死去していた）の教授に残留を説得することになった。

しかし松井の説得は功を奏さず、松井は一八日に再び東京で文部当局と協議し、「小西解決案」についての質問・応答という形の解決案、いわゆる「松井解決案」を作成し、同案は二〇日公表された。松井が七月二五日の評議会で報告したところによると「松井解決案」は以下のとおりであった。

鳩山文相ト小西総長トノ間ニ行ハレタル申出及回答ノ解釈

一、申出及回答中ニ在ル「法令」ハ大学令其他大学ニ関スル法令ト解シテ可ナリヤ

然リ

二、今回滝川教授ニ付文部当局ノ執リタル処分ハ非常特別ノ場合ニシテ文部当局ガ教授ノ進退ヲ取扱フニ付総長ノ具状ニ依ルコトハ多年ノ先例ノ示ス通リナリヤ

然リ

昭和八年七月十八日文部当局ノ与ヘタル回答

具状手続内規

総長ガ文部当局ヨリ教授ノ進退ニ関シ意見ヲ求メラレタルトキハ之ヲ当該教授会ニ諮問シ必ス其ノ答申ニ依リテ具状スル事

昭和八年七月十八日文部当局ニ提示了解ヲ得タリ(46)

これは、「小西解決案」につき佐々木惣一が問題にした四つの論点のうち、第二の法令とは何かを明確にしたものであり、また第三の具状についても教授会の答申によると確認している。さらに今回の滝川処分は「非常特別ノ場合」として、あくまで例外であり従来の教授の進退の原則は変わらないとしており、松井としてはこれを受け入れるべきと考えたのであろう。実際、辞表を受理されなかった教授九名のうち、末広重雄・中島玉吉・山田正三・鳥賀陽然良・牧健二・渡辺宗太郎・田中周友の七名は七月二二日、大学自治は確保されたとの声明書を公にして辞表を撤回した(47)。

しかし、残りの二名である田村徳治と恒藤恭は、「松井解決案」でいう「非常特別ノ場合」とされればいつでも従来の先例が尊重されないことになるとして、同日同案を受け入れず留任を拒否する声明を公表した(48)。両名の依願免本官は二六日に発令された。

また、やはり「松井解決案」を受け入れられないとして、助教授の黒田覚・岡康哉・大岩誠・大隅健一郎・佐伯千仭、専任講師の田中直吉・加古祐二郎、助手の於保不二雄・大森忠夫・中田淳一・森順次、副手の石本雅男・浅井清信が辞職した。法学部では、松井総長就任時三三名いた専任教員のうち、二一名が京大を去ることになった。辞職組は、滝川・宮本英雄、それに後述のとおり復帰した宮本英脩を除いて立命館大学に迎えられた(49)。

その後

間もなくして、辞職した教員の京大復帰の動きが起こった。宮本英脩は八月三一日付で講師を嘱託され、一二月二七日には教授に復帰した。また、若手教員たちには、法学部卒業生で元文部次官山崎達之輔・大審院判事細野長良・弁護士有馬忠三郎が翌年に入ると復帰を強く呼びかけ、結局三月一六日に黒田覚・大隅健一郎・佐伯千仭・於保不二雄・大森忠夫・中田淳一の六名が京大復帰を表明した。[50] このうち、大隅は将来教授が復帰する際のくさびとしての役割を果たせと口説かれ、佐伯はこのままでは法学部がつぶれると言われたと、後に回想しているが、[51] 復帰当時新聞では彼らを激しく批判する記事が掲載された。[52]

一方、帝国議会においても滝川事件に関連する質疑応答が展開された。一九三四年二月七日の衆議院予算委員会第二分科会では、立憲民政党の土屋清三郎が、官吏であるはずの大学教授が教授の任免の実権を握っていることがいろいろな弊害をもたらすのではないかと質問したのに対して、鳩山文相は、大学における研究の自由は大学令の範囲内のものと明確に定まっており、これに違反した教授に対しては総長の具状がなくても辞めさせることができると答弁していた。[53]

また、二月二七日の貴族院予算委員会では、文部次官の経験のある田所美治が事件後の京大再建について質問した。これに対する答弁の中で鳩山は、法学部における学生の受講のあり方が大きく改編されたと述べている。すなわち、従来は五四科目すべてが同じ比重でそのうち一八科目に合格すれば卒業できるとしていたものを、科目を甲乙丙丁の四種に分け、甲と乙合わせて一八科目、外国法である丙から二科目の履修を義務づけるようになったとし、受講の自由を制限することによって京大の卒業生も大変よくなると思うとしていた。[54] 実際、一九三三年度と一九三四年度の法学部規程を比較すると、鳩山の答弁のとおり大幅な改編が行われているのが分かる。[55]

第二節　戦時体制下の諸動向（一）

満蒙との関わりと教学刷新への対応

満洲事変以後、満蒙を対象とする調査研究活動が活発化した。一九三二年一〇月二四日、新城新蔵総長のほか六名の教授と事務職員が集まり、満蒙について総合的研究を行う満蒙研究所の設置について協議を行っている。この案は実現しなかったが、翌一九三三年一二月七日の学部長会議には満蒙調査会規程案が提出され、審議の上一九三四年二月二二日に評議会に提出されている。[56]評議会では調査会設置については即日決定され、その次の三月八日の評議会で規程が承認された。[57]

満蒙調査会は、総長を会長とし京大の教員から委員を依嘱するとされた。また同年七月五日の規程改正で理事が設けられ、各学部から教授が一人ずつ依嘱されることになった。[58]調査研究内容は、満蒙に関する法制、地理、歴史、言語、宗教、財政経済、自然科学、医事、衛生、農業、林業、畜産業、農業土木、鉱工業、交通、運輸、水利、動力、移植民、特産物利用など各方面にわたっていた。教員は、認められたテーマについての研究に要する諸費用を申請し、会長から支給を受け調査研究を行った。[59]満蒙調査会における最も代表的な研究成果としては、羽田亨文学部教授による『満和辞典』（一九三七年刊）編纂が挙げられる。

学生中心の研究組織としては満蒙研究会が一九三三年一〇月二九日に発足している。これは、この年夏の満洲建設学徒研究団に参加した学生が中心となって結成されたもので、満蒙に関する研究発表会、講演会などを開催するとされた。発会式翌日の一〇月三〇日には満洲国軍政部最高顧問多田駿陸軍少将と橋本伝左衛門農学部教授の講演が催されている。[60]満蒙研究会は、その後も講演会を開催したり、満蒙の実地調査を計画したことなどが報じられ[61]、さらに日中戦争本格化後の一九三九年二月一一日には東亜研究会と改称していることが確認できる。[62]

一方、一九二〇年代後半以降の学生思想問題の続発に対して文部省は、一九三二年八月に国民精神文化研究所を設置し、一九三四年六月には学生部を廃して思想局を置いて統制を行った。また、滝川事件や一九三五年の天皇機関説事件を経て、同年一一月一八日には教学の刷新振興に関する重要事項を調査審議する教学刷新評議会を文部大臣の諮問機関として設置した。教学刷新評議会は翌一九三六年一〇月二九日に答申を提出しているが、ここでは学問研究・大学教育について日本独自の立場から精神諸学の発展を図ること、国体の本義を体した指導的人材を養成することなど、学問・教育内容に踏み込んだ内容が記されていた。[63]

こうした動きのなか、一九三六年七月二二日に文部省思想局長より「日本文化講義実施ニ関スル件」が大学および直轄学校に発せられ、日本独自の学問・文化への理解を深めるため日本文化講義を実施することとされた。[64]これによると各学部年三回、毎回二時間行うこと、必修科目に準じた取り扱いとすること、実施状況および講義の速記録を文部省思想局長に提出することなどが求められていた。文部省教学局編纂の『教学局時報』には一九三七・三八年度の各大学・高専における実施状況が掲載されている。[65]京大では一九三七年度は各学部単位で実施されていたが、一九三八年度になると天野貞祐学生課長の発案とされる全学生や市民を対象とする月曜講義をこれに読み替えて報告しており、例えば四月二五日から五月九日にかけて実施された西田幾多郎名誉教授による「日本文化の問題」[66]も含まれていた。

また、一九三七年一二月二七日には日本精神史講座が文学部に設置されている。設置の経緯は不明であるが、同時期に日本思想史講座が設置された東京帝国大学では文部省から天降り的に推進されたことへの不満が見られたとされている。[67]文学部では、同講座を哲・史・文三学科共通のもので全学生必修と位置づけ、国史学講座の西田直二郎教授と哲学・哲学史講座の高山岩男助教授が担当した。[68]

スポーツ・学生生活

一九三六年八月にベルリンで開催された第一一回オリンピック大会陸上競技において、この三月に経済学部を卒業したばかりの田島直人が三段跳びで一六メートル〇〇の世界記録を出して金メダルを獲得した。さらに同じ三段跳びで銀メダルを獲得したのもこの三月に法学部を卒業した原田正夫であった。[69]ちなみに、ベルリンオリンピックにはハンマー投げの松野栄一郎（工学部）とバスケットボールの松井聡（経済学部）が京大の在学生として出場している。

学内では、学友会の主催行事として毎年九月ないし一〇月に行われていた対東大戦は『京都帝国大学新聞』では一九四三年の開催まで確認できる。また同じく高等学校専門学校の競技大会については競技によって学友会単独の主催と他の帝国大学と連合で主催の場合があり、毎年の運動大会として定着していた。しかし、一九四一年七月の文部次官通牒によってこの年は中止され、[70]翌年は開催されたものの主催は文部省とその外廓団体である大日本学徒体育振興会に移り、それも一九四三年には再び中止された。

その他の行事としては、五月の第三日曜を記念祝日としてその日に開催されていた園遊会は一九三五年四月一一日の評議会で記念祝日が廃止されたことで行われなくなった。[71]他方、一九三八年一一月三日には日中戦争における漢口陥落を祝した漢口陥落祝賀学生懇親大運動会が農学部グラウンドにおいて学友会主催で開催されている。市内の小中学校、専門学校、高等学校、大学予科の生徒も招きリレーを行ったり、「武装競争」「就職難競争」「土嚢担ギ」といった時局を反映した競技も実施された(72)。

当時の京大生の学生生活の一側面を見られる資料として、一九三七年一一月に学生課によって実施された学生生活調査がある。質問項目によって調査人数にばらつきがあるが、概ね二〇〇〇名前後あるいはそれ以上が回答しており、一定程度の参考になると思われる。いくつかの調査結果を抜粋すると左のとおりである（括弧内は調査人数）(73)。

父兄職業（二六二二）　無業五八二、銀行会社員三八九、官公吏三三四、商業三三一など。

一カ月あたりの支出（一九八六）　五〇～五五円が六二四で最多、以下四五～五〇円、四〇～四五円と続く。また、最も多い五〇～五五円の層の具体的な使い道は、食費一七・六五円、間代・電灯代九・二八円、書籍・文具代九・〇七円、娯楽社交費五・九三円となっている。

崇拝する人物（二七一三）　記入なし五五九、崇拝する人物なし五九四。記入された人名で最も多いのは西郷隆盛で二六一、乃木希典が一〇九で続く。ほかに滝川事件で辞職した佐々木惣一を挙げた学生が七、河上肇が六となっている。

趣味娯楽（四四四六）　映画が最も多く一四七四、次いで音楽五五四。

年齢構成（二六二二）　二二歳が最も多く六二四。また全体で既婚者が七七となっている。

なお、父兄職業で「無業」が一定程度いるが、右の調査の翌年の一九三八年一一月に文部省の外局である教学局が全国の学生生徒を対象とした生活調査においても、大学生の自家の職業で無職が二〇・九％あり、同傾向

写真1－4－1　新築間もないころの法学部及経済学部新館

を示している。大学生の親には職を離れた高齢者や金利生活者が多いからではないかと推測される。[74]

キャンパスの整備

この時期、キャンパスの大きな変化としては西部構内の取得が挙げられる。本部構内の西隣に位置していた京都高等工芸学校が一九三〇年一一月に愛宕郡松ヶ崎（現京都市左京区松ヶ崎）に移転したのに伴い、[75]その敷地の大部分を京大が取得した。西部構内の南半分は学生向けの施設に、北半分は工学部の新設学科の施設に充てられた。

また、一九三六年一月二四日には附属図書館閲覧室が全焼する事件が起こっている。二月六日の評議会に提出された火災顛末書によると、午前一〇時五〇分に閲覧室玄関入口に接する新聞閲覧室から出火、四〇分ほどで閲覧室が全焼して鎮火した。図書の被害は焼失二九四〇冊、破損三二五四冊、他に索引カード三六万六七〇〇点が焼失、原因は喫煙の不始末とも考えられるが断定できないとしている。(76) これにより、図書館の新営が喫緊の課題としてその実現を求められるようになった。

一九三三年から一九四五年までに新築された主な建築物は表1-4-4のとおりである。構内ごとの統一したデザインによる建築物が京大工学部建築学科出身で当時営繕課長を務めていた大倉三郎や内藤資忠によって設計され、竣工している。特に、法学部及経済学部新館（現法経済学部本館）、医学部附属医院の病舎群、医学部医化学教室など構内のランドマークとなるような建築物が多く建てられている。

「粛学」と浜田総長の死去

一九三七年六月、理学部元書記の在職中の汚職事件が発覚した。六月二四日の評議会では各学部長を委員とした調査委員会が置かれ、二日後の二六日の評議会で同委員会から報告があり、処置を総長に一任することが決定された。(77) 事件はその後農学部、附属医院、工学部や本部会計課・管理課にまで拡大し、結局合計一〇名の職員が起訴され（いずれも有罪）、そのなかには事務系統のトップである書記官岸興詳も含まれていた。(78)

事件の最中の六月三〇日に松井元興に代わり総長となった浜田耕作は、就任早々評議員や事務系高等官に「学園粛正」を訴えなければならなかった。(79) 浜田は、書記官をはじめ、事務の五課長（庶務・会計・管理・学生・営繕）のうち三課長を入れ替えるなど「粛学」に努力した。

しかし、その後浜田は体調を崩し翌一九三八年四月二七日に入院、(80) 療養生活を送ることになった。そうしたなかで起きた清野謙次医学部教授による文化財の窃盗事件は、かねて清野と親交のあった浜田に大きな衝撃を

表１－４－４　新築された主要建築物（1933～1945年）

名称	設計者	年代	構内	備考
法学部及経済学部新館	大倉三郎	1933	本部	現存
医学部附属医院耳鼻咽喉科学教室	大倉三郎・内藤資忠	1934	医院	
理学部数学教室	大倉三郎	1934	北部	現存
学生控所（北棟）	大倉三郎	1935	西部	
自動車車庫及門衛所	大倉三郎・内藤資忠	1936	本部	現存
文学部新館	大倉三郎	1936	本部	現存
医学部附属医院内科学教室病舎	大倉三郎・内藤資忠	1936	医院	
理学部動物学教室及植物学教室本館	大倉三郎・内藤資忠	1936	北部	
工学部建築学教室東別館	大倉三郎	1937	本部	現存
医学部医化学教室及薬物学教室講堂及実習室	大倉三郎・内藤資忠	1937	医学部	
医学部附属医院内科学教室講堂	大倉三郎	1937	医院	
理学部物理学教室本館（北館）	大倉三郎	1937	北部	
学生控所（南棟）	大倉三郎	1937	西部	
武道場	大倉三郎	1937	西部	現存（現西部講堂）
医学部附属医院外科学教室北病舎	大倉三郎・内藤資忠	1938	医院	
医学部附属医院外科学教室南病舎	大倉三郎・内藤資忠	1938	医院	
医学部附属医院整形外科学教室病舎	大倉三郎・内藤資忠	1938	医院	
医学部医化学教室	大倉三郎・内藤資忠	1939	医学部	
医学部薬学科教室		1941	医学部	
工学部化学機械学科本館		1942	西部	
工学部繊維化学科本館		1942	西部	

・京都大学百年史編集委員会編『京都大学百年史　総説編』863頁より作成。

与えた。七月五日の評議会に報告されたところによると、清野は六月三〇日神護寺から一切経五三巻をひそかに持ち出したところを現行犯として引致された[81]。また、余罪も多数あることが合わせて報告された。入院中の浜田は二日、文学部の小島祐馬・天野貞祐・羽田亨の三教授を病室に呼び、今回の事件は裏切られた思いがすると嘆き、総長在任の一年間努力した粛学の志も沮喪したうえに健康状態も悪いとして辞意を明らかにした[82]。

七月五日の評議会は浜田の辞意を受け入れ、急遽一一日に総長候補者選挙を行うことに決定した[83]。ところが、文部大臣であった荒木貞夫はこれを認めず、総長公選を非としたうえ粛学途上であるため浜田に留任することを求め、これを受けて山川建文部省専門学務局長が九日京大を訪れ、浜田に留任を求めた[84]。京大側は、とりあえず予定していた選挙の延期を決め、宮本英脩法学部長と小島祐馬文学部長が上京、文相に面会し浜田の辞職がやむないことを伝えた[85]。

一方、浜田の病状は急速に悪化し七月二五日に総長現職のまま死去、二九日にその葬儀が京大初の大学葬として本部階上大ホールで執り行われた。浜田の死去を受けて平野正雄工学部長が総長事務取扱となった。

荒木文相による制度改革要求

一九三八年五月二六日、第一次近衛文麿内閣において木戸幸一に代わって文部大臣に就任した荒木貞夫は、就任早々大学の制度改革に乗り出した。前述のように、七月九日に京大を訪れた山川局長は荒木が総長公選を非としていることを伝えており、このことは一三日には東京帝国大学の総長であった長与又郎も知るところとなっていた[86]。そして、浜田の死去直後の二八日には荒木は六帝国大学総長（京大は平野事務取扱）の参集を求め、大学の総長、職員が選挙によって決定されるのでは大臣の輔弼の任が全うできないとして、これに代わる任用方法を考慮するよう求めた[87]。これは、京大における荒木寅三郎選出（本編第三章第一節参照）以来の帝国大学総長公選、沢柳事件（本編第二章第一節参照）以来の教授会の意向を尊重した教授・助教授の任免という慣行を否定するものであり、戦前期大学自治の根幹にかかわる問題であった。

京大では、この直前の七月二六日に評議員を委員とする特別委員会をつくり総長選考制度につき議論を行っていた。その結果、各学部三名ずつからなる詮衡委員会を設け、そこで一名ないし三名の候補者を選定、その候補者を得票順に第一から第三までとするという案を作成していた[88]。これは文部省の意向を受けた、いわば間接選挙案であった。長与の日記によると、この案は二八日荒木文相と面会後六帝大総長の間で検討されたが、各帝大で意見をまとめてその意見によって後任を決定するべきとして認められず[89]、その結果を持ち帰った平野総長事務取扱の報告を受けた三〇日の評議会で撤回された[90]。

この評議会において京大に特別委員会（のち大学制度調査委員会と改称）が設置されて、以後この問題につき学内で議論を重ねていった。さらに小島祐馬文学部長と宮本英脩法学部長を連絡員として他の帝大と連携しつつ、文部当局とも頻繁に会合の場をもち解決策を検討した。特に東京帝国大学とは九月一六・一七両日に愛知県蒲郡で、二一日には静岡県熱海で連絡会をもち、意見交換を行った。

この間、八月二四日付の「文部省案（荒木文相案）」が伝えられている[91]。その内容は、総長や教授といった官吏の人事を数によって決めるのはよくない、下の者が権利を持って投票して上の者を決めるのではなく上から下へ意見を聴く形にしたい、教授は総長・学部長・教授助教授の選考に関して責任を明らかにするため署名した文書に意見を述べるようにしてもらいたい、任期については天皇大権に関わるので内規などで公然のものにするのは好ましくなく大臣や総長が大体の標準を含んでおく、といったものであり選挙による人事を認めないことを基本線としていた。

一〇月一日から二日にかけて箱根で六帝国大学の連絡委員会が開催され、六帝大の共同案が作成された。それは、①総長については全教授の輿望を担う者を候補者として大学が文相に推薦する、②学部長については総長が教授会に諮りその推挙を受けた者を文相に推薦する、③教授助教授については学部長が教授会に諮りその推挙を受けた者を総長に推薦する、④いずれの手続およびその執行について秘密を厳守する、という内容であり[92]、荒木が求めていた責任を明らかにするための文書についての言及はなかった。これは、事実上の現状維持案であり東大案が骨子になって作成されていた。

しかし、翌三日にこの共同案を文部当局に提出した帝大側に対し、四日文部当局は認め難いとして別案の作成を強く求めた。その理由は、長与の日記によると選挙が不可であること、署名文書で意見を述べること、総長候補は二名とすること、の三点であったという[93]。

これを受けて、帝大側は一三日以降連日東京で検討を重ね、今度は京大案を骨子とした案を共同案とすることになったが、その過程で東京帝国大学のみ見解を異にしたため五帝大共同案として一〇月一八日に改めて文部省に提出した。そして結果的にはこの共同案で文部当局側との妥結が成立することになった。その案は次のとおりである。

七月二十八日御要望ノ趣旨ニ基キ総長候補者ノ推薦学部長ノ補職及教授助教授ノ任用等ニ関スル従来ノ方法ニ改善ヲ加ヘ別紙要綱作成致シタルニ付御諒承相成度候

総長候補者推薦ニ関スル件

一総長ハ全教授ノ意見ヲ徴シテ後任候補者ヲ銓衡シ之ヲ文部大臣ニ推薦スルモノトス
総長死亡シタルトキ又ハ後任候補者ヲ推薦セスシテ退職シタルトキハ総長代理者之ヲ行フ

一教授ノ答申ハ署名セル文書其他責任ヲ明カニスル方法ヲ以テ之ヲ為スモノトス
一総長更迭ノ時期ハ別ニ之ヲ定ム

学部長候補者推薦ニ関スル件

一総長ハ学部長ノ推薦ニ基キ後任学部長候補者ヲ文部大臣ニ推薦ス
一学部長後任候補者ヲ推薦スルニ当リテハ之ヲ教授会ニ諮ルモノトス
一教授ノ答申ハ署名セル文書其他責任ヲ明カニスル方法ヲ以テ之ヲ為スモノトス
一学部長更迭ノ時期ハ別ニ之ヲ定ム

教授助教授候補者推薦ニ関スル件

一総長ハ学部長ノ推薦ニ基キ教授助教授候補者ヲ文部大臣ニ推薦ス
一学部長教授助教授候補者ヲ推薦スルニ当リテハ之ヲ教授会ニ諮ルモノトス
一教授ノ答申ハ署名セル文書其他責任ヲ明カニスル方法ヲ以テ之ヲ為スモノトス(94)

箱根でつくられた先の共同案と比べると、いずれの項目でも署名した文書など責任を明らかにする方法によると明示していること、また「答申」という語を使い選挙ではないと示したことが相違点となっている。その代わり、文部当局側は先の共同案拒否にあたって理由とした総長候補者を二名とすることを取り下げた形になっている。

なお、最終段階で袂を分かった東京帝国大学の案は右のうち学部長と教授助教授候補者推薦で、署名した文書など責任を明らかにする方法という項目を含まないものであり、これについては東大は選挙を行う趣旨ではないという覚書を加えて提出し、二八日に文部当局側との妥結が成立している。(95)大学自治の原則を重視し従来の選考方法を維持することを目指した東大と、総長不在の現状を踏まえ文部当局の顔も立てつつ現実的に問題を処理しようとした京大との姿勢の違いが出たといえる。

京大では一一月一〇日の評議会で新たに総長候補者銓衡手続内規を決定した。これによると、①教授はそれぞれ答申番号を記した用紙に候補者二名を連記して答申を行う、②各学部から三名ずつ推薦された協議員による協議員会において答申多数の一〇名から二回の答申で総長候補者を決定する、とされた[96]。答申番号の入った用紙で答申を行うことの他に、新たに協議員会が設けられ、初回の答申以外は間接選挙となったことが大きな変更点であった（その後、一九四一年一二月一八日の評議会においてこの協議員会は廃止され、再び教授全体がすべての答申を行うように再改正された[97]）。

ちなみに、これ以後東京帝国大学においては総長の推薦用紙のまん中にミシン線を入れ、記名者と候補者の双方に同番号を打った上、集計の際に記名の部分は切り離して別に保管する、つまり実質的には無記名投票が維持されたといわれている[98]。京大においても、新たな内規によって一一月二四日実施された総長推薦の様子を記した羽田亨（このとき総長に推薦される）の日記には、「各教授それぞれ番号を打ちたる……を入れたる票紙にて答申[99]」と記されており、東大と同じ方法を採ったものと考えられる。

第三節　戦時体制下の諸動向（二）

制度改革の議論

一九三九年一二月七日の評議会において、羽田亨総長は研究・教育・訓育に関してどうすれば総合大学としての実を挙げられるか審議したいと提案した[100]。このとき羽田は、総理大臣の諮問機関で高等教育改革に関する議論を始めていた教育審議会から離れた立場で、と述べているが、高等教育を取り巻く状況に影響を受けての提案であったと考えられる。

翌一九四〇年一月二五日の評議会では、各学部で議論された内容の紹介があり[101]、それを踏まえて各評議員が研究に関する部門を扱う第一委員会、教育に関する部門を扱う第二委員会、訓育に関する部門を扱う第三委員会に振り分けられ、それぞれ検討を始め、各委員会からの報告は二月八日の評議会で行われた[102]。

第一委員会から提案された主な事項としては三研究所の新設が挙げられる。それは物理学を基礎とした理学の特殊および総合研究を行う理学研究所、学内各部局における生物学的諸研究を総合する生物学研究所、日本文化を人文・社会・自然科学より研究する日本文化研究所であった。六月二〇日の評議会では、このうち理学と生物学についてこれを自然科学研究所にまとめて当局に設置案を提出することになったのに対して、日本文化研究所に関しては保留とされた[103]。この前年に設置されたばかりの人文科学研究所（次項参照）との関係が考慮されたものと考えられる。

第二委員会からは大学院の強化が提案された。大学院については羽田も重視しており、審議の開始を提案した前年一二月七日の評議会でも大学院を第一に取り上げるべき事項と述べていた。第二委員会は、大学院は研究者養成と研究成果が求められるとして、そのために入学銓衡の厳密化、研究成果が見られない者の除籍、給費制度の拡充、固有の研究費・設備・場所などの必要性を唱えていた。

第三委員会からは教員と学生の接触の機会を増すための教員面会日の設定や学級担任制度、寄宿舎の拡張などが提案された。法学部と経済学部ではこの提案に基づき一九四〇年度より指導制度を実施することになった旨三月二八日の評議会で報告されている(104)。これは、一回生を一〇名から二〇名程度の班に分け、教員がそれぞれの班を受け持ち年に五回程度の会合をもつもので、経済学部では教員の学生面会曜日も定めて公示するとした。この実態は明らかではないが、この年一〇月二八日に開催された帝国大学総長会議において羽田は、学生も熱意を持ち効果が上がっていると述べている(105)。

このように各委員会からの提案が具体化した事例もあったが、その多くは実現せず課題の列挙に終わった感が強い。

附置研究所・臨時附属医学専門部の設置

一九三九年八月には、全国の大学で最初の人文科学系の附置研究所である人文科学研究所が設置された。設置のきっかけとなったのは、この年一月一四日に催された荒木貞夫文相と六帝国大学総長との懇談会であった。この場で荒木と帝大総長側は、東亜新秩序建設に対応し、これまでの翻訳的学問から日本独自の学問へ、学問の分化から総合へと研究を進め、人文科学の総合的研究所を設けることで意見が一致したとされる(106)。

これを持ち帰った羽田総長は、一月二六日の評議会で懇談会について報告したうえで、法経文農の総合研究所を設置する具体案を研究するため、上記四学部から委員を選び委員会を作ることを提案して認められた[107]。この委員会の場で議論が始まったが、羽田の日記によるとこの時にはすでに予算案提出の期限を過ぎており当初は来年度にまわすつもりにしていたところ、二月一八日に文部省から追加予算として要求するので至急案を出してほしいとの連絡があったという。これを受けて二〇日と二三日に委員会が開催され[108]、二三日の評議会に総計五三万二三一五円の人文科学研究所設置のための追加概算要求案が提出[109]、承認された[110]。

設置にあたって作成された設置理由書には、研究所の事業として東亜新秩序建設に資する人文科学の総合研究が挙げられていた。また、この理由書の参考に付されている研究所の研究事項には「儒教思想ノ研究」「東亜諸民族ノ言語及ビ言語政策」「東亜新秩序下ニ於ケル日満支三国史ノ把握」「東亜諸国民経済ノ互助連環関係」「東亜農業ノ特殊性ト日満支農業ノ調整問題」など二四項目が掲げられた[111]。

所長には小島祐馬文学部教授が就任し、この年一一月一八日に小島自らが行った「支那政治思想ノ特質」と題する研究報告によって、研究所の研究活動が実質的に開始されたとされる[112]。

一九四一年三月には結核研究所が設置された。結核の予防・治療は長く大きな社会的課題となっており、結核研究所開設準備委員会の議事録によると医学部では一九三七年から設置を要求していた[113]。また、一九三九年一月に医学部関係者などにより京大結核研究会が結成され、講演会の開催や機関雑誌の発行などが開始されていた。こうした機運のなか、結核研究・治療に関する総合的な中枢組織として結核研究所が置かれることになった。設置理由書には、結核の究明および治療に関する学術研究とともに、集団的生活環境との関連で学校・兵営・工場等と連携しつつ総合的成果を得ることを目指すとされている[114]。

研究事項としては「結核ノ物理学的診断並ニ治療法研究」「結核ノ化学的治療法研究」「結核ノ手術的療法研究」「結核ノ特異性研究」「結核ノ細菌並社会衛生学的研究」が挙げられ、それぞれ教員を配置するとされた[115]。

所長には星野貞次医学部教授が就任した。

続いて一九四一年一一月には工学研究所が設置された。工学研究所の前身は、一九一四（大正三）年に工科大学に設置された中央実験所で、同所は工科大学内の各専門工学横断的な実験・総合研究施設として置かれたものであった。工学研究所の設置理由書には、高度国防国家の完成には工業力の増進が不可欠であるとして、発見された原理の工業化および現在の工業技術の向上を図る工学研究の重要性を説いている。そのうえで、すでに工学部関係者のみで研究を行う時代ではないとして、中央実験所の設備を利用しつつ組織は工学部から切り離し、独立した研究所と位置づけられるべきとしていた[116]。

研究部としては物理工学研究部・化学工学研究部・構造工学研究部・熔接研究部・航空及防空研究部の五部門が置かれ、所長には中沢良夫工学部教授が就任した。

一九三九年五月には七帝国大学と新潟・岡山・千葉・金沢・長崎・熊本の六官立医科大学に臨時附属医学専門部が設置された。設置経緯の詳細は不明だが、この年の三月二五日九州帝国大学医学部の教授会では文部省より設置要請があったことが報告されており[117]、京大にも同様の要請があったと考えられる。京大の評議会では四月二〇日に取り上げられており、そこでは医師不足の解消は医学部学生収容定員の増加でまかなうのが最善とした上で、やむを得なければ設置に異議なしと消極的な意見が述べられている[118]。初年度には設置に関わる予算が支給されないこともこうした反応を生み出した要因と考えられる。

設置の勅令案に添付された理由書には、多くの医師が陸海軍に召集されているため国民医療に従事する医師に不足をきたしていること、今後多数の医師を中国大陸に送る必要が生じること、の二点が挙げられている[119]。その一方で同じ文書にある厚生省の意見では、もし軍からの大幅な需要がなければ医師が過剰になる危険性があるとして、合計三〇〇〇名程度の増員ならば賛成、ただし恒久的な独立医学校ではない形とすべきとされていた。そうした意味を込めて「臨時」の医学専門部として位置づけられたといえる。さらに同じ文書にある同年九月一日付の陸軍省兵務局兵備課「帝国大学及官立医科大学臨時附属医学専門部ニ関スル要望」には、国防および国民体位増強のため設置に至ったと述べ、教育方針として人格陶冶、修身・教練・体操・武道による心身鍛練、興亜大業の自覚の錬成、理論に偏しない実際性が挙げられている。こうした資料からみて、臨時附属医学専門部が軍部の強い意向によって設置されたことは間違いない。

五月一五日制定の京都帝国大学臨時附属医学専門部学則によると、修業年限は四年、入学資格は中学校卒業者などと規定された[120]。主事には松本信一医学部教授が就任した。設置以来の在学者数は表1‐4‐5のとおりである。なお、臨時附属医学専門部は、一九四四年三月三一日に附属医学専門部に改称され、敗戦後の一九四九年五月三一日公布の国立学校設置法によって新制京都大学に包括された後、すべての生徒が卒業した一九五二年に廃校となった。

表1－4－5　臨時附属医学専門部在学者数

	在学者
1939	77
1940	
1941	208
1942	225
1943	328
1944	427
1945	524
1946	460
1947	457
1948	475
1949	290
1950	129
1951	61

・京都大学百年史編集委員会編『京都大学百年史　資料編3』2001年、592頁より作成。
・1944年度に京都帝国大学附属医学専門部に改称。
・空欄は不明を示す。

戦時下の儀式・行事

京大では、毎年一月一日、紀元節（二月一一日）、天長節（四月二九日）、明治節（一一月三日）には、本部階上の大ホールに御真影を置き学生教職員が随意に拝賀することにしていたが、一九三七年一二月九日の評議会で以後右のいわゆる四大節には拝賀式を挙行することが決定された。拝賀式は「職員、学生生徒着席」「御真影ノ幕ヲ開ク」「一同最敬礼」「国歌斉唱（二回）」「教育ニ関スル勅語捧読」「一同最敬礼」「御真影ノ幕ヲ閉ス」「一同退席」の順に執り行われることが定められた[121]。

一九四〇年には学旗と学歌が制定された。前年の一九三九年五月二二日に行われた陸軍現役将校学校配属令施行一五周年の親閲式の際、天皇より荒木貞夫文相に「青少年学徒ニ賜ハリタル勅語」が与えられた。京大では、この勅語の趣旨に応える具体的な方法として校旗・校歌を制定することが六月二六日の学部長会議で議論され、制定のための委員会が設けられた[122]。その後九月二一日の評議会では学旗・学歌と改称され、学旗の意匠と学歌の歌詞を職員・学生・卒業生を対象に募集することが決定された[123]。

学旗意匠には一九通、学歌歌詞には二一通の応募があり、選考の結果学旗意匠の準一等に豊田多八（学生主事補、一等は該当者なし）、学歌歌詞の一等に水梨弥久（一九三八年文学部卒業生）の作品が選ばれた[124]。また学歌の作曲は下総皖一東京音楽学校助教授に依頼された。

学旗学歌制定式は、一九四〇年二月一一日の紀元節拝賀式後に引き続いて行われた[125]。濃朱の地に「大学」の徽章をあしらった学旗と、「九重に　花ぞ匂へる」で始まる学歌は現在も使われている。

一九四〇年はいわゆる紀元二千六百年の記念行事・事業が全国的に展開された年であった。京大では、一九三九年一二月二三日および一九四〇年二月八日の評議会において各学部等からさまざまな記念事業が提案されている[126]。そこには例えば、「医学資料陳列設置ノ拡充」（医学部）、「満蒙ニコロニー設置」（工学部）「東亜経済研究所建設」（経済学部）「北部、本部及医学部構内ニ博物館設置」（理学部）「綜合的科学博物館ノ設置」（工学部）「京大四十年史編纂」（本部）などが挙げられており、各大学の中で最も動きが活発と報じる向きもあった[127]。

記念行事としては、まず一一月一〇日に紀元二千六百年式典が内閣主催のものに合わせて学内で挙行され、次いで一六日に京大独自の奉祝会が行われた[128]。奉祝会終了後には、各学部より一人ずつ教授が公開講演会を行い、学内各所で研究成果の公開が実施された[129]。また、本部本館前東南側の芝生に「おがたまの木」が記念に植樹された[130]。

全学的な記念事業としては、『京都帝国大学史』の編纂が挙げられる。これは、九月一二日の評議会で編纂が決定されたもので、主に学術の発達について学生の理解できる程度の文章で編纂すると定められた[131]。出来るだけ早く完成するとされたが、提出された原稿の整理上の困難と印刷事情の悪化のため刊行は一九四三年一二月二〇日となった。A5判一二六五頁のうち、大学全体の沿革は創立期を中心に三五頁にとどまり、その他は各学部・研究所・図書館の沿革、個々の教員の研究内容についての記述からなっている。

戦局の節目には祝賀等の行事が催されている。一九三七年一二月一一日には南京陥落、一九三八年一〇月二八日には漢口陥落、一九四一年一二月一〇日には対英米宣戦、一九四二年二月一八日にはシンガポール陥落などの戦勝を記念した儀式が職員・学生の参加のもといずれも本部本館前の広場で行われている[132]。

一方、職員・学生の戦没者慰霊祭は一九三九年一〇月八日、一九四一年一〇月二九日、一九四三年一二月四日および敗戦後の一九四六年一〇月二九日の計四回、一九四一年のみ尊攘堂で、その他は本部本館二階大ホールで執り行われている[133]。

学生生活

一九三九年四月から大学における軍事教練が必修化された。一九二五年に始まった軍事教練（本編第三章第

表１－４－６　学年別軍事教練出席状況（1937年度）

	総学生数	受教練者数	比率（％）	出席者数	出席率（％）	
					本年度	前年度
第一学年	1502	1287	85.7	1223	95.0	94.3
第二学年	1507	1231	81.7	1133	92.0	88.3
第三学年	1603	1313	81.9	1108	84.4	84.0
第四学年	139	110	78.5	96	87.2	87.4
計	4751	3941	82.9	3560	90.3	88.9

・「昭和十二年度　京都帝国大学教練状況報告」（京都大学大学文書館所蔵『石川興二関係資料』石川２－４－４）より作成。

三節参照）は、この時まで大学生が受けるのは任意とされていた。

必修化二年前の一九三七年度の京大における教練の状況について、当時の配属将校河村秀男陸軍大佐が作成した報告書が残っている。[134] それによると、座学にあたる学科は一・二回生が前後期一〇時間ずつ計二〇時間、三・四回生が前期一〇時間後期一二時間の計二二時間、実技にあたる術科も同じく一・二回生計二〇時間、三・四回生計二二時間となっていた。内容としては、学科は大学教練の意義や軍隊用語の解説などから始まり、戦史や近年の国際情勢が教えられており、各学年後期にはこの年から始まった日中戦争が題材となっている。また術科は基本体操、各個教練、部隊教練（指揮法）を学年を通して教えるとなっているが、報告書には教練資材の不足と保管場所の関係で執銃教練は実施していないと記されている。また、各学年別の教練登録者数、出席者数およびそれぞれの比率は表1-4-6のとおりである。全学生数からみた出席者の比率は七五％近くとなっていて、必修化の前から多くの学生が教練に出席していたことが分かる。

こうした教練について、陸軍省と文部省は一九三八年から必修化の協議を始め、五月には陸軍省は嘱託将校を大学に派遣し教練指導の強化を図った。[135] 次いで翌一九三九年三月三〇日付の文部次官通牒「大学教練振作ニ関スル件」によって、大学学部に在籍する学生は全員教練を受けるものと定められた。[136] 必修化とともに、術科が重視されるようになり、京大でも一九四三年

写真１－４－２　農学部グラウンドにおける軍事教練（1943年ごろ）

ごろのものとされる教練の様子を撮影した写真１－４－２には農学部グラウンドにおける執銃訓練が写っている。

一方学生生徒に対する勤労動員は、国民精神総動員運動が展開されるなか集団勤労作業の実施という形で開始された。一九三八年六月九日付の文部次官通牒「集団的勤労作業運動実施ニ関スル件」では、夏季休暇の始めか終わりに五日間程度の作業に従事させることが求められ(137)、次いで翌一九三九年三月三一日付の文部次官通牒「集団勤労作業実施ニ関スル件」では、休暇中に限らず随時作業を行い出欠点検をなすなど正科に準じた扱いをするよう求めていた(138)。

この時期の京大では、こうした勤労作業についていくつかの資料から確認することができる。一九三九年四月一一日から三日間農学部グラウンドの修理に学生が当たり(139)、五月五日から数日間西部構内テニスコート新設作業に学生が参加する予定であると報じられている(140)。

こうした学内の動員とは別に、一九三九年夏には文部省によって興亜青年勤労報国隊が組織され、全国の青年、学生生徒を中国大陸に派遣して集団的勤労訓練に従事させた。京大では六月八日の評議会で、北支および蒙彊に各学部から合計教員八名・学生八〇名、満洲に医・農学部から教員二名・学生二〇名の割当があると報告されていた。[141]参加者は、茨城県内原満蒙開拓青少年義勇軍訓練所で一～二週間の訓練ののち七月中旬に日本を発って目的地に向うことになっていた。結局北支蒙彊に教員学生合わせて一二一名、満洲に二二名が参加し、一カ月ほどの滞在を終えて八月下旬に帰学したと九月二一日の評議会で報告されている。[142]

一九四一年四月には学友会が改組された。この前年の九月一七日、高等学校長会議において橋田邦彦文部大臣は「修練組織強化ニ関スル件」を発し、校友会を再組織し学校報国団をつくることを指示している。[143]指示自体は高等学校を対象としたものだが、以下に述べる学友会改組の内容をみると、この趣旨に従ったものであることが分かる。

学友会では一九四〇年一〇月七日の全代議員懇談会において、代議員の連名で「新体制ノ歴史的必然性ニ鑑ミ」て会の緊急改組が必要で、その内容は会長（総長）に一任するとの建議案が作られ、[144]役員会を経て改組準備委員会が設けられて具体的な議論が始められた。[145]もちろんこうした動きを見せていたのは京大だけではなく、一〇月二八日に開催された帝国大学総長会議では各帝国大学総長が学友会改組の方針を述べている。[146]

改組後の組織は同学会と名づけられ、その規則は一九四一年四月一日に施行された。そこでは会は大学の使命達成のための補助機関と位置づけられ、会員の心身の修練、相互の親睦、生活の便益を図ることで国家的協同精神を涵養することが会の目的とされた。従来の各部は、修文総部（文化部、音楽部、美術部、映画部、新聞部）、鍛錬総部（柔道部、剣道部、弓道部、水泳部、端艇部、陸上競技部、野球部、庭球部、籠球部、ラ式蹴球部、ア式蹴球部、旅行部）、国防訓練総部（射撃部、馬術部、航空部）、生活総部（共済部、保健部）の四つの総部に再編成され、教員から任じられる総部長、国防訓練総部にのみ置かれ配属将校から任じられる総部顧問が総部の役員となった。総部の上に中央部が置かれ、会長である総長の指示のもと会の企画統制・指導を行うこととされた。[147]また、同学会規則施行と同時に京都帝国大学通則も改正され、入学者は全員同学会に入会することになった。[148]

なお、羽田総長が三月六日の評議会に報告したところによると、改組案作成当初は学友会の名称を変更する意向はなかったが、文部省より懇親を目的とするようにみえる名称は避けてほしいとの希望があり、諸方面の意見を聞いて同学会に改称することにしたという。[149]

続いて一九四一年八月八日に文部省は、右のように各高等教育機関につくられた学校報国団の中に指揮系統の確立した全校編隊組織を樹立し、教練や各種作業の実効をあげることを求めてきた。[150]これを受けて京大では「京都帝国大学報国隊規則」をつくり九月一日から施行させた。[151]九月一一日の評議会では、羽田総長より「切迫セル時局ニ鑑ミ」「休暇中評議会ニ諮ルノ遑ナク」草案を決定したと説明されており、[152]文部省より規則作成を急がされたものと考えられる。

報国隊は、「今次ノ非常時局ニ際シ学徒ノ本分ヲ自覚シテ本学ノ防衛ニ当リ必要アル時ハ国家ノ緊急要務ニ服シ以テ義勇公ニ奉ズル」ことを目的とした組織で、総長が会長、全学生生徒が隊員となっていた。そして各学部別に隊を設け、それぞれに大隊・中隊・小隊・分隊を置いた。さらに学生の居住地域ごとに連絡班をつくり、非常時などの召集の際の連絡網としていた。また、非常時の際は八月一八日に置かれたばかりの全職員を団員とする京都帝国大学防衛団に配属されることも定められていた。[153]

報国隊の結成式は一〇月四日に農学部グラウンドで挙行された。[154]以後報国隊は、この年の一〇月一二日から一九日、翌一九四二年一月二〇日から二六日まで実施された防空演習に出動した[155]ほか、その後の勤労動員の主体となる。

在学年限短縮

一九四一年一〇月一六日、勅令第九二四号「大学学部等ノ在学年限又ハ修業年限ノ臨時短縮ニ関スル件」および文部省令第七九号「大学学部等ノ在学年限又ハ修業年限ノ昭和十六年度臨時短縮ニ関スル件」が公布された。前者では、大学学部の在学年限、大学予科、高等学校高等科、専門学校、実業専門学校の修業年限を当分の内六カ月以内短縮することができるとされ、後者では前者にもとづいて大学学部、専門学校、実業専門学校について一九四一年度卒業予定者の在学・修業年限を三カ月短縮すると定められた。つまり、これらの教育機関では、一九四二年三月卒業予定であった学生生徒が一九四一年一二月に卒業することになったわけである。

こうした措置は陸軍省主導で進められたようで、枢密院における審査のため（勅令第九二四号は緊急勅令のため、枢密院で審査される必要があった）内閣に提出された勅令案説明要旨には、理由の第一は「軍事的理由」、第二は「労務対策上ノ理由」であると述べられている。軍事的理由としては、「北ニ南ニ各種ノ事態ノ発生」が予想できる現在、兵の数は足りているものの将校の急速な増加が求められていて、その大部分を高等教育機関卒業者からなる幹部候補生で充たす必要があることが挙げられている。当時在学中の学徒には徴集延期が適用されていたため、卒業を早めることによって早期の徴集が可能になると考えられたのである。また、労務対策上の理由としては、「軍需ノ充足並ニ生産ノ増強」のため卒業繰り上げが必要であるとされていた。[156]

該当する教育機関には、九月六日に文部省から内報があり、[157]京大では八日に総長から各学部長にその内容が伝えられ、一一日の評議会でも関係の報告があった。[158]一方東京帝国大学では、九日に開催された学部長会議の際、文部省の未定の案として一九四二年度は六カ月、一九四三年度は一年短縮が考えられているとの話が出ていた。[159]そのせいもあってか、東大は九月二〇日と一〇月二日の二度橋田邦彦文相宛に、年限短縮の大学への影

響、六カ月短縮反対の意向などを文書で伝えている。(160)

しかし、一一月一日には文部省令第八一号「大学学部等ノ在学年限又ハ修業年限ノ昭和十七年度臨時短縮ニ関スル件」が公布され、一九四二年度卒業予定者について、今度は大学予科と高等学校高等科も含めて六カ月短縮されることとなった。

こうした動向に対処するため京大内では検討が続けられ、一二月四日の評議会で一九四一・四二年度の学事予定について、①一月の授業開始を八日とする（従来どおり）、②春季休業廃止（従来は四月上旬の一〇日間）、③七月二一日から八月二〇日まで授業休止（従来は七月中旬から九月中旬まで夏季休業）、④九月末で学年を更新、の四点が決定された。(161)

一二月一日から二〇日まで、学内で繰り上げ卒業者を対象に臨時徴兵検査が実施された。(162)翌年二月一九日の評議会に報告された、このときの検査の結果は表1－4－7のとおりである。また、卒業式は一二月二八日に挙行されている。(163)

大学の在学年限六カ月短縮は一九四四年度卒業者まで続くが、高等学校の修業年限が二年半に短縮された学年が大学に入学するとともに、元の三年に復することになる。ちなみに、高等学校は一九四三年度入学生から高等学校令改正によって修業年限が二年となるので、以後敗戦までの高等学校・大学の合計在学期間は五年になっていた。この推移を図1－4－1である。

徴集延期停止

一九二七年四月一日公布の兵役法（法律第四七号）によって、中学校以上の在学者には一定の年齢まで徴集

表1－4－7　1941年度臨時徴兵検査体格等位表

学部	受検人員	甲		第一乙		第二乙	
		人員	百分比	人員	百分比	人員	百分比
法	543	19	3.5	336	61.9	114	21
医	156	16	10.2	82	52.6	29	18.7
工	276	19	6.9	152	55.1	47	17
文	107	2	1.9	37	34.6	31	29
理	71	3	4.2	32	45.1	16	22.5
経	355	25	7	204	57.5	78	22
農	121	7	5.8	57	47.1	28	23.1
計	1629	91	5.6	900	55.2	343	21.1

学部	第三乙		丙		丁		戊	
	人員	百分比	人員	百分比	人員	百分比	人員	百分比
法	53	9.8	19	3.4	2	0.4		
医	16	10.2	4	2.6	2	1.4	7	4.7
工	36	13	13	4.7	2	0.7	7	2.5
文	30	28	4	3.7	1	0.9	2	1.9
理	15	21.1	4	5.6	1	1.4		
経	29	8.2	14	3.9	4	1.1	1	0.5
農	22	18.2	7	5.8				
計	201	12.3	65	4	12	0.7	17	1

・『評議会関係書類　昭和十七年』（京都大学大学文書館所蔵、MP00046）より作成。
・「第三乙」は注意を要する疾患があり第二補充兵に編入する者、「丙」は特に注意を要する疾患があり第二国民兵役に編入する者、「丁」は兵役免除の者、「戊」は翌年再検査の者。

図１－４－１　高等学校・大学（３年制学部）の在学・修業年限短縮

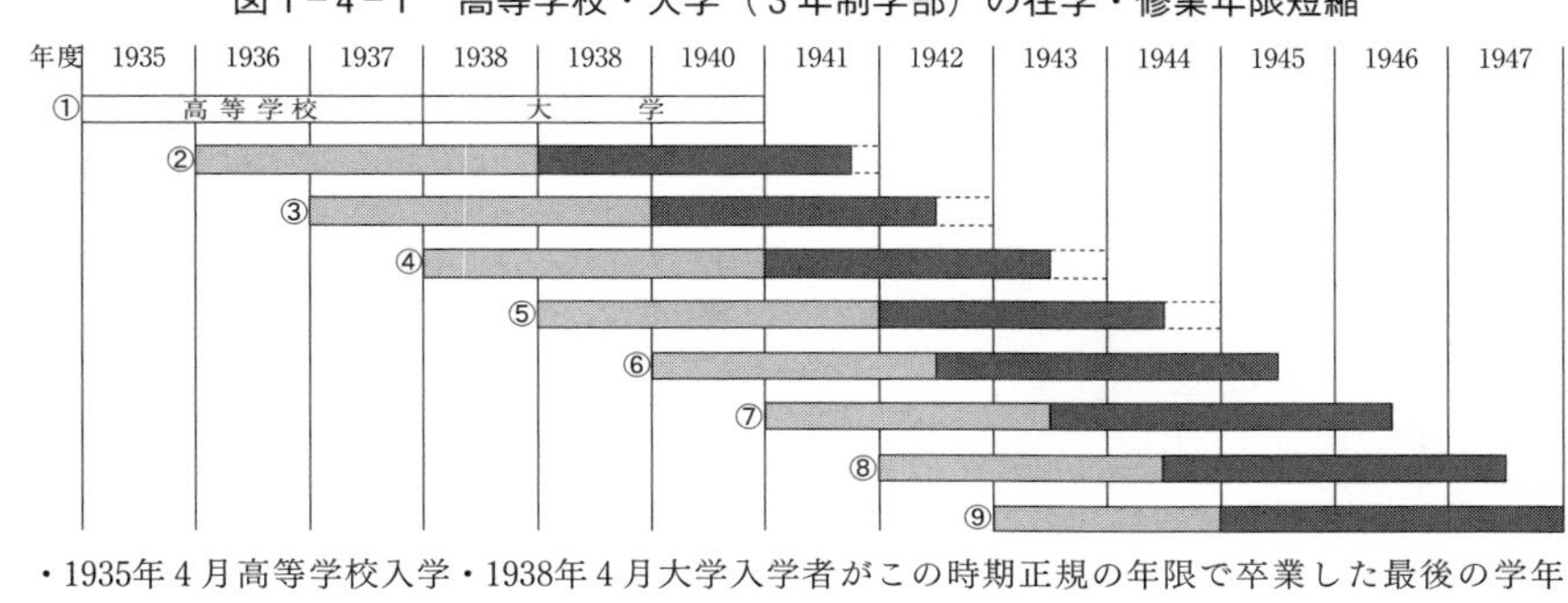

・1935年４月高等学校入学・1938年４月大学入学者がこの時期正規の年限で卒業した最後の学年（①の学年）。
・1941年度、大学の在学年限が３カ月短縮されて２年９カ月となる（②の学年）。
・1942年度以後３年間、大学の在学年限が６カ月短縮されて２年６カ月となる（③④⑤の学年）。
・1942年度以後３年間、高等学校の修業年限が６カ月短縮されて２年６カ月となり、その学年の大学在学年限は３年に戻る（⑥⑦⑧の学年）。
・1943年４月高等学校入学者から高等学校の修業年限が１年短縮されて２年となる（⑨の学年）。

延期が認められていた。この年齢は当初満二七歳であったが、一九三〇年代後半になると次第に引き下げられ、一九四三年一二月の段階では医学部在学者は最高で二四歳、それ以外の学部在学者は二三歳となっていた。京大でも、一九三九年四月以降の入学者を調査した結果、次に述べる在学徴集延期停止が始まるまで、つまり一九四三年一一月までで在学のまま陸海軍に入隊した者は三二六名にのぼったことが判明している。[164]

とはいえ、対米英開戦後も在学者の徴集延期は継続されていた。しかし、一九四二年後半からのソロモン諸島における日米海軍の消耗戦以降航空機搭乗員が不足するようになり、一九四三年夏には大学や専門学校卒業生の大動員が始まっていた。

こうしたなか実施されたのが在学生の徴集延期停止、いわゆる学徒出陣である。この方針が最初に公表されたのは一九四三年九月二二日夜に行われた東条英機首相によるラジオ放送「官民に告ぐ」であった。翌日の新聞報道によると、東条はこのとき「国内態勢強化方策」として九項目を挙げており、その二つ目の「国民動員の徹底」で「一般徴集猶予を停止し、理工科系統の学生に対し入営延期の制を設く」となっていた。[165] 羽田総長は自らの日記に、二二日のラジオを聴いたうえで、翌朝の新聞で放送の具体的内容を知ったと記している。さらに二七日に東上して東大の内田祥三総長に面会したが内田も「新態勢ニツキテハ尚ホ何事モ分リ居ラズ」[166]と記しており、この件は大学に事前の打診はなかったものと考えられる。

一〇月二日には勅令第七五五号「在学徴集延期臨時特例」が公布され、在学を理由とした徴集延期は当分のうち行わないことになった。また同日公布の陸軍省令第四〇号「昭和十八年臨時徴兵検査規則」により、臨時徴兵検査が一〇月二五日から一一月五日の間に実施されることが周知され、さらに陸軍入隊は一二月一日であることも発表された。[167]

陸軍省は、徴集延期を停止した理由について陸海軍の航空を中心とした幹部要員を充足する必要があるためと述べる一方、技術関係の学徒にはまだしばらく修学を継続することを求め、一部の特例を設けて入営延期にしたと説明している。[168] この入営延期の対象が正式に公表されたのは、一一月一三日公布の陸軍省告示第五四号によってであった。そこでは大学学部に関しては、各大学の工学部、理学部、理工学部、医学部、農学部（農学科、農業経済学科、農業生物学科、農林経済学科、農林生物学科を除く）、文理科大学、医科大学、工業大学が入営延期の対象と指定されていた。京大に当てはめると、入営延期となるのは医学部、工学部、理学部、農学部林学科、同農林化学科、同農林工学科の在学生であった。

また、入隊した学生の学籍については軍隊に服役期間中は休学とした上で、一九四四年九月卒業見込の者は一九四三年一一月に仮卒業証書を授与し翌年九月に正式に卒業させる、その他の者は学籍は入隊時のままとして復学した際には元の学年に戻る、と文部省より発表された。[169] これによって、一九四二年四月に大学に入学し一九四三年一二月に入隊した者は、大学で学べるのは一年八カ月ということになった。

当時兵役制度が実施されていなかった朝鮮・台湾出身の学徒に対しては、一〇月二〇日に「陸軍特別志願兵臨時採用規則」が公布され、志願による陸軍入隊が図られた。だが、一〇月三〇日の文部次官通牒では、法文経系統の学徒が一二月に入隊した後は残留して教育を受ける者はごく限られるとした上で、志願しない者は残留教育施設の関係上休学等適宜の措置を執るほかないとしている。[170] さらに一二月三日の文部省専門教育局長名の通牒では、志願しない者には「自発的ニ休学又ハ退学スル様慫慂スルコト」、自発的に休学・退学を願い出ない場合は「学則ノ如何ニ拘ラズ積極的ニ休学ヲ命ズルコト」と各教育機関に命じていた。[171]

学生たちの入隊

徴集延期停止、文系を中心とした学生たちの入隊といった事態を受けて、京大では新学期を迎えて一〇月一日に開始された授業について、法・文・経済および農学部の一部は一三日以降午前のみとし、午後は軍事教育を中心とした錬成にあてることにした。[172]

また、これ以後学生の入隊まで各種の壮行事が催された。『京都帝国大学新聞』で確認できる分だけでも、次のとおりである。

一〇月一二日　護国神社・上賀茂神社参拝（法学部）
　一三日　護国神社・上賀茂神社参拝（経済学部）
　一七日　石清水八幡宮における祈願祭（同学会）
　一八日　善波周講演「征で立つ人に」（学生課）

一九日　征途に誓ふ会（同学会）
二一日　川田順講演「生死と歌心」（学生課）
二三日　玖村敏雄講演「松下村塾の精神」（尊攘堂大祭記念講演）
一一月　八日　出征記念旗掲揚式（同学会）
一〇日　南方を語る座談会（学生課）、能楽鑑賞会（文化部）
一一日　学徒出陣壮行の夕（同学会音楽部・映画部）、半島同胞出陣の夕（朝鮮奨学会）
一三日　法隆寺鑑賞会（～一四日、学生課）
一四日　錬成大行軍（法学部）、大阪第二飛行場見学会・同乗飛行（航空部）、学内壮行射撃大会（射撃部）、西谷啓治・木村素衛・高山岩男座談会
一七日　鈴木大拙講演「禅に就て」
一八日　壮行会（文学部学友会）
二〇日　壮行大講演会（法学部）、壮行会（有信会）[173]

そして、こうした一連の壮行行事の集大成となったのが一一月二〇日に農学部グラウンドで挙行された全学の壮行式であった。八時三〇分に開始された壮行式は、国民儀礼ののち、大詔捧読、総長式辞、残留学徒代表式辞、出陣学徒代表答辞の順に進行し九時三〇分に終了[174]、その後入隊予定の学生たちは北部構内から本部構内を分列行進し、正門から出て平安神宮に参拝して解散している[175]。一一月二五日の評議会に報告されたところによると、当日参加した学生は入隊予定者一七八〇名、残留者二七八九名であった[176]。

また、同学会の依頼で画家の須田国太郎が壮行式の様子を絵画に残すことになり、その絵画は翌一九四四年

写真１－４－３　壮行式終了後正門を出る出陣学徒（1943年11月20日）

六月一八日の京大創立記念式で披露された[177]。

このとき、京大から陸海軍に入隊した学生数は、京都大学大学文書館の調査によると表1-4-8のとおりである。入営の対象となった法・文・経済および農学部の一部からは在学者の六五・六％にあたる一九五〇名、入営延期とされた理・医・工および農学部の一部からもごく少数だが七名、合計すると全学で一九五七名が入隊している。ちなみに、このときの入隊者は臨時徴兵検査の際に陸海軍どちらを希望するか意向を表明できたが、京大からは陸軍に九五五名、海軍に三六五名が入隊したことが判明している（残りの六三七名は不明）[178]。

また、朝鮮および台湾出身で入営対象学部学生の入隊者数は表1-4-9のとおりである（入営延期学部からの入隊者は存在しない）。朝鮮出身者で入隊年月日不明の者が二名いるが、これも一九四四年一月入隊と考えられるので、朝鮮出身者は三五名中二三名、台湾出身者は六名全員が入隊した。また、法学部に七名の休学者がいるが、このうち一名については特別志願兵に

表１－４－８　在学者中1943年12月入隊者数

	学部	入学年月	在学者	入隊者	入隊比率
入営対象学部	文学部	1941年４月以前	27	5	18.5%
		1942年４月	132	84	63.6%
		1942年10月	184	142	77.2%
		1943年10月	133	71	53.4%
		小計	476	302	63.4%
	法学部	1941年４月以前	47	10	21.3%
		1942年４月	407	308	75.7%
		1942年10月	469	323	68.9%
		1943年10月	480	249	51.9%
		小計	1403	890	63.4%
	経済学部	1941年４月以前	25	4	16.0%
		1942年４月	270	218	80.7%
		1942年10月	272	239	87.9%
		1943年10月	272	157	57.7%
		小計	839	618	73.7%
	農学部（農学科・農林生物学科・農林経済学科）	1941年４月以前	8	0	0.0%
		1942年４月	81	56	69.1%
		1942年10月	81	45	55.6%
		1943年10月	83	39	47.0%
		小計	253	140	55.3%
	入営対象学部合計	1941年４月以前	107	19	17.8%
		1942年４月	890	666	74.8%
		1942年10月	1006	749	74.5%
		1943年10月	968	516	53.3%
		計	2971	1950	65.6%
	理学部	1941年４月以前	9	0	0.0%
		1942年４月	80	3	3.8%
		1942年10月	81	0	0.0%
		1943年10月	124	1	0.8%
		小計	294	4	1.4%
	医学部	1941年４月以前	119	0	0.0%
		1942年４月	140	0	0.0%
		1942年10月	155	0	0.0%
		1943年10月	170	1	0.6%
		小計	584	1	0.2%

入営延期学部	工学部	1941年4月以前	38	0	0.0%
		1942年4月	339	1	0.3%
		1942年10月	369	0	0.0%
		1943年10月	378	0	0.0%
		小計	1124	1	0.1%
	農学部（林学科・農林化学科・農林工学科）	1941年4月以前	10	0	0.0%
		1942年4月	62	1	1.6%
		1942年10月	74	0	0.0%
		1943年10月	65	0	0.0%
		小計	211	1	0.5%
	入営延期学部合計	1941年4月以前	176	0	0.0%
		1942年4月	621	5	0.8%
		1942年10月	679	0	0.0%
		1943年10月	737	2	0.3%
		計	2213	7	0.3%
総計			5184	1957	37.8%

・京都大学大学文書館編『京都大学における「学徒出陣」調査研究報告書　第1巻』2006年、19頁より作成。

表1－4－9　朝鮮・台湾出身学生の入隊者数

	1944年1月在学者	1944年1月入隊	入隊年月日不明	休学者	残留
朝鮮	35	21	2	7	5
台湾	7	5	1	0	1

・京都大学大学文書館編『京都大学における「学徒出陣」調査研究報告書　第1巻』2006年、20・40・42頁より作成。

志願しなかったための休学であった。[179]

学生たちの入隊はこれで終わりではなく、敗戦まで続いていく。一九四三年一二月二四日公布の勅令九三九号「徴兵適齢臨時特例」では徴兵適齢が一九歳に引き下げられ、入隊の対象となる学生の数はさらに多くなっていくことになる。

研究活動

一九三九年度より文部省科学研究費の交付が開始された。文部省による科学振興のための研究費は一九一八年の科学奨励金に始まるが、これは一九三八年度でも計七万三〇〇〇円にとどまっていた。[180] 一九三九年三月一五日、前年荒木貞夫文相によって設置された科学振興調査会の答申に基づき、閣議で三〇〇〇万円の予算に基づいた科学研究費の創設が決定された。[181]

五月二四日に文部省専門学務局長より「自然科学ノ基礎的研究ノ振作ヲ図ル為」計上された科学研究費の希望調査の通牒が各大学に発せられ、九月一六日に採択結果の通知があった。京大では、医学部四件（五万八二五〇円）、工学部二二件（七万五八〇〇円）、理学部二四件（一〇万六一〇〇円）、農学部一七件（八万〇六五〇円）、化学研究所九件（六万三五〇〇円）の合計七六件、三八万四三〇〇円が認められた。[182] ちなみに東京帝国大学では六三件、五六万〇二一〇円が認められている。[183] 以後、一九四四年度までの京大における科学研究費の採

表１－４－10　文部省科学研究費採択状況（1939～1944年度）　（円）

	件数	採択金額	科研費総額
1939	76	384,300	3,000,000
1940	93	378,980	3,000,000
1941	119	578,650	5,000,000
1942	125	590,960	5,000,000
1943	121	648,140	5,700,000
1944	276	1,840,590	18,700,000

・件数および採択金額は『昭和十四年度　科学研究費ニ関スル書類』（MP00220）、『昭和十五年度　科学研究費ニ関スル書類』（MP00221）、『昭和十六年度　科学研究費ニ関スル書類』（MP00222）、『昭和十七年度　科学研究費ニ関スル書類（下）』（MP00224）、『昭和十八年度　科学研究費ニ関スル書類』（MP00225）、『科学研究費ニ関スル書類　昭和十九年度』（MP00226）より作成。
・科研費総額は「資料　創設以来の文部省研究費」（文部省大学学術局編『学術月報』第５巻第８号、1952年11月）59頁より作成。

択状況は表1-4-10のとおりである。

京大では対米英開戦後の一九四二年前半、東南アジアや南太平洋地域を対象とする研究会が次々と作られた。資料で確認できるものとして、理学部の南方科学研究会、[184] 農学部の南方農林資源研究会、[185] 文学部の南方文化研究会および工学部の南方工学研究会、[186] 医学部の南方医事研究会、南方生薬研究会[187]が挙げられる。また、羽田亨総長の日記には、一九四二年二月二七日文部省に永井浩専門学務局長を訪ねた羽田が「七学部ノ南方研究会ノ情況」を話したとあり、[188] 右以外の法学部や経済学部にも南方関連の研究会が存在していたと考えられる。学内のこうした動きが、一九四三年から四四年にかけての南方科学研究所設置要求につながっていくことになる（本章第四節参照）。

一方で一九四三年に入ると、戦局の深刻化とともに、本格的な科学動員が政策として進められる。八月二〇日の閣議決定「科学研究ノ緊急整備方策要綱」では、「大東亜戦争ノ遂行ヲ唯一絶対ノ目標」とした科学研究の推進が謳われ、そのために文部省管轄下の学術研究会議に科学研究動員に関する特別委員会を、主要研究機関に連絡委員会を設置して両者によって研究力の集中を図り、さらに直接戦力増強に資する研究については陸海軍の要望に基づきこれと協力して行っていくことなどが定められた。[189]

京大では、これを受けて九月二日の評議会で「京都帝国大学緊急科学研究体制」を発足させた。[190] 同体制は総務部と研究部からなり、総務部は医・工・理・農学部長と化学・工学両研究所長で組織され、研究の企画連絡や学術研究会議を含む外部諸機関との交渉連絡に当たった。一方、研究部は戦力増強に最も緊急を要する事項の研究に従事し成果を挙げることを目的とし、以下の各部が置かれた。

航空医学部・感染防禦部・軍需薬剤部・鋼ノ特殊焼入法部・電波兵器部・金属粉末並ニ粉末冶金法部・食

糧増産及貯蔵加工部・農林産物利用部・前線兵食部・航空機用材部・地下資源部（一九四五年一月二五日新設）・戦時農業経営合理化部（同年二月二七日新設）・航空機用有機材料部（同年四月一六日新設）[191]

緊急科学研究体制では総計二〇九名参加のもと、一九四五年九月一三日に開催された最後の研究会まで二二回の研究会報告が作成されている。

また、同じ一九四三年には大学院特別研究生制度が導入された。この前年の八月二一日、中等学校と高等学校の年限短縮が閣議で決定され、その際最高の学術研究制度の刷新を行うことも合わせて定められたが[192]、橋田邦彦文相の述べるところによるとそれは具体的には大学院の整備拡張による研究者養成のことを指していた[193]。

一九四三年一月一五日に新しい大学院制度の骨格が閣議決定された。それによると大学院の目的は国家目的に即応する学術指導者を養成することとされ、帝国大学および所要の官立大学に設置、課程を二期に分けて第一期二年、第二期は学科により二年または三年、定員は第一期五〇〇、第二期二五〇となっていた[194]。

四月二一・二二の両日開催された帝国大学総長会議でも、新しい大学院制度は中心的な議題として取り上げられた。その場で大学院学生の兵役について、橋田の退任で兼任文相として会議に出席していた東条英機（首相・陸相）は「五〇〇人位ノ程度ナラ徴兵猶予ヲシタイト思フ」と述べている[195]。

結局九月二九日公布の文部省令第七四号「大学院又ハ研究科ノ特別研究生ニ関スル件」によって一〇月一日から特別研究生制度は始まることになった。年限は第一期二年、第二期三年、定員は第一期「概ネ五百人以内」第二期「概ネ二百五十人以内」、入学者は大学が候補者を推薦し文相が審査の上認可すること、研究期間満了後はその一・五倍の期間文相指定の職に就くこと、などが定められた。また、学資として月額九〇円が支給されることになったが、当時の大学助手の月給七〇円と比較するとかなりの厚遇であったといえる。特別研究生を受け入れる大学は七帝国大学のほか官立の東京商科大学・東京工業大学・東京文理科大学、これに私立の慶応義塾大学と早稲田大学が加わり計一二大学となった。

初年度である一九四三年度は文理合わせて四四二名が採用され、そのうち京大は七六名であった。[196] 一九四四年度からは理系に限定され京大の定員は五二名とされたが採用数は不明、[197] 一九四五年度も同様に定員五二名で採用数は不明である。[198]

なお、大学院特別研究生制度は敗戦後もしばらく続いた（一九四九年度以降日本育英会の貸費を導入）が、大学院制度の新制への移行とともに廃止となり一九五三年三月で終了した。

第四節　敗戦前後

勤労動員

戦争の長期化とともに学徒を対象とする勤労動員も本格化した。一九四三年一〇月一二日に「教育ニ関スル戦時非常措置方策」が閣議決定され、一年のうち「概ネ三分ノ一相当期間」勤労動員を実施することとされた。[199] 以後動員期間は拡大していき、一九四四年一月一八日の閣議決定「緊急学徒勤労動員方策要綱」では一年のうち四カ月を継続して動員すること、[200] 二月二五日の閣議決定「決戦非常措置要綱」では中等学校以上の学徒は今後一年勤労その他の非常任務に出動できる態勢を整えることが定められた。[201] さらに、翌一九四五年三月一八日の閣議決定「決戦教育措置要綱」では国民学校初等科以外の学校における授業は原則として翌年三月ま

表1－4－11　文学部における勤労動員（1944～1945年）

開始（出発）	終了（帰学）	人数	行先	業務	備考
1944. 1. 1	1944. 1. 19	49	滋賀県野洲郡中洲村	農道構築作業	
1944. 3. 15	1944. 3. 30	33	滋賀県甲賀郡岩根村		
1944. 5. 20	1945. 4. 11	12	豊川海軍工廠（愛知県）		他に法学部42名、経済学部31名
1944. 7. 15		18	左京区下鴨	貯水池構築作業	5日間の予定
1944. 7. 15	1944. 9. 14	12	宇治火薬製造所		他に法学部・経済学部からも参加
1944. 10. 9	1944. 12. 24	13	宇治火薬製造所		
1944. 11. 17	1944. 11. 17	5	愛宕郡岩倉村	取入、麦の蒔付	
1944. 11. 20	1944. 11. 20	6	愛宕郡岩倉村	取入、麦の蒔付	
1945. 1. 6	1945. 3. 31	30	京都機器（右京区）		
1945. 4. 10		20	宇治火薬製造所		
1945. 6. 29		20	滋賀県高島郡川上村	干拓作業	他に経済学部27名

・『教授会記録　昭和十九年』（京都大学大学文書館所蔵、03B00064）、『教授会記録　昭和二十年昭和二十一年』（同、03B00063）より作成。

で一年間停止となり、全学徒が総動員される態勢がつくられた。

京大における勤労動員は、一九四三年までは長くても一カ月程度で、土地改良事業のほか医学部学生が無医村や陸海軍病院、市内各病院で勤労したり、工学部土木工学科学生が建設測量に従事したりといったものであった[202]が、一九四四年に入ると長期の動員が増え、業務も直接軍需に関わるようになってくる。ただし、残された資料が非常に少なく実態は不明なところが多い。そのなかで比較的実態が判明している文学部についてまとめたのが表1−4−11である。なお、このうち一九四四年五月に始まった豊川海軍工廠への動員については、当初九月までの予定だったが翌年三月まで延長されたことが六月二一日の文学部教授会で報告されている。[203]

当時文学部講師で国文学を講じていた潁原退蔵は、一九四五年六月一一日の日記に、この日文学部で開かれた協議会で講義をなるべく続けることになったと記し、「学問の荒廃といふ事は大学としては最も恐ろしい事だからである」とその理由を書き残している。[204]前述の「決戦教育措置要綱」にかかわらず、できる限り授業が行われていたことが窺われる。しかし、その授業も六月二六日の同じ潁原の日記に「今日でいよいよ終る事になつた」とあるように、終了を余儀なくされた。[205]

戦争末期の状況

一九四三年から四四年にかけて京大では二つの附置研究所設置を目指す動きがあったが、羽田亨総長の日記によるとこれには海軍との結びつきがあった。一九四三年一一月二二日の日記には羽田が海軍省軍務局に矢牧章課長を訪ね木材工学研究所と南方研究所設置について後援を依頼したところ快諾を得た、とある。[206]さらに一九四四年一月一三日には矢牧などの課員や文部省関係者を会食に招き、南方科学研究所設置予算が通過したことへの謝意を表している。[207]南方科学研究所設置を含む一九四四年度予算案は一九四三年一二月一〇日に閣議で決定されていた。[208]

右の二つの研究所のうち、木材工学研究所は木材研究所として一九四四年五月二〇日に設置された。設置理由には、木製航空機製作のための技術上の難点打開は「緊急中ノ最緊急問題」であること、木材が生物学的組織をもつ有機物である関係上農・理・工学部における関係各部門の総合研究が必要であること、などが挙げられている。[209]木材研究所には、木材物理・木材化学・木材生物の三研究部門が置かれた。

表1－4－12　1944年1月から敗戦までの入隊者数

年	月	人数
1944	1	43
	2	31
	3	48
	4	13
	5	3
	6	48
	7	13
	8	26
	9	125
	10	152
	11	49
	12	57
1945	1	170
	2	55
	3	61
	4	131
	5	74
	6	139
	7	86
	8	82
計		1406

・京都大学大学文書館編『京都大学における「学徒出陣」調査研究報告書　第1巻』2006年、70頁より作成。

これに対して南方科学研究所については、一九四四年八月二九日起案で官制案、設置理由書などが作成されている。これによると、研究部門は資源培育改良、資源利用、資源政策、住居・生活、医療保健、統治、経済の七部門で教授五・助教授四・助手九が配置されることになっていた。官制は一〇月に施行予定とされ、教授・助教授候補者の氏名も挙げられていた[210]が、設置が実現することはなかった。

前節で述べた「在学徴集延期臨時特例」による一九四三年一二月の一斉入隊後も、学生生徒の陸海軍への入隊は続いた。京大における一九四四年一月から敗戦までの入隊者数は表1-4-12のとおりである。ただし、ここに示しているのは入隊時期が明らかな者だけであり、入隊の事実は確認されているが時期が判明していない学生を合わせれば、数はもう少し増えると考えられる。また、高等学校在学中に入隊し服役中に卒業となった者には大学入学の措置がとられたが、京大には一九四四年一〇月に四八二名、一九四五年四月に四二九名が陸海軍に入隊したまま入学手続をとっている[211]。

一九四五年三月一五日の評議会で羽田総長より、留日学生集合教育として京大に中華民国留学生および一九四三年に始まった南方特別留学生の一部を受け入れることになった旨報告があった[212]。これは一九四四年一二月二九日の閣議決定「留日学生教育非常措置要綱」に基づくもので、ここでは学徒勤労動員の強化によって留日学生の学業継続が困難になっているため、出身別にまとめて集合教育を行うことが定められていた[213]。中華民国からの留学生については、羽田は三月二〇日に京都府の特高課長とその取締について協議しており[214]、また彼らの寄宿舎として北白川の洛東アパートが借り入れられ、四月二九日の開寮式に出席した羽田によって光華寮と名づけられている[215]。一方、南方特別留学生に対しては外務省の外廓団体である国際学友会の所有する北白川の寮舎が寄宿舎として充てられた[216]。彼らの入学式は五月一五日に挙行されたが[217]、入学者数や教育の実態は不明である。

米軍による空襲が現実味を帯びてくると、図書の疎開が検討され始めた。一九四四年四月一七日開催の図書館商議会で文献疎開の件について審議が行われ、六月一一日から右京区の嵯峨大覚寺と南桑田郡保津村の個人所有の土蔵に附属図書館所蔵の図書約五五〇〇点の疎開が実施された[218]。次いで一九四五年七月には第二次疎開が行われた。今回は部局の図書も含めた大規模なもので、受け入れ先は北桑田郡知井村の知井国民学校、同神吉村の神吉国民学校、同周山町の周山国民学校、竹野郡網野町の網野国民学校および北桑田郡弓削村の京都府林業種苗場であった[219]。

また、当時営繕課長であった西山夘三の回想によると、一九四五年二月初めに羽田総長から大学重要施設の地下壕移転について話があったという。京大本部構内のすぐ東にある吉田山の北側斜面をその場所に選定し、七月に朝鮮人労働者を使う民間業者に発注したが、一〇メートルも掘り進めないうちに敗戦となった[220]。七月一三日の羽田の日記に、空襲に備えた「吉田山防空壕掘鑿、木造建造物ノ撤去、水ノ用意、機械器具ノ移転」などが進まず「歯ガユキコト限リ無シ」との記述があるので地下壕計画が事実であったことが分かるが、この詳細も不明である。

敗戦への対応

一九四五年八月一五日正午の天皇による詔書の放送により、国民は敗戦を知った。京大では、この日の午後急遽学部長会議が開かれたが、一八日の文学部教授会に報告されたところによると「突然ニテマトマリタルコトナシ」という状態であった。[222]翌一六日には午後一時半から本部階上大ホールに職員学生が集められ、羽田総長による詔書捧読と訓示があった。[223]同じ日に開かれた評議会では、学生に対し休暇を与えるべきか議論した結果、「暫ク時局ヲ静観ノ上」決定することになった。[224]一方、寄宿舎の総務日誌によると、一五日に放送を聴いた寄宿舎生はその夜敗戦を悔しがり「悲憤慷慨し、或は涙を流して語り合っ」たというが、翌朝には敗戦を実感し「自分がどうなるかといふ事が最大関心事となった」という。[225]

文部省は、戦時期の軍国主義的政策の撤廃を始めた。早くも八月一六日には、文部・厚生次官通達によって学徒の動員解除[226]が、次いで二四日には学徒動員局長より軍事教練に関する法令・通牒類の廃止が伝えられた。[227]また、八月二八日には文部次官より遅くとも九月中旬から授業を開始することが通牒された。[228]さらに文部省は九月一五日に「新日本建設ノ教育方針」を公表し、「益々国体ノ護持ニ努ムル」とともに「軍国的思想及施策ヲ払拭シ」「学校ニ於ケル軍事教育ハ之ヲ全廃シ」「戦争ニ直結シタル学科研究所等モ平和的ナモノニ改変シツツアル」としていた。[229]

八月六日の米軍による広島への原爆投下直後から、関連研究機関は日本軍の依頼によって被曝状況の調査を行っていたが、京大では荒勝文策理学部教授と杉山繁輝医学部教授が調査に赴いていた。[230]九月に入ると、本格的な診療・調査のため調査班が結成され、広島県佐伯郡大野村で活動していた。ところが、九月一七日夜当地を襲った枕崎台風による山津波でその多数が遭難した。一〇月四日の評議会では、これによって死去した医学部の真下俊一教授・大久保忠継講師・西山真正講師・島本光顕助手・島谷きよ嘱託・学生の原祝之と平田耕造、理学部の堀重太郎副手・大学院学生の花谷暉一・化学研究所の村尾誠助手の計一〇名の大学葬を行うことを決定、(231)大学葬は一一日に本部階上大ホールで執り行われた。さらに医学部の杉山繁輝教授も八日に死去したため、犠牲者は一一名となった。

一〇月八日には臨時評議会が開かれ、羽田総長より「五六月ノ交ヨリ健康ヲ害シ」「国家ノ重大時期」に職責を果たせないとして辞意の表明があった。(232)羽田には、この年の五月にも健康の衰えを理由に各学部長に辞意を伝え、強い慰留を受けて辞職を思いとどまった経緯があった。(233)評議会では、後任候補者推薦手続きを開始することが決まり、二〇日を推薦日（実質的な投票日）とすることになった。その結果、鳥養利三郎工学部教授が次期総長候補者となり一一月一日に発令された。鳥養は同日記者会見を行い、追放教授の復帰問題については極めて重大な問題であって学内自治を害さない範囲で対処する、深刻な食糧問題については学内に農学部を中心とした総合研究機関である食糧科学研究所の設置を準備しているなどと所信を述べた。(234)

教員の復帰・辞職・追放

前田多門文相は一九四五年一〇月一〇日、戦時中に自由主義的思想のため大学を追われた教員の復帰は当然であり大学の自治に基づき対処されるべきとの談話を発表し、これに基づき東京帝国大学経済学部では休職中の教員復帰の動きが始まっていると報じられた。(235)京大では、一九三三年の滝川事件で辞職した教員の復帰が課題となり、三一日の法学部学生大会で黒田覚法学部長は、滝川幸辰・末川博・宮本英雄・恒藤恭の復帰を確約した。(236)また、大隅健一郎・佐伯千仭両教授の後の回想によると、当時の法学部教授たちで就任間もない鳥養総長に会い、滝川事件の処理、大学自治の回復を説いたのだという[237]。

鳥養は、一一月一四日に前田文相に会い、交渉の結果次のような覚書を作成した。

文部大臣ハ大学教授ノ進退ニ付テハ総長ノ具状ニ依リテ之レヲ行フコトハ勿論、之レニ関連スル教授会ノ責任アル自治的慣行ヲ充分ニ認ムルモノナリ[238]。

これによって教授の進退については滝川事件以前の状態に戻ったことを文部当局が認めたことになった。

一方、法学部ではこの時在職していた教授のうち滝川事件当時から教授だった牧健二・渡辺宗太郎・田中周友、事件当時助教授だった池田栄・西本穎、事件後京大に赴任した石田文次郎・朧谷峻嶺の七名が辞意を表明した。黒田法学部長が一一月一九日の学生大会で述べたところによると「問題の円満な解決をはかる」「復帰を可能ならしめる」ためであった[239]。黒田らは、滝川事件で辞職した教授たちに復帰を求める交渉を行ったが、すでに死去していた森口繁治、停年になっていた佐々木惣一を除いて、承諾したのは滝川幸辰と大阪商科大学長との兼任としての恒藤恭の二人にとどまった。滝川は、一九四六年二月一六日に復帰すると直ちに法学部再建のため法学部長に就任した。その後、それまで学部長として復帰交渉に当たっていた黒田も教授を辞職したため、法学部の辞職教授は八名になった。

経済学部では「総退陣」といわれる出来事が起こった。一九四六年二月一九日午前に開かれた教官協議会、次いで同日午後の教授会における議論の結果、蜷川虎三学部長が辞任して後任に前年教授に昇任したばかりの静田均が就任、同時に教授、助教授、講師の全員が辞表を新学部長に提出した[240]。静田の後の回想によると、蜷川は敗戦直後の段階では戦争の責任を負って辞職するべき教員は経済学部にいないと考えていたが、一九四六年一月四日の連合国軍最高司令官総司令部（ＧＨＱ）による公職追放の指令（後述）や、同月三〇日、かつて経済学部を辞職した河上肇が死去したことなどから経済学部の責任を問う声が強まってきた。[241] そうした流れのなかで、二月一九日の教官協議会では若手教員から従来の学部運営についての教授の責任を追及する声が出て、総退陣を表明するに至ったのだという。

学部再建を委ねられた静田は、結局一二名の教授のうち小島昌太郎・汐見三郎・谷口吉彦・蜷川虎三・柴田敬・中川与之助の六名の辞表を申達し、残りの教員は留任させることにした。[242] 六名は三月三〇日付で経済学部を去ったほか、白杉庄一郎助教授・有田正三講師らも辞職した。

一九四六年一月四日、前述のようにGHQは覚書「公務従事ニ適セザル者ノ公職ヨリノ除去ニ関スル件」を発し、戦争犯罪人、職業軍人、極端な国家主義団体の有力者、大政翼賛会・翼賛政治会・大日本政治会の有力者、日本占領地域内の金融機関・開発機関の役員、占領地の行政長官、その他の軍国主義者・極端な国家主義者の公職からの追放を指示し、[243] 日本政府も二月二八日勅令第一〇九号「就職禁止、退官、退職等ニ関スル件」を公布し、公職追放が実施された。京大では、すでに退職していた者も含めた左記の二〇名の該当者が確認できる。

西本穎・黒田覚・田村徳治・森口繁治（以上法学部）、高瀬武次郎・矢野仁一・小牧実繁（以上文学部）、作田荘一・石川興二・柴田敬・谷口吉彦・松岡孝児・中川与之助（以上経済学部）、青木九一郎・木原卓三郎（以上医学部）、速水恵次（工学部）、荒木俊馬・中山若枝（以上理学部）、寺見広雄（農学部）、高坂正顕（人文科学研究所）[244]

また、GHQは一九四五年一〇月二二日には覚書「日本教育制度ニ対スル管理政策ニ関スル件」を、一〇月三〇日には覚書「教員及教育関係官ノ調査、除外、認可ニ関スル件」を発し、教育機関関係者の審査を行って職業軍人、軍国主義思想や過激な国家主義思想の保持者、占領政策への反対者などの教育職からの解職を指示していた[245]。これを受けて、一九四六年五月七日に勅令第二六三号「教職員ノ除去、就職禁止及復職等ノ件」および閣令・文部・農林・運輸省令第一号「昭和二十一年勅令第二六三号の施行に関する件」、さらに文部省訓令第五号「教職員の適格審査をする委員会に関する規程」が公布され、いわゆる教職追放が開始された。これらの法令などに基づき各大学では学部ごとに教員適格審査委員会が置かれて所属教員の審査を行うことになり、京大では六月四日、文相宛に委員会の設置が報告されている[246]。

その一方で委員会設置に先立ち、メモランダム・ケースといわれるGHQの直接指名による教職追放が実施され、京大では石川興二・柴田敬・谷口吉彦（いずれも経済学部）がそれに該当した[247]。

右の省令には、追放指定の基準として「別表第一」と「別表第二」があり、前者は講義・講演・著作・論文などにより侵略主義的や好戦的な国家主義を鼓吹したり、自由主義者を圧迫したりした者を審査委員会が判定する、後者は職業軍人や文部省思想局、国民精神文化研究所など指定された官職にあった者などを審査委員会にかけずに自動的に指定するとなっていた。京大における「別表第一」の該当者は、一九四七年八月二六日発送の文部大臣官房適格審査室への報告によると次の九名であった。

佐伯千仭・大西芳雄（以上法学部）、倉内吟二郎・上治寅次郎（以上工学部）、西谷啓治・鈴木成高・松村克己（以上文学部）、大塚一朗・高田保馬（以上経済学部）[248]

また、「別表第二」の該当者としては一九四六年一〇月二九日発送の報告に次の一三名が挙げられている。

戸田正三・青木九一郎・木原卓三郎（以上医学部）、速水恵次（工学部）矢野仁一・西田直二郎・高山岩男

（以上文学部）、依田和四郎（理学部）、徳永清行・松岡孝児（以上経済学部）、阪本平一郎・寺見広雄（農学部）、高坂正顕（人文科学研究所）(249)

さらに、どちらのカテゴリーに入るか不明であるが次の二名の指定も確認できる。

高瀬武次郎（文学部）、中山若枝（理学部）(250)

註

（1）京都帝国大学庶務課『学報』第二一三五号、一九三八年三月二九日。
（2）『通則改正関係書類　自昭和八年十月至同十二年二月』（京都大学大学文書館所蔵、01A00357）。
（3）『評議会関係書類　昭和十年』（京都大学大学文書館所蔵、MP00035）。
（4）『通則改正委員会記録　昭和十一年』（京都大学大学文書館所蔵、01A00358）。『通則改正委員会記録　自昭和十一年三月至同十二年二月』京都大学大学文書館所蔵、01A00359）。
（5）『評議会関係書類　自昭和十二年至昭和十二年八月』（京都大学大学文書館所蔵、MP00039）。
（6）京都帝国大学『京都帝国大学一覧　昭和十一年』一九三六年、六二頁。
（7）加藤仁平『小西重直の生涯と思想』黎明書房、一九六七年、二九五頁。
（8）宮本英雄「京大問題の真相」（七人共編『京大事件』岩波書店、一九三三年）三二七頁。
（9）註（8）に同じ、三一〇頁。
（10）『第六十四回帝国議会衆議院予算委員会議録（速記筆記）第七回』三一頁。
（11）竹内洋・佐藤卓己・植村和秀・井上義和・福間良明・今田絵里香編『蓑田胸喜全集　第二巻　初期論集Ⅱ』柏書房、二〇〇四年、五五七頁。
（12）註（8）に同じ、三二九頁。
（13）註（8）に同じ、三三〇頁。
（14）『京都日出新聞』一九三三年五月一四日付朝刊。

(15)『京都日出新聞』一九三三年五月一七日付朝刊。
(16)「申合」(立命館大学図書館所蔵『末川文庫』一〇六六。京都大学百年史編集委員会編『京都大学百年史　資料編二』二〇〇〇年、二七二頁)。
(17)『大阪朝日新聞』一九三三年五月一八日付夕刊。
(18)註(7)に同じ、二九七頁。
(19)註(8)に同じ、三三六頁。『大阪朝日新聞』一九三三年五月二一日付朝刊。
(20)「申合」(立命館大学図書館所蔵『末川文庫』一〇六七。註(16)前掲『京都大学百年史　資料編二』二七五頁)。
(21)註(8)に同じ、三三七頁。
(22)「京都帝国大学教授滝川幸辰休職ノ件文官高等分限委員会ニ諮問ノ件」(国立公文書館所蔵『公文雑纂・昭和八年・第一巻・内閣一』纂 02016100)。
(23)「文官高等分限委員会議事録(一)」(荻野富士夫編・解説『文部省思想統制関係資料集成　第八巻』不二出版、二〇〇八年)一頁。
(24)滝川幸辰「学生事件の感想一つ二つ」(『京都帝国大学新聞』一九二六年一〇月一日付)。滝川幸辰「治安維持法を緊急勅令によつて改正する必要?」(『京都帝国大学新聞』一九二八年五月二一日付)。
(25)滝川幸辰『刑法講義　改訂版』弘文堂書房、一九三〇年、二六二頁。
(26)西山伸「資料紹介　滝川事件について　―宮本英雄氏聞き取り―」(『京都大学大学文書館研究紀要』第六号、二〇〇八年)七七頁。
(27)『評議会議事録　自昭和七年七月至昭和九年六月』(京都大学大学文書館所蔵、MP00003)。
(28)『大阪朝日新聞』一九三三年五月二七日付朝刊。
(29)註(27)に同じ。
(30)松尾尊兊『滝川事件』岩波書店、二〇〇五年、一六一頁。
(31)註(27)に同じ。
(32)『大阪朝日新聞』一九三三年六月一六日付朝刊。
(33)註(27)に同じ。
(34)『大阪朝日新聞』一九三三年五月二五日付朝刊。
(35)註(7)に同じ、三〇四頁。

(36) 註（32）に同じ。『京都日出新聞』一九三三年六月一七日付夕刊。
(37) 『京都日出新聞』一九三三年五月二〇日付朝刊。
(38) 『京都帝国大学新聞』一九三三年五月二七日付。
(39) 西山伸「資料紹介　法学部学生河東倍男日記（抄録）」（『京都大学大学文書館研究紀要』第九号、二〇一一年）六〇頁。
(40) 『大阪朝日新聞』一九三三年六月七日付朝刊。『大阪朝日新聞』一九三三年六月一七日付朝刊。
(41) 註（39）に同じ、六一頁。
(42) 『帝国大学新聞』一九三三年六月一九日付。『帝国大学新聞』一九三三年六月二六日付。
(43) 内務省警保局保安課「滝川教授問題ニ関スル件」（『現代史資料　四二　思想統制』みすず書房、一九七六年）一八九頁。
(44) 註（26）に同じ、八一頁。
(45) 『大阪朝日新聞』一九三三年五月二七日付朝刊。『大阪朝日新聞』一九三三年七月一日付夕刊。
(46) 註（27）に同じ。
(47) 『大阪朝日新聞』一九三三年七月二三日付朝刊。
(48) 註（47）に同じ。
(49) 立命館百年史編纂委員会編『立命館百年史　通史一』一九九九年、五〇〇頁。
(50) 「京大復帰問題経過」（立命館大学図書館所蔵『末川文庫』一一〇八。註（16）前掲『京都大学百年史　資料編二』三〇二頁）。
(51) 大隅健一郎『商事法六十年』商事法務研究会、一九八八年、六八頁。「座談会　佐伯千仭先生に「京大事件」を聞く」（『立命館百年史紀要』第五号、一九九七年）二一一頁。
(52) 『京都日出新聞』一九三四年三月一七日付朝刊。
(53) 『第六十五回帝国議会衆議院予算委員会第二分科（内務省及文部省所管）会議録（速記）第二回』二四頁。
(54) 『第六十五回帝国議会貴族院予算委員会議事速記録第十二号』二四頁。
(55) 京都帝国大学『京都帝国大学一覧　昭和八年』一九三四年、七六頁。京都帝国大学『京都帝国大学一覧　昭和九年』一九三五年、七六頁。
(56) 「京都帝国大学満蒙調査会規程制定経過」（『達示書類　自昭和八年至同十六年』京都大学大学文書館所蔵、MP00307）。
(57) 『評議会関係書類　昭和九年』（京都大学大学文書館所蔵、MP00033）。
(58) 註（57）に同じ。

(59)『満蒙調査会経費関係書類』(京都大学大学文書館所蔵、MP00361)。
(60)『京都帝国大学新聞』一九三三年一一月五日付。
(61)『京都帝国大学新聞』一九三六年一一月五日付。『京都帝国大学新聞』一九三七年六月二〇日付。
(62)『京都帝国大学新聞』一九三九年三月五日付。
(63)近代日本教育史料編纂会『近代日本教育制度史料　第一四巻』一九五七年、四三六頁。
(64)『評議会関係書類　昭和十一年』(京都大学大学文書館所蔵、MP00036)。
(65)荻野富士夫編・解説『文部省思想統制関係資料集成　第七巻』不二出版、二〇〇八年、一四・三〇・五七・一〇九・一二七頁。
(66)『京都帝国大学新聞』一九三八年五月五日付。『京都帝国大学新聞』一九三八年五月二〇日付。
(67)東京大学百年史編集委員会編『東京大学百年史　通史二』一九八五年、七八〇頁。
(68)京都大学文学部『京都大学文学部五十年史』一九五七年、二六七頁。
(69)『東京朝日新聞』一九三六年八月七日付号外。
(70)高橋佐門『旧制高等学校全史』時潮社、一九八六年、九五二頁。
(71)『評議会議事録　自昭和九年七月至昭和十一年十一月』(京都大学大学文書館所蔵、MP00004)。
(72)「学友会主催懇親大運動会対校競技案内状発送ノ件」(京都大学大学文書館所蔵『学友会一件書類　昭和十三年』MP70034)。『京都帝国大学新聞』一九三八年一一月五日付。
(73)『京都帝国大学新聞』一九三八年五月五日付。
(74)天野郁夫『高等教育の時代　大衆化大学の原像(下)』中央公論新社、二〇一三年、二〇二頁。
(75)京都工芸繊維大学開学一〇〇周年・大学創立五〇周年事業マスタープラン委員会記念誌刊行専門部会編『京都工芸繊維大学百年史』二〇〇一年、六六頁。
(76)註(64)に同じ。
(77)『評議会議事録　自昭和十二年一月至昭和十三年十二月』(京都大学大学文書館所蔵、MP00004)。
(78)『検事局提出書写』(京都大学大学文書館所蔵、01A04877)。
(79)『大阪朝日新聞』一九三七年七月二日付朝刊。
(80)飯塚直彦「濱田総長の御病状に就て」(京都大学文学部考古学研究室編『濱田先生追悼録』一九三九年)二一八頁。
(81)『評議会関係書類　自昭和十三年四月至昭和十三年十二月』(京都大学大学文書館所蔵、MP00042)。

(82) 京都大学大学文書館編『京都大学大学文書館資料叢書1　羽田亨日記』二〇一九年、二六頁。
(83) 註(77)に同じ。
(84) 註(77)に同じ。
(85) 『昭和十三年荒木文相提案ニ係ル総長推薦ニ関スル一件書類』(京都大学大学文書館所蔵、01A01320)。
(86) 小高健編『長與又郎日記　下』学会出版センター、二〇〇二年、三五九頁。
(87) 註(86)に同じ、三六三頁。
(88) 註(77)に同じ。
(89) 註(86)に同じ、三六七頁。
(90) 註(77)に同じ。
(91) 註(85)に同じ。
(92) 註(85)に同じ。
(93) 註(86)に同じ、三九二頁。
(94) 註(85)に同じ。
(95) 註(67)に同じ、八八六頁。
(96) 註(77)に同じ。
(97) 『総長選挙に関する内規及び学長選考基準　自大正八年至昭和二十四年』(京都大学大学文書館所蔵、01A01316)。
(98) 註(67)に同じ、八八六頁。
(99) 註(82)に同じ、三一頁。
(100) 『評議会議事録　自昭和十四年至昭和十六年』(京都大学大学文書館所蔵、MP00004)。
(101) 『評議会関係書類　自昭和十五年一月至昭和十五年五月』(京都大学大学文書館所蔵、MP00043)。
(102) 註(101)に同じ。
(103) 註(100)に同じ。
(104) 註(100)に同じ。
(105) 有光次郎『有光次郎日記』第一法規出版、一九八九年、三六五頁。
(106) 『東京朝日新聞』一九三九年一月一五日付朝刊。
(107) 註(100)に同じ。

(108) 註（82）に同じ、三六頁。
(109)『評議会関係書類　昭和十四年』（京都大学大学文書館所蔵、MP00041）。
(110) 註（100）に同じ。
(111)『官制改正関係書類』（京都大学大学文書館所蔵、MP00335）。
(112) 京都大学人文科学研究所『人文科学研究所50年』一九七九年、五一頁。
(113)『校旗校歌制定委員会議事録他』（京都大学大学文書館所蔵、MP00208）。
(114)『官制関係書類　昭和十六年』（京都大学大学文書館所蔵、MP00337）。
(115) 註（114）に同じ。
(116) 註（114）に同じ。
(117) 九州大学百年史編集委員会編『九州大学百年史　第一巻　通史編Ⅰ』二〇一七年、五八〇頁。
(118) 註（100）に同じ。
(119)「帝国大学及官立医科大学ニ臨時附属医学専門部ヲ設置ス」（国立公文書館所蔵『公文類聚・第六十三編・昭和十四年・第十一巻・官職八・官制八』類 02189100）。
(120) 京都帝国大学『京都帝国大学一覧　昭和十四年度』一九三九年、一七九頁。
(121)『評議会関係書類　自昭和十二年九月至昭和十三年十月』（京都大学大学文書館所蔵、MP00042）。
(122) 註（113）に同じ。
(123) 註（109）に同じ。
(124)『学旗学歌制定ニ関スル書類』（京都大学大学文書館所蔵、01A21878）。
(125)『京都帝国大学新聞』一九四〇年三月五日付。
(126) 註（109）に同じ。註（101）に同じ。
(127)『帝国大学新聞』一九四〇年二月一二日付。
(128) 京都帝国大学庶務課『学報』第二二九二号、一九四〇年一一月七日。
(129)『京都帝国大学新聞』一九四〇年一一月二〇日付。
(130) 註（100）に同じ。
(131) 註（100）に同じ。
(132)『京都帝国大学新聞』一九三七年一二月二〇日付。『京都帝国大学新聞』一九三八年一一月五日付。『京都帝国大学新聞』一九四一年一二月二〇日付。『京都帝国大学新聞』一九四二年三月五日付。
(133)『昭和十四年以降　戦殁者合同慰霊祭』(京都大学大学文書館所蔵、MP00136)。
(134)「昭和十二年度　京都帝国大学教練状況報告」(京都大学大学文書館所蔵『石川興二関係資料』石川2-4-4)。
(135)遠藤芳信『近代日本軍隊教育史研究』青木書店、一九九四年、六四六頁。
(136)『文部省令達通牒書類　自昭和十四年至同十六年』(京都大学大学文書館所蔵、MP00139)。
(137)近代日本教育制度史料編纂会編『近代日本教育制度史料　第七巻』、一九五六年、一八頁。
(138)註(137)に同じ、二〇頁。
(139)『京都帝国大学新聞』一九三九年四月二〇日付。
(140)『京都帝国大学新聞』一九三九年五月五日付。
(141)註(109)に同じ。
(142)註(109)に同じ。
(143)註(137)に同じ、一九一頁。
(144)「臨時役員会召集ノ件」(京都大学大学文書館所蔵『学友会一件書類　昭和十五年度』MP70036)。
(145)『学友会組織改革ニ関スル一件書類』(京都大学大学文書館所蔵、MP70040)。
(146)『帝国大学新聞』一九四〇年一一月四日付。
(147)京都帝国大学『京都帝国大学一覧　昭和十六年度』一九四一年、五〇三頁。
(148)『文部省伺指令書類　自昭和十四年至同十六年』(京都大学大学文書館所蔵、MP00370)。
(149)註(100)に同じ。
(150)註(137)に同じ。
(151)『評議会関係書類　昭和十六年』(京都大学大学文書館所蔵、MP00045)。
(152)註(100)に同じ。
(153)「報国隊組織図」(京都大学大学文書館所蔵『梅溪昇関係資料』梅溪-16)。『京都帝国大学新聞』一九四二年四月二〇日付。
(154)『京都帝国大学新聞』一九四一年一〇月五日付。
(155)『京都帝国大学新聞』一九四一年一〇月二〇日付。『京都帝国大学新聞』一九四二年二月五日付。
(156)「大学学部等ノ在学年限又ハ修業年限ノ臨時短縮ニ関スル件ヲ定ム」(国立公文書館所蔵『公文類聚・第六十五編・昭和十六年・第百十三巻・学事二・大学一』類02522100)。

(157)『在学年限短縮ニ伴フ臨時措置ニ関スル件』（京都大学大学文書館所蔵、MP00373）。
(158) 註（100）に同じ。
(159)『評議会　昭和十六年其二』（東京大学文書館所蔵『内田祥三関係資料』F0004/A/3/7）。
(160) 註（159）に同じ。
(161) 註（100）に同じ。
(162)『京都帝国大学新聞』一九四一年一二月五日付。
(163)『京都帝国大学新聞』一九四二年一月二〇日付。
(164) 京都大学大学文書館編『京都大学における「学徒出陣」調査研究報告書　第一巻』二〇〇六年、三二頁。
(165)『朝日新聞』一九四三年九月二三日付朝刊。
(166) 註（82）に同じ、一一九頁。
(167)『朝日新聞』一九四三年一〇月二日付朝刊。
(168) 陸軍省「学徒の徴集問答」（情報局編輯『週報』三六五号、一九四三年一〇月一三日）一頁。
(169)『朝日新聞』一九四三年一〇月二〇日付朝刊。
(170)『教授会記録　昭和十八年』（京都大学大学文書館所蔵、03B00062）。
(171) 明治大学百年史編纂委員会編『明治大学百年史　第二巻史料編Ⅱ』一九八八年、六八六頁。
(172)『京都帝国大学新聞』一九四三年一〇月二〇日付。
(173) 註（172）に同じ。『京都帝国大学新聞』一九四三年一一月五日付。『京都帝国大学新聞』一九四三年一一月二〇日付。
(174)『評議会関係書類　昭和十八年』（京都大学大学文書館所蔵、MP00047）。
(175)『京都帝国大学新聞』一九四三年一二月五日付。
(176) 註（174）に同じ。
(177) 註（175）に同じ。『京都新聞』一九四四年六月一九日付朝刊。
(178) 註（164）に同じ、七〇頁。
(179) 註（164）に同じ、二〇頁。
(180)「資料　創設以来の文部省研究費」（文部省大学学術局編『学術月報』第五巻第八号、一九五二年一一月）五九頁。
(181) 日本科学史学会編『日本科学技術史大系　通史　第四巻』第一法規、一九六四年、三三五頁。
(182)『昭和十四年度　科学研究費ニ関スル書類』（京都大学大学文書館所蔵、MP00220）。

(183) 註(67)に同じ、六七七頁。
(184) 『京都帝国大学新聞』一九四二年五月二〇日付。
(185) 『京都帝国大学新聞』一九四二年四月二〇日付。
(186) 『京都帝国大学新聞』一九四二年五月五日付。
(187) 「教育年鑑」刊行会編『教育年鑑』第二期・第八巻『帝国大学年鑑　昭和十九年版』日本図書センター、二〇〇一年、二五八頁。
(188) 註(82)に同じ、七四頁。
(189) 『総長会議其他　其一』(東京大学文書館所蔵『内田祥三関係資料』F0004/A/4/1)。
(190) 註(174)に同じ。
(191) 『自昭和十八年　緊急科学研究体制関係書類』(京都大学大学文書館所蔵、MP00351)。『自昭和十八年至同二十年　緊急科学研究体制関係書類』(同)。
(192) 『朝日新聞』一九四二年八月二二日付朝刊。
(193) 『帝国大学新聞』一九四二年八月二六日付。
(194) 『朝日新聞』一九四三年一月一六日付朝刊。
(195) 註(189)に同じ。
(196) 『大学院特別研究生関係　昭和十八年度』(東京大学文書館所蔵、S0016/1)。
(197) 『総長会議其他　其二　自昭和一八年一〇月至昭和二〇年三月』(東京大学文書館所蔵『内田祥三関係資料』F0004/A/4/2)。
(198) 『総長会議其他　其三　昭和二〇年四月至』(東京大学文書館所蔵『内田祥三関係資料』F0004/A/4/3)。
(199) 福間敏矩『集成　学徒勤労動員』ジャパン総研、二〇〇二年、二三九頁。
(200) 註(199)に同じ、六八頁。
(201) 註(199)に同じ、四七九頁。
(202) 『京都新聞』一九四四年三月九日付朝刊。
(203) 『教授会記録　昭和十九年』(京都大学大学文書館所蔵、03B00064)。
(204) 『日記　自昭和廿年五月十一日至同七月一日』(京都大学大学文書館所蔵『頴原退蔵関係資料』頴原1-21)。
(205) 註(204)に同じ。
(206) 註(82)に同じ、一一四頁。

(207) 註（82）に同じ、一二八頁。
(208)『京都帝国大学新聞』一九四三年一二月二〇日付。
(209)『官制改正関係書類　昭和十九年』（京都大学大学文書館所蔵、MP00338）。
(210) 註（209）に同じ。
(211) 註（164）に同じ、三三頁。
(212)『評議会議事録　自昭和十七年至昭和二十年』（京都大学大学文書館所蔵、MP00006）。
(213)「留日学生教育非常措置要綱ヲ定ム」（国立公文書館所蔵『公文類聚・第六十八編・昭和十九年・第七十四巻・学事二・国民学校・雑載』類02872100）。
(214) 註（82）に同じ、一六六頁。
(215) 註（82）に同じ、一七一頁。
(216)『大学新聞』一九四五年五月二一日付。
(217)『評議会関係書類　自昭和二十年一月至六月』（京都大学大学文書館所蔵、MP00049）。
(218) 京都大学附属図書館編『京都大学附属図書館六十年史』一九六一年、一八七頁。
(219) 註（218）に同じ、一九〇頁。
(220) 西山夘三「本土決戦の虚妄」（『京大広報』第二三四号、一九八二年五月一日）。
(221) 註（82）に同じ、一八〇頁。
(222)『教授会記録　昭和二十年昭和二十一年』（京都大学大学文書館所蔵、03B00063）。
(223)『評議会関係書類　自昭和二十年七月至十二月』（京都大学大学文書館所蔵、MP00049）。
(224) 註（212）に同じ。
(225) 京都大学寄宿舎史編纂委員会編『京都帝国大学寄宿舎誌』一九八六年、五八一頁。
(226) 近代日本教育制度史料編纂会編『近代日本教育制度史料　第二六巻』講談社、一九五八年、一三六頁。
(227) 近代日本教育制度史料編纂会編『近代日本教育制度史料　第二五巻』講談社、一九五八年、五四二頁。
(228) 近代日本教育制度史料編纂会編『近代日本教育制度史料　第一八巻』講談社、一九五七年、四八八頁。
(229) 註（228）に同じ、四八八頁。
(230) 核戦争防止・核兵器廃絶を訴える京都医師の会編『医師たちのヒロシマ　復刻増補　原爆災害調査の記録そして今』つむぎ出版、二〇一四年、一四頁。

(231) 註(212)に同じ。
(232) 註(212)に同じ。
(233) 註(82)に同じ、一七四・一七五頁。
(234) 『京都新聞』一九四五年一一月二日付。
(235) 『大学新聞』一九四五年一〇月二一日付。
(236) 『大学新聞』一九四五年一一月一一日付。
(237) 註(51)前掲『商事法六十年』九九頁。註(51)前掲「座談会　佐伯千仭先生に「京大事件」を聞く」一九八頁。
(238) 鳥養利三郎『敗戦の痕』一九六八年、四三頁。
(239) 『大学新聞』一九四五年一二月一日付。
(240) 『大学新聞』一九四六年三月一日付。
(241) 京都大学経済学部『思いで草』一九六九年、二三五頁。
(242) 『大学新聞』一九四六年四月一日付。
(243) 『官報』号外、一九四六年一月三〇日。
(244) 京都大学百年史編集委員会編『京都大学百年史　総説編』一九九八年、四六六頁。
(245) 註(228)に同じ、五〇一・五〇三頁。
(246) 『大学教員適格審査委員会　自昭和二十年十二月至仝二十三年四月』(京都大学大学文書館所蔵、MP00118)。
(247) 文部省編『文部行政資料(終戦教育事務処理提要)第三集』国書刊行会、一九九七年、一一・四五・四八頁。
(248) 『大学教員適格審査委員会綴　自昭和二十二年五月至仝二十三年五月』(京都大学大学文書館所蔵、MP00118)。
(249) 註(246)に同じ。
(250) 「教員履歴データベース」(京都大学大学文書館ホームページ、http://kensaku.kua1.archives.kyoto-u.ac.jp/rireki/、二〇一二年六月二八日閲覧)。

第二編　京都大学

第一章　新制発足期

一九四六～一九五五年の概観

本章で主に対象としている一九四六（昭和二一）年から一九五五年までの京大の状況を概観すると次のとおりである。

まず学部では、新制発足とともに一九四九年五月三一日公布の法律第一五〇号によって教育学部が新設されている。附置研究所としては、一九四六年九月一一日公布の勅令第四二三号によって食糧科学研究所が、一九五一年三月三一日公布の法律第八四号によって防災研究所が、一九五三年七月二八日公布の法律第八八号によって基礎物理学研究所が設置されている。

各学部における学科の設置および改編は左記のとおりである。

工学部　航空工学科を応用物理学科に改編（一九四六年一月九日）、電子工学科設置（一九五四年四月一日）、応用物理学科を航空工学科に改編（一九五五年七月一日）

農学部　水産学科設置（一九四七年四月一九日）、農林化学科を農芸化学科に改編（一九四九年）、農林工学

科を農業工学科に改編（同）学部ごとの講座数の変遷は表2-1-1のとおりである。教育学部および農学部水産学科設置による増加はあるが、その他は微増にとどまっている。

学部ごとの入学者数の変遷は表2-1-2のとおりである。一九四九年度に新制大学が発足する一方、一九五〇年度まで旧制の学生も受け入れていた。なお、新制の医学部医学科については、当初は修業年限四年の大学で二年以上の課程を修了し所定の単位を取得した者が三回生として進学できた。一九五四年度にそれに加えて入学当初から医学部医学科進学を前提とした医学進学コースが置かれている。表の数値はそれらを含んだものとなっている。

旧制期の教授・助教授数の変遷は表2-1-3、新制発足以後の教職員数の変遷は表2-1-4のとおりである。教授・助教授数に若干の増加がみられるが、全体としては微減となっている。

新制京都大学発足に伴って一九四九年八月五日付達示第一三号で京都大学通則が全面改正された[1]。主な改正点は①前期・後期の二学期制導入（第二条）、②六月一八日の祝日の「京都帝国大学記念日」から「創立記念日」への改称（第三条）、③入学資格として「高等学校を卒業した者」「通常の課程による十二年の学校教育を修了した者」「外国において学校教育における十二年の課程を修了した者」などの規定の新設（第五条）、④入学志望者に対して試験を実施することの明示（第六条）などであった。なお、通則は新制大学院設置に合わせて一九五三年四月七日に再び全面改正されている（本章第三節参照）。

表２－１－１　講座数（1946～1955年）

	文	教育	法	経済	理	医	工	農	計
1946	33	—	32	13	37	32	63	30	240
1947	34	—	32	13	37	32	63	35	246
1948	34	—	32	13	37	32	63	35	246
1949	35	0	32	13	38	33	64	35	250
1950	36	0	32	13	38	34	65	35	253
1951	34	4	33	13	38	35	65	35	257
1952	34	6	33	13	38	36	66	36	262
1953	34	9	33	14	38	36	66	36	266
1954	34	10	33	15	39	36	67	36	270
1955	34	10	33	15	39	37	67	36	271

・京都大学百年史編集委員会編『京都大学百年史　資料編３』2001年、44頁より作成。

表２－１－２　学部入学者数（1946～1955年）

［旧制］

	文	法	経済	理	医	工	農	計
1946	220	454	239	121	97	239	135	1505
1947	176	313	256	143	131	392	176	1587
1948	155	269	248	139	141	365	246	1563
1949	178	316	275	335	150	377	181	1812
1950	217	343	303	133	161	429	199	1785

［新制］

	文	教育	法	経済	理	医	工	農	計
1949	226	15	259	206	180	61	380	200	1527
1950	201	50	252	208	180	60	380	195	1526
1951	164	20	204	152	122	157	340	169	1328
1952	160	39	250	200	124	139	360	160	1432
1953	164	38	250	200	102	183	355	151	1443
1954	164	35	250	200	101	182	373	151	1456
1955	119	42	252	199	113	186	385	150	1446

・京都大学百年史編集委員会編『京都大学百年史　資料編３』2001年、466頁より作成。

表2－1－3　教授・助教授数（1946～1948年）

	文		法		経済		理		医	
	教授	助教授	教授	助教授	教授	助教授	教授	助教授	教授	助教授
1946										
1947	15	12	9	4	8	5	23	22	6	11
1948	18	17	13	7	8	6	23	23	3	10

	工		農		医専		計	
	教授	助教授	教授	助教授	教授	助教授	教授	助教授
1946					13	4	129	108
1947	26	31	19	21	8	8	114	114
1948	27	48	23	24	13	2	128	137

・京都大学百年史編集委員会編『京都大学百年史　資料編３』2001年、413頁より作成。
・空欄は不明を示す。

表2－1－4　教職員数（1949～1955年）

	総長	教授	助教授	講師	助手	その他の職員	計
1949	1	269	225	134	631	2062	3322
1950	1	261	247	124	604	2018	3255
1951	1	286	241	154	597	1996	3275
1952	1	292	246	172	589	1847	3147
1953	1	304	239	192	583	1843	3162
1954	1	312	258	180	591	1850	3192
1955	1	319	288	160	588	1820	3176

・京都大学百年史編集委員会編『京都大学百年史　資料編３』2001年、415頁より作成。

第一節　戦後高等教育改革

女子学生入学

一九四五年一二月四日、「女子教育刷新要綱」が閣議諒解された。[2]ここでは「男女間ニ於ケル教育ノ機会均等及教育内容ノ平準化並ニ男女ノ相互尊重ノ風ヲ促進スルコトヲ目途トシテ」女子教育の刷新を行うこととされ、大学に関しては女子大学の創設と男女共学を実施することが謳われた。

第一編第三章第三節で述べたように、日本の大学に女子学生が入学したのは一九一三（大正二）年の東北帝国大学理科大学が最初であったが、その後も女子の入学はあくまで例外的なものに留まっており、京都帝国大学においてもこのときまで正規の学生として女子を受け入れることはなかった。敗戦直後のこの時期にこうした要綱が出されたのは、約二カ月前の一〇月一一日にマッカーサー連合国軍最高司令官が婦人解放を含むいわゆる五大改革を幣原喜重郎首相に指示したことが影響していると考えられる。

これをうけて翌一九四六年二月二一日付の文部省学校教育局長名の通達「昭和二十一年度大学入学者選抜ニ関スル件」では、大学入学志願資格を有する者として、高等学校卒業者および大学予科修了者で大学に在籍していない者と並んで、男女専門学校本科卒業者、高等女学校高等科（高等女学校卒業者が通う課程）卒業者、女子高等師範学校卒業者が挙げられ、[3]女子に大学入学が本格的に開放された。なお、戦時期の在学年限短縮措置で二年制に短縮されていた高等学校が一九四六年二月二三日公布の勅令第一〇二号により三年制に復活したため、一九四六年三月の高等学校卒業者は存在しないことになった。当時の報道には女子の大学入学はその空隙を埋める臨時措置とするものもあったが、[4] そのようなことはなく以後も女子の受け入れは続けられた。

京大では一九四六年四月一五日に入試が実施され、全入学者一五〇五名のうち一七名（文学部一二名・法学部一名・経済学部一名・理学部二名・農学部一名）の女子学生が入学した。五月一五日に催された入学宣誓式の様子を、当時の新聞は「初の〝乙女学生〟交へ　きのふ京大入学宣誓式」と報じている。[5]

女子学生入学五カ月後の一〇月一九日付で法学部長から事務局長に宛てた「昭和二十一年各帝国大学女子入学者調査表　京都帝国大学法学部」という資料が残っている。[6] これは一〇月一〇日付照会への回答で、入学した女子学生の氏名・住所・最終学歴・入試の得点などが記されていた。各帝国大学に宛てたこの調査は連合国軍最高司令官総司令部（GHQ／SCAP）の一部局である民間情報教育局（CIE）によって集約されている。[7] 同資料によると、京大に入学した女子学生の直前の学歴は次のとおりである。

文学部　　奈良女子高等師範学校二名、大阪府立女子専門学校三名、京都府立女子専門学校一名、福岡県立女子専門学校一名、東京女子大学二名、津田塾専門学校二名、京都府立第一高等女学校高等科一名
法学部　　明治女子専門学校一名
経済学部　奈良女子高等師範学校一名
理学部　　東京女子高等師範学校一名、帝国女子薬学専門学校一名
農学部　　東京女子高等師範学校一名

さらに一一月二二日には文部省学校教育局長より各大学総長・学長宛に「連合国司令部よりの要求」として「女子入学に関する一般的感想」「女子学生に対する厚生輔導の対策」「其の他女子学生に関する概況」を回答

写真２－１－１　米国教育使節団との会合（1946年３月18日）
場所は本部本館２階にあった教官食堂。

するよう通牒が送られてきており[8]、ＧＨＱは女子学生入学にかなりの関心を持っていたことが察せられる。

六・三・三・四制と学校教育法

戦後教育改革は、米国教育使節団の来日から本格化した。同使節団はアメリカの大学関係者や教育行政官二七名で構成され、ＧＨＱの要請により一九四六年三月五日に来日、一カ月弱にわたって日本側関係者との会議や教育機関の視察を行い、三月三一日に報告書をマッカーサーに提出した。報告書は、初等・中等教育についてはいわゆる六・三・三制の導入など具体的な提案を行っていたが、高等教育については後述する一般教育に関する指摘以外は、「少数者の特権」から「多数者のための機会」となるべきといった理念を示すにとどまっていた[9]。

ちなみに、米国教育使節団は三月一八日に京大を訪れている。[10] 当時会計課長だった横田実などの回想によると、使節団を「十分に歓迎してくれ」と文部省から依頼があり、大学側との正規の会合以外に一九四四年に住友家から寄贈されていた清風荘で接待したという。[11]

高等教育を含む学校体系の改編は、米国教育使節団を受け入れるために組織され南原繁東京帝国大学総長を委員長とする「日本教育家の委員会」によって構想された。同委員会の報告書によると、学校体系は六年の小学校、三年の初級中学校、三年の上級中学校に次いで「四年制又は五年制の大学を設けること」とされており、[12] それはすなわち従来の高等学校・専門学校・師範学校など大学以外の高等教育機関もすべて大学にするという案であった。

一九四六年八月一〇日公布の勅令第三七三号によって内閣総理大臣の所轄で「教育に関する重要事項の調査審議を行ふ」組織として教育刷新委員会が設置された。教育刷新委員会は初等教育から高等教育までの戦後教育改革全般について審議し、建言などを行った。一二月二七日の総会における決議「学制に関すること」では、大学については日本教育家の委員会の構想を受けて、四年を原則とするが三年または五年としてもよい、とされた。[13]

文部省では学校体系全般を規定する学校教育法案の作成に取りかかったが、ＣＩＥとの折衝を経て最終的に修業年限は四年、ただし特別の専門事項を教授研究する学部および夜間に授業を行う学部については四年を超えることができると定められた（学校教育法第五五条）。

一九四七年三月三一日公布の「学校教育法」では、第五二条から第七〇条までが大学に関する規定に充てられている。そのうち第五二条では大学の目的を次のように定めている。

大学は、学術の中心として、広く知識を授けるとともに、深く専門の学芸を教授研究し、知的、道徳的及び応用的能力を展開させることを目的とする。

従来の「帝国大学令」や「大学令」にあった国家原理に関わる文言は姿を消し、「広く知識を授ける」、すなわち一般教養教育、および「深く専門の学芸を教授研究」する、すなわち専門学の教授研究を行うことが謳われた。また、第五九条では「大学には、重要な事項を審議するため、教授会を置かなければならない」とされ、従来は法制度上帝国大学のみに設置が規定されていた教授会が全大学に必置の組織となった。

大学基準

文部省は一九四六年一〇月、ＣＩＥの要請を受け大学の設置認可に関する基準を協議するため、大学設立基準設定に関する協議会を設置した。これは東京近郊の官私立大学から委員を選出したものであったが、その後一九四七年三月二五日の会合において、さらにＣＩＥの示唆によって文部省から離れ自主的に運営されることになった[14]。この協議会において大学の基準が作成され、それは七月八日の大学基準協会発足とともに同協会定款第五条に定めるところの「大学基準」として採用された[15]。

大学基準は、同年一二月一五日の大学基準協会臨時総会において最終決定され、公表された[16]。ここでは大学に目的・使命の明示を義務づけることから始まり、学部、講座またはそれに代わる制度、教員の資格、学生の入学、学士号、施設設備などについて基準が定められたが、従来の大学になかったものとして「一般教養科目」が規定されていた。すなわち大学は人文科学関係（哲学、倫理学、心理学、社会学、宗教学、教育学、歴史学、人文地理学、人類学、文学、外国語）、社会科学関係（法学、政治学、経済学、心理学、人類学、教育学、歴史学、社会学、統計学、家政学）、自然科学関係（数学、統計学、物理学、天文学、化学、地学、生物学、心理学、人類学）の各系列から三科目以上、全体としては文科系大学・学部で一五科目、理科系大学・学部で一二科目の授業を必ず用意しなければならないとされた。一方学生については文系は各系列二科目以上で合計一〇科目（四〇単位）以上、理系は各系列二科目以上で合計九科目（三六単位）以上取得しなければならないとされた。これは卒業に要するとされた一二四単位（体育四単位を含む）の三割程度にあたった。

一般教養科目の導入には、アメリカ側の意向が強く反映されていたと考えられる。米国教育使節団は日本の高等教育機関のカリキュラムにおいて専門化があまりに早く、またその範囲が狭いと強く批判し「普通教育」の導入を求めていた[17]。また、基準作成に当たった大学設立基準に関する協議会にはＣＩＥの濃密な指導があったといわれている[18]。そして文部大臣の監督に属し大学設置認可について調査審議する大学設置委員会（一九四八年一月一五日設置）が、この大学基準を設置認可の基準として採用したことで[19]、これは公式のものとなった。

そもそも学生に人文・社会・自然科学各系列の履修を均等に課したのは、「新制大学の根本方針に基づいて」学生に「調和均整のとれた広い豊かな教養を身につけさせ」るためとされた[20]。しかし、当時大学基準作成に関わった務台理作東京文理科大学長は後に、三系列を同等に扱うべきか「相当の議論」があり「結局水かけ論みたいになって」同等に三分したと回想している[21]。限られた時間のなか、必ずしも十分な議論を経て一般教育が導入されたのではないことが窺われる。

大学基準は一九五〇年六月に改定され、学生は文理共通で各系列三科目以上合計九科目（三六単位）以上を履修すること、外国語科目が独立することが定められた[22]。また、翌一九五一年六月二一日開催の大学基準協会第六回総会において、「一般教養科目」は「一般教育科目」に名称が変更された[23]。

その後、一九五六年一〇月二二日には文部省令第二八号によって「大学設置基準」が定められている。前述のように、大学基準は民間団体である大学基準協会によって定められたものであったが、文部省は独自の基準作りを一九五三年ごろから始めており、「大学設置基準」制定で以後大学の設置認可はこれに基づいて行われるようになった。一般教育関連では、ここで専門教育の基礎的項目を学習する基礎教育科目が新たに設けられ、一般教育科目のうち八単位まで振り替えることが可能とされた。この導入の背景には専門教育を重視する工学系からの要求があったとされる。[24] 大学設置基準は、その後一九七〇年に人文・社会・自然の三系列にまたがる「総合科目」を設けるという改正が行われ、一九九一年のいわゆる大綱化に至ることになる。

また、医学教育に関しては大学基準協会によって別途「医学教育基準」が定められた。これによると医学教育の修業年限は「四ヶ年以上」とされ、入学資格は修業年限四年の大学で二年以上の課程を修了し一般教養科目と指定する自然科学科目を合わせて六〇単位以上取得し「充分なる教養及び知識を修得したるもの」とされた。[25] これにより医学部については、卒業までに一般教養課程二年に専門課程四年の合計六年を要することになった。

「京都帝国大学」から「京都大学」へ

一九四七年九月三〇日公布の政令第二〇四号「臨時教員養成所官制等の一部を改正する政令」によって、帝国大学令をはじめとした帝国大学全般や個別の帝国大学を規定した法令について、「帝国大学」を「国立総合大学」に改めること、各帝国大学の名称から「帝国」を削除することが定められた。一〇月一日の同政令の施行によって、京都帝国大学は京都大学に名称が変更された。

この名称変更は、同年五月二六日開催の帝国大学総長会議で審議されたもので、新聞でもこの会議の結果各帝国大学の名称が単に地名だけのものになると報じられていた。[26] 会議に出席していた京大の鳥養利三郎総長が残したメモによると、この場では二カ月前の三月三一日公布の教育基本法や学校教育法について文部省側から説明があり、「昭和二十四年度ニ大学ノ新制度ヲ布ク予定也」と告げられたという。さらに鳥養のメモには「『帝国大学』ヲ消除」「『スカップ』ノ意見ニテ致シ方ナカリキ」と記されており、[27] 改称にはＧＨＱの要請があったこと、鳥養自身は積極的ではなかったことが察せられる。

官立高等教育機関の統合と国立学校設置法

学校体系の改編によって、従来の各種の高等教育機関が大学になることになったが、官立の場合は経費の問題もあり三〇〇校近くある高等教育機関を一定程度統合する必要があった。文部省は一九四八年六月に「国立新制大学実施要領」を作成しＣＩＥと折衝を行っていたが、八月二四日にその合意を得た旨日高第四郎学校教育局長が教育刷新委員会で報告している。[28] この要領は一一項目の箇条書きからなっているので、「十一原則」といわれることもある。そのうち、京大に関係する項目のみ抜粋して挙げると次のとおりである。

国立新制大学実施要領（案）

国立新制大学の実施に当つては、その大学が同一府県内の同一都市又は同一の場所にあることが望ましいが、現状に副わないものがあるので、現在の学校の位置、組織、施設等の実情に即して、次の諸原則によつて切替え、なるべく経費の膨張を防ぐと共に、大学の基礎確立に努める。

一　国立新制大学は特別の地域（北海道、東京、愛知、大阪、京都、福岡）を除き、同一地域にある官立学校はこれを合併して一大学とし、一府県一大学の実現を図る。
二　国立新制大学における学部又は分校は他の府県に跨らぬものとする。
三　各都道府県には、必ず教養及び教職に関する学部若しくは部をおく。
四　国立新制大学の組織、施設等は、差当り、現在の学校の組織、施設を基本として編成し、逐年これが充実を図る。(29)

この原則の一で「特別の地域」とされた京都府には複数の国立大学が置けることになった反面、原則の二によって京大が計画していた姫路高等学校との合併（本章第二節参照）は実現できなくなった。

その後各大学は大学設置委員会による審査を受け、新制国立大学は一九四九年四月発足に向けて準備を進めていたが、年度予算成立の遅れなどもあり、根拠法である「国立学校設置法」（法律第一五〇号）の公布は一九四九年五月三一日にずれ込んだ。国立学校設置法は全一五条からなり、その第三条で発足する国立大学の名称・位置・学部・包括される学校が、第四条で各国立大学に附置される研究所が、第五条で各国立大学の学部に置かれる研究施設が規定された。さらに第六条では「国立大学に、附属図書館を置く」と附属図書館が法制度のなかに位置づけられ、第八条では各学部の「講座又はこれに代るべきものの種類その他必要な事項」は文部省令で定めるとされた。また第一二条では各国立学校における職員の定員も定められた。国立学校設置法の施行（公布日と同じ五月三一日）によって、京都大学を含む六九の新制国立大学が一斉に発足した。

大学管理問題

前述のように学校教育法において大学に教授会を置くことが規定されたが、その他の大学管理機関については定めがなく、検討が急がれる必要があった。一九四八年三月二六日開催の教育刷新委員会第六二回総会で、CIEがアメリカ式の「ボード・オブ・トラスティース」を大学管理に取り入れる意向であることが報告された[30]。CIEは七月一五日付で法案の概要を作成し[31]、翻訳して文部省試案として広く意見を聞くよう文部省に求めた[32]。

文部省が公開した「大学法試案要綱」は全一二条からなる国立大学管理に関する包括的な法案であった[33]。特に注目されるのはその第七条で、ここで規定された管理委員会（CIE案ではGoverning Board）は各大学に設置され、学長の選挙・解任、学部長・専門職員の選任、新学部の創設、予算案の作成など広範な権限を有し、その構成員一三名のうち学内者は四名に止められていた。従来とは大きく異なる管理方式を規定したこの要綱に対しては各方面から大きな反発があった。京大を含む国立総合大学七校の総長は「国立大学に「理事会」設置の議に対する意見書」を発し、「伝へられるところの「理事会」案を吾々の大学に移入することは、わが国の大学の長所と伝統を破壊し、更に新たな危険に導く可能性がある」「日本の如き断えず時代と社会の変動する国に於ては、真理の府として大学が国民より附託せられた大学の使命を克く守るものは、誰よりも大学人自身でなければならぬ」と訴えた[34]。他にも教育刷新委員会の決議や日本学術会議の勧告、一九四八年九月に結成されたばかりの全日本学生自治会総連合（全学連）をはじめとした学生による激しい反対運動などがあり[35]、文部省は一九四九年五月二四日に要綱の国会上程中止を発表した[36]。

この間一九四九年一月一二日に「教育公務員特例法」（法律第一号）が公布された。当時文部官僚として立法に関わっていた村山松雄の証言によると、一九四八年七月一日に施行されていた国家公務員法の規定（試験による任用など）が教員に適用されないよう、「あわてて」作ったものだという。[37] その第四条には国立大学の「学長及び部局長の採用並びに教員の採用及び昇任は、選考によるものとし、その選考は、大学管理機関が行う」と規定された。そして、同法附則の第二五条では「この法律中「大学管理機関」とあるのは、当分の間、次の各号の区別に従つて読み替えるものとする」とされ、学長の選考は協議会（評議員と部局長で構成）が、部局長の選考は学長が、教員の採用・昇任は教授会の議にもとづき学長が行い、教員の意に反する免職・降任の審査は評議会が行うこととされた。

同法案の趣旨について、一九四八年一二月九日の衆議院文部委員会において下条康麿文部大臣は「大学の教員の人事に関しましては、従来、慣例上、大学自治の原則が認められていたのでありまして、今後も大学の自治的運営にまつことを本体と」すると説明していた。[38] ただし同じ場で政府委員として出席していた文部事務官の辻田力が、ここでいう「大学管理機関」は「近い将来に大学法または大学設置法というふうな法律が出た場合にはつきりする」と述べているように、[39] 教育公務員特例法の規定は本格的な大学管理に関する法令ができるまでの「当分の間」の取り決めと考えられていた。

しかし実際には、一九五一年に「国立大学管理法案」（同法案には学外者も入れた諮問機関である商議会を学内に置くことが規定されていた）が国会に提出されたが結局廃案となり、暫定措置とされていた教育公務員特例法の規定がその後長く効力を保つことになった。

第二節　新制京都大学発足

創立五十周年記念行事

一九四七年は京大創立五〇周年にあたっており、前年一二月ごろから記念行事・記念事業の検討が始まり[40]、一九四七年五月二九日の評議会でその計画が決定された。それによると、記念行事は二本立てで、まず創立記念日の六月一八日に通常の創立記念式典に加えて名誉教授を招いて懐古座談会を行うことになった。そしてこれとは別に一〇月二五日から三一日までを祝典週間として、授業を休止して祝賀式典、講演会、学内開放のほか同学会主催の運動会、演劇、映画、音楽会などを開催するとした。さらに記念事業について財団法人を設立して寄附金を募集し、現在の研究水準を示す「大学叢書」の刊行、一五〇〇名程度を収容する学生記念会館の建設、研究費の積立、「印刷部又ハ出版部」の創設、同窓会支部の設置などを行うとしていた[41]。

六月一八日午後一時から、本部本館二階大ホールで懐古談話会が催された。登壇したのは金子登・佐々木惣一・小南又一郎・朝永三十郎・松山基範・大杉繁の六名の名誉教授で、彼らはそれぞれ出身の工・法・医・文・理・農学部の創立事情や、沢柳事件、河上肇教授の退職事件など大学自治関連の出来事などについて語った[42]。

その四カ月後の一〇月二五日に、北部構内の運動場で創立五十周年記念式が挙行された。当日は来賓として森戸辰男文相代理の日高第四郎学校教育局長、占領軍第一軍団ウッドラフ少将などが祝辞を述べている[43]。そして三一日までの一週間、各学部や附属図書館、研究所などによる資料の展示、学内外における学術講演会、同学会や文化系学生団体などによる講演会・映画会・演奏会・演劇・展覧会・野球大会などが行われた。[44] そのなかには同学会主催の京大五十年史展覧会があり、創立以来「自由主義の旗幟を高く掲げ学問の自由、大学の自治を擁護して今日に至った」京大の歴史を展示するとした。[45] 前述の懐古談話会といい、自らの歴史を「自由」「自治」の観点から意義づける動きが敗戦直後のこの時期に大学内で始まったといえる。

創立五〇周年の記念行事は以上のように実施されたが、同様に計画されていた各種の記念事業については結果としてこのとき実現したものはなかった。当時の社会・経済状況のなかで寄附金の募集がなされなかったものと思われる。

第三高等学校との合同交渉

学校体系が改編され官立高等教育機関の統合が行われるようになり、京大は東一条通を挟んで本部構内の南隣に位置する第三高等学校（三高）と合同した。京大と三高の合同経緯については公文書が見つかっておらず、当時三高教授でのちに京大教養部教授となった久米直之の回想[46]がまとまった資料としてあるだけである。

久米によると一九四七年四月一五日、落合太郎校長の指示で学制改革研究委員会が三高内部に設けられ、三高の今後について研究を行った。そして、①新制高校のモデル・スクール、②新制大学創設、③短期大学創設、④教員養成大学創設、⑤新制京大の教養部門担当、の五案が考え出され、論議の結果①と⑤が残ったという。[47] 同年七月二八日には文部省学校教育局大学教育課長から各官立高等学校長宛に、新制への切り替えにあたっての希望を問い合わせる通牒が送られており、そこでは可能性として新制国立高等学校へ転換、単独に大学へ転換、他の大学・専門学校と合併して大学へ転換、既設の大学の一部となる、の四例が挙げられている[48]ところからみても、三高の新制高校モデル・スクール案も非現実的なものではなかった。

しかし、高等学校を新制高校のモデルとするという案は、高等学校を母体に独立した二年制の「前期大学」をつくるという構想に発展するものの、これは一九四七年一二月一九日の教育刷新委員会総会で否決され[49]、以後高等学校と大学の合同が進むことになる。久米の回想によれば一二月二一日に三高を訪ねた京大の鳥養利三郎総長から「半ば公式の」合同申し入れが、翌一九四八年一月一三日には京大から正式の申し入れがあり、これに対して三高側は二月一三日の学制改革研究委員会および教授会で受け入れを決定した[50]。

ところでこの間、京大には三高以外にもいくつかの学校と合同の話があり、そのなかで最も具体的に進んだのは姫路高等学校との合同であった。一九四八年四月八日の評議会では姫路高等学校長から併設の希望があると報告され、これが承認されている[51]。また、「教養コースの実施場所と実施方法」という資料が残されているが、これによると第一学年の授業を姫路高等学校のキャンパスで、第二学年の授業を第三高等学校のキャンパスで行うことが考えられていたようである[52]。しかし、すでに述べたように官立高等教育機関統合の原則として考えられた「国立新制大学実施要領」では、学部または分校が他府県にまたがることはできないとされており、やはり統合を希望していた東京大学と浦和高等学校、東北大学と山形高等学校、九州大学と佐賀高等学校などの事例と同様、京大と姫路高等学校の合同は実現しなかった[53]。一〇月一四日の評議会では、教養部授業のため姫路高等学校および姫路市所在旧軍施設の使用を交渉していたが「諸般の情勢により」不可となったため、代わりに旧宇治火薬廠跡の一部の使用手続きを進めることが決定されている[54]。

久米の回想によると三高との合同交渉は、一九四八年四月に設置された京大と三高両者参加の合同委員会で以後行われるようになったが、申し入れ当初鳥養が述べた「三高の自律性」を確保して「〝教養学部（仮称）〟的のものを作りたい」としていた構想は次第に後退し、三高側が「最も危惧していた「タテワリのヨコワリ[55]」」

の制度、すなわち教員は一・二回生と三回生以上の教育を行う組織を分けるという意味で横割りだが、学生は学部単位で入学するという縦割りの形をとることになった[55]。その具体的経緯は不明だが、残されている「学部学科、研究所等大学の組織計画」（作成時期不明）では「一般教養科目を課する部局として第三高等学校を併合し之を教養学部（仮称）として一部局とする」と記され[56]、新制国立大学で唯一教養学部を設置した東京大学の南原繁総長がのちに「京都とか大きな大学では東大のようにしたいと願い出たようだが、うまく行かなかったようですネ」と回想している[57]ところなどをみると、京大も教養学部設置を交渉したが認められなかったのかも知れない。

認可申請と発足

新制大学として発足するため、各高等教育機関は目的および使命・学則・校地・学部別学科目または講座・職員組織などを記した認可申請書を一九四八年七月末日までに文部省に提出することとされた[58]。京大から提出された認可申請書は二種類残っている[59]。どちらも提出の日付は不明だが、同年六月三〇日付で申請書提出許可を求める庶務課作成の起案書が残っていること[60]、翌一九四九年五月三一日付の文部省から認可を伝える文書に「昭和二十三年七月三十日付をもつて申請の」とあることから[61]、六月末と七月末であったと推測される。

両者のいちばんの相違点は「学部学科の組織」で、後者には前者になかった教養部と教育学部が加わっていることである。後者では「昭和二十四年度以降設置予定の部局及び講座」として教養部八一講座、教育学部二〇講座など計一三九講座が挙げられていた。その一方で校地には朝鮮・台湾・樺太の演習林面積が含まれており、実態を踏まえた認可申請というより帝国大学時代の状況を基礎にしつつ今後の努力目標を示したものとい

図２－１－１　旧制・新制高等学校から旧制・新制大学への生徒・学生の移行

1948年度		1949年度		1950年度
旧制高等学校３年	⇒	旧制大学１年	→	旧制大学２年
旧制高等学校２年	→	旧制高等学校３年	⇒	旧制大学１年
旧制高等学校１年	⇒	新制大学１年	→	新制大学２年
新制高等学校３年	⇒	新制大学１年	→	新制大学２年
新制高等学校２年	→	新制高等学校３年	⇒	新制大学１年

・百瀬孝『事典　昭和戦後期の日本　占領と改革』吉川弘文館、1995年、386頁より作成。
・「⇒」は試験による進学、「→」は同一学校における進級を示す。

う性格が強かったといえる。

文部省から諮問を受けた大学設置委員会は各大学の審査を行い、京大および三高にも一一月八・九の両日実地調査に訪れている。[62]そして一九四九年五月三一日付で、教養部および法・工・文・理・経済・農・教育・医の各学部を擁する新制京都大学が認可された。

法的には同日公布の国立学校設置法によって、新制京都大学が発足した。新制京都大学は京都大学、第三高等学校および附属医学専門部（第一編第四章第三節参照）を包括し、文・教育・法・経済・理・医・工・農の八学部、化学・人文科学・結核・工学・木材・食糧科学の六附置研究所、理学部附属臨海実験所・同附属臨湖実験所・同附属火山温泉研究所・医学部附属病院（附属医院を改称）・同看護婦養成施設、農学部附属農場・同附属演習林という学部附属の研究施設をもって構成するとされた。

新制国立大学最初の入試は、六月八日からの第一期と一五日からの第二期の二回に分けて行われることになり、京大は他の旧帝国大学と同じく第一期で実施することになった。[63]学生募集要項によると、受験資格は新制高等学校卒業者、旧制高等学校高等科一年修了者などで、試験は八・九の二日間にわたって行われ、一日目に国語・数学・社会、二日目に理科・外国語が課されることとされた。[64]ちなみに、この旧制・新制の移行期には、旧制の高等学校が一九五〇年三月まで存続するのに合わせて、図２－１－１に示したように一九五〇年度まで旧制大学と新制大学が並行して入学生を受け入れるようになっていた。

新制京都大学最初の合格者は、そのうち七割以上が旧制学校出身と報じられた[65]。資料が残っている文学部の場合をみても合格者二二六名中旧制学校出身は一四三名（六三・三％）を占め、合格率についても旧制高等学校出身者が六九・一％（志願者一六五名中一一四名合格）であったのに対して、新制高等学校出身者は三五・八％（志願者二一五名中七七名合格）にとどまっていた[66]。

入学宣誓式は七月七日に行われたが[67]、夏季休業に入ったため始業式の実施は九月八日、講義の開始は九月一二日であった[68]。

第三節　各種体制整備

分校

すでに述べたように姫路高等学校との合同を断念した京大は旧宇治火薬廠跡の取得を目指していたが、新制発足後の一九四九年六月一六日の評議会で、第三高等学校のあった地を吉田分校、取得した東宇治町の地を宇治分校と称することが可決された[69]。宇治分校が置かれたのは一八九六（明治二九）年四月開所の陸軍宇治火薬製造所があった場所で[70]、敗戦後の一九四七年四月、その一角に京大の木材研究所が移転してきていた[71]。

一九四九年五月一一日の文学部教授会において新制最初の入学者のうち約一〇〇〇名を吉田、約五〇〇名を宇治に収容すると報告されていたように[72]、当初は一年目から学生を吉田と宇治に分ける構想があったようだ

写真２－１－２　宇治分校構内（1956年）
右側は大講義室。

が、実際には一九四九年度の新制の授業は吉田分校でのみ実施され、宇治分校は新制第二期生が入学した一九五〇年五月一日に開校した[73]。以後、宇治分校では一回生の授業が、吉田分校では二回生の授業が行われた。

京大では、吉田や宇治といった場所を示す名称としてだけでなく、一般教育を実施する部局名を「分校」と称した。京大同様に旧帝国大学で高等学校と合同した新制大学では、教養学部が置かれた東京大学は別として、その他はいずれも一般教育を担当する部局を「教養部」「一般教養部」と名づけており、「分校」を部局名とした例はない。京大でも前述した認可申請書の段階では「教養部」と称していたものがなぜ「分校」となったかは不明だが、鳥養利三郎学長は京大の教養課程に旧制高等学校の良さを残すため「校舎を離れた地区に置いて、多少の独立性を持たせ」た、「名称を分校としたのも、またそのためであった」と後に回想している[74]。また鳥養は「教養を宇治へ全部まとめて、二年済んだ後に、こちらへ来させて、専門の学部に入れる[75]」、すなわち宇治を充実させて、そこで二年間の一般教育を行うことを構想していた。

しかし宇治分校はそこで学ぶ学生たちにとって必ずしも恵まれた環境ではなかった。火薬製造所であったためキャンパスは湿気が多く、「ジャングル大学」「ボーフラわきブトの飛びかう不衛生な土地」などと揶揄された[76]。吉田分校との間は一日四往復、所要三五~四〇分のバスが運行されていたが[77]、教員たちは授業が終わるとこのバスで「さっさとひきあげてしまう」ので、学生にとっては教員との交流が望めなかった[78]。上級生がいないなか、かえってサークル活動が盛んになったと評価する向きもあったが[79]、図書館の蔵書がわずか四〇〇〇冊と報じられる[80]ような不十分な設備のもとでは学生が不満を覚えるのも無理はなかった。さらに隣接する地に一九五一年に警察予備隊が駐屯する[81]ようになると、敷地の拡張も困難になった。

分校の管理を行う主体としては主事が置かれ、さらに主事・副主事・各学部教授一名・輔導部長・分校教授二名を構成員とする分校審議会が設置された。分校教授会は当初内規による存在にとどまり、常勤講師以上の人事を含む重要事項はこの分校審議会で決定されていた[82]。当時の分校教員たちの要求の一つは学部への分属、すなわち縦割りの実施であった。早くも一九五〇年一〇月一三日の分校審議会では縦割りへの希望が話し合われており[83]、分校教員のみの組織である分校教官会議では一九五一年三月八日、その具体的方策である「分校教官の学部分属とそれに伴う取扱方法案」が了承されていた[84]。彼らの要求の二つ目は分校の統合であった。一九五二年七月には宇治分校を吉田に併合する場合に必要な教室数およびその坪数の調査が行われており[85]、すでにこの段階で吉田への統合を想定していたことが分かる。

分校の管理および位置づけについては、一九五四年三月五日の分校審議会で教授会を正式に設けることと分校を教養部に改称することが了承され[86]、同年三月二三日の「京都大学教養部規程」制定[87]によって実現した。これにより部局名が教養部となり吉田分校・宇治分校は施設を示す名称になった。ただし、このときの改称は学内措置によるものである。また両分校の統合については評議会に置かれた教育制度委員会で審議された結果、教養部の統合は必要であり「統合するならば諸般の事情から類推して宇治への統合は適当でない」と、吉田への統合が一九五五年一二月六日の評議会で提案された。[88] これにより統合の方向性は定まったもののそれが実現したのは一九六一年のことであった（本編第二章第一節参照）。

教育学部

すでに述べたように、二種類残っている新制京都大学の認可申請書が作成されたのは一九四八年六月末および七月末と推測されるが、両者の違いの一つは後者に教育学部が加えられていることであった。教育学部設置の契機となったのは七月一七日に開催された国立総合大学総長会議と考えられる。この会議に出席したＣＩＥのウォルター・イールズは学校教員の水準向上が重要であり、国立大学それぞれに旧制の師範学校を含み込んだ教育学部を設置するべきと述べた。[89] 同席していた日高第四郎文部省学校教育局長の回想によると、もともと文部省および帝国大学は文学部の教育学を充実させて将来教育学部を作る方針を立てていたという。[90]

早急な教育学部設置を求めるＣＩＥに対して会議に出席していた鳥養は、その残したメモによると「京都ハ了承」としたうえで、目的については「全国的ノ leader ヲ養成スルコト及再教育ニ従事ス」「各府県ノ教員養成ハ各別ノ師範ニテヤルベシ」と、一部のリーダーとなる教員の養成や現職教員の再教育と設定し、地域の教員養成は師範学校を転換させた新制大学で行うべきと応じていた。特に師範学校との合同については「一定数ノ責任教員数ハ必ズ養成スルコトハ不可能」「生徒ノ程度大ニ異ナル。互ノ間ニ摩擦ヲ生ズル」などと強く反対していた。[91] なお師範学校との合同に否定的なのは他の国立総合大学も同様であった。[92] 会議から帰学した鳥養は「東京、京都は小学校から大学までの教師の水準を高めるため」教育学部をつくると語ったと報じられており、[93]この総長会議で教育学部設置が事実上決まったことは間違いない。

教育学部は一九四九年五月三一日公布の国立学校設置法により設置されたとはいえ、この段階では実態が伴っておらず当初学部長は文学部長が兼ねる形をとり、この年入学した一五名は一般教養課程の間は文学部五組で学んでいた。[94]一九五〇年五月一三日に全学部長と教育学部併任を発令された教授などを委員とする教育学部整備委員会が設置され、同委員会は六月二〇日に「教育学部整備要綱案」を作成した。これによると教育学部は「学生の数を少く採り、全学学生の教職につくための科目、卒業生のための大学院コース、現職教員再教育に重きをおく」ものとされた。[95]

一九五一年四月一日、専門課程の授業開始に合わせて文学部から移管の二講座を含む四講座が設置され、下程勇吉が学部長に就任した。しかし施設の整備は遅れ、当初は附属図書館や法学部経済学部新館の一部、尊攘堂などを使用しており、丸太町通に面した地に熊野校舎が学部専用の建物として竣工したのは一九五六年であった。[96]

附置研究所の設置・改編

一九四六年九月に食糧科学研究所が設置された。一九四五年一一月一日に総長に就任した鳥養利三郎は、就任時の記者会見ですでに敗戦直後の食糧問題の解決に資するため食糧科学研究所の設置を検討中であると語っていた。[97]戦時中に農学部は食糧問題解決のための研究所案を作成し概算要求しており、一方予算案が閣議決定されたものの実現しなかった南方科学研究所（第一編第四章第四節参照）の食糧関係研究所への組み換えも検討されていた。[98]鳥養の発言もそうした動きを踏まえたものと考えられる。なお一九四六年三月三一日起案の官制説明資料には「食糧生産研究所」と名づけられていたが[99]、結局鳥養の発言のとおり食糧科学研究所として発足している。所長には近藤金助農学部教授が就任した。

一九四六年三月二二日公布の勅令第一五五号によって人文科学研究所の官制が改正され、従来「国家ニ須要ナル東亜ニ関スル人文科学ノ綜合研究ヲ掌ル」ことが研究所の目的とされていたのが、「世界文化ニ関スル人文科学ノ綜合研究ヲ掌ル」となった。一九四五年一一月二九日起案の官制改正に関する上申では、誤って今次大戦が引き起こされたのは「現代文化ノ正シキ理解ヲ欠キ」「偏狭固陋ナル日本中必〔ママ〕主義」にとらわれていたことが理由であったとして「世界文化」ではなく「現代世界文化」への改正を要求していたが[100]、実際の改正では「現代」が削除されている。また人文科学研究所は、東方文化研究所（一九二九年設置の東方文化学院京都研究所が前身）および西洋文化研究所（一九三四年設置の独逸文化研究所が前身）の二つの学外研究所との合併交渉を進め[101]、一九四九年一月二二日公布の政令第一八号による官制改正で文部教官・文部事務官の大幅定員増が定められ合併が実現した。

一九五一年四月に防災研究所が設置された。災害予防に関する総合的研究は、戦時中の緊急科学研究体制（第一編第四章第三節参照）を引き継ぐ形で敗戦直後に始まった綜合研究体制に、理学部から「災害予防及軽減ニ関スル研究部」（部長佐々憲三理学部教授）設置を申し出た（一九四五年一一月二六日教授会）ことに始まる[102]。さらに一九四七年には財団法人防災研究所が置かれ工事施工機関から委託研究、調査を受ける道が開かれるなど積極的な調査研究が行われたことが研究所設置につながった[103]。所長には棚橋諒工学部教授が就任した。当初工学部建築学教室内に事務室を置いたほか、京都市伏見区中書島の結核研究所所有地を一九五三年に譲り受け、宇治川水理実験所を建設した[104]。

一九四九年一一月三日、スウェーデン王立科学アカデミーは一九四九年度のノーベル物理学賞を湯川秀樹理学部教授に授与することを発表した。鳥養学長はすぐに記念事業の検討を始め、一六日には「湯川記念館」を建設すること、その研究部ではアメリカのプリンストン大学にならって全国の優秀な研究者を集めて総合研究を行うことを発表した。[105] 後に実現する全国共同利用研究所としての性格が早くも見られるが、これは理学部内部や京大の記念事業への協力を表明した日本学術会議における議論によって具体化されていくことになる。一九五一年秋に日本学術会議の下部組織原子核研究連絡委員会の朝永振一郎委員長などが鳥養に面会して、計画中の湯川記念館を全国的な研究機関として利用したいと申し入れ、鳥養も了承した。[106] それを受けて作成された「湯川記念館規程」「湯川記念館委員会規程」が一九五二年四月一五日の評議会で了承され、[107] 湯川記念館が発足した。なお、館長の諮問機関である湯川記念館委員会には学外者若干名が委員として入ることが規定された。さらに翌一九五三年には、法制化された形で素粒子論その他の基礎物理学に関する研究を目的とした基礎物理学研究所が設置され、湯川記念館は研究所の建物の名称になった。基礎物理学研究所は、最初の全国共同利用研究所として京大に附置されることになり、所長には湯川秀樹が就任した。

大学院と学位

新制大学院については、まず学校教育法で「学術の理論及び応用を教授研究し、その深奥を究めて、文化の進展に寄与すること」を目的とし（第六五条）、大学院を置く大学は「博士その他の学位を授与することができる」（第六八条）と定められたが、具体的な形は以後の議論に委ねられた。

大学院の基準は主に大学基準協会で検討されたが、そこにはＣＩＥの意向が強く反映されており、特に高等教育班員のマグレールは大学院は大学から独立した組織であるべきこと、中間学位を設定すべきこと、教育機

入学者数（1953～1955年）

医	薬		工		農		計	
博士	修士	博士	修士	博士	修士	博士	修士	博士
—	21	—	155	—	66	—	415	—
—	19	—	158	—	60	—	432	—
—	20	8	162	21	86	25	457	136

関としての機能をもたせることを強調した。[108]一九四九年四月一二日に大学基準協会が決定した「大学院基準」では、大学院を修士課程と博士課程に分け、前者は一カ年以上の在学（全日制の場合）・三〇単位以上の履修・研究論文の提出で、後者は三カ年以上の在学（同）・五〇単位以上の履修・研究論文の提出・最終試験の合格で、それぞれ学位を授与するとされた。[109]修士課程が新設され、また履修単位が明記されるなど、大学からの独立は別として前述のCIEの主張どおりの大学院が構想されていた。この大学院基準は、一九五〇年二月に大学設置審議会（大学設置委員会の後身）によって公式の基準として採択された。[110]

これを受けて文部省は国立新制大学院設置方針を検討した。一九五一年三月二九日付の「新制大学院設置構想」という資料によると、①発足は一九五三年度、すなわち四年制新制大学最初の学生の卒業時とする、②当分の間修士課程のみの大学院は置かない、③旧制大学で学位審査権を有していた大学に優先的に設置する、という考えをもっていた。[111]また「国立大学大学院編成方針（案）」によると、一九五三年度に開設する大学院は一二大学、修業年限は博士を含めて五年、うち修士は二年とされていた。[112]大学院を置く国立大学をかなり限定する方針だったことが分かる。

京大は一九五三年一月に大学院設置認可申請書類を提出し、[113]同年三月三一日公布の政令第五一号「国立大学の大学院に置く研究科の名称及び課程を定める政令」により、文学・教育学・法学・経済学・理学・薬学・工学・農学の各研究科の修士・博士課程が設置された。また、一九五四年一二月には「大学院医学研究科設置認可

表2－1－5　大学院（新制）

	文		教育		法		経済		理	
	修士	博士	修士	博士	修士	博士	修士	博士	修士	博士
1953	67	—	6	—	18	—	17	—	65	—
1954	84	—	10	—	19	—	10	—	72	—
1955	81	26	9	4	21	7	12	11	66	34

・京都大学百年史編集委員会編『京都大学百年史　資料編３』2001年、540頁より作成。

申請書類」を提出し(114)、新制最初の医学部学生卒業に合わせて一九五五年七月一日公布の政令第一〇六号により医学研究科の博士課程（四年）が設置された。新制大学院発足に合わせて一九五三年四月七日付で京都大学通則が全面改正されて、研究科の種類・入学資格・学位・研究料などが新たに規定され(115)、さらに一九五五年一月二五日付の改正で学位に医学博士が加えられた(116)。一九五三年から一九五五年までの大学院入学者数は表2-1-5のとおりである。

新制大学院発足に伴い一九五三年四月一日公布の文部省令第九号「学位規則」により、学位の種類、授与などが規定された。これにより博士学位は、大学院に四年以上在学して所定の単位を修得して博士論文の審査に合格した者と、博士論文審査に合格して大学院四年在学者と同等以上の学力があると認められた者に授与されることになった。京大では、一九五八年一月二八日に「京都大学学位規程」が制定され、京大が授与する学位の種類、授与の手順などが規定された(117)。このときに一九二一年三月二六日制定の「京都大学学位規程」（第一編第三章第一節参照）は廃止されたが、一九六二年三月三一日（医学博士は一九六〇年三月三一日）までは旧規程による学位授与も認められることになった。

学長選考

一九四九年一月一二日公布の教育公務員特例法では、学長の選考については「協議会」で行うと規定されていた。協議会とは同法によって新たに各国立大学に設置された管理機関で、評議員と部局長で構成されるとなっていた。

一九四九年九月一五日に開催された京大の協議会では「学長選考基準」案が審議された[118]。最も議論が集中したのは選挙資格を教授のみとした案に対して、助教授を加えるべきかということであった。この点については、協議会の前段階で学長選考基準を検討していた諸制規改正委員会でも議論があり、教授に限定すべきとする法学部など拡大すべきとする理学部などの意見の対立を経て案が作成された[119]経緯があった。案の説明を行った滝川幸辰法学部教授は、選挙資格に助教授を加えるべきでない理由として「助教授は教授を輔けるものであって大学が教授を中心とすべきことは大学の本質よりして当然」と述べ、結局案のとおり学長選考基準が認められた[120]。

このとき決まった学長選考基準によると、学長候補者は学長および専任教授から選考、投票者は専任教授で、まず三名連記の投票で第一次候補者一〇名を決定、次いで単記で第二次候補者三名、さらに単記で得票過半数の者（三名いずれも過半数に達しない場合は得票多数の二名で決選投票し得票多数の者）を学長候補者とするとした。また、任期は四年で再任可、ただし通算六年を超えることはできないとされた[121]。

右の基準にもとづき一九四九年一〇月一六日に学長選挙が実施され、鳥養利三郎が再選された[122]。次いで二年後の一九五一年九月一六日には鳥養の任期満了に伴う選挙が実施され、服部峻治郎医学部教授が学長候補者に選出され[123]一一月一日付で学長に就任した。さらに在職二年で辞任を申し出た服部の後任の選挙が一九五三年一一月二三日に実施され、滝川幸辰法学部教授が選出され[124]、一二月一一日付で学長に就任した。

なお、新制大学としての発足とともに従来の「総長」という職名は、法令の規定に従って「学長」になったが、一九五四年六月八日の評議会で西原利夫教養部長が「総長」への再改称について提案したところ「一同賛意を表」し、[125]以後学内では「総長」の呼称が再び使われるようになった。

職員組合・生活協同組合

一九四六年の初めごろいくつかの部局で職員組合が結成されたことが報じられている。一月三一日には給与の公正支給および消費組合設立などを目標に附属医院で従業員組合が結成され、[126]同時期に工学部職員組合が結成された。[127]また理学部では二月四日の教授会で職員組合理学部連合支部の結成準備が進んでいることが報告され、[128]二月一三日に結成されている。[129]さらに「職員組合工学部支部」の名で職員の生活調査が一月二三日から一カ月間実施されており、[130]このころは部局単位の組合が何らかの形で連合組織をつくっていたものと思われる。

このような形で始まった職員組合が、全学の単一組合として発足したのは一九四八年三月一三日であった。[131]それから間もない七月六日、文部教職員と地方教職員の給与格差是正をめぐる文部省と日本教職員組合（日教組）の交渉が決裂し、京大職員組合は日教組の指示があり次第ストライキを行う旨大学側に通告してきた。[132]折りしも七月二二日にはマッカーサー連合国軍最高司令官は芦田均首相に公務員の団体交渉権・争議権の制限を求める書翰を発し、[133]それをうけた政府は七月三一日に政令第二〇一号を公布して公務員の争議行為を禁止していた。

こうした動きのなか大学側は、七月二四日総長名で職員組合中央執行委員長宛にストを行わないよう警告を発した。[134]鳥養のメモによると、「法律以上、天皇以上ノ司令官ガ明ニ意志表示ヲシ」ており、それに反することを許して重大な結果をもたらせば職員に申し訳ないこと、「学外カラノ指令ニヨッテ研究ヲ抛テキスルガ如キコト」は研究の自由や大学の自治に危機を招くこと、といった憂慮が大学側にあった。[135] しかし組合は七月二七日に一日ストを実施して、[136] 大学当局と対決路線を進むことを鮮明にしていった。

一九四九年には生活協同組合が結成された。前年の一九四八年五月二二日に結成されていた京大学生協同組合[137]と、同じくすでにつくられていた職員厚生会、職員組合厚生部の三者が合併したもので、一九四九年三月三日付で設立趣意書が発表されている。[138] 当時理学部助教授であった木村作治郎の回想によると、五月三〇日に第一回理事会があり木村が最初の理事長に選出された。理事は教職員と学生で構成され、当初は購買部とアルバイト・下宿の斡旋などを行う共済部だけだったが、西部構内の食堂焼失（一九四七年一二月八日）後に再建された食堂の経営から始まり、吉田分校・本部の地下・宇治分校などでも食堂を営業するようになったという。[139]

キャンパスの整備

占領期には全国各地で多くの施設・建物などが連合国軍によって接収されており、京大では一九四五年一〇月二日に楽友会館（第一編第三章第二・第三節参照）がその対象となったほか、人文科学研究所と合同することになる西洋文化研究所（東大路通を挟んで京大本部構内の西隣）も、一九四五年一〇月に接収された。[140]

そのほか、農学部附属の上賀茂試験地に占領軍用のゴルフ場をつくる計画があって接収が検討されていたが一九四七年一月には計画は中止、接収は取り止めになり、[141] 下鴨の植物園西北隅にあった理学部附属気象学研究所も接収の話があったが、同様に取り止めになっている。[142] さらに、清風荘もその可能性があったので京大から一九四六年一一月二六日付で接収を行わないよう陳情書が出され、その結果接収されることはなかった。[143] ただし、上賀茂試験地についてはゴルフ場計画が再燃したようで、鳥養総長の後の回想によると代替地や移転後の建造物施設提供を条件に占領軍と交渉したところ認められたので、一九四九年二月に同試験地は接収され代わりに程近い現在の地に移転したのだという[144]。

西洋文化研究所の建物および楽友会館の返還は、ともに一九五二年六月一八日で[145]、前者は人文科学研究所が使用することになった[146]。

この時期、京大は第三高等学校との合同によりその敷地を取得し（吉田分校、のち教養部構内）、宇治分校の開校によって宇治キャンパスも取得した。しかし敗戦直後という状況もあって、本格的な新築建物は北部構内に一九五二年に竣工した湯川記念館のみであった。なお、一九三九年に着工していた附属図書館は戦時中に工事が中断していたが、一九四七年八月には再工事に着手[147]、翌一九四八年二月に当初の計画どおりではなかったものの竣工し、三月には閲覧室が利用できるようになった[148]。

第四節　学生生活

敗戦直後の状況

敗戦後、特に都市部は深刻な食糧難に見舞われた。京大もその例外ではなく、一九四五年一一月二六日の理学部教授会においては二〇日に開かれた学部長会議について報告があり、そこでは「今冬ハ燃料モ入手困難ニシテ且学生ノ栄養状態モ悪化シ来ル恐レ多分ニアリ」として、各学部適宜に冬季休業を延長することが申し合わされ、具体的には各学部一二月中旬から一月下旬あるいは二月中旬ごろまでを休業にすることになった。また、この学部長会議では、現在外食食堂における食事は一日九〇〇キロカロリー未満にとどまっており、工学部の一学生が栄養失調のため電車で卒倒し、そのまま死亡したとも報告されていた。[149]

食糧難は翌年も続き、五月三〇日には学食に移入する食料が杜絶したため、やむなく備蓄していた米で粥のみを提供していると報じられ、そうした状況下で夏季休業の繰り上げが検討されていた。[150] 資料で確認できる文学部では、一九四六年六月一〇日の教授会で夏季休業を六月一七日から八月末までとすると決定されており、[151] おそらく他学部も前年同様休業の繰り上げ・延長を実施したものと思われる。

こうした食糧難にインフレも重なり、学生の生活はかなり厳しい状態にあった。一九四七年九月に同学会が行った調査によると、一カ月当たりの生活費は八〇〇円から二六〇〇円で平均一五〇〇円程度、そのうち食費の割合が六〇%から八〇%になる学生が八割を占め、これは同年五月に行った調査での六五%をさらに上回る結果になったという。[152]

学生たちのアルバイトについては、厚生課が一九四七年四月から一九四八年三月までの就労者数を集計したデータがあり、それによるとその総数は二一二四名、人数の多い職種は外交員三一四名、映画のエキストラ二八三名、運搬一五九名、事務一五五名、宝籤売捌一四七、雑役一四一などであった。[153]

学生運動

敗戦から間もない一九四五年九月二六日、文部次官通牒「校友会新発足ニ関スル件」が発せられ、従来の学校報国団（第一編第四章第三節参照）を改組して「学生生徒ノ自発的活動ヲ活カシ」た校友会を新たに発足させることが求められた。[154] これを受ける形で、一一月二二日には同学会改組案の検討が始まり、[155] 翌一九四六年一二月四日に新しい同学会規則が公表された。[156] それによると、同学会は「学生の自治により学生生活全般の発展向上を計る」ことが目的とされ、中央委員長は各学部学生から選ばれた協議委員の互選で定められ、総長・学部長・学生部長などの教職員は中央顧問と位置づけられた。

その後同学会にはさらに改組の動きがあり、一九四九年一一月二五日に規則が再改正されている。[157] 再改正された規則は部分的にしか残っていないが、それによると顧問の制度は廃止されており、完全な学生自治の組織となったことが分かる。[158] 新規則によって実施された同年一二月の代議員選挙では、共産党細胞（「細胞」とは共産党における最も基本的な組織のこと。地域や所属学校単位で存在した）を中心とする統一民主戦線派が多数を占め、[159] 同学会は以後大学当局との対決姿勢を強めていくことになる。

一九四〇年代末から一九五〇年代半ばにかけて、学生運動関係で処分が発せられる出来事が相次いだ。一九四九年四月二日、看護婦養成機関として医学部附属医院に置かれていた厚生女学部において、前年度卒業生で附属医院採用希望者三三名のうち一〇名が不採用という銓衡結果が発表された。[160] 不採用者は「在学中自治会や職組で活発に動いた」[161] ことが理由にされたとして、うち六名が当局側に抗議、これを京大職組や各学部の自治会だけでなく外部の労働組合や共産党も支援し、四月二八日に六名はハンストに突入した。その後五月一六日から一七日にかけて二〇時間以上学生代表ら約一〇〇名は附属医院長らと交渉を行い、さらに翌一八日にも数時間にわたり採用を迫ったところ警官隊が構内に入り学生三名を逮捕した。[162]

続いて六月三日には全日本学生自治会総連合と厚生女学部卒業生の運動を支援していた京大の共同闘争委員会主催の学生大会が行われたが、これは大学当局側が農学部グラウンドならば許可していたにもかかわらず本部本館前で開催を強行したものであった。大学側の資料によると、外部の労働組合などからも多数の参加があったという。[163] 学生らは警官導入の責任追及、六名の即時採用、学内集会の自由などを決議し本部学長室前に押し寄せ鳥養学長らを閉じ込めた。[164] 大学当局は警官隊の出動を要請して四日未明に学生らを退去させたが、学生らは四日・五日と本部本館の大ホールを占拠するに至った。[165] 大学当局は六月一六日の評議会で事件に関する調査委員会と学生懲戒委員会を発足させ、[166] 七月一九日付で厚生女学部卒業生不採用問題と合わせて学生二名を放学、四名を停学処分とした。[167]

国際的に東西冷戦が深刻化するなか、一九四九年七月一九日に新潟大学開学式に臨んだCIEのウォルター・イールズは、共産主義者の大学教授追放と学生スト禁止を演説した。[168] イールズはその後全国の大学で同様の趣旨の演説・講演を行い、翌一九五〇年五月二日には東北大学での講演会が学生の抗議で中止となるに至っている（イールズは一九四九年一一月二九日に京大にも来学して講演を行っている）。[169] 六月には朝鮮戦争が勃発し、官公庁や民間におけるいわゆるレッド・パージが本格的に行われるようになると、それへの学生の反対行動も強まった。そうしたなか、京大は一九五〇年一〇月一六日付で告示第九号を発し、教員の人事は「自主性を守りぬく」とレッド・パージを否定したうえで、学生によるストライキ（ストライキを議論する学生大会やストライキを目的とする一切の行為を含む）の禁止を公表した。[170] それにもかかわらず、直後の一〇月二一日に学生一〇〇〇名参加の「レッドパージ粉砕全学決起大会」が開かれ、ストを含む実力行使で闘うことが決議された[171]ので、大学当局は即日その責任者二名を停学、二名を譴責処分とした。[172]

一カ月後の一一月二二日には同学会は劇団前進座の俳優を迎えて語る会を企画し大学当局も許可したが、警察側より「占領目的阻害行為処罰令」（一九五〇年一〇月三一日公布政令第三二五号）抵触の恐れがあるとして立ち会いを要求してきた。結局大学当局は会の中止を命じたが、学生らは二五日と二七日の二回大学不許可の抗議集会を強行し、[173] その結果大学当局は二度にわたり放学四名を含むのべ四四名の処分を行った。[174]

一九五一年一一月一二日には関西地方巡幸中の天皇が京大に来学した。大学は当日授業を休止せず、構内には少数の警官を交通整理に配するだけで自主的に警備する方針をとった。[175] 一方同学会は多数の警官隊の入構には反対しつつ、天皇宛の「公開質問状[176]」を作成し、当日天皇に面会することを大学当局に求めたが、大学当局はこれを拒否した。大学側の記録によると、当日教職員・学生一〇〇〇名ほどが待ち受けるなか天皇来学の一〇分ほど前にプラカードを掲げた学生たちが現れ、午後一時二〇分に到着した天皇が教授たちの進講を受けるため本部本館に入った後、彼らが御料車を囲んで「平和を守れ」の歌をうたい始めると周囲の学生たちの多くも同様に唱和しはじめた。そのなかには他校の学生生徒も混じっていたという。警備に当たっていた大学当局は学生に元の位置に戻るよう指示したものの効果がなかったため、警察権の発動を要請し警官隊が現場の整理に当たったが、乱闘騒ぎや逮捕される者もなく、秩序の回復したなか天皇は二時一二分次の目的地に向かった。[177]

しかし、この出来事をめぐって新聞各紙は「妄動」「常識で判断しようとするのが無理」などと学生たちの行動を強く非難した。[178] また開会中の第一二回国会でも取り上げられ、一一月一五日の衆議院文部委員会では政府委員として出席した稲田清助文部省大学学術局長が、事態は「相当計画的なもの」と考えていると答弁した。[179] さらに二一日の衆議院法務委員会および二二日の衆議院文部委員会には服部峻治郎学長が、二六日の衆議院法務委員会には服部のほか田代秀徳輔導部長・青木宏同学会中央執行委員長も参考人として招致された。[180] 大学当局は一一月一五日「自治能力を完全に喪失した」として同学会に解散を命じ、[181] 一七日には八名の学生を「同学会において主要な地位を占め」ていたとして無期停学とした。[182]

一九五二年には「破壊活動防止法」（七月二一日公布法律第二四〇号）反対運動におけるストの決議や実行、大学当局不許可の集会開催などで複数の学生が停学・譴責といった処分を受け、[183] そうした措置に抗議する学生

写真２－１－３　破壊活動防止法反対デモ（1952年６月）

が輔導会議開催中の学長官舎に押しかけ侵入したため、警察の出動が要請され一〇名が検束される事件が起こっている[184]。

一九五三年六月一五日には解散となっていた同学会が再建された[185]。再建運動は同年三月から始まっており、六月九日から三日間行われた全学投票で多数の学生に支持されたことを受けて、輔導会議で認められた。また同じ一五日に同学会から独立する形で体育会が結成され、発会式が行われた[186]。運動各部は従来同学会に所属していたが、「自治会とスポーツ団体である運動部活動は本質的に異なる」として前年一二月以来別個の組織結成に動いていたものである[187]。

一九五三年一一月八日から京都で開催される全国学園復興会議の会場として同学会は法経第一教室を申請していたが、大学当局は許可しなかった[188]。なお学園復興会議とは、予算不足をはじめとする現在の大学の「荒廃」の原因が再軍備やアメリカ従属の政策にあるとして、学園の復興を求めた集会である[189]。学生らは大学当局に対する抗議集会を不許可のまま繰り返し開催した。一一日には全京都統一大学祭が開かれていた立命館大学（当時キャンパスは上京区広小路通河原町にあった）へデモ行進していたところ、鴨川にかかる荒神橋で警官隊と衝突、学生一一名が橋から転落して負傷した。[190] 大学当局は一二月一日、不許可の抗議集会の中心にあったとして学生一名を放学、二名を無期停学とした。[191]

一九五四年一一月の秋季文化祭において、同学会による企画のなかにあったフォークダンスを含む前夜祭（一〇日）および「左京歌と踊りの会」（一四日）について、大学当局は学外者参加の可能性のある前者は吉田グラウンドの使用は不可であり農学部グラウンドで行うこと、左京歌と踊りの会は主催が不明確なので不許可としたが、同学会は両者を強行開催した。[192] 大学当局は一二月二一日に告示第七号を発し、同学会に猛省を促すとともに再び同様の事態が発生した場合は文化祭・創立記念祭実施だけでなく同学会の存立に重大な支障が生じると警告した。[193]

翌一九五五年六月に予定された創立記念祭の内容についても同学会と大学当局は激しく対立した。同学会代表と滝川幸辰総長は五月二三日と六月三日の二回話し合いの場を持ったが、同学会側の計画のうち「唄と踊りの前夜祭」「学生哲学総会」など学外者の入る恐れのある屋外集会は許可できない旨滝川は伝えた。[194] しかし学生側は納得せず、六月三日の話し合いの後午後二時ごろ約一〇〇名が本部本館に詰めかけ、総長室から自分の研究室に戻ろうとした滝川を取り囲み職員と小競り合いを起こした。さらに二階の総長室に戻った滝川になおも話し合いを求めて学生が階段に長時間座り込んだため、午後九時に至り大学当局は警官隊の出動を要請して学生を排除した。[195]

この事件を受けて大学当局は六月五日告示第八号を発し、同学会代表のこうした行動は学生全般の意向を反映したものとは考えられず、「全学的学生自治団体としての機能を完全に喪失し」たとして同学会に解散を命じた。[196] 続いて六月二一日付の告示第一〇号によって関係した学生一名に無期停学、七名に六カ月停学の処分を行った。[197]さらに学生たちが滝川を取り囲んだ際、滝川に暴行を働いたとして学生二名が逮捕されるに至った。[198]

生活の諸相

創立五十周年記念式（本章第二節参照）の翌一九四八年一〇月二五日から一一月三日まで同学会主催で学生祭が挙行され、講演や音楽、映画だけでなく各種のスポーツ大会なども実施された。[199]その後同学会主催による文化祭は春季（五月、六月ごろ）、秋季（一〇月、一一月ごろ）の年二回実施されるようになった（同学会解散時は文化祭準備委員会主催）。一九五三年秋には同学会側は京都市民にも親しまれるものとして「十一月祭」への名称変更を発案したが、[200]大学当局はこれを認めなかった。[201]学生側は以後も十一月祭の名称を使っていたが、大学当局が公式にこれを認めたのは一九六六年のことである。[202]同学会は一九五四年から春季文化祭を創立記念祭として創立記念日の前後に実施することにしたが、[203]翌一九五五年の創立記念祭は前項で述べた大学当局との対立によって禁止されている。[204]

一九五一年七月一四日から一〇日間にわたり、京都駅前の丸物百貨店を舞台に同学会主催の「綜合原爆展」が開催され、二万七〇〇〇名の来場者があった。[205]これは、この年五月の春季文化祭期間中の一七日から二〇日にかけて学内で原爆に関する展示や講演会が行われ好評だったことを受けて企画されたものであった。[206]会場には、原爆の原理、特徴、与えた被害などを説明したパネルのほか、丸木位里・赤松俊子による「原爆之図」も展示された。[207]

一九五一年六月、女子学生たちによって「女子学生懇親会」（「女子学生懇談会」と表記している資料もあるが、同一のものと思われる）が結成された。[208]すでに述べたように（本章第一節）一九四六年から京大に女子学生が入学するようになったが、学生生活のための施設・設備は不十分で、特に住居の問題は深刻だった。翌一九五二年に同会が行った実態調査では回答した七四名の女子学生のうち下宿が三五名で、彼女らは「同居者に男子学生が多い」として女子寮の建設を強く希望していた。(209)

こうした要望を受けて女子学生懇親会では女子寮建設を求める署名活動などを行い、(210)その結果一九五四年六月一日から吉田山の西側にあり農学部が所有していた橋本記念館を仮の女子寮として使用することになり、一三名の女子学生が入舎した。(211)しかしこれはあくまで仮の寮であって、女子学生懇親会は引き続き新寮建設を求め続け、最終的に左京区田中に女子寮が開舎するのは一九五九年七月一日のことになる。(212)

註

（1）京都大学事務局『学報』号外、一九四九年八月九日。
（2）文部省編『文部行政資料（終戦教育事務処理提要）第一集』国書刊行会、一九九七年、五八頁。
（3）文部省編『文部行政資料（終戦教育事務処理提要）第二集』国書刊行会、一九九七年、二四〇頁。
（4）『大学新聞』一九四六年二月一一日付。
（5）『京都新聞』一九四六年五月一六日付。
（6）『占領期学内往復文書（法学部）』（京都大学大学文書館所蔵、MP70149）。
（7）“192–SR–A; Women Admitted into the Imperial Universities of Japan, 1946”（国立国会図書館憲政資料室所蔵、CIE（A）03493–03494）。
（8）註（6）に同じ。
（9）伊ヶ崎暁生・吉原公一郎編著『戦後教育の原典2　米国教育使節団報告書他』現代史出版会、一九七五年、一一八頁。
（10）『評議会関係書類　自昭和二十一年一月至昭和二十一年十一月』（京都大学大学文書館所蔵、MP00050）。
（11）鳥養利三郎『敗戦の痕』一九六八年、五一頁。
（12）日本近代教育史料研究会編『教育刷新委員会教育刷新審議会会議録　第十三巻』岩波書店、一九九八年、一四七頁。

(13) 註(12)に同じ、五六頁。
(14) 大学基準協会十年史編纂委員会編『大学基準協会十年史』一九五七年、八一頁。
(15) 註(14)に同じ、九七頁。
(16) 「新制大学の基準と解説」(『戦後日本教育史料集成』編集委員会編『戦後日本教育史料集成　第二巻』三一書房、一九八三年)二二九頁。
(17) 註(9)に同じ、一一二頁。
(18) 田中征男『JUAA選書第二巻　戦後改革と大学基準協会の形成』エイデル研究所、一九九五年、七七頁。
(19) 海後宗臣・寺﨑昌男『大学教育　戦後日本の教育改革　第九巻』東京大学出版会、一九六九年、五五八頁。
(20) 註(16)に同じ、二三七頁。
(21) 「務台理作先生に聞く　初期の大学基準協会・大学基準をめぐって」(堀尾輝久・寺﨑昌男編『戦後大学改革を語る　―一般教育を中心に―』東京大学教養学部一般教育研究センター、一九七一年)五九頁。
(22) 大学基準協会『大学基準協会会報』第一〇号、一九五一年一〇月、一一頁。
(23) 『大学に於ける一般教育　―一般教育研究委員会第二次中間報告―』一九五〇年、一一頁。
(24) 註(19)に同じ、四五四頁。
(25) 『大学基準協会会報』第三号、一九四八年一一月、三二頁。
(26) 『朝日新聞』一九四七年五月二七日付。『学園新聞』一九四七年六月一八日付。
(27) 「(帝国大学総長会議議事メモ)」(京都大学大学文書館所蔵『鳥養利三郎関係資料』MP70143)。
(28) 日本近代教育史料研究会編『教育刷新委員会教育刷新審議会会議録　第四巻』岩波書店、一九九六年、二四七頁。
(29) 「国立新制大学実施要領(案)」(国立教育政策研究所教育図書館所蔵『戦後教育資料』EF10000527)。
(30) 日本近代教育史料研究会編『教育刷新委員会教育刷新審議会会議録　第三巻』岩波書店、一九九六年、四三八頁。
(31) "Outline of Proposed Law governing Universities"(国立教育政策研究所教育図書館所蔵『戦後教育史料』EF1000926)。
(32) 戦後大学史研究会『戦後大学史　―戦後の改革と新制大学の成立―』第一法規出版、一九八八年、二〇〇頁。
(33) 「大学法試案要綱」(国立教育政策研究所所蔵『戦後教育資料』EF10000925)。
(34) 「国立大学に「理事会」設置の議に対する意見書」(京都大学大学文書館所蔵『鳥養利三郎関係資料』MP70144)。
(35) 註(12)に同じ、九〇頁。国立国会図書館調査立法考査局『大学管理問題に関する資料集』一九六三年、一五七頁。三一書房編集部編『資料　戦後学生運動　1』三一書房、一九六八年、三四八頁。

(36) 註（19）に同じ、六〇九頁。
(37) 註（32）に同じ、二九〇頁。
(38) 『第四回国会衆議院文部委員会議録第二号』四頁。
(39) 註（38）に同じ、八頁。
(40) 『五十周年記念祝典関係書類　昭和二十一年』（京都大学大学文書館所蔵、MP00209）。
(41) 『評議会関係書類　昭和二十二年』（京都大学大学文書館所蔵、MP00051）。
(42) 『創立五十周年記念式典総長式辞教授感想談及懐古談話会速記録』（京都大学大学文書館所蔵、MP00260）。
(43) 『京都新聞』一九四七年一〇月二六日付。
(44) 京都大学事務局『学報』第二五二四号、一九四七年一〇月二一日。
(45) 『昭和廿二年十月三十日　創立五十周年記念京大五十年史展覧会記録』（京都大学大学文書館所蔵『学友会関係資料』MP70046）。
(46) 久米直之「京都帝国大学と第三高等学校との合同　―新制京都大学の発足―」（京都大学教養部『教養部特別委員会報告書　京大広報第九一号別刷』一九七三年）。
(47) 註（46）に同じ、二九頁。
(48) 『学校教育局往復書類　昭和二十二年度』（京都大学大学文書館所蔵『第三高等学校関係資料』MP50199）。
(49) 天野郁夫『新制大学の誕生　上　大衆高等教育への道』名古屋大学出版会、二〇一六年、三六〇頁。
(50) 註（46）に同じ、三〇頁。
(51) 『評議会議事録　自昭和二十一年至昭和二十三年』（京都大学大学文書館所蔵、MP00007）。
(52) 『新制大学設置関係書類　第五冊』（京都大学大学文書館所蔵、MP00126）。
(53) 日高第四郎『教育改革への道』（『日本現代教育基本叢書　戦後教育改革構想　Ⅱ期　16』日本図書センター、二〇〇一年）一〇九頁。
(54) 註（51）に同じ。
(55) 註（46）に同じ、三〇・三五頁。
(56) 註（52）に同じ。
(57) 「南原繁先生に聞く　戦後教育改革における一般教育」（註（21）前掲『戦後大学改革を語る　―一般教育を中心に―』）二一頁。

(58) 註（52）に同じ。
(59) 『新制大学設置関係書類　第二冊上』（京都大学大学文書館所蔵、MP00123）。
(60) 『新制大学設置関係書類　第一冊』（京都大学大学文書館所蔵、MP00123）。
(61) 註（60）に同じ。
(62) 註（60）に同じ。
(63) 『朝日新聞』一九四九年五月一〇日付。
(64) 『新制大学入学関係綴　昭和二十四年度』（京都大学大学文書館所蔵、01A21839）。
(65) 『学園新聞』一九四九年七月一八日付。
(66) 註（64）に同じ。
(67) 註（64）に同じ。
(68) 『学園新聞』一九四九年九月一九日付。
(69) 『評議会議事録　自昭和二十四年至昭和二十五年』（京都大学大学文書館所蔵、MP00007）。
(70) 林屋辰三郎・藤岡謙二郎編『宇治市史　4　近代の歴史と景観』宇治市役所、一九七八年、一九二頁。
(71) 京都大学七十年史編集委員会編『京都大学七十年史』一九六七年、九四三頁。
(72) 『教授会関係書類　文学部　昭和二十四年仝二十五年』（京都大学大学文書館所蔵、03B00073）。
(73) 『学園新聞』一九五〇年五月八日付。
(74) 鳥養利三郎『鳥養利三郎随筆集』一九七四年、一四二頁。
(75) 註（11）に同じ、七六頁。
(76) 『学園新聞』一九五一年五月一四日付。
(77) 京都大学事務局『学報』第二五七五号、一九五〇年五月一六日。
(78) 『学園新聞』一九五七年三月一八日付。
(79) 註（78）に同じ。
(80) 『学園新聞』一九五四年二月八日付。
(81) 『学園新聞』一九五一年二月一九日付。
(82) 『分校審議会議事録　昭和二十四年十一月起』（京都大学大学文書館所蔵、21B12352）。
(83) 註（82）に同じ。

(84)『教官会議議事録　京都大学分校　昭和二十五年度』(京都大学大学文書館所蔵、21B12415)。
(85)「宇治分校を吉田に併合する場合の教室等室数坪数所要調」(京都大学大学文書館所蔵『柴田実関係資料』柴田I–2–546)
(86)註(82)に同じ。
(87)京都大学事務局『学報』号外、一九五四年三月三一日。
(88)『評議会議事録　昭和三十年昭和三十一年』(京都大学大学文書館所蔵、MP00010)。
(89)羽田貴史『戦後教育改革』玉川大学出版部、一九九九年、一一一頁。
(90)註(53)に同じ、三二五頁。
(91)「〔総長会議議事メモ〕」(京都大学大学文書館所蔵『鳥養利三郎関係資料』MP70143)。
(92)註(89)に同じ、一一四頁。
(93)『京都新聞』一九四八年七月二三日付。
(94)京都大学教育学部四十年記念誌編集委員会編『京都大学教育学部四十年記念誌』一九八九年、二二五頁。
(95)註(94)に同じ、二・三一五頁。
(96)註(94)に同じ、六頁。
(97)『京都新聞』一九四五年一一月二日付。
(98)京都大学食糧科学研究所『京都大学食糧科学研究所五十年史』一九九六年、二頁。
(99)『官制改正関係書類　自昭和二十一年至同二十三年』(京都大学大学文書館所蔵、MP00339)。
(100)註(99)に同じ。
(101)京都大学人文科学研究所『人文科学研究所50年』一九七九年、七二頁。
(102)『教授会議事録　昭和二十年』(京都大学大学文書館所蔵、02B03378)。
(103)佐々憲三「発刊の辞」(京都大学防災研究所編『京都大学防災研究所十年史』一九六一年)。
(104)京都大学百年史編集委員会編『京都大学百年史　部局史編三』一九九七年、六二頁。
(105)『朝日新聞』一九四九年一一月一七日付。
(106)註(104)に同じ、一五八頁。
(107)『評議会関係書類　自昭和二十七年一月至同年六月』(京都大学大学文書館所蔵、MP00058)。
(108)寺﨑昌男『日本近代大学史』東京大学出版会、二〇二〇年、三四一頁。
(109)註(23)に同じ、五二頁。

（110）註（19）に同じ、三〇七頁。
（111）「新制大学院設置構想」（国立教育政策研究所教育図書館所蔵『戦後教育資料』EF10000551）。
（112）「国立大学大学院編成方針（案）」（国立教育政策研究所教育図書館所蔵『戦後教育資料』EF10000564）。
（113）『新制大学院設置認可関係書類　第一巻　昭和二十八年』（京都大学大学文書館所蔵、01A00220）。
（114）『新制大学院設置認可関係書類（五巻）　昭和二十九年』（京都大学大学文書館所蔵、01A00224）。
（115）京都大学事務局『学報』号外、一九五三年四月一八日。
（116）京都大学事務局『学報』第二六八三号、一九五五年二月二五日。
（117）『学内達示書類　自昭和三十二年至同三十五年』（京都大学大学文書館所蔵、MP00315）。
（118）『協議会議事録　自昭和二十四年一月至昭和三十八年十二月』（京都大学大学文書館所蔵、01A00726）。
（119）『諸制規改正委員会関係書類　自昭和二十一年九月至同二十四年十一月』（京都大学大学文書館所蔵、MP00357）。
（120）註（118）に同じ。
（121）京都大学事務局『学報』号外、一九四九年九月一六日。
（122）『学長選挙一件書類　昭和二十四年』（京都大学大学文書館所蔵、01A01321）。
（123）京都大学事務局『学報』第二六〇五号、一九五一年九月二八日。
（124）『学長一件書類　昭和二十八年』（京都大学大学文書館所蔵、01A01323）。
（125）『評議会議事録　自昭和二十七年九月至昭和二十九年七月』（京都大学大学文書館所蔵、MP00009）。
（126）京都帝国大学庶務課『学報』第二四五三号、一九四六年二月一二日。
（127）京都帝国大学庶務課『学報』第二四五四号、一九四六年二月一九日。
（128）『教授会議事録　昭和二十一年』（京都大学大学文書館所蔵、02B03379）。
（129）註（127）に同じ。
（130）京都帝国大学庶務課『学報』第二四六八号、一九四六年五月二八日。
（131）京都大学職員組合編『京都大学職員組合結成50周年記念誌』一九九八年、四頁。
（132）京都大学事務局『学報』第二五四〇号、一九四八年八月六日。
（133）『朝日新聞』一九四八年七月二四日付。
（134）「〔ストに対する警告〕」（京都大学大学文書館所蔵『鳥養利三郎関係資料』MP70143）。
（135）「対組合問題」（京都大学大学文書館所蔵『鳥養利三郎関係資料』MP70143）。

(136) 註（132）に同じ。『学園新聞』一九四八年八月一六日付。
(137) 『学園新聞』一九四八年五月二四日付。
(138) 『学園新聞』一九四九年三月七日付。
(139) 木村作治郎「京大生協の誕生と初期の歩み」（『協同』第八巻第七号、一九六四年一一月六日）四頁。
(140) 『接収関係　昭二一・一〇～二七・七』（京都大学大学文書館所蔵、01A09222）。
(141) 註（140）に同じ。京都帝国大学庶務課『学報』第二四九五号、一九四七年一月二八日。
(142) 註（140）に同じ。京都帝国大学庶務課『学報』第二四九七号、一九四七年二月一二日。
(143) 註（140）に同じ。
(144) 註（11）に同じ、二三頁。
(145) 註（140）に同じ。『学園新聞』一九五二年七月七日付。
(146) 註（101）に同じ、八五頁。
(147) 『学園新聞』一九四七年九月二二日付。
(148) 京都大学附属図書館編『京都大学附属図書館六十年史』一九六一年、四七頁。『学園新聞』一九四八年三月一五日付。
(149) 註（102）に同じ。
(150) 『学園新聞』一九四六年六月一一日付。
(151) 『教授会記録　昭和二十年昭和二十一年』（京都大学大学文書館所蔵、03B00063）。
(152) 『学園新聞』一九四七年一〇月六日付。
(153) 「学生生活の実態」（京都大学大学文書館所蔵『鳥養利三郎関係資料』MP70143）。
(154) 註（2）に同じ、七一頁。
(155) 「同学会改組案概略送付ノ件」（京都大学大学文書館所蔵『学友会関係資料』MP70048）。
(156) 「［同学会規則改正ノ件］」（京都大学大学文書館所蔵『学友会関係資料』MP70048）。
(157) 『学園新聞』一九四九年一二月五日付。
(158) 「京都大学同学会規則書」（京都大学大学文書館所蔵『戦後学生運動関係資料Ｉ』MP70052）。
(159) 『学園新聞』一九五〇年一月一日付。
(160) 『厚生女学部卒業生不採用問題関係書類』（京都大学大学文書館所蔵、MP00129）。
(161) 『学園新聞』一九四九年四月一八日付。

(162)　註(160)に同じ。『学園新聞』一九四九年五月二三日付。
(163)　「全国学生大会々場不法使用に関する経過」(註(69)前掲『評議会議事録　自昭和二十四年至昭和二十五年』)。
(164)　『京都新聞』一九四九年六月四日付。
(165)　註(163)に同じ。
(166)　註(163)に同じ。
(167)　京都大学事務局『学報』第二五六〇号、一九四九年七月二九日。
(168)　『朝日新聞』一九四九年七月二〇日付。
(169)　『学園新聞』一九四九年一二月五日付。
(170)　京都大学事務局『学報』第二五八四号、一九五〇年一〇月二四日。
(171)　『京都新聞』一九五〇年一〇月二三日付朝刊。
(172)　註(170)に同じ。
(173)　「十一月二十五日及同二十七日の不法学生大会について」(註(69)前掲『評議会議事録　自昭和二十四年至昭和二十五年』)。
(174)　京都大学事務局『学報』号外、一九五〇年一一月二七日付。京都大学事務局『学報』号外、一九五〇年一一月二九日。
(175)　「十一月十二日京都大学行幸に際し生じた混乱について(第二次報告)」(『評議会議事録　自昭和二十六年一月至昭和二十七年七月』(京都大学大学文書館所蔵、MP00008))。
(176)　「公開質問状」(京都大学大学文書館所蔵『戦後学生運動関係資料Ⅰ』MP70049)。
(177)　註(175)に同じ。
(178)　『京都新聞』一九五一年一一月一三日付朝刊。『朝日新聞』一九五一年一一月一四日付朝刊。
(179)　『第十二回国会衆議院文部委員会議録第五号』一〇頁。
(180)　『第十二回国会衆議院法務委員会議録第十五号』。『第十二回国会衆議院文部委員会議録第八号』。『第十二回国会衆議院法務委員会議録第十七号』。
(181)　京都大学事務局『学報』第二六〇八号、一九五一年一一月二七日。
(182)　註(181)に同じ。
(183)　京都大学事務局『学報』第二六二一号、一九五二年五月三一日。京都大学事務局『学報』号外、一九五二年七月四日。
(184)　註(183)前掲『学報』号外。

(185)『学園新聞』一九五三年六月二二日付。
(186)『学園新聞』一九五三年六月二二日付。
(187)『学園新聞』一九五三年二月九日付。
(188)『京都新聞』一九五三年一一月七日付朝刊。
(189)京都大学同学会・京大処分撤回対策委員会『平和な学園を希うゆえに』一九五三年（京都大学大学文書館所蔵『戦後学生運動関係資料II』MP70053）九頁。
(190)『京都新聞』一九五三年一一月一二日付朝刊。
(191)京都大学事務局『学報』第二六五七号、一九五三年一二月一一日。
(192)『評議会議事録　自昭和二十九年七月至昭和三十三年七月』（京都大学大学文書館所蔵、MP00011）。
(193)京都大学事務局『学報』第二六八〇号、一九五四年一二月二四日。
(194)『京都新聞』一九五五年五月二四日付朝刊。『京都新聞』一九五五年六月四日付朝刊。
(195)『京都新聞』一九五五年六月四日付朝刊。『学園新聞』一九五五年六月六日付。
(196)京都大学事務局『学報』第二六八九号、一九五五年六月一七日。
(197)京都大学事務局『学報』第二六九〇号、一九五五年六月三〇日。
(198)『朝日新聞』一九五五年六月一二日付朝刊。『京都新聞』一九五五年六月二〇日付夕刊。
(199)『学園新聞』一九四八年一〇月二五日付。
(200)『学園新聞』一九五三年九月二一日付。
(201)『学園新聞』一九五三年一〇月二六日付。
(202)京都大学事務局『学報』第三一九八号、一九六六年一一月四日。
(203)『学園新聞』一九五四年五月三一日付。
(204)註(196)に同じ。
(205)『学園新聞』一九五一年八月二七日付。
(206)『学園新聞』一九五一年五月二一日付。『学園新聞』一九五一年五月二八日付。
(207)『学園新聞』一九五一年八月一日付。
(208)『学園新聞』一九五一年七月一日付。京都大学同学会『京大生活のしおり』一九五四年（京都大学大学文書館所蔵『戦後学生運動関係資料II』MP70053）三七頁。

(209)『学園新聞』一九五二年二月四日付。

(210)筧久美子「仮女子寮（橋本記念館）の一時期、そして角南（厚生課長）先生」（京都大学創立九十周年記念協力出版委員会編『京都大学創立九十周年記念協力出版　京大史記』一九八八年）六四四頁。「川合一良氏・葉子氏「同学会・原爆展・女子学生懇親会等について」」（『京都大学大学文書館研究紀要』第五号、二〇〇七年）六七頁。

(211)『学園新聞』一九五四年五月二四日付。『学園新聞』一九五四年一〇月一一日付。

(212)京都大学事務局『学報』第一八二二号、一九五九年六月一二日。

第二章　拡大期

一九五六〜一九六九年の概観

本章で主に対象としている一九五六（昭和三一）年から一九六九年までの京大の状況を概観すると次のとおりである。

まず学部では、一九六〇年三月三一日公布の法律第一六号によって薬学部が設置されている。これは一九三九年に設置された医学部薬学科が独立したものである。附置研究所としては、一九五六年三月二四日公布の法律第二六号によってウイルス研究所が、一九六二年三月二九日公布の法律第三六号によって経済研究所が、一九六三年三月三一日公布の法律第六九号によって数理解析研究所と原子炉実験所が、一九六七年五月三一日公布の法律第一八号によって霊長類研究所が設置されている。また一九六七年五月三一日公布の法律第一八号によって結核研究所が結核胸部疾患研究所に改組されている。センターとしては、東南アジア研究センターが一九六三年一月八日に学内措置で設置され、一九六五年三月三一日公布の文部省令第一七号によって法制化された。次いで一九六六年四月五日公布の文部省令第二二号によって保健管理センターが、一九六九年六月一一日公布の文部省令第一八号によって大型計算機センターが設置された。

各学部における学科の設置および改編は左記のとおりである。

教育学部　教育学科設置（一九六四年二月二五日）

経済学部　経済学科設置（一九五九年四月二一日）、経営学科設置（同）

理学部　生物物理学科設置（一九六七年四月二二日）

薬学部　薬学科設置（一九六〇年四月一日）、製薬化学科設置（一九六一年四月一日）

工学部　衛生工学科設置（一九五八年四月一日）、原子核工学科設置（同）、数理工学科設置（一九五九年四月一日）、精密工学科設置（一九六〇年四月一日）、合成化学科設置（同）、金属加工学科設置（一九六一年四月一日）、電気工学第二学科設置（同）、化学機械学科を化学工学科に改編（同）、繊維化学科を高分子化学科に改編（同）、機械工学第二学科設置（一九六二年四月一日）、交通土木工学科設置（一九六三年四月一日）、建築学第二学科設置（一九六四年四月一日）、鉱山学科を資源工学科に改編（同）、燃料化学科を石油化学科に改編（一九六六年四月五日）

農学部　林産工学科設置（一九六五年三月三一日）、食品工学科設置（一九六七年四月二二日）

学部ごとの講座数の変遷は表2-2-1のとおりである。全体の講座数が増加しているが、そのなかでも工学部の増加ぶりが突出している。

学部および大学院研究科ごとの入学者数の変遷は表2-2-2と表2-2-3のとおりである。講座と同様、全学的に増加しているが工学部・工学研究科の増加が目立つ。全学部の入学者のなかで工学部の占める割合が一九五六年には二六・六％だったのが、一九六九年には三七・一％に達している。

教職員数の変遷は表2-2-4のとおりである。教員・職員ともこの時期大幅に増えているのが分かる。

表２－２－１　講座数（1956～1969年）

	文	教育	法	経済	理	医	薬	工	農	計
1956	35	10	33	15	39	37	—	69	37	275
1957	35	10	33	16	40	37	—	72	37	280
1958	35	11	33	16	41	37	—	72	37	282
1959	35	11	33	16	43	37	—	75	37	287
1960	36	11	33	16	43	30	7	79	37	292
1961	36	11	33	16	43	32	8	90	37	306
1962	36	11	33	17	45	32	10	104	37	325
1963	36	11	33	17	45	32	10	111	38	333
1964	36	11	33	17	50	33	13	127	38	358
1965	36	12	33	17	55	33	13	133	38	370
1966	37	12	33	17	59	33	13	139	41	384
1967	37	12	35	17	60	34	13	145	43	396
1968	37	12	36	17	62	34	13	147	46	404
1969	38	12	37	17	64	34	13	154	48	417

・京都大学百年史編集委員会編『京都大学百年史　資料編３』2001年、44頁より作成。

表２－２－２　学部入学者数（1956～1969年）

	文	教育	法	経済	理	医	薬	工	農	計
1956	121	41	248	200	112	189	—	385	153	1449
1957	120	48	261	199	122	190	—	424	151	1515
1958	120	50	272	199	122	194	—	471	149	1577
1959	163	48	272	199	159	196	—	510	167	1714
1960	165	51	272	200	172	154	38	617	172	1841
1961	198	48	271	198	171	155	78	760	178	2057
1962	205	50	273	220	195	188	80	795	208	2214
1963	201	50	270	220	230	83	80	829	203	2166
1964	202	49	271	219	258	80	80	868	208	2235
1965	203	50	271	220	255	110	82	882	238	2311
1966	201	50	337	220	259	109	81	909	244	2410
1967	204	51	334	221	292	108	80	909	283	2482
1968	203	51	337	220	282	107	81	932	299	2512
1969	205	50	331	225	284	107	81	932	294	2509

・京都大学百年史編集委員会編『京都大学百年史　資料編３』2001年、484頁より作成。
・医学部の1959年度までは医学部専門課程・医学部進学課程・薬学科の合計。1960年度から1962年度までは医学部専門課程・医学部進学課程の合計。

表2－2－3　大学院入学者数（1956～1969年）

	文		教育		法		経済		理	
	修士	博士	修士	博士	修士	博士	修士	博士	修士	博士
1956	79	1	16		14		7		57	
1957	86	1	15		18		10		46	
1958	69	49	9	7	8	7	6	6	65	34
1959	75	53	20	7	11	9	4	9	58	36
1960	68	48	12	7	13	2	5	7	59	42
1961	59	51	11	6	11	4	11	2	67	29
1962	46	41	17	6	11	9	3	6	64	36
1963	68	46	15	7	17	4	13	12	104	53
1964	73	35	18	8	15	4	10	2	109	45
1965	82	38	14	9	16	7	11	12	131	65
1966	100	44	22	10	20	5	11	8	143	79
1967	95	60	24	13	27	8	10	9	131	85
1968	99	61	18	10	20	9	10	11	137	84
1969	89	58	25	12	19	16	18	10	151	91

	医	薬		工		農		計	
	博士	修士	博士	修士	博士	修士	博士	修士	博士
1956	34	18		141	1	58		390	
1957	34	16		119	2	48		358	
1958	52	15	11	154	25	53	25	379	216
1959	57	12	7	173	26	45	22	398	226
1960	58	15	7	166	24	43	25	381	220
1961	71	12	6	206	31	43	20	419	220
1962	69	16	8	253	30	49	26	459	232
1963	65	18	7	301	43	70	26	606	263
1964	72	20	7	335	55	76	25	656	253
1965	78	32	7	381	79	99	34	766	329
1966	41	34	9	412	71	103	46	845	313
1967	25	29	17	430	104	91	55	837	376
1968	25	32	18	449	86	102	56	867	360
1969	0	36	18	459	91	107	47	904	343

・京都大学百年史編集委員会編『京都大学百年史　資料編３』2001年、540頁より作成。
・空欄は不明を示す。

表２－２－４　教職員数（1956～1969年）

	総長	教授	助教授	講師	助手	その他の職員	計
1956	1	328	303	146	593	1790	3161
1957	1	328	318	134	594	1787	3162
1958	1	336	351	131	598	1792	3209
1959	1	345	375	131	581	1898	3331
1960	1	353	390	130	586	1953	3413
1961	1	369	407	129	612	2015	3533
1962	1	379	427	120	629	2296	3852
1963	1	439	464	132	709	2815	4560
1964	1	456	479	129	768	2953	4786
1965	1	484	518	122	850	3160	5135
1966	1	526	537	129	912	3240	5345
1967	1	535	541	129	963	3268	5437
1968	1	558	558	131	993	3350	5591
1969	1	559	564	125	1015	3361	5625

・京都大学百年史編集委員会編『京都大学百年史　資料編３』2001年、420頁より作成。

第一節　高度経済成長下の拡大

理工系拡充政策

一九五〇年代半ば以降、経済界などから科学技術教育振興を求める意見が活発に出されるようになる。一九五六年一一月九日、日本経営者団体連盟は「新時代の要請に対応する技術教育に関する意見」を公表し、先進諸国における原子力産業・電子工業の勃興やオートメーションの普及とそれらに備えた技術者の計画的な養成に危機感を表明したうえで、日本の大学の「法文系偏重の風」を改めて理工系教育の改善を図ることを求めた。[1] 翌一九五七年一一月一一日には文部大臣の諮問機関である中央教育審議会が、この年四月二七日付の諮問に答えて「科学技術教育の振興方策について（答申）」を公表した。ここでは科学技術系学部卒業者の質的向上が求められるとともに、物理・化学・機械・電気・応用化学・化学工学などの基礎的な学部・学科をはじめ、原子力・電子工学など「最近特に躍進した科学技術」に対処するための養成計画を樹立することなどが要望された。[2] こうした動きを受けて文部省は一九五七年度から一九六〇年度までで国公私立大学の理工系学部学生八〇〇〇名の増募計画をたて、結果的にそれはほぼ実行された。[3]

続いて一九六〇年一一月一日には総理大臣の諮問機関である経済審議会が「国民所得倍増計画」を答申し、そのなかで一〇年間の国民所得倍増計画期間内に一七万人の科学技術者不足が見込まれるとして、理工系大学学生定員の増加計画確立が求められた。[4] 国民所得倍増計画は池田勇人内閣により閣議決定され、文部省は一九六一年度から七年で理工系学生一万六〇〇〇名を増募する計画を立てた。[5] しかし科学技術庁による一九六一年三月一一日付「科学技術者の養成にかんする勧告」が、この計画では国民所得倍増計画が求めている増員を充たすことは到底困難との指摘をしたことを受け、[6]四年で二万人と増募の規模を拡大した。[7]

本章冒頭でみたような京大における工学部を中心とした拡大も、こうした政策動向を背景にしていることはいうまでもない。

薬学部

薬学関係の研究教育組織としてはすでに一九三九年三月に医学部薬学科が置かれ、一九五二年現在では七講座が所属していた。また、一九五三年三月には新制の薬学研究科も設置されていた。

一九五〇年代後半に入ると薬学部の設置を求める動きが強まってきた。一九五七年八月には文部省に学部昇格の予算要求を行ったとの新聞報道もあった。[8]ちょうどこのころ、附属病院西構内の北隣にあった京都織物株式会社が所有地の一部を手放し、その地を京大が買収すると、学部設置の機運が高まり、一九五八年四月には山本俊平医学部長を委員長とする薬学部創設準備委員会が設置された。[9]文部省に提出された薬学部設置認可申請書には、設置の理由として①近年の薬学領域の急激な進歩発達に伴い教育内容が非常に拡大されたこと、②新制発足以後医学部医学科・大学院医学研究科とは教育年限・研究組織の点で全く異なるようになっていること、③戦後日本の重要産業となった医薬品工業の水準を高度に維持するためには基礎的な教育研究の場を拡充する必要があること、が挙げられていた。[10]

薬学部は一九六〇年三月三一日に設置され、医学部薬学科の七講座がそのまま薬学部に移行した。学部長には富田真雄教授が就任した。施設としては、当初医学部構内にあった薬学科以来の建物を使用していた（一九六二年一二月二九日に焼失）[11]が、一九六六年三月京都織物株式会社の敷地跡に新たに本館が完成した。[12]

附置研究所・センターなどの設置

一九五六年四月にウイルス研究所が設置された。一九三〇年代後半から新たな進展をみせていたウイルス学は戦後その研究のテンポを速め、日本においても一九五二年には日本ウイルス学会が日本細菌学会から独立するに至っていた。そうしたなか、文部大臣の諮問機関である国立大学研究所協議会に戦後日本における学問の進展に沿って新たな研究所を建設する必要について諮問があり、同協議会は海洋、癌、ウイルスの三分野が重要かつ緊急に設置を要する研究所であると答申した。[13]また同協議会は、一九五五年八月二日に京大にウイルス研究所を設置すべきとの答申を行い、[14]その結果研究所の設置に至った。設置当初は病理と物理の二部門が置かれ、所長には木村廉医学部教授が就任した。

一九六二年四月に経済研究所が設置された。その前史は、一九四九年一二月六日の経済学部における財団法人経済研究所の設置準備開始までさかのぼることができる。一九五五年には関西財界の支援を受けて総合経済研究所が任意団体として発足し、経済現象の科学的分析のための実証的研究を経済学部教員が共同で行うようになった。[15]総合経済研究所は一九六〇年一〇月には財団法人となったが、さらなる総合的な研究体制の構築が求められ、経済研究所の設置につながった。一九六二年一月一六日に文部省に提出された「京都大学附置経済研究所設立理由」には、戦後発展を遂げている日本経済に最適の経済組織や産業発展の法則性を究明するために産業構造の総合的・実証的研究が求められているとして、多くの専門分野の協力を得やすい総合大学に附置された研究所を設ける必要があると述べられていた。[16]発足時には産業構造と比較産業の二部門が置かれ、二年後の一九六四年に地域経済と資源経済、一九六六年に計画経済と産業統計の各部門が置かれた。所長には岸本誠二郎経済学部教授が就任した。

一九六三年四月に数理解析研究所が設置された。一九五四年ごろから産業復興に数理科学の振興が必要との観点から、数学関係者の間で研究所設立の声が起こっていた。[17] 日本学術会議で具体的な審議が行われ、一九五八年四月一八日の第二六回総会において数学およびその応用に関する研究などを行う研究所を大学附置または国立で設置することが決議された。[18] その後、引き続き文部省や日本学術会議で具体的な内容が検討されるなかで京大附置という案が浮上し、一九六一年四月二八日に京大側と日本学術会議に置かれた数理科学小委員会が会談して合意に達した。[19] 作成された「数理解析研究所設立の趣旨」には、数学を利用する実際的分野の範囲が急速に拡大している現状を踏まえ、純粋数学の一部に加え応用数学および科学技術の最も基礎的な部門も包含した一大領域を「数理解析」と称し、その研究には総合的な研究所としての性格が不可欠であるとしている。[20] 数理解析研究所は全国共同利用研究所として設置され、当初基礎数学と作用素論の二部門が置かれ順次拡大していった。所長には福原満洲雄教授が就任した。

一九六三年四月の原子炉実験所設置の要因としては、研究用原子炉の設置を求める政策があった。一九五六年九月六日、総理府に置かれていた原子力委員会が発表した「原子力開発利用長期基本計画」には、「大学における基礎研究および教育のための原子炉はさしあたり関西方面に一基を設置」するとされた。[21] 一方、これに先立つ一九五五年には工学研究所が研究用原子炉設置に関する概算要求をすでに作成していた。[22] こうした動きを受けて文部省は一九五六年一一月、京大に原子炉設置準備委員会を設置して原子炉設置計画の検討に当たらせることにした。[23] 設置準備委員会は原子炉の候補地について検討した結果、一九五七年一月九日に宇治市木幡と定めて発表したが、[24] 淀川を水源とする市町村の強い反対に遭い八月には撤回に追い込まれた。[25] その後、高槻市阿武山、大阪府交野町星田地区、同四條畷町が相次いで候補地とされたが、いずれも近隣住民の反対によって設置が実現することはなかった。

一九六〇年に入ると、革新系代議士の斡旋で大阪府・大学関係者に従来原子炉設置に反対していた諸団体の代表も加わって大学研究用原子炉設置協議会が発足した（四月一一日）[26]。同協議会は大阪府泉南郡熊取町朝代地区を候補地として発表し、隣接する泉佐野市の反対期成同盟との間で一九六一年一一月一七日に安全対策に関する覚書をかわし、[27]設置場所が決定するに至った。同年一二月に始まった建設工事は一九六四年に終了、六月二五日には臨界実験に成功した。[28]その工事の最中の一九六三年四月に原子炉実験所は全国共同利用研究所として京大に附置され、所長には木村毅一教授が就任した。

一九六七年六月には霊長類研究所が設置された。一九五〇年ごろから京大ではニホンザルの研究が行われるようになり、その一方では一九五六年には愛知県犬山市に財団法人日本モンキーセンターが設立されるなど、霊長類学研究の機運が高まりつつあった。そうしたなか、一九六四年四月には日本学術会議第四一回総会において霊長類研究所の設立が勧告された。[29]この勧告を受けて文部省に置かれていた学術奨励審議会の学術研究体制分科会で審議が行われ、一九六五年七月三一日付で同会より文部大臣に対し、霊長類研究所を京都大学附置の共同利用研究所として設置すべきとの報告がなされ、[30]具体的な設置準備が開始された。京大が作成した「霊長類研究所創設理由書」には、「霊長類の本質を行動、社会、形質、生理、遺伝等の各方面より追求し、その系統を解明することによつて」「人類誕生とその系譜のなぞを解くこと」が研究所の最大の目標とされた。[31]敷地については、研究所と密接な関係をもつ日本モンキーセンターに隣接する土地を名古屋鉄道株式会社から寄附され、[32]これとは別にニホンザルの群れが生息する宮崎県幸島に幸島野外観察施設が置かれた。所長には近藤四郎教授が就任した。

東南アジア研究センター設置の契機は、一九五八年の秋ごろから平沢興総長の要請で関係学部長と東南アジアを対象とする総合研究の推進について議論が行われ、東南アジア研究委員会が組織されたことにあった。その後具体的な研究が学内で行われるようになり、一九六二年六月には東南アジア研究計画準備委員会が発足し研究の組織化について検討が始まった。東南アジア研究委員会による「東南アジア研究センター設立趣意書」には、現在の日本と東南アジア諸国との間の密接な関係を考えると、東南アジアに関する長期にわたる総合的研究が不可欠であり、それは戦時中に行われたような「特殊な政策目的のための研究」ではなく、真に客観的・学術的に行われるべきと強調され、研究課題としては「近代化」、研究方法としては「地域研究」が提唱されていた。(33)

京大の東南アジア研究にはアメリカのフォード財団の支援があった。一九五九年一月にはフォード財団のジョン・スコット・エバートンが来学して東南アジアの総合研究について平沢総長と意見交換を行い、(34)一九六一年には同財団の援助による現地調査も行われていた。(35)こうした動きに対して、職員組合・大学院生協議会・同学会・学生対策会議は東南アジア研究センター問題対策協議会を結成し反対運動を展開した。(36)対策協議会は、研究計画が資金、研究方法、準備過程において自主性を欠き、アメリカの対外政策に奉仕する性格をもったものであると主張していた。(37)東南アジア研究センター設置について審議した一九六三年一月八日の評議会では、組織運営については自主・民主・公開の三原則を守ること、国費以外の資金援助を受ける場合には大学の自主性を損なうことのないよう十分留意すること、などとする方針を確認のうえ、設置が承認された。(38)東南アジア研究センターは、まず学内措置で置かれ、次いで一九六五年には法制化された。所長には岩村忍人文科学研究所教授が就任した。

学生に対する診療施設としては京大創立当初は寄宿舎に医局が置かれたのにとどまっていたが、一九二四

（大正一三）年三月一七日に学生健康相談所が開設された。[39] その後一九四九年八月二五日の分課規程改正によって同所は保健診療所に改編され、職員学生生徒の検診・診療・健康管理および学校衛生に関することを担当するようになった。[40] 一九六六年四月になって東京大学・島根大学・長崎大学とともに京大に保健管理センターが置かれたが、その背景には各大学におけるこうした診療・保健管理に関する組織の横のつながりがあったものと考えられ、以後同様のセンターが多くの大学に置かれるようになった。保健管理センターが設置された結果、一九六六年六月二一日の分課規程改正により同センターが学生・職員の健康管理を担当し、保健診療所は診療を主たる業務とすることになった。[41] 保健管理センターの所長には宮田尚之教授が就任した。

京大では一九六一年に電子計算機室が開設され、電子計算機システムＫＤＣ-Ⅰによる学内計算サービスを行っていたが、その計算処理能力は学内の要求には不充分であったので、一九六六年四月一日に学内措置で計算センターが置かれ新しい電子計算機システムＫＤＣ-Ⅱによるサービスが開始された。[42] その間日本学術会議は一九六三年四月の第三九回総会で全国共同利用の大型高速計算機設置などを決議し、[43] それを受けて一九六六年四月には東京大学に大型計算機センターが附置された。京大でも一九六六年に概算要求を提出、[44] それが認められ一九六九年四月に全国共同利用施設として大型計算機センターが設置された。センター長には石原藤次郎工学部教授が就任した。

一九六一年五月一九日公布の法律第八七号「国立工業教員養成所の設置等に関する臨時措置法」によって、京大など九国立大学に工業教員養成所が附置された。「国立工業教員養成所の設置等に関する要項」によると、設置の理由は一九六三年度以降に予想される高等学校生徒数の急増と国民所得倍増計画による初級技術者需要の増加にともない、高等学校工業教員の新規需要が急速に拡大することが挙げられている。入学定員は九大学の工業教員養成所合計で八八〇名、うち京大には一二〇名が割り振られた。入学資格は大学と同じく高等学校卒業だが、修業年限は三年で卒業者に高等学校工業教員の資格を与えるとされた[45]。施設は、ちょうど吉田に統合されて廃止となった宇治分校（後述）の跡地が使われた[46]。工業教員養成所は、当初から臨時の設置が想定されており一九六七年度に学生募集を停止、一九七〇年三月に廃止になった[47]。

教養部

一九五五年度から、教養部では一般教育科目など二年間での所定の単位を取得しない学生に専門課程への進学を認めない、いわゆる留年制を導入した。一九五四年九月二二日の教養部教授会で、学部長会議において一般教育科目の履修について話し合いがあったとの報告が部長からあり、審議が行われ方向性が決定された[48]。ただし、不足単位数が各学部の定める範囲内（例えば文学部では二年間で修得すべき六〇単位のうち四単位以下、理学部では同じく七六単位のうち一六単位以下）に収まる者は仮進学が特に認められるとされた[49]。制度が導入されて最初の専門課程への進学となる一九五七年度には、全学で一三三四名の二回生のうち進学者が一〇一五名（七六％）、仮進学者二二一名（一七％）、不進学者八四名（六％）という結果が出た（他に休学一四名）[50]。以後、全体の学生数増加もあったが不進学者数は増え続け、一九六〇年代半ばの新聞には学生と教師との関係の希薄化、学生の授業出席軽視の風潮など、一般教育への懸念を示す記事が見られるようになっていた[51]。

宇治分校発足時から問題となっていた吉田分校との統合は、すでに述べたように（本編第一章第二節参照）吉田へ一本化する方針が決まっていたが、校舎の増設がなかなか進まず、一九五九年三月の教養部A号館（旧第三高等学校本館）増築、一九六一年三月の教養部D号館新築を経てようやく実現し、一九六一年五月一日に宇治分校が廃止された[52]。

一九六三年四月には教養部が法制化された。法制化を主導したのは国立大学協会であり、その背後には学部に準じる部局として制度上認められることを要望する教養部の要求があった。[53] 中央教育審議会が大学教育全般について審議し、一九六三年一月二八日付で文相に提出した「大学教育の改善について（答申）」の中でも「自主性と責任をもつ組織」を「教養部として制度的に認めうるようにする必要があろう」と法制化を求めていた。[54] こうした動きを受け一九六三年三月三一日公布の法律第六九号によって教養部が法律に定める組織となり、四月一日公布の文部省令第一一号によってまず京大など国立四大学に法制化された教養部が設置され、以後合計三一国立大学に順次設置されていった。これにより従来学内措置だった教養部の位置づけは確立したが、その反面いわゆる横割りの体制は固定化することになった。

総長選考基準の改正

一九五七年一一月二四日に総長選挙が実施され平沢興医学部教授が候補者に選出され、[55] 平沢は一二月一六日付で総長に就任した。平沢は一九六一年一一月二六日実施の選挙で総長候補者に再選されている。[56] 次いで、一九六三年一一月一七日に実施された選挙では奥田東農学部教授が選出され、[57] 一二月一六日付で総長に就任した。

総長選挙が近づくと、職員組合や学内の有志などから、教授に限定されていた選挙有資格者の拡大を求める声が出ていることが報道されていたが、[58] このころまで改正の動きはなかった。しかし学内諸制度に関する重要事項を審議するため一九六三年七月二日に設置された大学制度委員会において総長選考基準について検討が行われ、同委員会は一九六五年三月二三日、奥田東総長宛に「学内世論の動向に鑑み」総長選挙の資格者を助教授あるいは専任講師まで拡大するよう求める報告を提出した[59]。

これを受けて協議会で検討された結果[60]、一九六六年六月二一日付で新しい「京都大学総長選考基準」が制定された。これによると被選挙資格者が専任教授と総長であることは変わらないが、選挙資格者が専任の教授・助教授・講師となった。投票の手順では、従来第一次投票が三名連記で一〇名選出となっていたのを、二名連記で一五名選出に改正された[61]。翌一九六七年一一月一二日、新しい選考基準によって行われた最初の選挙では奥田東が再選され[62]、続いて一九六九年一一月一六日の選挙では前田敏男工学部教授が選出され[63]、一二月一六日総長に就任した。

創立七十周年記念事業

一九六七年に京大が創立七〇周年を迎えるにあたり、諸種の記念事業を行おうという機運は一九六二年ごろからあり、一九六四年五月には立案母体として創立七十周年記念事業準備委員会が設置された[64]。準備委員会は、一九六五年六月二二日の評議会で実行委員会に改組され[65]、さらに具体的な検討が進められた。その結果一九六六年一月二五日の評議会において、①記念式典挙行、②『京都大学七十年史』編纂、③体育館建設、④大学会館建設、⑤教員の海外派遣・海外学術研究交流を支援する奨学資金設定、の五点を柱とする記念事業案が承認された[66]。また、こうした事業に要する経費として二〇億円を想定し、その募金にあたる組織として京都大学創立七十周年記念事業後援会が一九六六年七月一八日に設立された[67]。

記念式典は一九六七年一一月三日に京都会館で挙行された。さらに翌四日には早石修医学部教授と吉川幸次郎名誉教授による記念学術講演会と記念音楽会が、五日には宇治総合グラウンド開場式が行われた[68]。『京都大学七十年史』も一一月三日に刊行された。京都大学の歴史を世界・日本の歴史的発展に相即させて把握する観点に立つこと、明暗すべての歴史を客観的に記述すること、を目指して執筆され、[69]「第一編　総説」「第二編　学部および教養部」「第三編　附置研究所その他」「第四編　附属施設その他」という構成でB5判一三一六頁となった。

総合体育館は西部構内に建設され、一九七二年三月九日に竣工式が挙行された。一般教育課程の体育実技、運動部の課外体育活動のほか入学宣誓式・卒業式・創立記念式といった式典にも使用されることになり、合わせて付属プールも建設された。[70] また、奨学資金は財団法人による管理運用を行うことになり、一九七四年六月四日に財団法人京都大学創立七十周年記念後援会が設立され、募金から五億五〇〇〇万円を受け教官の海外派遣・海外からの研究者招聘・海外派遣学術調査などの助成を行うことになった。[71] 大学会館は、当初大学構内に建設する計画が立てられたが、結局関西電力株式会社から敷地の提供を受け、一九七八年一〇月二八日本部構内から程近い京都市左京区吉田河原町に竣工し京大会館と名づけられた。[72] 講演室・会議室・宿泊室にレストランも備え、学術研究活動や同窓生との交流を行うことのできる施設であり、財団法人京大会館楽友会が運営にあたった。

なお、創立七十周年記念事業には同窓生、法人などから最終的に約一八億円が寄せられた。[73]

キャンパスの整備

教養部が吉田に統合された後の宇治構内には、理工系の研究所が置かれることになった。一九六四年六月二三日の評議会では、木材、防災、工学、化学、食糧科学の各研究所より宇治に移転する旨申し出があったので実現に配慮するとされたが[74]、すでに一九五九年九月には宇治分校跡に各研究所を集める計画があると報じられており[75]、実際には以前から検討されていたものと思われる。各研究所が共同利用する宇治地区研究所本館は一九六六年に竣工した。

この時期、理工系を中心とした拡大に合わせて多くの建物が建設された。一九六〇年代に竣工した工学部の主要建築物は表2-2-5に示したが、そのほかにも教育学部本館（一九六五年竣工）、教養部D・F号館（一九六一年竣工、現吉田南2号館）、教養部E号館（一九六三年竣工、現吉田南4号館）、農学部総合館（一九六七年竣工）、附属病院外来診療棟（一九六二年竣工、現存せず）、薬学部本館（一九六三年竣工、現薬学研究科本館）、結核胸部疾患研究所本館（一九六七年竣工、現南部総合研究1号館）、ウイルス研究所本館（一九六七年竣工、現ウイルス再生研2号館）など、部局の中心的な建物が次々と建てられた。

一九六八年一一月五日の評議会では、奥田東総長から施設整備に関する長期計画を作成中であり、今後建築委員会で審議するにあたり学内各方面の意見を聴きたいので試案を公開したい旨発言があり、了承された[76]。奥田によると、長期計画は一九六三年に一度作られており、それを参考に作成しているということであった。一九六三年の案とは、翌一九六四年に『京都大学新聞』に掲載されたものと思われるが、そこでは「従来の赤レンガ造り、木造もしくは平屋建築を撤去、ほぼ鉄筋コンクリート四階建のいわゆる「合同庁舎」方式」が採用されていた[77]。今回の総長試案も、残されている図面をみるとそうした方針は踏襲されている。本部構内では本部本館、法学部及経済学部本館、工学部土木工学教室以外の古い建物は取り壊されることになっているほか、吉田寮は三〜四〇〇名収容の新寮に建て替え、教養部グラウンドの南側には体育施設・福利施設を置くなど大幅なキャンパスの改造が考えられていた[78]。このなかには、工学部の一連の建物や西部構内の体育館など実現したものもあったが、大学紛争や一九七〇年代のオイルショックなどの影響もあり多くは計画どおりにはならな

写真２－２－１　一部が竣工した工学部４号館（1967年ごろ）
手前の建物は理学部化学教室。このあと取り壊され、工学部４号館が増築された。

表２－２－５　1960年代竣工の工学部主要建築物

名称	竣工年	現在の名称
工学部坂記念館	1960	坂記念館
工学部１号館	1960	総合研究10号館
工学部４号館	1961	総合研究２号館
工学部６号館	1961	総合研究13号館・工学部総合校舎
工学部２号館	1962	総合研究12号館
工学部３号館	1963	総合研究９号館
工学部５号館	1963	総合研究４号館
工学部電気総合館	1963	工学部電気総合館
工学部７号館	1964	総合研究５号館
工学部土木総合館	1966	総合研究３号館
石油化学研究室実験室	1969	総合研究１号館

かった。なお、寮生はこの長期計画に強く反発し、一九六九年一月の学生部建物封鎖（本章第三節参照）の際その理由の一つとして挙げることになる。

第二節　学生生活

生活の諸相

すでに述べたように（本編第一章第四節参照）一九五五年六月に同学会による創立記念祭が禁止されたが、翌一九五六年四月二四日の評議会では、六月一八日の創立記念日とは別に五月二五・二六日を創立記念祝日として記念行事を大学主催で行うことが決定された。[79]初日の二五日には講演会と体育祭が、二日目の二六日には吉田グラウンドを会場に園遊会が行われ、仮設舞台で余興の披露があり、学生と教員とがビールで乾杯して歓談する風景が見られ、自然発生的にフォークダンスも始まったという。[80]

こうした記念行事は、以後五月中旬に開催され、学術講演会、映画鑑賞会、音楽会、園遊会、さらに年によっては運動会も行われており、『学報』によると一九六八年の開催まで確認できる。[81]一九六一年に入学した竹内洋の回想によると、このころの京大教養部には旧制高等学校の文化が濃厚に残っていたといい、[82]学生と教員との親密な関係もそうした雰囲気を示すものと考えられる。

学生部は一九五三年から厚生施策の基礎資料を得るため学生生活実態調査を行っていたが、一九六〇年度の報告書が残っておりそこからは学生生活の一端を垣間見ることができる。同調査は学部学生のうち五六六名、

写真２－２－２　園遊会の様子（1958年５月17日）
中央で旗竿を持っているのが平沢興総長、その左隣が木村作治郎学生部長。

大学院生のうち二二〇名を対象に一九六〇年一二月に実施されたものである。そのうち学部学生についていくつかの調査結果を取り上げると、住居については自宅三四・九％、寮六・二％、下宿間借アパートが五六・三％、その他二・七％で、自宅通学者は約三分の一にとどまっているが、女子学生に限定すると自宅通学者が四九・六％とほぼ半数となる。自宅外居住者の一カ月平均支出額は一万一二一〇円、主な内訳は食費五一〇〇円、住居費二一四八円、勉学費一四二九円、娯楽嗜好費九五七円である。さらにアルバイトについては、「必要としない」が三一・九％、「少し補えば何とかやっていける」が四二・七％、「学業を続けるために必要である」が二五・五％であった。[83]ちなみに、学生部厚生課による一九六〇年四月から一九六一年三月までの学生アルバイト職種別集計では、求人件数の最も多かったのが掃除・引越手伝（六七九件）で、以下家庭教師（五六七件）、雑役（三一五件）、事務一般（二四〇件）、襖張り（九〇件）、配達・運搬（八六件）、祭礼

表２－２－６　学生の学生運動認識と学生生活観（1961年）

（数字はいずれも％）

学生運動についてどういう態度をとっていますか

	1回生	2回生	学部
積極的に参加する	8	7	13
消極的に参加する	22	40	36
意義は認めるが参加しない	47	34	23
意義を認めない	15	11	19
わからない	7	6	6
無回答	1	2	3

現在の学生運動全体の状況をどうおもいますか

	1回生	2回生	学部
理論闘争を進め、どの派が正しいか大衆的に明らかにすべきだ	8	9	10
理論では対立しても、行動では統一すべきだ	14	20	20
理論闘争はナンセンス、まず統一をはかれ	9	5	6
一般学生から浮きあがっている	57	54	55
関心がない	7	7	3
わからない	5	2	3
無回答	0	0	2

あなたは講義によく出ておられますか

	1回生	2回生	学部
よく出席している	57	42	41
普通だ	37	34	37
必要不可欠のものだけ出席する	6	22	16
無回答	0	2	6

大学での勉強についてどういう態度でのぞんでおられますか

	1回生	2回生	学部
単に就職にさしつかえない程度に勉強する	2	7	4
大学の学問そのものに期待していない	4	8	3
社会進歩発展のための学問を進める	20	15	17
大学卒としてはずかしくない教養、技術を身につける	45	30	34
真理探究に徹底する	23	18	18
無回答	6	12	24

・『京都大学新聞』1961年６月５日付より作成。

員・エキストラ（六四件）の順になっている。[84]

一方学生の学生運動認識や学生生活観については、調査対象者がやや少ない（一回生四二一名、二回生二六八名、学部生二二一名）ものの、京都大学新聞社が一九六一年五月に実施した調査がある。[85]その一部をまとめたのが表2-2-6である。六〇年安保闘争後、学生運動は党派に分裂してゆくがその状況が調査結果にも反映されていると考えられる。また、講義への出席率は一回生がかなり高いうえに大学における勉強への期待度もかなり高く、意欲的な姿勢で勉強に取り組もうとしていたことが窺える。

一九六〇年前後の学生運動

一九五九年六月に全学自治会である同学会が四年ぶりに再建された。一九五五年六月の創立記念祭禁止と合わせて解散となっていた（本編第一章第四節参照）もので、一九五七年六月には再建準備会が発足し、[86]一九五八年六月には大学側の許可のないまま代議員選挙を実施するといった経緯もあった。[87]以後再建準備会と学生部との間に協議が重ねられた結果、一九五九年五月二二日から二八日にかけて再建同学会の規約などを問う全学投票が行われ、賛成四三六五、反対四八一で承認された。ただし反対意見の多くは任意加盟制を主張し、また賛成意見のなかにも政治活動偏重に反対する声があったという。[88]投票結果をうけて六月二〇日に第一回代議員会が開催され、同学会再建宣言が採択された。[89]

一九五〇年代末、岸信介内閣が進めた日米安保条約改定への学生や労働者による反対運動が展開されていた。特に、日本共産党から離れ共産主義者同盟（ブント）を結成した学生たちは全学連主流派となり、国会構内突入や岸首相訪米阻止のため羽田空港に突入するなど実力による激しい闘争を行った。新安保条約は一九六〇年一月に調印され、同年五月一九日の衆議院本会議で自民党が野党や与党反主流派欠席のまま同条約を採決したことによって、安保改定反対運動は議会主義擁護の運動へと拡大し、連日国会周辺などで大規模なデモが行われる事態となった。さらに六月一五日には全学連主流派が国会突入を図り、その際東京大学の学生一名が死亡するに至った。

京大では四月二六日に、安保改定に反対する学生によって吉田分校の授業放棄と時計台前での集会が実施された[90]。次いで五月二六日には教官二〇〇名を含む約三〇〇〇名の参加による全学大会が開催され、国会の即時解散を求める大会宣言を採択した[91]。さらに六月一五日の事件をうけ各学部はストライキ実施の構えを見せ[92]、そうした状況下一八日に予定されていた創立記念式典は「議会政治の混乱とそれに伴う社会不安」があるなか式典は不適当として中止になり[93]、平沢興総長は一八日議会主義・民主主義のすみやかな確立を訴える談話を発表した[94]。しかし、その後岸首相の退陣表明や授業再開を求める学生の声が高まったことなどによりストライキは中止され[95]、運動は次第に収まっていった。

寮をめぐる諸問題

薬学部設置に関連して京都織物会社用地の一部を京大が買収した際、その地にあった同社女性労働者の寄宿舎（一九二〇年竣工）を大学当局はそのまま引き継ぎ、吉田西寮として一九五九年から使用することになった[96]。しかし、増加する学生数に比べて寮の収容力が足りないことは明らかで、寮生は一九六三年一一月には新寮建設闘争委員会を組織し大学当局に増寮を求めて運動を展開した[97]。大学当局も増寮の実現を目指した結果、教育学部が本部構内に移転した跡地に鉄筋四階建て三棟からなる熊野寮を建設し、一九六五年四月に学生の入舎が

始まった。(98)

その一年前の一九六四年二月一八日、文部省は各国立学校長宛に「学寮における経費の負担区分について」という通達を出し、学寮の管理運営に要する経費のうち、寄宿料以外に寮生が私生活のために使用する光熱水費、炊事人の人件費などを寮生が負担することを求めた。(99) この通達には各地の国立大学寮生から反発の声が上がり、京大では一九六五年六月九日の寮生と総長の交渉の場で奥田東総長が負担区分方式の導入を表明すると、寮生は寄宿料（吉田寮・女子寮一カ月一〇〇円、熊野寮同三〇〇円）および水光熱費の不払闘争に入ることを宣言した。(100) 不払いの理由としては、負担区分原則が貧困学生の勉学を困難にし教育の機会均等が葬り去られようとしていること、その背景として独占資本の復活のもと「下層国民」に重い負担を強いる社会の構造があること、などが挙げられていた。(101)

入寮者の選考についても大学当局と寮生は対立した。一九六三年五月二一日の評議会において、一九五九年に定められていた「京都大学学生寄宿舎規程」が「寮生による自治的運営を明確にすることにより、寮の教育的機能を一層向上」させることを目的に改正された。具体的には、寮の管理は学生部長が行うが運営は「寮生の責任ある自治による」ものとされ、入舎希望者の選考は「寮生代表の意見をきいて、学生部長が行なう」と定められた。(102) しかし寮生は、一九六六年四月七日の学生部長との交渉で選考権を実質的にも形式的にも学生に渡すよう要求したように、入寮選考にあたって完全な自主権を求め、一九六八年五月の吉田寮・熊野寮の補充募集から大学当局の許可なく自主選考を開始するようになった。(104)

第三節　大学紛争

全国的動向

一九六〇年代後半、全国の多くの大学でいわゆる大学紛争が勃発した。この時期の学生運動が「大学紛争」と称されるのは、従前のそれとは違ういくつかの特徴があるからと考えられる。

特徴の第一は、紛争を経験した大学およびそれに参加した学生が非常に多数に上ったことである。一九六八年に紛争に突入した大学は一一六校に及ぶと報じられ[105]、一九六九年七月に警察庁が発表したところでは、この時点における紛争中の大学は一一二校にのぼっていた[106]。学生数については正確な統計があるわけではないが、一つの大学の集会や大学当局との交渉に数千人の学生が集まることも珍しくなかった。第二は、学生たちが大学を直接の攻撃対象としたことである。大学外の政治課題を掲げて展開されることの多かったそれまでの学生運動と異なり、学費値上げ、寮や学生会館の管理、学生に対する処分、医学部の臨床研修などさまざまな問題を契機に紛争が起こり[107]、学生たちと大学当局が厳しく対立する事例が頻出するようになった。第三は、学生たちの暴力的傾向が著しく強まったことである。従来の学生運動で行われていたデモやストライキに加えて、「大衆団交」やバリケード構築、封鎖と呼ばれた建物の占拠、施設・設備の破壊などが行われるようになった。さらにヘルメットや角材で武装した学生の実力行使は、機動隊に対してだけでなく次第に異なる党派に属する学生に対しても向けられるようになった。第四は、多くの大学で紛争の主体となったのが全学共闘会議（全共闘）と呼ばれる集団だったことである。全共闘は日本大学や東京大学の紛争によって社会的に知られるようになったもので、既成の自治会に拒絶反応を示し、直接参加、直接行動を目指した。東大の全共闘について「いくつかの政治党派の活動家と無党派の活動家の複雑な関係」で成り立っていたとする回想がある(108)が、各大学全共闘の構成は多様であったと考えられる。

こうした特徴をもつ大学紛争は、一九六五年一月の慶応義塾大学における学費値上げ反対闘争を皮切りに、一九六六年以降早稲田、明治、中央など首都圏の大規模私立大学において学費値上げや学生会館管理などをめぐって次々と勃発し、さらにインターン制の問題を学生が取り上げた東京医科歯科大学や、移転をめぐって学内が対立した東京教育大学など国立大学にも広がっていった。

他方、この時期には新左翼党派による激しい街頭闘争も展開されていた。南ベトナムなどへの訪問に向かう佐藤栄作首相の出発を阻止しようと一九六七年一〇月八日に羽田空港付近で学生が機動隊と衝突した第一次羽田事件（このとき京大文学部の学生一名が死亡した）、佐藤首相の訪米を阻止しようと再び機動隊と衝突した一一月一二日の第二次羽田事件、アメリカ原子力空母エンタープライズの佐世保寄港に反対するデモ隊と機動隊が衝突した一九六八年一月一五日から一九日にかけての佐世保事件など、大規模な衝突事件が続発した。

そうした状況のなか、一九六八年には日本大学や東京大学で全学的な紛争が始まり社会的な注目を集めた。一九六九年一月一八・一九日の機動隊による東大安田講堂封鎖解除は大きく報じられ、一九六九年度の東大の入試は中止される事態となった。一九六九年に入ると京大、立命館大学、広島大学など首都圏以外の地域の大学にも紛争は一気に拡大し、「大学の運営に関する臨時措置法」（後述）の審議が始まるとさらに紛争校は増加した。

しかし、八月一七日の同法施行以後紛争校の数は急減することになる。その背景には各大学当局が警察力の導入をためらわなくなったことがあり、同法施行後に機動隊を入れて封鎖解除を行った大学は四一に上っていた。[109]その後も個別の問題で紛争が続く大学もあったが、前述の特徴をもつ大学紛争は一九六九年でほぼ終了したと考えられる。

一九六七・一九六八年の状況

一九六七年五月、日本の学会や大学に米軍から資金が援助されていることが新聞で報道された。[110]この問題は国会でも追及され、五月一九日の参議院予算委員会に文部省の調査によるリストが提出された。それによると、一九五九年以後大学や研究機関、学会、病院に計九六件、一〇七万ドルの資金が米陸軍から援助されており、京大にも計七件、七万三八一八ドルが援助されていた。[111]京大では五月二七日の部局長会議において、軍からの研究費援助はその研究成果が戦争に利用される危険があるので好ましくないとの申し合わせを行い、六月六日の評議会で了承された。[112]

一九五七年から現職の自衛官が知識や研究能力修得のため一般の大学院に入学するようになっていたが、こうした動向への学生の反対運動が一九六〇年代半ば以降次第に広がっていた。[113]京大における反対運動は一九六四年から本格的に始まり、[114]一九六七年になると同学会は六月二九日から全学ストに入った。[115]さらに同学会は同じ二九日夜学生二〇〇〇名による集会を開催し、その場で奥田東総長や関係部局長との交渉を翌三〇日明け方まで続け、奥田は京大に自衛官が入らないよう意見をまとめる方向で努力すると約束した。[116]そして三〇日開催の部局長会議において「自衛官の入学には、諸種の難点があるので、各部局においては、慎重に考慮する必要がある」と奥田総長が見解を述べ、了承された。[117]ただし、この了解は後に奥田自身が「はっきりとした自衛官入学拒否といったものではな」く「カキネは作らないが、敷き居を高くする」ものだったと回想している[118]ように、曖昧さを残すものではあった。また「学生側の圧力に屈した」と大学当局を批判する新聞報道もあった。[119]

このころ医学部をもつ大学の多くでは研修制度をめぐって学生運動が展開されており、京大医学部では一九六八年二月一三日からストライキに入っていた。そうしたなか、三月一五日に実施されようとした大学院医学研究科入試当日、受験しようとした学生一名に対しストを行っていた学生らが受験を妨害する事件が起こり、妨害した学生ら五名は四月七日に逮捕された。[120]これに対して警察の捜査は学生の自治活動破壊が目的だとして学生らは総長と三回にわたって交渉を行い、四月一二日奥田総長は警察に抗議することを約束した。[121]四月一六日の評議会で、奥田は一三日に京都府警本部と川端署に対し、今回の事件が今後学内における学生の自治活動を侵す方向に発展しないよう配慮してほしい旨の申し入れをしたと報告している。[122]

学生部建物封鎖

一九六九年一月八日、吉田・熊野寮生は①無条件増寮、②二〇年長期計画白紙撤回、③財政の即時全面公開の三項目を要求して総長との団交を申し入れ、大学当局は一月一四日に岡本道雄学生部長が交渉に当たったが、寮生らは総長団交を要求してきかなかったため、上京中の奥田総長が急遽帰洛し一五日午前一時から学生部会議室で交渉が行われた。[123]寮生の要求に対して奥田総長は、①については、無条件増寮とは大学当局の許可なく寮生が入寮者を自主選考している現状をそのままにして、なおかつ寮の管理権を完全に寮生のものとして増寮しろということなので認められない、②については、寮に関する部分は白紙撤回するが、計画全般については寮問題を討議するこの場で論じるべきではない、③については、前向きの姿勢で部局長会議に諮っている、とそれぞれ回答した。[124]しかし、寮生らはいずれの回答も不満として、一月一六日午前一時に話し合いの打ち切りを宣言し、一四日夜から学生部建物に泊まり込んでいた教養部闘争委員会や反日共系各派の学生も合わせて約二〇〇名で建物を占拠、封鎖を実行した。[125]

寮闘争委員会のビラによると、彼らが要求した三項目は個別の寮闘争から始まったものだが、闘争は現段階では「明確に大学の存立基盤そのものを問う斗いとして、更には資本主義社会に於ける教育の意味それ自体を問う斗いとして発展して来て」おり、東大闘争によって大学自治の「欺瞞性」が明らかになったとして「この東大斗争の質を受けつぎ、新たに自己権力を目ざす斗いとして発展させられねばならない」と封鎖を位置づけていた。[126]このように彼らは東大紛争における全共闘の問題設定を意識的に引き継ぐ方向に闘争を進めることを主張したが、それは逆にいえば個別の寮問題において仮に何らかの解決が見られたとしても、それで彼らの闘争が終わるわけではないことを示していた。

学生部建物封鎖に対して大学当局は、「暴力否定の立場より」これを「つよく否定」し、「理性による話し合いによる立場より」「説得による方法を堅持したい」とする方針を明らかにした[127]が、具体策は総長や教員が学生部建物の前で封鎖解除の説得を行うことしかなかった。奥田は、前年六月東大において安田講堂を占拠した学生を排除するため大河内一男総長がすぐさま機動隊を導入し、それを契機に全学に紛争が広まった前例に鑑みて、警察力の導入は考えていなかった。[128]

こうした学生部建物封鎖およびそれへの大学当局の対応のいずれにも強く反発したのが、同学会・大学院生協議会・職員組合・京大生協・京大生協労働組合の連合体である五者連絡会議（五者）であった。五者は一九日に行われた総長との交渉で「封鎖解除の行動に必要な資材を含む便宜を与えよ」と要求するなど、自らの実力による封鎖解除を主張した。[129]

このような状況下で、封鎖学生を支持する他大学学生も含めた「全関西学園闘争勝利総決起集会」が二一日に学内で開催予定であることが分かると、大学当局は二〇日夜の部局長会議で二一日の学外者本部構内立入禁止を決め、教職員・学生が各門で学外者の立ち入りを阻止することにした。[130]これに対して二一日教養部正門前で集会を開いた封鎖支持派は、夕方になってヘルメット姿に角材をもち正門から本部構内へ突入しようとしたが、正門を守る多数の学生・教職員らが「自然発生的に」バリケードを築いたため、中に入ることができなかった。[131]バリケードは五者だけでなく、数多くのいわゆる一般学生によっても築かれたと報じられた。その背景には、一八・一九の両日に機動隊によって最終的に封鎖が解除された東京大学の荒廃ぶりが報道され、「京大を第二の東大にするな」という危機感を一般学生がもったことがあるとされた。[132]本部構内を守る学生たちは外からの投石より身を守るため大学当局からヘルメットの支給を受け、突入を試みる封鎖支持派に放水も行った。[133]

一方学生部建物封鎖に対して五者は、二二日にも解除について大学当局の決断を求めたが、同日夜の部局長会議においてあくまで説得を行うとされたことを受け、「説得だけではだめなことは、過去数日間の経緯から明らかなので、独自に実際行動で封鎖解除を行なうことを決定」し、深夜から解除作業を開始した。[134]実力行使は約一〇時間続き、その結果二三日午前一〇時二五分に学生部建物二階の窓に白旗が掲げられ、中にいた学生約六〇名が梯子を伝い、あるいは非常階段から外に出て封鎖は解除された。[135]

入試実施まで

警察力を入れずに行った封鎖解除を、新聞などでは東大と比較して「京大方式」と称し、「混迷と無策を続けている全国の紛争大学へ一つの指針を示したといえよう」[136]と評価する向きもあった。その一方で寮闘争委員会・文学部闘争委員会・医学部闘争委員会・教養部闘争委員会によって一月二一日結成された全学中央闘争委員会準備会は、学外者排除や封鎖解除のために実力を行使したことを激しく批判した。なお、同準備会は新左翼党派と共闘態勢を確立し、後に全学共闘会議となる。[137]さらに一般学生のなかにも「大学は、日共ペースに乗せられているのではないか」といった動揺が生じてきているとも報じられた。[138]

奥田総長は、岡本学生部長とともに一月二五日午後二時一〇分から法経第一教室で行われた寮生らとの交渉に出席した。交渉には約一〇〇〇名の学生が参加し、学生側は学生部建物封鎖の暴力的排除および武器提供の自己批判、寮三項目即時承認、逆封鎖＝ロックアウトの自己批判、総長・学生部長辞任および学生部解体など八項目要求を掲げて総長に迫った。これに対して奥田は、学生部建物封鎖について「職員が学生のための仕事をしている場所を封鎖することは、暴力であり、大学として認めることはできない」と述べ、「学生部封鎖解除のための実力行使は、総体的には暴力というほどのものではなかった」と主張、さらに学外者の入構阻止についても「暴力そのものを支援するために学外からはいろうとするものを防ぐためのもので、暴力ではない」と学生側の自己批判要求を突っぱねた。また「話合いが決裂したからといって、すぐ封鎖するというのは理解できない」「相手の意見を参考にし、態度をかえていくことが話合いだと思う」と、話し合いの継続を学生に求めた。交渉は、二度の休憩をはさんで結局一月二七日午後三時四〇分まで続いたが、双方の主張が平行線をたどったまま終了した。[139]

学生部建物封鎖はこのようにして終わったが、その後かえって紛争は拡大した。一月三一日から教養部が八項目要求を掲げて無期限ストに入ったのをはじめ、[140]文学部は二月三日、[141]医学部は五日から無期限ストに突入した。[142]これらは全共闘系学生の主導によったが、他にも同学会やいわゆるノンポリ学生によって八日に理学部、[143]一二日に法学部、[144]一四日に工学部も限定された期間だがストに入った。[145]

そうしたなか、二月一三日夜から教養部代議員大会会場確保のため本部本館の法経第一教室などに五者の学生・職員約八〇〇名が入っていたところ、一四日午前二時ごろ全共闘系の学生が攻撃をかけ、午前七時ごろまで続いた衝突で負傷者が二五〇名に上った[146]。続いて二月二六日夜には三月三日に始まる入試の阻止を目指す全共闘系学生約四〇〇名が本部本館を封鎖したが[147]、これに反対する学生が二七日午前一時ごろから実力で封鎖解除を始め[148]、午後五時前に解除されたが、負傷者は二〇〇名と報じられた[149]。

大学当局は、二月二〇日付で奥田総長名の「全京大人に訴える」、岡本学生部長名の「学生諸君に訴える」の二本の声明を出して暴力否定を訴えるとともに大学制度の改革を行いつつあることを表明したが[150]、大学内における相次ぐ激しい衝突に対しては事実上手を拱いている状態であった。一方警察は二月一四日の事件に関して三月一日に教養部構内を強制捜査し、これに抗議して本部構内から投石した全共闘系学生を追って本部構内で一〇名を逮捕するに至った[151]。こうした状況下、大学当局は入試を学外で実施することを決め、工学部の一部が宇治総合グラウンドに建てられた仮設のプレハブ試験場を使用したのをはじめ、京都市内の予備校・高等学校・他大学などの施設を借りて[152]三月三日から五日まで行った。

こうした状況の一方で、全共闘系も一枚岩とはいえなかったようである。その戦術がエスカレートするなか、入試阻止を契機に大学に政治・階級闘争を持ち込もうとする新左翼党派と、学園闘争にとどまろうとするノンセクトの学生との間に溝ができつつあるという報道もあった[153]。

長期化

三月二四日に予定されていた大学院修士学位授与式および二五日予定の卒業式は「式場の都合により」中止

写真２－２－３　全共闘系学生が演壇を占拠した入学式（1969年４月11日）

となった[154]。会場となる本部本館二階大ホールが封鎖の際に荒らされ、その修理が間に合わないためと大学側は説明したが、全共闘系の学生が実力で阻止する動きをみせていたため混乱を避ける配慮があったのではないかと推測する新聞記事もあった[155]。これに対して、一九六九年度の入学式は四月一一日に本部本館二階大ホールで挙行されたが、全共闘系の学生約一五〇名が開式前から演壇を占拠しアジ演説を行ったため混乱し、わずか一分で閉式となった[156]。

四月の新学期開始時点で、全共闘系学生による無期限ストが続いていたのが教養部、文学部、医学部であり、工学部と農学部でも新四回生のストが続いていた[157]。このうち教養部は四月一五日に当初の予定どおり授業を開始したが、全共闘系学生の阻止行動により中止を余儀なくされ、一八日の教官協議会において以後は正規の時間割による授業に代えて特別講義などを開くことが決定された[158]。

文部省では拡大する大学紛争への対応策について、前年の一九六八年一一月一八日付で中央教育審議会に「当面する大学教育の課題に対応するための方策について」という諮問を発していた。中教審はこれに対し一九六九年四月三〇日付で坂田道太文相に答申を提出したが、そこでは紛争終結促進のため大学の機能を臨時的に強化する、具体的には大学の意思決定・執行の権限を適当な大学管理者に集中させること、さらに大学管理者が妨害を排除して教育研究の再開に専念するため、大学設置者が第三者機関の意向を踏まえて当該大学を六カ月以内休校または一時閉鎖することができるようにすること、などが提言されていた。[159]

答申を受けて、政府は五月二四日の臨時閣議で「大学の運営に関する臨時措置法案」を決定し、直ちに国会に提出した。[160] 法案は全一四条からなり、大学紛争を「大学の管理に属する施設の占拠または封鎖、授業放棄その他の学生による正常でない行為により、大学における教育、研究その他の運営が阻害されている状態」と定義し（第二条）、紛争が生じて九カ月経過しても収拾が困難な場合は、文部大臣は当該大学長の意見を聞いたうえで第三者機関（臨時大学問題審議会）の議に基づき、当該学部等の教育・研究に関する機能を停止することができる（第七条2）、としていた。[161]

こうした中教審答申や大学の運営に関する臨時措置法案に対して、多くの大学関係者が反対の意思を表明した。京大でも複数の声明が出されたが、そのうち五月二〇日付の奥田総長名の声明は中教審答申に対して、大学設置者に休校・閉鎖の権限を認めると政府が容易に大学に介入することになり紛争解決に益することがないだけでなく、大学自治は重大な脅威を受けるとし、[162] 六月一七日付の評議会名の声明は臨時措置法案について、大学による自主的な紛争解決よりも政府の強い指示の下に収拾を図るものであり「大学の自治を基調とする大学本来の管理および研究・教育の体制をゆがめるおそれがあ」り、紛争解決を一層困難にするとしていた。[163] 大学紛争は大学の自主的努力で解決すべきであり、政府の介入は逆効果で大学のありようをゆがめる恐れがある、というこうした主張は大学関係者に共通していたが、その一方で長引く大学紛争に大学の周囲の目は厳しさを増し「大学側としても、偏狭な自治意識や「大学の問題に手をふれるな」式の閉鎖主義から脱却して、自らの力の限界を率直に認めるべきだろう[164]」などといった批判が一般紙の社説にみられるようになったのも事実であった。

この間京大内では改革の端緒となる動きがいくつかあった。三月二六日には総長の提案で、大学の改革問題について情報交換し問題提起を行っていく会として、月曜会が発足した。月曜会は各部局から推薦された二名以内の教員で構成され毎週月曜日に例会を開催した[165]。六月一七日の評議会では、総長の諮問機関として大学の未来像、教養課程の改善、総長選挙制度の改正について審議する大学問題検討委員会の設置が決定された[166]。また、「大学内における各人が適確で迅速な情報を得」られるよう『京大広報』発行が決定され、五月二〇日には第一号が刊行された[167]。

しかし学生の運動は激しさを増していた。五月一四日に医学部全学闘争委員会の学生が医学部構内を封鎖した[168]のに続き、一五日には学外者を含む全共闘系の学生が学生部建物を封鎖した。新聞報道によると学生部建物封鎖の目的は中教審答申―大学治安立法・破防法粉砕、愛知外相訪米およびアスパック（アジア南太平洋地域閣僚会議）粉砕、沖縄闘争勝利であり[169]、一月の段階に出されていた寮三項目要求や八項目要求は顧みられなくなっていた。この後封鎖は拡大し、二二日には「従来のものより危険と思われる鉄パイプ、角材などをもつ学外者を含む学生集団」が、本部構内各門にバリケードを築き構内を封鎖するに至った[170]。総長の退去命令に従わないこれらの学生に対して、二三日朝京都府警は自主判断で機動隊を動員し本部および教養部の封鎖を解除した[171]（教養部はこの日の午後に全共闘系学生が再び封鎖した）。また、六月二三日には本部構内で行われた京都府学連集会と全京都全共闘集会の終了後、双方の参加者が衝突し正門が焼失した[172]。さらに六月二九日に教養部自治会とそれに反対する全共闘系学生が本部構内で衝突したのに対して機動隊が自主的判断に基づき入構して規制、翌三〇日には全共闘系学生が本部構内と北部構内の間の今出川通にバリケードを築き機動隊と衝突、逃げる学生を追う機動隊が本部構内と北部構内に入った。(173) このように学生間の衝突が深刻化するのにつれて機動隊の出動も増え、出動する機動隊に対する学内の拒否反応も見られなくなっていった。

時計塔封鎖解除

大学の運営に関する臨時措置法は八月三日に成立した。同法施行は八月一七日であり、すでに述べたとおり文部大臣は紛争発生から九カ月経過したときには、当該学部などの教育研究機能を停止することができると定められた。この換算方法は特殊で、同法附則によると施行日現在で発生後半年以上経過している場合は一律五カ月経過とするとされた。文部省は施行前日の八月一六日、紛争大学は計六六と発表し、京大の紛争発生日については医学部が一月二七日、教養部が一月三〇日、文学部が二月三日、農学部が二月一七日と認定されたので、(174) このまま紛争状態が続けば同法施行から四カ月後の一二月一七日以降に教育研究機能が停止させられる可能性が生じることになった。

夏休みが明けた九月一一日に授業が開始されていたのは経済・薬・工学部と理学部の四回生で、教育・法学部と理学部の三回生は一六日開始予定であったが、文・医・農学部と教養部は開始の見込みが立っていなかった。(175) このころには大学当局も機動隊導入による封鎖の全面的解除を考えていた。導入直後の九月二二日の評議会において奥田総長は「警察措置の要請をするかしないかは、八月の中・下旬頃から検討をしてきた」と述べている。(176) ただし奥田自身が後に回想したところによると、機動隊導入を決心したのは「多分五月ごろ」で六月末に「おもな学部長に相談を持ちかけ」たという。そして封鎖解除を学生の少ない夏休みに行うのは不信

感を助長するので、進級に必要な授業時間から逆算したタイムリミットである九月に解除することにしたという。(177)

一方全共闘系の学生は九月一七日夜突如本部本館の時計塔を占拠したが、これは機動隊出動に備えて徹底抗戦の構えに入ったものと報じられた。(178) 全共闘系学生は時計塔のほかに医学部図書館も占拠し、二〇日には他からの応援学生も含めた約五〇〇名で本部構内各門を封鎖、さらに今出川通にもバリケードを築いて交通を遮断して機動隊と衝突した。(179) 大学当局は同日午後六時に部局長会議を開催し、封鎖した学生に対して総長が同日中に退去命令を出し、学生がそれに従わない場合は警察の出動を要請することが決定された。奥田総長は午後一〇時に、翌二一日午前六時には総長の代理が退去命令を出したが学生が従わないため、その直後機動隊が構内に入り、午前七時三五分には医学部図書館の封鎖が解除された。またこの日農学部では、農学部長事務取扱の説得にもかかわらず本館内に残っていた教員一〇名が不退去罪で逮捕された。(180) 時計塔の封鎖解除は翌九月二二日になり、その際立てこもっていた学生八名が逮捕された。(181)

これで一月末以来の学内の封鎖は全面的に解除されたが、機動隊導入に対する批判の声もあった。「工学部研究者連合」や人文科学研究所の助手一〇名、医学部臨床の助手、農学部の助教授以下の教員多数が抗議の声明を発表したほか、二四日には釈放された農学部教員を迎えた抗議集会が開催された。(182) しかし全体としては封鎖解除以後、紛争は収束に向かっていった。四月以降通常の授業が行われていなかった教養部では、一〇月一日から法・経済・理・工の各学部の教室を使って暫定時間割による授業が再開され、一五日からは教養部構内で正規の時間割による授業が始まった。(183) また、文学部は一一月七日、(184) 農学部は一一月二四日に授業を再開し、一〇月六日にストに入っていた工学部は一二月四日に学生大会でスト解除を決定し授業を再開した。(186) 最後に残った医学部は一二月一〇日に授業を再開しようとしたが一部学生の妨害でできず、(187) 一八日にようやく再開す

ることができた。(188)

註

(1) 寺﨑昌男編『新教育制度再検討に関する要望書　当面の教育制度改善に関する要望　他』（『日本現代教育基本文献叢書　戦後教育改革構想　Ⅰ期　7』日本図書センター、二〇〇〇年）六九頁。
(2) 教育事情研究会編『中央教育審議会答申総覧（増補版）』ぎょうせい、一九九二年、五二頁。
(3) 文部省『わが国の高等教育　―戦後における高等教育の歩み―』一九六四年、一〇〇頁。
(4) 経済審議会編『国民所得倍増計画』一九六〇年、三一頁。
(5) 註（3）に同じ、一〇一頁。
(6) 「科学技術者の養成にかんする勧告」（「戦後日本教育史料集成」編集委員会編『戦後日本教育史料集成　第七巻』三一書房、一九八三年）一〇〇頁。
(7) 註（3）に同じ、一〇三頁。
(8) 『朝日新聞』一九五七年八月二三日付朝刊。
(9) 京大薬学史記編集委員会編『京大薬学史記』一九八九年、四六頁。
(10) 『学部学科設置関係書類　昭和三十五年度』（京都大学大学文書館所蔵、01A00231）。
(11) 『朝日新聞』一九六二年一二月二九日付夕刊。
(12) 註（9）に同じ、四七頁。
(13) 京都大学百年史編集委員会編『京都大学百年史　部局史編三』一九九七年、一二二〇頁。
(14) 『京都新聞』一九五五年八月四日付朝刊。
(15) 註（13）に同じ、一二七〇頁。
(16) 『経済研究所設置準備関係　自昭和三十七年一月至昭和三十七年九月』（京都大学大学文書館所蔵、01A00612）。
(17) 註（13）に同じ、一三六〇頁。
(18) 註（13）に同じ、一三六〇頁。『数理解析研究所設置準備関係　自昭和三十五年八月至昭和三十八年六月』（京都大学大学文書館所蔵、01A00614）。
(19) 註（13）に同じ、一三六二頁。

（20）註（18）前掲『数理解析研究所設置準備関係　自昭和三十五年八月至昭和三十八年六月』。
（21）『原子力白書　昭和三十一年版』（http://www.aec.go.jp/jicst/NC/about/hakusho/wp1956/index.htm、二〇二一年一二月四日閲覧）。
（22）『評議会関係書類　自昭和三十年一月至同年六月』（京都大学大学文書館所蔵、MP00063）。京都大学百年史編集委員会編『京都大学百年史　部局史編二』一九九七年、九七七頁。
（23）『京都大学原子炉実験所設置関係　自昭和三十一年十一月至昭和三十八年五月』（京都大学大学文書館所蔵、01A17514）。
（24）『京都新聞』一九五七年一月一〇日付朝刊。
（25）京都大学原子炉実験所『京都大学原子炉実験所四十年史』二〇〇三年、二頁。
（26）註（25）に同じ、三頁。
（27）『京都新聞』一九六一年一一月一七日付夕刊。「大学研究用原子炉熊取町設置反対泉佐野市期成同盟との「おぼえがき」」（『京大広報』号外、一九七九年一〇月一五日）。
（28）註（25）に同じ、四頁。
（29）日本学術会議編『日本学術会議二十五年史』一九七四年、一三九頁。
（30）『霊長類研究所設置準備関係書類　自昭和三十九年五月至昭和四十二年七月』（京都大学大学文書館所蔵、01A00615）。
（31）註（30）に同じ。
（32）〝この十年の歩み〟編集担当近藤四郎・室伏靖子・野上裕生編『この十年の歩み』京都大学霊長類研究所、一九七七年、一九頁。
（33）『旧東南アジア研究センター設置準備資料集　自昭和三十四年五月至昭和三十八年二月』（京都大学大学文書館所蔵、01A21305）。
（34）註（33）に同じ。『京都新聞』一九五九年二月二二日付朝刊。
（35）註（33）に同じ。
（36）『京都大学新聞』一九六二年七月九日付。『京都新聞』一九六二年九月七日付朝刊。
（37）「東南アジア研究センター計画案決定に抗議する」（京都大学大学文書館所蔵『戦後学生運動関係資料Ⅲ』MP70108）。
（38）『評議会議事録原稿綴　自昭和三十三年九月至昭和三十八年七月』（京都大学大学文書館所蔵、MP00012）。
（39）京都帝国大学庶務課『学報』第九四六号、一九二四年三月一三日。
（40）京都大学事務局『学報』号外、一九四九年九月一三日。

(41) 京都大学事務局『学報』第三一八二号、一九六六年七月一五日。
(42) 京都大学計算センター編『KUCC 1966/67（計算センター年報）』一九六七年五月、三頁。
(43) 註（29）に同じ、一三九頁。
(44) 京都大学大型計算機センター設置準備委員会編『広報』第一号、一九六七年九月、九頁。
(45) 『工業教員養成所設置関係　昭和三十六年』（京都大学大学文書館所蔵、01A00520）。
(46) 註（45）に同じ。
(47) 『工業教員養成所関係書類　自昭和三十八年五月至昭和四十五年四月』（京都大学大学文書館所蔵、01A00522）。
(48) 『教養部教授会議事要録（一）　自昭和二十九年三月至仝三十二年三月』（京都大学大学文書館所蔵、21B12326）。
(49) 京都大学教養部『履修指導と教養部案内　昭和三十年度』（京都大学大学文書館所蔵『柴田実関係資料』柴田I–2–2）三頁。
(50) 註（48）に同じ。
(51) 『京都新聞』一九六五年四月二日付朝刊。
(52) 京都大学百年史編集委員会編『京都大学百年史　部局史編二』一九九七年、六二五頁。
(53) 吉田文『大学と教養教育　戦後日本における模索』岩波書店、二〇一三年、一四五頁。
(54) 註（2）に同じ、一一二頁。
(55) 『総長候補者選挙関係書類　昭和三十二年』（京都大学大学文書館所蔵、01A01324）。
(56) 『総長候補者選挙関係書類　昭和三十六年十一月施行』（京都大学大学文書館所蔵、01A01325）。
(57) 『総長選挙関係書類　昭和三十八年十一月』（京都大学大学文書館所蔵、01A01326）。
(58) 『京都新聞』一九五七年八月八日付朝刊。『京都新聞』一九六三年八月二〇日付朝刊。
(59) 『大学制度委員会関係綴　自昭和三十八年六月至昭和四十年七月』（京都大学大学文書館所蔵、01A00753）。
(60) 『協議会関係書類　自昭和三十九年二月至昭和四十八年八月』（京都大学大学文書館所蔵、01A00725）。
(61) 註（41）に同じ。
(62) 『総長選挙関係書類　昭和四十二年』（京都大学大学文書館所蔵、01A01327）。
(63) 『総長選挙関係書類　昭和四十四年』（京都大学大学文書館所蔵、01A01328）。
(64) 「京都大学創立七十周年記念事業の経過」（京都大学事務局『学報』号外、一九六七年九月二六日）。
(65) 『評議会議事録　自昭和三十九年九月至昭和四十年七月』（京都大学大学文書館所蔵、MP00014）。

(66)『評議会議事録　自昭和四十年九月至昭和四十一年七月』（京都大学大学文書館所蔵、MP00014(2)）。

(67)京都大学創立七十周年記念事業後援会「京都大学創立七十周年記念事業報告書」一九七九年三月（『創立七〇周年記念事業の経緯等』京都大学大学文書館所蔵、01A00168）七頁。

(68)京都大学事務局『学報』第三二四六号、一九六七年一〇月二〇日。

(69)京都大学七十年史編集委員会編『京都大学七十年史』一九六七年、iii頁。

(70)「京都大学総合体育館について」（『京大広報』第七〇号、一九七二年四月七日）。

(71)註（67）に同じ、一九頁。

(72)「京大会館の竣工」（『京大広報』第一六七号、一九七八年一一月一五日）。

(73)註（67）に同じ、二八頁。

(74)『評議会議事録　自昭和三十八年九月至昭和三十九年七月』（京都大学大学文書館所蔵、MP00014）。

(75)『京都新聞』一九五九年九月二六日付朝刊。

(76)『評議会議事録　自昭和四十三年九月至昭和四十四年八月』（京都大学大学文書館所蔵、MP00015）。

(77)『京都大学新聞』一九六四年四月一三日付。

(78)「京都大学各部局意見に基く修正長期計画試案」（『45・11以前の長期計画（52・4・6文部省より返還）』京都大学大学文書館所蔵、01A11555）。

(79)『評議会関係書類　自昭和三十年七月至昭和三十一年六月』（京都大学大学文書館所蔵、MP00064）。

(80)『学園新聞』一九五六年五月二八日付。

(81)京都大学事務局『学報』第三二七三号、一九六八年五月一〇日。

(82)竹内洋『教養主義の没落　変わりゆくエリート学生文化』中央公論新社、二〇〇三年、七頁。

(83)京都大学学生部『学生生活実態調査報告　昭和三五年度』一九六一年三月（京都大学大学文書館所蔵『柴田実関係資料』柴田Ⅰ-2-743）。

(84)京都大学事務局『学報』第二九一四号、一九六一年四月一四日。

(85)『京都大学新聞』一九六一年六月五日付。

(86)『学園新聞』一九五七年六月二四日付。

(87)『学園新聞』一九五八年六月二日付。『学園新聞』一九五八年六月三〇日付。

(88)『学園新聞』一九五九年六月一日付。

(89)『学園新聞』一九五九年六月二二日付。
(90)『朝日新聞』一九六〇年四月二六日付夕刊。
(91)『京都新聞』一九六〇年五月二七日付朝刊。『京都大学新聞』一九六〇年五月三〇日付。
(92)『京都大学新聞』一九六〇年六月二〇日付。
(93)京都大学事務局『学報』第二八七四号、一九六〇年六月一七日。
(94)京都大学事務局『学報』第二八七五号、一九六〇年六月二四日。
(95)『京都新聞』一九六〇年六月二四日付朝刊。
(96)『学園新聞』一九五九年一月二六日付。
(97)『京都大学新聞』一九六三年一一月一八日付。京都大学吉田寮卒寮五十年記念誌編集委員会編『紫匂う　京都大学吉田寮卒寮五十年記念誌』二〇一六年、一〇一頁。
(98)『京都大学新聞』一九六五年四月一二日付。
(99)「学寮における経費の負担区分について（通達）」（京都大学大学文書館所蔵『大学紛争関係資料Ⅲ』MP70099）。
(100)『京都大学新聞』一九六五年六月一四日付。
(101)京大三寮連委員会「我々が不払闘争に突入せざるをえなかった理由」（『京都大学新聞』一九六五年六月二一日付）。
(102)『評議会関係書類　自昭和三十七年九月至昭和三十八年七月』（京都大学大学文書館所蔵、MP00071）。
(103)『京都大学新聞』一九六六年四月一一日付。
(104)京都大学学生部『京都大学学寮の現状と問題』一九八一年一〇月、九頁。
(105)『毎日新聞』一九六八年一二月二六日付朝刊。
(106)『朝日新聞』一九六九年七月一一日付夕刊。
(107)文部省大学学術局庶務課分室『大学紛争関係資料』一九七〇年、九七頁。
(108)山本義隆『私の1960年代』金曜日、二〇一五年、一四九頁。
(109)『毎日新聞』一九六九年一二月一七日付朝刊。
(110)『朝日新聞』一九六七年五月五日付朝刊。
(111)『朝日新聞』一九六七年五月一九日付夕刊。
(112)『評議会議事録　自昭和四十一年九月至昭和四十二年七月』（京都大学大学文書館所蔵、MP00015）。
(113)『毎日新聞』一九七〇年一月八日付夕刊。

(114) 京都大学五者連絡会議『京都大学自衛官入学　反対闘争の記録　一九六四〜一九六七』(京都大学大学文書館所蔵『京大闘争関係資料』MP70135) 六〇頁。
(115) 『朝日新聞』一九六七年六月二九日付夕刊。
(116) 『京都新聞』一九六七年六月三〇日付夕刊。
(117) 註 (112) に同じ。
(118) 奥田東『おもいで』松香堂書店、一九九六年、八四頁。
(119) 『京都新聞』一九六七年七月一日付朝刊。
(120) 『朝日新聞』一九六八年四月八日付朝刊。
(121) 『朝日新聞』一九六八年四月一三日付朝刊。
(122) 『評議会議事録　自昭和四十二年九月至昭和四十三年七月』(京都大学大学文書館所蔵、MP00015)。
(123) 「学生部庁舎封鎖に伴う一連の事態についての経過」(『昭和四十四年学生部封鎖に伴う一連の事態についての経過関係書類』京都大学大学文書館所蔵、01A00356)。
(124) 「学生部の封鎖の事態に関する総長の所信」(京都大学大学文書館所蔵『大学紛争関係資料Ⅱ』MP70091)。
(125) 『朝日新聞』一九六九年一月一六日付夕刊。
(126) 「大学当局＝日共民青の結託した斗争破壊を許すな！」(京都大学大学文書館所蔵『京大闘争関係資料』MP70125)。
(127) 註 (124) に同じ。
(128) 「京都大学の紛争」(大﨑仁編『「大学紛争」を語る』有信堂高文社、一九九一年) 一九五頁。
(129) 『部局長会議綴　自昭和四十三年十一月二十五日至昭和四十四年七月二十九日』(京都大学大学文書館所蔵、01A00730)。
(130) 註 (123) に同じ。
(131) 註 (123) に同じ。
(132) 『京都新聞』一九六九年一月三〇日付夕刊。
(133) 註 (123) に同じ。
(134) 『京大職組ニュース』第四四号、一九六九年一月二七日。
(135) 註 (123) に同じ。
(136) 『朝日新聞』一九六九年一月三一日付夕刊。
(137) 京大新聞社編『京大闘争　京大神話の崩壊』三一書房、一九六九年、一三六頁。

(138)『京都新聞』一九六九年一月二四日付朝刊。
(139)『朝日新聞』一九六九年一月二八日付朝刊。
(140)註(136)に同じ。
(141)『京都新聞』一九六九年二月四日付朝刊。
(142)『京都新聞』一九六九年二月五日付夕刊。
(143)『京都新聞』一九六九年二月九日付朝刊。
(144)『京都新聞』一九六九年二月一二日付夕刊。
(145)『京都新聞』一九六九年二月一四日付朝刊。
(146)『京都新聞』一九六九年二月一四日付夕刊。
(147)『京都新聞』一九六九年二月二七日付朝刊。
(148)『京都新聞』一九六九年二月二七日付夕刊。
(149)『京都新聞』一九六九年二月二八日付朝刊。
(150)「全京大人に訴える」(京都大学大学文書館所蔵『大学紛争関係資料Ⅲ』MP70099)。「学生諸君に訴える」(京都大学大学文書館所蔵『大学紛争関係資料Ⅲ』MP70099)。
(151)『京都新聞』一九六九年三月二日付朝刊。
(152)『京都新聞』一九六九年三月一日付夕刊。
(153)『朝日新聞』一九六九年三月五日付夕刊。
(154)京都大学事務局『学報』第三三一七号、一九六九年三月二二日。
(155)『朝日新聞』一九六九年三月二四日付朝刊。
(156)『朝日新聞』一九六九年四月一一日付夕刊。
(157)『京都新聞』一九六九年四月一二日付朝刊。
(158)「教養部における授業再開の経過について」(『京大広報』第一八号、一九六九年一〇月二四日)。
(159)註(2)に同じ、一六〇頁。
(160)『朝日新聞』一九六九年五月二五日付朝刊。
(161)『朝日新聞』一九六九年五月二三日付夕刊。
(162)註(76)に同じ。

(163) 註（76）に同じ。
(164)「大学問題と政府の〝助力〟―政府案の審議に期待する―」（『毎日新聞』一九六九年五月二六日付朝刊）。
(165)「月曜会について」（『京大広報』第一号、一九六九年五月二〇日）。
(166) 註（76）に同じ。
(167)「「京大広報」の発刊にあたって」（註（165）前掲『京大広報』第一号）。
(168)『京都新聞』一九六九年五月一五日付朝刊。
(169)『京都新聞』一九六九年五月一六日付朝刊。
(170)「五月二二日・二三日の本学の事態について」（『京大広報』号外、一九六九年五月二三日）。
(171)『京都新聞』一九六九年五月二四日付朝刊。
(172)「六月二三日および二九・三〇日の事態について」（『京大広報』第八号、一九六九年七月四日）。
(173) 註（172）に同じ。
(174)『毎日新聞』一九六九年八月一七日付朝刊。
(175)『朝日新聞』一九六九年九月一一日付夕刊。
(176)『評議会議事録　自昭和四十四年九月至昭和四十六年三月』（京都大学大学文書館所蔵、MP00016）。
(177) 註（118）に同じ、一一四頁。
(178)『京都新聞』一九六九年九月一八日付朝刊。
(179)『朝日新聞』一九六九年九月二一日付朝刊。
(180)「今回の封鎖解除について」（『京大広報』第一五号、一九六九年一〇月三日）。
(181)『朝日新聞』一九六九年九月二二日付夕刊。
(182)『毎日新聞』一九六九年九月二五日付朝刊。
(183) 註（158）に同じ。
(184)『京都新聞』一九六九年一一月七日付夕刊。
(185)『京都新聞』一九六九年一一月二四日付夕刊。
(186)『京都新聞』一九六九年一二月五日付朝刊。
(187)『京都新聞』一九六九年一二月一〇日付夕刊。
(188)『京都新聞』一九六九年一二月一八日付夕刊。

第三章　再編期

一九七〇～一九九〇年の概観

本章で主に対象としている一九七〇（昭和四五）年から一九九〇（平成二）年までの京大の状況を概観すると次のとおりである。

この期間、学部および附置研究所の新設はない。附置研究所については、一九七一年三月三一日公布の法律第一三三号によって工学研究所が原子エネルギー研究所に改組され、一九八八年四月八日公布の政令第一〇一号によって結核胸部疾患研究所が胸部疾患研究所に改組されている。新設されたセンターについては、表2-3-1のとおりである。

各学部における学科の設置および改編は左記のとおりである。

教育学部　教育心理学科設置（一九七六年四月一日）、教育社会学科設置（同）

工学部　情報工学科設置（一九七〇年四月一日）、機械工学第二学科を物理工学科に改編（一九七五年四月一六日）

表２－３－１　新設されたセンター（1970～1990年）

名称	設置日	備考
放射性同位元素総合センター	1971年4月1日	
体育指導センター	1972年5月1日	
ヘリオトロン核融合研究センター	1976年5月10日	
放射線生物研究センター	1976年5月10日	
環境保全センター	1977年4月18日	
埋蔵文化財研究センター	1977年7月5日	学内措置
情報処理教育センター	1978年4月1日	
医用高分子研究センター	1980年4月1日	1990年6月8日生体医療工学研究センターに改組
超高層電波研究センター	1981年4月1日	
アフリカ地域研究センター	1986年4月5日	
遺伝子実験施設	1988年4月8日	
国際交流センター	1988年11月15日	学内措置、1990年6月8日留学生センターに改組

表２－３－２　講座数（1970～1990年）

	文	教育	法	経済	理	医	薬	工	農	計
1970	38	12	37	17	66	34	13	154	50	421
1971	38	13	37	17	66	34	13	156	50	424
1972	38	13	37	17	66	34	13	157	50	425
1973	39	13	37	17	66	34	13	158	51	428
1974	39	13	37	17	66	35	13	159	53	432
1975	39	13	37	17	67	35	13	159	53	433
1976	39	13	38	17	67	36	13	160	53	436
1977	39	13	38	17	67	36	13	161	53	437
1978	39	13	40	17	67	36	13	161	53	439
1979	39	13	40	17	67	37	13	161	53	440
1980	40	13	41	17	67	36	13	161	53	441
1981	40	13	41	17	68	37	13	161	53	443
1982	40	13	40	17	68	37	13	161	53	442
1983	40	14	39	17	68	37	13	160	53	441
1984	40	14	39	14	68	38	13	160	53	439
1985	40	14	39	14	69	38	13	160	53	440
1986	41	14	39	13	70	38	13	160	53	441
1987	41	14	39	11	70	39	13	159	53	439
1988	41	14	39	10	71	39	13	159	53	439
1989	42	14	39	9	71	39	13	158	53	438
1990	42	14	39	8	72	38	13	158	58	442

・京都大学百年史編集委員会編『京都大学百年史　資料編３』2001年、44頁より作成。
・大学院独立専攻の講座は含まない。

表2－3－3　学部入学者数（1970～1990年）

	文	教育	法	経済	理	医	薬	工	農	計
1970	203	50	338	222	279	213	80	951	299	2635
1971	203	50	333	202	281	211	76	949	295	2600
1972	201	50	334	203	282	102	76	953	293	2494
1973	204	50	332	203	282	122	77	956	288	2514
1974	200	51	331	201	281	123	81	950	291	2509
1975	203	51	330	202	282	124	81	953	289	2515
1976	205	50	336	203	281	122	81	950	289	2517
1977	200	51	329	201	281	121	80	944	291	2498
1978	199	50	337	200	281	120	80	944	282	2493
1979	201	50	329	202	281	121	80	944	296	2504
1980	198	50	330	201	283	121	81	950	296	2510
1981	200	50	333	204	283	121	81	947	296	2515
1982	201	50	352	204	282	119	80	948	297	2533
1983	200	51	351	207	281	120	80	950	297	2537
1984	200	50	350	212	282	119	80	951	292	2536
1985	200	50	351	219	281	121	80	949	305	2556
1986	200	60	401	238	291	120	80	1001	314	2705
1987	220	60	414	266	294	112	80	1041	315	2802
1988	232	66	428	286	306	124	96	1084	338	2960
1989	225	68	416	254	307	124	94	1036	339	2863
1990	222	68	405	260	306	99	89	1041	333	2823

・京都大学百年史編集委員会編『京都大学百年史　資料編３』2001年、484頁より作成。

農学部　畜産学科設置（一九七二年四月一日）

学部ごとの講座数の変遷は表2-3-2のとおりである。全体として微増にとどまっている。なお、経済学部では一九八四年から従来の講座を統合する大講座制の導入を開始したため、講座数は減少している。

学部および大学院研究科ごとの入学者数の変遷は表2-3-3と表2-3-4のとおりである。学部については講座同様微増にとどまっている。大学院については学部より増加の割合が大きいが、その増加分の多くは理科系の大学院のものである。

教職員数の変遷は表2-3-5のとおりである。教員数は増加しているものの、「その他の職員」数につい

表２－３－４　大学院入学者数（1970～1990年）

	文		教育		法		経済		理	
	修士	博士	修士	博士	修士	博士	修士	博士	修士	博士
1970	90	40	21	9	23	10	13	8	121	100
1971	87	66	25	15	17	14	13	17	134	111
1972	75	61	25	16	15	22	16	14	121	94
1973	85	60	28	19	14	16	17	12	98	100
1974	97	60	20	19	19	14	17	17	112	98
1975	77	69	22	22	10	15	8	18	117	88
1976	73	79	19	22	12	14	10	18	118	94
1977	73	72	14	18	9	9	15	11	109	88
1978	73	55	19	14	12	13	13	13	122	89
1979	70	61	14	17	10	8	15	17	118	83
1980	65	70	19	16	15	9	16	15	126	90
1981	76	54	15	16	21	11	14	17	134	90
1982	66	54	17	15	20	16	14	19	142	91
1983	62	57	17	15	25	22	16	19	136	99
1984	58	67	17	16	16	16	12	15	146	99
1985	64	58	12	14	18	17	15	18	137	86
1986	71	56	13	16	12	18	19	14	156	102
1987	76	57	19	7	18	13	35	16	156	86
1988	67	63	18	10	15	13	22	18	169	106
1989	66	77	16	14	21	14	20	34	189	113
1990	72	59	16	16	22	17	22	13	175	120

	医	薬		工		農		計	
	博士	修士	博士	修士	博士	修士	博士	修士	博士
1970	0	29	20	474	86	101	55	872	328
1971	9	25	17	470	96	115	62	886	407
1972	11	20	12	474	95	99	63	845	388
1973	21	25	15	487	102	104	62	858	407
1974	39	24	14	509	85	105	49	903	395
1975	47	23	17	508	85	108	60	873	421
1976	33	23	16	525	84	123	64	903	424
1977	38	27	13	556	77	114	61	917	387
1978	60	28	11	555	80	118	65	940	400
1979	72	28	15	541	72	101	64	897	409
1980	69	27	18	544	49	106	56	918	392
1981	64	31	12	540	71	99	50	930	385
1982	92	29	14	564	56	115	59	967	416
1983	96	34	17	560	63	99	58	949	446
1984	99	36	14	578	61	130	64	993	451
1985	97	36	17	592	70	134	60	1008	437
1986	115	34	17	594	88	144	75	1043	501
1987	100	41	12	602	80	153	63	1100	434
1988	128	36	11	598	74	150	81	1075	504
1989	129	38	15	594	83	155	67	1099	546
1990	118	40	19	615	95	146	74	1108	531

・京都大学百年史編集委員会編『京都大学百年史　資料編３』2001年、540頁より作成。

表２－３－５　教職員数（1970～1990年）

	総長	教授	助教授	講師	助手	その他の職員	計
1970	1	574	555	117	1035	3397	5679
1971	1	584	552	113	1047	3434	5731
1972	1	577	570	129	1050	3430	5757
1973	1	590	556	129	1067	3402	5745
1974	1	589	574	144	1111	3357	5776
1975	1	610	584	145	1137	3325	5802
1976	1	613	586	134	1164	3314	5812
1977	1	628	601	131	1179	3298	5838
1978	1	638	610	125	1175	3260	5809
1979	1	641	609	131	1165	3258	5805
1980	1	644	606	130	1180	3220	5781
1981	1	656	600	130	1170	3179	5736
1982	1	668	615	135	1173	3143	5735
1983	1	666	633	136	1161	3113	5710
1984	1	682	643	135	1153	3067	5681
1985	1	684	656	143	1146	2985	5615
1986	1	679	673	144	1127	2956	5580
1987	1	688	670	143	1108	2919	5529
1988	1	699	671	142	1108	2894	5515
1989	1	702	670	153	1075	2866	5467
1990	1	703	681	150	1060	2830	5425

・京都大学百年史編集委員会編『京都大学百年史　資料編３』2001年、430頁より作成。

ては、一九六八年度から始まった国家公務員の定員削減により減少しており、そのため総数としても減少している。

第一節　諸問題への対応

一九七〇～一九七二年の状況

「大学紛争」はとりあえず収束したものの、一九七〇年代前半の京大では一部学生によるストライキや封鎖といった激しい運動が続いたほか、さまざまな問題が噴出した。

一九七〇年六月八日には医学部などの学生約一五〇名が本部本館の総長室に乱入、前田敏男総長に団体交渉を求めた。契機となったのは、医学部で四月二七・二八日に沖縄闘争支援のストを行おうとした学生に対して、岡本道雄医学部長事務取扱が出した「安易な授業放棄は無責任と怠惰のそしりをまぬがれない」とする声明への反発で、押し問答の末総長は一〇日午後に学生と話し合いの場を持つことに応じた(1)。一〇日午後一時半から始まった学生ら約一〇〇〇名との話し合いは一一日午前一時まで続いたが、一九五〇年に出された学生ストを禁止する告示第九号（本編第一章第四節参照）の破棄を要求する学生側に対して前田総長は拒否し、平行線に終わった(2)。

他方、日米安保条約自動延長を控えたこの時期には学生運動が激しさを増し、六月一〇日には文・理・農学部がストに入り、一二日に「京大六月スト闘争委」の呼びかけで開催された全学学生大会において一三日から二三日までの全学ストが決議され、各門が学生らによって封鎖される事態となった(3)。

一九七一年に入ると、附属病院新病棟建設に伴い労働強化につながるなどとしてそこへの移転に反対する学生たちが移転作業を妨害し、三月二四日に一二名が逮捕された(4)。また医学部では、一九七一年度からの新カリキュラムに反対した学生らが四月一六日からストライキに入った。このストライキは約半年続き、一〇月四日にようやく授業が再開された。(5)

このころには、定員外職員の待遇が学内で問題視されるようになっていた。かねてより京大に勤務していた定員外職員は、一九六二年一月一九日の各省庁の非常勤職員を定員化する閣議決定により定員内となった。しかし、その後大学内における業務の拡大に見合う定員が確保されなかったため定員外職員が再び雇用されるようになり、一九七一年には全学で九七〇名に上っていた。こうした定員外職員は、休暇・昇給諸手当などについて定員内職員と差があるだけでなく、発令日の属する会計年度の範囲内で任用予定期間を定められるという不安定な立場にあった。(6)定員外職員の一部は全学臨時職員闘争委員会（全臨闘）を組織し、定員化を要求して運動を開始するようになり、一九七一年六月一四日には、理学部において定員外職員と一部の学生が生物系建物を封鎖した。(7)この封鎖は、翌一五日に教授側が定員外職員を正規職員並みの待遇にして即時定員化に努力することを約束したため解除された。(8)しかし、翌一九七二年四月三日には工学部石油化学教室において職員有志が「定員外職員への差別に対する教官の自己批判、定員外職員の定員なみ待遇ならびに定員化」を要求して教室の教員との交渉を行い、数回にわたる交渉の過程で教員が乱暴な行為を受けて負傷する事態が生じた。五月には工学部長と交渉を行ったが、職員有志と全臨闘はその結果を不満として一部教員の研究室を占拠、ついで六月二二日には工学部長室を占拠するに至った。(9)さらにこの問題は同年九月には土木工学教室にも拡大し、二五・二六日には講義の休止を余儀なくされた。(10)

一九七一年一一月には大蔵省が当時年間一万二〇〇〇円だった国立大学授業料を三倍値上げする案をつくり、文部省との折衝を開始した。値上げの理由として挙げられたのは、国の財政難と私立大学授業料との格差縮小の必要であった。(11)国立大学協会は一一月一九日付で値上げ反対の要望書を文相、蔵相、衆参両院文教委員長、自民党文教制度調査会長などに送付したが、[12]一九七二年一月に与党と文部省で合意が成立し値上げが決定された。[13]京大では一月一六日に授業料値上げに反対して一部学生によって教養部正門とA号館がバリケード封鎖され、[14]二〇日には教養部と経済学部がストに入り、[15]一月中には文・工・農・理・教育・法の各学部もストに突入した。[16]なかでも教養部・文学部・農学部のバリケード封鎖は長引き、入試直前の三月一日になってようやく教職員によって解除された。[17]ちなみに、国立大学の授業料は表2-3-6に示したように、その後も二、三年ごとに値上げが続いた。

一九七二年六月一四日に教育学部で実施された教育実習オリエンテーションにおいて、配付された参考資料に複数箇所の差別表現があることが参加者から指摘された。教育学部は資料を撤回し、七月一九日に教授会名で差別に対する自覚の不十分がこうした事態の要因であると深く反省する声明を発表した。[18]京大では、差別問題につき、この問題が基本的人権にかかわる重要な問題であり、学内の理解を深める必要から「同和対策審議会答申」（一九六五年八月一一日付）と「同和対策事業特別措置法」（一九六九年七月一〇日公布法律第一〇号）を『京大広報』号外として九月一一日に全学に配布し、[19]一九七三年一月一六日には総長の諮問機関として同和問題委員会を設置した。[20]同委員会は一九七五年一月二〇日付で中間報告を公表し、同和問題に関する講義をすべての学生が受講可能な一般教育科目として開講すること、基本的な文献・資料を利用できる場所を京大内に数カ所設置することなどを求めた。[21]このうち後者については、同和問題文献・資料コーナーが附属図書館・教養部図書館・医学図書館・農学部図書室に設置された。[22]さらに同委員会の答申に基づき、一九七五年度から学生に関して入学時に戸籍謄（抄）本を求めず、各種の書類から本籍情報を除外することとし、[23]同年六月一日から職員についても採用時の書類における本籍記載は都道府県までとすることとされた。[24]

その後一九九〇年一一月二六日に同和問題委員会は西島安則総長の諮問に答えて「同和問題等人権に関する

教育及び研究の在り方について」を答申し、所属学部を問わず受講できる同和問題を含む人権問題に関する講義の開講を求め、[25]これに基づき一九九四年度から全学共通科目として「偏見・差別・人権」が開講された。[26]なお、同和問題委員会は一九九五年六月二七日に、より広く同和・人権問題を扱う同和・人権問題委員会に改称された。[27]

さらにこのころ、理系学部を中心に実験廃棄物の不十分な処理の問題が表面化した。一九七二年七月二四日には、若手研究者で構成された京大災害研グループにより工学部化学系教室のためますに多量の金属水銀が含まれていることが指摘され、九月一三日にも同グループにより北部構内の幹線排水路中について同様の指摘があった。さらに九月一九日に、学内公害研究諸団体が集まって結成された「毒物たれ流しを糾弾する会」によって農学部実験室付近の幹線排水路からも金属水銀の存在が指摘された。[28]九月二六日には同会や下流の高槻市民などと理・工・農学部長らの交渉が行われ、三学部長はこれまでの諸対策が不十分だったことを認め、安全性の総点検を約束した。[29]また、一一月二二日前田総長は下流域住民に対する説明会を行い、責任を痛感するとして陳謝した。[30]これらに先立つ四月一六日には学内に廃棄物処理等専門委員会が置かれ

表２－３－６　国立大学授業料（1949～1990年）

（金額は円）

	金額		金額
1949	3,600	1970	12,000
1950	3,600	1971	12,000
1951	3,600	1972	36,000
1952	6,000	1973	36,000
1953	6,000	1974	36,000
1954	6,000	1975	36,000
1955	6,000	1976	96,000
1956	9,000	1977	96,000
1957	9,000	1978	144,000
1958	9,000	1979	144,000
1959	9,000	1980	180,000
1960	9,000	1981	180,000
1961	9,000	1982	216,000
1962	9,000	1983	216,000
1963	12,000	1984	252,000
1964	12,000	1985	252,000
1965	12,000	1986	252,000
1966	12,000	1987	300,000
1967	12,000	1988	300,000
1968	12,000	1989	339,600
1969	12,000	1990	339,600

・文部省学生課「いま学費を考える――データ編」（『IDE 現代の高等教育』第361号、1994年11・12月、53頁）より作成。

ており、同委員会は八月一日に各部局における廃棄物処理基準等の整備、排水系の点検整備、処理施設の設置を求める中間答申を作成した[31]。前二者については各部局で対応がなされる一方、廃棄物処理装置として京都大学有機廃液処理装置（KYS）が一九七四年一二月に完成し、一九七五年一〇月から運用が始まった[32]。KYSは、一九七七年四月の環境保全センター発足（本章第二節参照）に伴い、同センターによって管理されることになった。

竹本処分問題（一）

一九七二年一月九日、前年八月に起きた埼玉県の自衛隊朝霞駐屯地における自衛官殺害事件に関連して、強盗予備容疑で竹本信弘経済学部助手が埼玉県警から全国に指名手配された[33]。竹本は滝田修のペンネームで新左翼の理論家として知られていた。経済学部では、指名手配以来竹本と連絡不能の状態となったため、一〇月一二日の教官協議会において一〇月一日をもって欠勤の措置をとることに決定した[34]。さらにその後三カ月以上なお行方不明の状態が続いたため、一九七三年一月一一日の教授会において国家公務員法第七八条第三号の分限処分を提起することにした[35]。ここでいう国家公務員法第七八条とは本人の意に反する降任・免職に該当する項目を規定した条文で、そのうち第三号は「その官職に必要な適格性を欠く場合」とされていた。

教育公務員である国立大学の助手を当人の意に反して免職する場合は、評議会における審査が必要であるため（教育公務員特例法第六条・第二五条四の規定による）、経済学部は竹本の分限処分を総長に申し出、一九七三年一月一六日の臨時評議会で審査が行われることが決定された[36]。

審査開始前後から学内では処分に反対する運動が展開されるようになり、二月上旬の段階では教養部および文・経済・理・薬・農の各学部がストライキに入っていた。[37] 処分反対を唱えていたのは学生だけでなく、二月一五日には教員一三〇余名が評議会に対し竹本処分は当を得ないので白紙に戻すよう要請文を提出した。[38] 処分反対の理由として、例えば一月二七日付の「京都大学全学教官有志」によるビラには、竹本の無断欠勤・行方不明は本人の意志ではなく警察当局の不当な別件逮捕状のためであること、今回の処分は竹本に別件逮捕状が出たこと自体を「適格性の欠如」の理由にしている面があり処分の法的根拠に疑義があること、本人に弁明の機会を与えないままの処分は問題があること、などが挙げられていた。[39]

これに対して経済学部は処分を上申した事情を記した文書を公表した。そこでは、竹本が無実か否かを経済学部が判断することはできず、またその判断によって今回の措置が左右されるものではないこと、教員の校外勤務の慣行や研究助手の勤務の特殊性を考慮しても連絡不能のまま出勤措置を取り続けることはできないこと、本人の陳述が可能になるまで処分が提起できないのであれば職務遂行に支障を来すこと、などが述べられていた。[40] すなわち処分の提起は竹本の思想や犯罪事実の有無ではなく、教員としての勤務という視角からなされたものであるということであり、その意味では処分を思想弾圧や大学自治侵害ととらえる反対運動側の主張とは論点が噛み合っていなかったといえる。

評議会は当初審議の手続きなどについて検討し、竹本の知人から代理人になるとの申し出があったものの、所定の期限までに委任状の提出がなかったため七月一七日に認めないことを決定した。[41] その間の六月二七日、警察より処分審査に関連して竹本あるいは竹本以外の者と評議会との間で往復した文書類などの提出が求められた。前田総長は任意提出には応じられないとしたが、警察側が差押許可状を用意しているとのことでやむなくこれに応じ、二八日に計一五件の文書が押収された。[42] 処分に反対する側は、大学が警察に内通したものと反発を強め、七月一〇日には庶務部長らが約六時間にわたって学生約三〇名の追及を受け警察の出動が要請される事態になった[43]。

評議会における実質審議が始まったのは九月一八日であった[44]が、このころから反対運動は激しさを増した。一一月六日前田総長は、学内で「授業の妨害、面会の強要、暴力の行使、器物の破壊、施設の占拠などの行為」が依然見られることは「極めて遺憾」との掲示を出した[45]が、これに反発する学生ら約七〇～八〇名は翌七日午後総長室に押しかけ、前田総長を強引に法経第二教室に連れ出し竹本処分問題、臨職問題、廃棄物たれ流し問題などについて激しく追及した。総長は一切無言でこれに対処し、約三時間後警官隊が入り救出されたが、その際一名が逮捕された[46]。

評議会における審議は事実認定から始まり、経済学部が行った竹本への連絡不能との判断についての審議が一一月二〇日に終了した[47]。続いて欠勤認定についての審議に入ったが、一二月一六日に新総長に就任した岡本道雄は、一二月一八日の評議会で本議案については議長として議事を進める立場上さらに理解を深めたうえ審議を行いたいとして、「当分の間」審議を休止することを提案し了承された[48]。

総長選考基準の改正

一九六九年六月に総長の諮問機関として置かれた大学問題検討委員会（本編第二章第三節参照）は、一九七三年六月一八日前田総長に「総長選挙制度の改正について」と題した答申を提出した。ここでは、総長の選挙権者は京大の研究・教育に直接携わることによってその責任を分担する立場にあるものが適当であるとしたうえで、助手も選挙権をもつことが適切であるとする一方職員に対しては認めなかった。また、学生については選挙権者から除外するものの勉学条件の維持・発展を要求する権利を有しているとして、大学自治や総長の職務執行の批判者として位置づけた。そして、新たにリコール制度の導入を提案し、その請求は選挙権者だけでなく職員や学生といった非選挙権者も可能にするべきとした。(49)

これを受けて六月二六日の評議会において、答申について学内から意見を徴して調整し総長選挙制度の改正案を作成するため、総長選考基準改正案調整委員会が設置された。(50) 同委員会は、一〇月一三日に総長選考基準改正案を総長に答申した。改正案は従来の第三次までの投票のうち、第一次について助手にも選挙資格を付与するものとなっていたが、大学問題検討委員会の答申にあったリコール制度については「反対意見が多いので」改正案には盛り込まれなかった。(51) この改正案は一〇月一六日の評議会で承認され、同日付で「京都大学総長選考基準の一部を改正する規程」が制定された(52)（なお、一九七三年九月二九日公布の法律第一〇三号で教育公務員特例法が改正され、協議会が廃止となり総長選考は評議会が行うことになっていた）。ただしこの日の評議会において一部改正の可否は投票で決せられたが、投票総数三九票のうち、否とする票が一一、白票が三と、賛成しない評議員が少なくなかった。(53)

改正された選考基準にもとづいて一九七三年一一月一七・一八の両日投票が実施され、岡本道雄医学部教授が総長候補者に選出された。(54) 岡本は一二月一六日総長に就任した。岡本は、一九七七年一一月一九・二〇日に実施された選挙でも選出され(55)総長に再任している。次いで一九七九年一一月一七・一八日実施の選挙で沢田敏男農学部教授が候補者に選出され、(56) 沢田は一二月一六日に総長に就任し、四年後の一九八三年一一月一二・一三日実施の選挙で再選された。(57) さらに一九八五年一一月一六・一七日実施の選挙で西島安則工学部教授が候補者に選出され、(58) 西島は一二月一六日に総長に就任、一九八九年一一月一八・一九日実施の選挙で再選された。(59)

竹本処分問題（二）

一九七三年一二月一八日に審議を休止した竹本信弘経済学部助手の分限処分問題は、三年余り後の一九七七年二月一日の評議会で岡本道雄総長から「一定の理解に達したので」審議を再開したいとの発言があり了承された。[60] 同日の評議会において、竹本本人をめぐる状況と関連法令に変化のないことから本件は審議休止前からの継続議題とすることが了解され、続いて二月八日の評議会で欠勤認定について承認された。[61] 欠勤が認定された根拠は、所属部局と連絡不能な状態がある程度恒常化し、もはや何らの意味でも勤務していると考えられない状態になったことであった。[62]

次いで評議会は参考人を招いて事実問題について聴取することにし、竹本の妻に依頼を行った。竹本の妻は五月三一日の臨時評議会に出席して、欠勤せざるを得ない状況に警察権力によって追い込まれたこと、今回の事件については無実と確信していること、潜行前に何人かの経済学部教員に身の振り方を相談していたこと、などを陳述した。[63] また、これと並行して評議会は法規適用の問題について審議を行い、不適格性の判断理由である勤務からの離脱は本人の選択的意志の介在によってそうした状況が作り出されているとの意見が強く出された。また無実か否かについては、これに立ち入ることは評議会の能力を超えるものであり、不適格性の推認に影響を与えるものではないと強調された。[64] 審議は四カ月以上に及び六月一四日に終了、一八日開催の臨時評議会で最終決定することになった。[65]

審議が再開されると学内の処分反対運動も再び活発化した。二月一九日に教員有志の呼びかけによる討論集会が行われて約二五〇名が参加、処分反対が決議され各評議員に要請文が手交された。[66] 二月二六日には一部の学生が総長室のある本部本館二階東側を占拠[67]（三月一日に自主的に退去[68]）、三月二四日の卒業式では総長の式辞が始まったとたんに学生約三〇名が「竹本処分粉砕」を叫んで壇上を占拠し、式は打ち切りとなった。[69] 岡本総長は三月三〇日付で掲示を出し、学内で一部集団による会議への乱入、教職員に対する面会の強要や身体の拘束などが起こっているとして厳重に警告した。[70]

最終決定を行う評議会の前日にあたる六月一七日、総長は同学会主催の話し合いに出席した。学生、教員ら約一〇〇〇名が参加し総長を追及したが、総長は竹本の思想や人格を問題にしているのではなく組織として竹本助手の勤務について審議しているのだと述べ、平行線のまま深夜に話し合いは終了した。[71]

翌六月一八日臨時評議会が開催され、竹本信弘助手の分限免職処分について三分の二の特別多数決による票決が行われた。その結果は処分を可とする票三二、否とする票八、白票四で、処分は可決された。[72]

処分決定後、反対運動はむしろ激しさを増した。教員有志は六月二三日に再審査請求書を総長に提出し、[73] 七月一日からは交代で総長室前に座り込みを開始した。[74] 特に経済学部では学生の反発が強く、授業を始めようとする教員が構外へ放逐されたり、研究室を破壊されるケースが頻発し、学内ではほとんど授業が行えなくなった。[75] 岡本総長はトラブルを避けて処分決定後大学に姿を見せていなかったが、四カ月ぶりに登学した一〇月二五日朝、一部学生が総長室のドアを破ってなだれ込み総長ともみ合いになったため、大学当局の要請により機動隊が出動した。[76] さらに学生らは総長に対して一〇月二七日には総長室への入室を妨害、一一月八日には評議会出席を阻止しようとし、一二月二〇日には評議会終了後学外に出ようとする総長の乗った車を取り囲んで進行を妨害したため、いずれも要請により機動隊が出動した。[77] しかし、翌年に入ると次第に反対運動は収まっていった。

第二節　教育・研究体制の再編

中央教育審議会答申・臨時教育審議会答申

一九七〇年代および一九八〇年代には、以後の高等教育政策に影響を与える答申が二つ公表されている。その一つは、一九七一年六月一一日付の中央教育審議会（会長森戸辰男）による「今後における学校教育の総合的な拡充整備のための基本的施策について（答申）」である。答申された年（和暦）から「四六答申」ともいわれるこの答申は、初等・中等・高等教育、教員養成、教育行財政全般を対象にした幅広い改革構想を提案していた。そのうち高等教育に関する主な事項を挙げると次のとおりである。

①高等教育機関を、「大学」「短期大学」「高等専門学校」および大学卒業者に対し二〜三年程度の教育を行う「大学院」、高度な学術研究を行う者を指導する「研究院」の五種に種別化して多様化を図る。②一般教育・専門教育の区分を廃するなど教育課程を改善する。③学内組織が教員の研究活動を中心につくられていることにより細分化、独立化する傾向が強かったので、教育組織と研究組織を機能的に分離する。④全学的なまとまりをもたせるため中枢的な管理機関による計画・調整・評価の機能を重視するなど管理運営体制の合理化を図る。⑤国公立大学の管理について、その設置形態を「公的な性格をもつ新しい形態の法人」とするか、学外の有識者を加えた新しい管理機関に大幅に権限を委任するかして、自律性と自己責任をもった運営を可能にする。⑥入学者選抜について、高等学校の調査書を基礎資料とするとともに広域的な共通テストを開発して、中等教育における学習成果が公正に評価されるようにする。[78]

これらのうち、③については一九七三年一〇月開学の筑波大学に取り入れられ、⑥の共通テストについては一九七九年から始まった共通第一次学力試験で実現した。また、②や④は一九九〇年代以降のいわゆる大学改革のなかで現実のものとなっていく。さらに⑤は新制大学発足後初めて出現した国公立大学法人化論であった。

中教審による四六答申の一三年後の一九八四年八月八日、中曽根康弘内閣のもと総理大臣の諮問機関として臨時教育審議会（臨教審）が設置された。会長には岡本道雄前京大総長が就任し、「我が国における社会の変化及び文化の発展に対応する教育の実現を期して各般にわたる施策に関し必要な改革を図るための基本的方策について」諮問を受けた[79]。一九八七年八月七日の最終答申までの四次にわたる答申のうち、高等教育に関する主なものとしては、まず第一次答申（一九八五年六月二六日付）において、共通第一次学力試験に替わる新たな共通テストを提起したことが挙げられる[80]。これは一九九〇年から始まる大学入試センター試験として実現する。次いで、第二次答申（一九八六年四月二三日付）においては①個々の大学が特色ある教育を実現するため大学設置基準の大綱化、簡素化を図ること、②大学院について修業年限や入学資格の弾力化を図るとともに、形態についても独立大学院など多様化を促進すること、③大学がその社会的使命や責任を自覚し絶えず自己を検証し、評価を明らかにするとともに、情報を広く公開すること、などを提言し[81]、さらに④高等教育のあり方を審議して大学に必要な助言や援助を提供し文部大臣に対する勧告権をもつ恒常的機関として「ユニバーシティ・カウンシル」を創設することを求めた[82]。このうち④については、一九八七年九月一〇日公布の学校教育法一部改正によって文部大臣の諮問機関として大学審議会が置かれることになり、以後大学審議会が大学改革に関する具体的方策を審議・答申していくことになる。

センターなどの設置

一九七一年四月に放射性同位元素総合センターが設置された。戦後間もなく始まった放射性同位元素の利用が安全に行われるよう、一九五二年には化学研究所附属で放射性同位元素総合研究室が設置されていた。その後学内における放射性同位元素の利用が拡大するなかで、放射線同位元素管理等委員会によって全学的規模の施設が必要との提案がなされ[83]、放射性同位元素総合センターが学内共同利用施設として設置されるに至ったものである。センターの目的は、放射性同位元素関連施設・設備を学内の利用に供するとともに、取扱者の教育・訓練、放射性同位元素に関する基礎的・応用的研究を行うこととされた。センター長には清水栄化学研究所教授が就任した。一九七三年に医学部構内に新研究棟が竣工し、一九七四年七月から全面的な共同利用が開始された[84]。

一九七二年五月に体育指導センターが設置された。同年四月一八日の評議会で「学生の厚生補導の一環として、学生の体力の調査・測定および体育活動の指導・助言を行ない、もつて本学における体育の充実に資するための施設」として設置が認められたものである[85]。そのきっかけとなったのは「国立大の体育館としては文句なく日本一」と報じられた総合体育館の建設で、札幌オリンピックにおける選手強化施設を譲り受けた北海道大学と並んで設置されることになった[86]。所長には田村嘉弘教養部教授が就任した。

一九七五年四月二二日公布の法律第二七号によって、京大に医療技術短期大学部が併設された。京大における看護婦・助産婦教育機関は、一八九九（明治三二）年九月設置の医科大学附属医院看護婦見習講習科および一九〇二年二月設置の医科大学附属医院産婆補習科までさかのぼることができる[87]。その後幾度かの改編を経て戦後になってからは、医学部附属看護学校（一九五一年三月三一日公布の法律第八四号で設置）、医学部附属助産婦学校（一九五四年三月三一日公布の文部省令第六号で設置）に加えて医学部附属衛生検査技師学校（一九五九年三月三一日公布の文部省令第六号で設置）が、医療技術者の教育を担っていた。しかし、一九六〇年代以降医療技術の急速な高度化のなかで、こうした学校の短期大学への移行が検討され始め、一九六七年には大阪大学に最初の医療技術短期大学部が設置された。京大でも一九七四年四月に医療技術短期大学部設置準備促進委員会が発足して本格的な設置準備が開始され、設置に至った。[88] 短期大学部は高等学校卒業などを入学資格とし、修業年限は三年、当初は看護科（一九七六年から看護学科）のみが置かれ、一九七六年に衛生技術学科、一九八二年に理学療法学科と作業療法学科が増設された。また、三年制の短期大学における看護に関する学科卒業者を入学資格とした修業年限一年の専攻科助産学特別専攻も設置された。学長には岡本道雄が就任し、以後京都大学総長が兼任した。各学科・専攻の入学者数は表2-3-7のとおりである。

一九七六年五月にヘリオトロン核融合研究センターが設置された。一九七五年一一月二五日の評議会に提出された審議資料によると、京大では一九六三年からヘリオトロンA、B、C装置によるプラズマ閉じ込め実験が行われており、一九六六年には工学部附属として超高温プラズマ実験施設が設置された。同施設ではヘリオトロンD装置による実験が行われ、それにより特色ある成果が出されたことを受け、学術審議会ではさらに規模の大きなヘリオトロンE計画の推進が決定された。そこで、研究体制の整備充実と事務の適切な処理をはかるため独立部局としてのセンター設置が必要とされたものである。[89] センター長には当初桐栄良三工学部長が事務取扱となったが、その後宇尾光治教授が就任した。

同じく一九七六年五月に放射線生物研究センターが設置された。設置の直接の契機となったのは一九六八年一一月一五日付の日本学術会議による「放射線影響研究の推進について（勧告）」であった。ここでは、原子力利用の急速な発展計画に鑑み国民全体を放射能から守るための放射線影響の正しい評価とその防護の基礎研

表２－３－７　医療技術短期大学部入学者数（1975～1990年）

	看護学科	衛生技術学科	理学療法学科	作業療法学科	計	専攻科助産学特別専攻
1975	61	—	—	—	61	16
1976	34	40	—	—	74	14
1977	42	38	—	—	80	18
1978	50	36	—	—	86	16
1979	78	41	—	—	119	21
1980	80	41	—	—	121	20
1981	78	40	—	—	118	19
1982	79	40	20	20	159	20
1983	80	40	21	20	161	20
1984	80	40	20	20	160	20
1985	80	40	20	20	160	20
1986	80	40	20	20	160	20
1987	80	40	20	20	160	20
1988	80	40	20	20	160	20
1989	80	40	22	20	162	20
1990	80	41	20	20	161	20

・京都大学百年史編集委員会編『京都大学百年史　資料編３』2001年、594頁より作成。

究、不測の放射線障害を防止、克服するための放射線生物学を主軸とする基礎研究の必要性が指摘され、そのために共同利用研究所として「環境放射能研究所」と「放射線障害基礎研究所」の設立が唱えられていた[90]。日本学術会議はこの勧告を実現するため、その原子力特別委員会放射線影響部会に放射線影響研究推進小委員会を設置し、同委員会は一九七〇年四月に放射線障害基礎研究所を京大に附置することが適当との結論に達し、京大総長に検討を依頼した[91]。京大ではこれを受けて一九七二年度から概算要求を提出し、それが放射線生物研究センターとして認められた。センター長には菅原努医学部教授が就任した。

一九七七年四月に学内共同利用施設として環境保全センターが設置された。環境保全センターは、教育研究などの活動に伴って発生する廃棄物による汚染を防止するなどして環境保全を図るとともに関連する技術的諸問題について研究し、さらに環境保全の基礎教育に協力することを目的とした。[92] 同センターは一九七四年に完成していた京都大学有機廃液処理装置（KYS）の管理を行うことになり、その後一九八〇年に完成した京都大学無機廃液処理装置（KMS）の管理も行った。センター長には小野木重治工学部教授が就任した。

一九七七年七月に学内措置で埋蔵文化財研究センターが設置された。一九七二年、農学部建物工事の現場から縄文時代の石棒が発見されたのを機会に、京都市から埋蔵文化財保存について注意があり、京大では建築に伴う事前調査のため文学部に助手一名を配置することになった。さらにその後、京大敷地内の埋蔵文化財についての調査研究およびその保存のため必要な業務を行う組織として埋蔵文化財研究センターが設置されるに至った。[93] センター長には樋口隆康文学部教授が就任した。

一九七八年四月に情報処理教育センターが設置された。一九六九年の大型計算機センター設置（本編第二章第一節参照）後、それまで学内における研究のための計算サービスを行っていた計算センターは、学生実習のための教育センターとしての役割を果たすようになった。しかし計算センターの設備は次第に旧式のものとなったため、同センターの運営協議会に置かれた「情報科学に関する一般的教育方法樹立のための懇談会」は、一九七五年に情報科学教育センター設置の必要性を述べた報告を提出した。これに基づき一九七六年から概算要求が提出され、情報処理教育センターとして実現に至ったものである。同センターは、教育用計算機システムを管理運営し教育のための学内共同利用に供すること、情報処理教育に関する研究開発を推進すること、情報処理に関する基礎的共通教育を行い専門教育に関わる情報処理教育に協力すること、などが目的とされた。[94] センター長には大野豊工学部教授が就任した。

一九八〇年四月に医用高分子研究センターが設置された。一九七九年五月二二日の評議会に提出された審議資料によると、人工臓器などの人工材料の研究開発が社会的要請として強く望まれており、学際的な領域であることの分野の共同研究を行うための研究施設の必要性が述べられている。[95]すでに京大では一九四六年以来医学部と工学部あるいは化学研究所との間で生体材料に関する共同研究が行われており、[96]こうした実績がセンター設置に結びついたといえよう。センター長には山室隆夫医学部教授が就任した。なお同センターは一〇年の時限立法により設置されたため改組計画を概算要求で提出し、一九九〇年六月に人工臓器、人工組織等の開発研究および臨床応用研究に関する総合研究を行う生体医療工学研究センターに改組された。

一九八一年四月には全国共同利用施設として超高層電波研究センターが設置された。一九七八年五月二三日の評議会に提出された審議資料によると、オゾン破壊などによる気候変動などの中層・超高層大気現象の科学的解明が喫緊の重要事となっているが、近年こうした現象を地上からレーダーで有効に観測できる可能性が明らかになりつつあるとして、日本学術会議電波科学研究連絡委員会・同地球物理研究連絡委員会において京大のＭＵレーダー（Middle and Upper Atmosphere Radar）計画が承認されたとしている。[97]同センターは、一九六一年四月一日に設置されていた工学部附属電離層研究施設を改組する形で設置され、センター長には加藤進教授が就任した。ＭＵレーダーは一九八四年滋賀県甲賀郡信楽町（現甲賀市信楽町）に設置され、共同利用が開始された。

一九八六年四月にアフリカ地域研究センターが一〇年時限で設置された。一九五八年ごろから京大を中心とした研究者によってアフリカに関するフィールドワークが開始されていたが、新興国が多いアフリカ各国の大学・研究機関から諸種の科学的協力の要請を受けることが多く、そうした要請に応える国内の拠点を求める声が高まっていた。一九七八年にザイール国立大学のチバング・チシク学長が来学し同国の科学振興への協力を求めたことを契機にセンター構想が具体化し、翌年度から概算要求が提出されて設置に至ったものである。自然・人・文化に関する基礎的研究に加え、今日のアフリカが直面している諸課題の調査研究を推進することがセンターの目的とされた。[98] センター長には伊谷純一郎教授が就任した。

一九八八年四月に遺伝子実験施設が設置された。京大における組換えＤＮＡ実験については、一九七九年化学研究所に置かれた組換えＤＮＡ実験設備（一九八一年四月一日公布の文部省令第一六号で核酸情報解析施設に改組）が実験のセンターとして機能してきた。[99] しかし、一九八〇年代に入って組換えＤＮＡ実験を用いた研究成果が数多く得られるようになるにつれ、新たな全学的部局設置が求められるようになり、組換えＤＮＡ実験に関する研究教育を行うとともに組換えＤＮＡ実験の促進と安全の確保を図ることを目的とした遺伝子実験施設が設置された。[100] 施設長には本庶佑医学部教授が就任した。

一九八八年一一月に国際交流センターが設置された。国際交流が急速に進展する（後述）なかで、一九七八年五月二三日には国際交流委員会から岡本道雄総長に対して、事務部と研究部からなる国際交流機構設置の必要性が建議されていた。[101] その後一九八七年二月一八日にも国際交流委員会から西島安則総長に「京都大学国際交流センター設立について（答申）」が提出され、[102] これに基づいて概算要求が行われたが、すぐには認められなかったため学内措置で国際交流センターが設置されることになった。同センターの当面の機能としては、外国人留学生・研究者に対する日本語・日本文化・日本事情などに関する教育、留学生に対する助言・指導、諸外国の大学・教育研究機関との協力体制構築、国際交流の推進に必要な資料・情報の収集・整備・提供などが挙げられた。[103] センター長には河合隼雄教育学部教授が就任した。その後一九九〇年六月になって、国際交流センターが改組され法制化された組織として留学生センターが設置された。

教養部改革の動向

一九六九年六月に設置された大学問題検討委員会（本編第二章第三節参照）は、大学の未来像、総長選挙制度の改正と並んで教養課程の改善について審議を行い、一九七〇年一月一〇日に「教養課程の改善について（答申）」を前田敏男総長に提出した。ここでは、マスプロ教育の弊害など教育面の不備のしわよせが教養部に集中していること、大学教育が前期二年と後期二年に制度的に分断されていることなどの問題性が指摘されたうえで、教養課程を廃止して四年一貫教育を行うこと、全学の学生が全学部の開講科目を受講できるようにすること、各授業科目を個々の学生の目的に応じて一般教育科目とも専門教育科目とも取り扱えるようにすること、などが提案された。[104] この答申内容は総長の試案として全学的な検討に付される一方、教養部では七月二日に特別委員会が設置され、[105] 同委員会は京大における一般教育導入の経緯と、教養部の成立と歴史および研究・教育条件の現状について資料をまとめ報告書を作成した。[106]

その後、一九七五年一〇月に教養部に置かれた教養部改善検討委員会は、一九七六年四月六日に答申書を作成し一五日に教授会に提出した。この答申では、新たに大学院総合科学研究科を設置して教養部の全教官が一般教育とともに大学院の教育にあたること、それとともに教養部の学科目制を講座制に移行することが構想されていた。[107] これが一連の教養部改革において、専門課程をもたず大学院を設置する「なか抜き」構想登場の最初であった。

さらに一九七八年一一月二四日、上田正昭教養部長から岡本道雄総長に「科学基礎研究科の設置について（上申）」が提出された。[108] これを受けて部局長会議に科学基礎研究科設置案等調査検討委員会が設置されて審議[109]が行われ、翌一九七九年六月二六日の評議会で科学基礎研究科設置計画案が了承されて概算要求として出されることになった。同研究科は「個別科学の基礎を究明することによって、科学の研究・教育の基本的な発展に寄与」すると同時に、その成果を教養課程に反映させて一般教育を充実させることが目的とされ、言語領域・人間論・自然領域・科学基礎論の四専攻を設置するとされた[110]。

しかし研究科設置が容易に実現しなかったため、教養部は一九八二年に科学基礎研究科と合わせて既存の研究科に独立専攻を経過措置として設置し、将来的に科学基礎研究科に統合するという修正案を提出した。科学基礎研究科設置案等調査検討委員会では、この修正案につき関係各部局の意見を聴取したが種々の問題点が指摘されたため、一九八四年七月四日沢田敏男総長に抜本的な再検討の必要を上申した[111]。その結果同年一〇月九日に、科学基礎研究科設置案等調査検討委員会に替わり教養部にかかわる大学院問題検討委員会が設置され、新研究科構想などの教養部にかかわる大学院問題を全学的観点から調査検討することになった[112]。

教養部にかかわる大学院問題検討委員会は、科学・人間論専攻、文化論・文化史専攻、地域研究専攻からなる学術総合研究科設置計画案を作成し、同案は一九八五年七月九日の評議会で可決、概算要求として提出された[113]。その一方で翌一九八六年六月、西島安則総長から同委員会に学術総合研究科構想との関連のもとに教養部および教養課程のあり方について審議検討するよう要請があり、同委員会は一二月に教養部の学部化が望ましいことと、その関連で教養課程のあり方に再検討が必要なことを総長に報告した[114]。その結果一九八七年三月一七日の部局長会議において教養部にかかわる大学院問題検討委員会に替わって教養部にかかわる構想検討委員会が設置されることが決まり[115]、教養課程並びに教養部にかかわる学部・研究科構想について全学的観点から調査検討されることになった。

教養部にかかわる構想検討委員会は、一九八七年一〇月一六日に西島総長に報告を提出した。ここでは基本方針として、教養部を廃止してそれを母体に教養学部を設置すること、教養課程と専門課程の区分を廃止すること、学術総合研究科設置構想については適切な整備拡充を行うこと、教養部教員は可能な範囲で研究分野が関連する既存学部に移籍すること、などが報告された。このうち教養学部は、「自然と人間との新たな全体的調和を可能にする文明の条件を探求すること」が必須の課題とされるなか、こうした現実の総合的把握という観点からの研究・教育の成果を十分身につけ、広く深い知的展望を持った教養ある人材の養成がその設置目的として挙げられ、人間関係学科・国際文化学科・基礎科学科・自然環境学科の四学科から構成されるとされた。[116] その後同委員会は改めて教養部改組についての検討を行い、一九八九年一月二一日に総合人間学部新設、教養課程改革、学術総合研究科の基本構想についてまとめた報告を西島総長に提出した。[117] この報告が、一九九一年の大学院人間・環境学研究科の設置、翌一九九二年の全学共通科目開講と総合人間学部設置に直接つながることになる（本編第四章第一節参照）。

入試改革への対応

新制発足後の国立大学における入学試験は、すでに述べたように（本編第一章第二節参照）国立大学を二つのグループに分けてそれぞれの大学が実施するものであり、京大は他の旧帝国大学と同じく第一期のグループに属していた。しかし、そのような形で実施されてきた国立大学入試については、高等学校の教育内容を必ずしも踏まえていない難問奇問が出題されたり、高等学校における学習成績が入学者選抜に反映されていなかったりしているとの批判があり、また国立大学をいわゆる一期校と二期校に分けることの問題性も指摘されていた。[118]

そうした点を解決するため共通テストの実施が検討されることになるが、文部省はそのための検討を国立大学協会に委ねる形をとった。国大協はまず入試調査特別委員会、次いで入試改善調査委員会を設置し各国立大学に対するアンケート調査を複数回行うなど慎重に検討し、一九七六年一一月一七・一八日の総会において、共通第一次試験は一九七九年度から実施可能であること、実施機関として大学入試センターを設置すること、各大学が独自に行う二次試験の期日は一元化することが望ましいこと、が承認された。(119)

その結果、国語・数学・理科・社会・外国語の五教科七科目（理科・社会は二科目選択）の共通第一次学力試験が一九七九年一月から実施された。京大では前年七月一一日に二次試験に関する基本的事項を公表したが、それによると文・教育・法・経済の各学部は国語・数学・外国語の三教科、理学部は国語・数学・理科・外国語の四教科、医・薬・工・農の各学部は数学・理科・外国語の三教科を課すこととし、社会は出題されないことになった。(120)

このようにして開始された共通一次試験だが、国立大学の受験機会が一回に限定されること、入試の難易度による大学の序列化が明らかになること、多数の教科科目を課される受験生の負担が大きいことなどが問題点として挙げられるようになり、国大協では一九八三年六月に入試改善特別委員会を置いて審議を始めた。(121)そしてまず一九八七年度入試から共通一次試験が五教科五科目に削減されることになり、それに伴い京大では文・法・経済学部の二次試験に新たに社会が出題されることになった。(122)さらに国大協は受験機会複数化の実施に向けて検討を行い、一九八七年度入試から国立大学をA日程・B日程の二つのグループに分けることにした。国大協は旧帝国大学である七大学を両グループに分け、京大のほか名古屋大学・大阪大学・九州大学をA日程（三月一日試験開始）、北海道大学・東北大学・東京大学をB日程（三月五日試験開始）とする案を一九八六年四月三日に公表し、(123)五月七日の総会で全国立大学二次試験のグループ分けを決定した。(124)七大学の分け方について、西島総長によると、七大学長の集まりでは「わが国の高等教育の全体の中での人材の育成と適正な配分の見地から」七大学同日程で入試を実施するのが自然という考え方が当初出されていたが、受験機会の複数化に実質的な意義をもたせるため七大学を二つの日程に分けることが必要とする意見が国大協のなかで拡大していったのだという[125]。

しかし、この方法では国立大学の複数受験は可能になるものの、日程の関係で受験生は複数受験した両方の大学の合格発表後に自らの進む大学を決めることになっており、そのため大学によっては大幅な定員割れを起こすこと、大学間の序列が一層鮮明化すること、受験生の大幅増に備え各大学が二段階選抜を拡大すること、などの問題点がすでに指摘されていた[126]。また、京大の内部でも強い反対論があった。四月一二日、教養部教員有志一一二名は西島総長に今回の入学試験改革案について、全学部および教養部の合意が得られるまで実施しないことを求める要請書を提出[127]、一六日には龍田節法学部長が記者会見し法学部が単独で従来どおりの日程で入試を実施する可能性がある旨語り[128]、さらに一七日には文学部および教養部の教授会も実施延期の決議を行ったと報じられた[129]。本来各大学・学部が定めるべき入学者選抜の内容と方法が国大協によって最終的に決定されたかのような発表のあり方への疑問、改革案実施には各大学・学部が慎重な意思決定手続きを積み重ねる必要があり一九八七年度実施は不可能であること、などが反対の理由として挙げられていた[130]。

結局、四月二八日京大は国大協に対して、A日程で全学部ただし法学部については募集人員の一部、B日程で法学部の残りの募集人員、という形で一九八七年度の二次試験を実施すると回答した[131]。以後一九九〇年度までの各学部における入試日程および募集人員の変遷は表2-3-8のとおりである。一九八八年度入試では、文系学部が多くの募集人員をB日程に充てている。また一九八九年度からは学部の募集人員を前・後期に二分し合格発表・入学手続きも分ける分離・分割方式が併用されるようになり、京大ではB日程の法学部以外は分離・分割となり、翌一九九〇年度からは全学部分離・分割方式で入試を行うようになった。

表2－3－8　学部ごとの入試日程および募集人員（1987～1990年度）

	日程	区分	文	教育	法	経済	理	医	薬	工	農	小計	計
1987	3.1～3.2	A日程	200	60	150	230	291	120	80	995	310	2436	2686
	3.5～3.6	B日程	—	—	250	—	—	—	—	—	—	250	
1988	2.29～3.1	A日程	20	20	—	50	291	120	80	995	310	1886	2716
	3.5～3.6	B日程	200	40	400	190	—	—	—	—	—	830	
1989	2.28～3.1	前期日程	190	40	—	200	276	110	50	617	260	1743	2781
	3.16～3.17	後期日程	30	20	—	40	30	10	30	413	65	638	
	3.5～3.6	B日程	—	—	400	—	—	—	—	—	—	400	
1990	2.25～2.26	前期日程	190	40	340	200	276	110	60	619	260	2095	2781
	3.14～3.15	後期日程	30	20	60	40	30	10	20	411	65	686	

・京都大学『学生募集要項』各年度より作成。

なお、一九九〇年度から共通一次試験に替わり、私立大学も参加でき受験科目の設定を各大学の裁量で行える大学入試センター試験が開始された。

国際交流

この時期国際交流が進展するのに合わせて学内では体制の整備が図られ、一九七七年七月一日に国際交流委員会が設置された。委員会には、学術面の国際交流だけでなく留学生などの教育面における交流についても、全学的観点から総合的に検討することが求められていた[132]。またすでに述べたように、一九八八年一一月に国際交流センターが設置され、一九九〇年六月には留学生センターに改組されている。

一九七九年一一月二日にはフランスのパリ第七大学との間に、京大として初の学術交流協定が締結された。これはこの年の春に岡本道雄総長が同大学を訪問した際、学術交流について意見交換したことが契機となっていた。協定では両大学が研究および研究者養成を最高度に進展させるため提携努力するものとして、具体的には学生・教員・研究者の相互受入、共同研究・国際研究集会の組織などが謳われていた(133)。その後、京大では大学間学術交流協定について、学術交流の分野や種類を含む一般的覚書を交換する方式に移行し(134)、多数の海外の大学と協定を締結するに至っている。

京大における外国人教員の受入には、一九六九年四月一六日付文部事務次官通知「外国人教師の取り扱いについて」に基づく常勤教師である「外国人教師」、一九七五年一二月一五日付文部事務次官通知「外国人研究員制度について」に基づく常勤の研究員である「外国人研究員」、一九七七年三月二二日付「京都大学招へい外国人学者等受入れ要項」に基づく勤務の契約によらない「招へい外国人学者」「外国人共同研究者」などの種類があった。一九八〇年度の受入数は合計一八二名であったのが、一九八五年度には二七九名、一九九〇年度には四六〇名と増加傾向が顕著になっていた(135)。

一方、従来の法体系の下では日本国籍を持たない者を国公立大学の講師以上に任用することはできないとされていたが、一九八二年九月一日公布の法律第八九号「国立又は公立の大学における外国人教員の任用等に関する特別措置法」によってそれが可能になった。これを受けて人文科学研究所は、日本文化を専攻するイギリス国籍のピーター・フランシス・コーニッキー（Peter Francis Kornicki）を国公立大学としては戦後初の助教授として任用することを決定し(136)、コーニッキーは一九八三年四月一日に着任した。続いて工学部も、量子化学を専攻するイギリス国籍のジョージ・ガーフィールド・ホール（George Garfield Hall）をやはり国公立大学として戦後初の教授として任用することを決定し(137)、ホールは同年一〇月一日に着任した。

一九八六年六月一三日、大学院審議会制規等専門委員会は西島安則総長に「京都大学名誉博士の制度について（答申）」を提出し、国際学術交流の一環として京大における研究分野に重要な貢献のあった外国人研究者に名誉博士の称号を贈呈することを提言した(138)。答申に基づき翌一九八七年二月二四日に制定された「京都大学名誉博士称号授与規程」では「本学における学術研究に寄与した功績が特に顕著であると認められる研究者に授与する」[139]と、対象を外国人研究者に限定していなかったが、一九八九年三月二七日に初の名誉博士称号を贈呈された数学者イズライル・モイセーヴィチ・ゲルファント（Izrail Moiseevich Gelfand、モスクワ大学教授）[140]をはじめ、功績の顕著な外国人研究者に贈呈された。その後二〇〇三年一月三一日付で規程が改正され、「本学における教育研究に寄与した功績が顕著であると認められる者」もしくは「学術文化に寄与した功績が特に顕著であり、本学において顕彰することが適当と認められる者」に授与することになり[141]、以後日本国籍を有する研究者も含めて授与の範囲が広がり、二〇二〇年までに計一六名に授与されている。[142]

戦後日本における国費外国人留学生の受入は一九五四年三月三一日付の文部省による「国費外国人留学生制度実施要項」に基づく招致から始まっており[143]、私費による留学生はその前年ごろから受け入れが始まったという。[144]京都大学における一九七〇年から一九九〇年までの五年ごとの外国人留学生数は表2-3-9のとおりである。一九八〇年代に入って増加傾向にあること、それは大学院生および研究生の増加によることが分かる。

表２－３－９　外国人留学生数（1970〜1990年）

	学部	大学院	研究生	計
1970	83	84		167
1975	102	90		192
1980	65	99	28	192
1985	104	227	29	360
1990	93	408	263	764

・京都大学百年史編集委員会編『京都大学百年史　資料編３』2001年、569頁より作成。

また、一九八二年一〇月からは日本語・日本文化研修留学生の受入を開始した。この制度は、海外の大学で日本語・日本文化を学んでいる学部第三年次以上の学生に国費で一年以内の期間留学をさせるもので、一九七九年度から東京外国語大学で導入されていた。初年度には九カ国から一二名の留学生が関係学部の聴講生として受け入れられ、日本語、日本事情についての授業のほか現代産業・現代文化の参観・研修、伝統産業・伝統文化の見学なども行われた。[145]

このように外国人研究者や留学生が増加していくなか、これらの人々に宿舎を提供するとともに国際的相互理解の拠点となるべく京都大学国際交流会館が左京区山端に完成し、一九八二年八月七日に開館式が挙行された。[146] さらに、宇治地区で研究・修学する研究者・留学生のために京都大学国際交流会館宇治分館が宇治構内に建てられ、一九八七年一月一六日に開館式が行われた。[147]

学術研究の公開

一九七九年一〇月六・一三・二七の三日にわたって、広く一般市民を対象とする京都大学市民講座が開講された。[148] 市民講座は同年七月三日の部局長会議で実施が承認されたもので、「京都大学の学術研究の一端を広く社会一般に公開し、もって社会人の教養と文化の向上に資すること」が目的とされ、財団法人京大会館楽友会が主催し京大が後援する形をとった。[149] 「人間を考える」というテーマのもと六本の講義が用意され、二九〇名が受講した。[150] 以後市民講座は年ごとに統一テーマが設定され、毎年開催されていくことになる。

さらに一九八八年九月二八日からは財団法人京都大学後援会（京都大学創立七十周年記念後援会の後身）主催の京都大学春秋講義も始まった。春秋講義は月曜講義と水曜講義に分かれ、前者はテーマを立てて連続五回、後者は一回シリーズで計五回実施され、[151] 以後年二回開催された。

一九八七年には『京都大学　―研究教育の現状と展望―』が刊行された。京大全体を紹介する刊行物は、創立以来関係規則や教職員・学生氏名、建物配置図などを掲載していた『京都帝国大学一覧』『京都大学一覧』の刊行が一九七三年に終了して以来存在していなかった。発案者である西島安則総長は刊行の目的を、大学を内に開く、すなわち大学の全体像を学内の者が認識することと、大学を外に開く、京大に関心を持つ人に大学の全体をまとめて紹介することにあると述べている。[152] Ｂ５判三七一頁で、大学の歴史・組織・運営を紹介した

写真２－３－１　第１回市民講座（1979年10月）

総論と、附属図書館・各学部・教養部・研究所・センターなどの諸活動から構成されている。以後二〇〇〇年まで原則として二年に一回刊行が続けられた。

一九八六年文学部博物館が竣工し、翌一九八七年一〇月三一日に開館した。文学部では、設置以来日本史・考古学・地理学・美学美術史学などに関連する資料の収集が行われ、一九一四（大正三）年竣工の陳列館において資料の陳列が行われていた。一九五五年に文学部陳列館は博物館相当施設の指定を受け、一九五九年には文学部博物館と改称されたが、狭隘化と老朽化が進んだため、総計三〇万点以上に達する収集資料の保存および公開を行って大学博物館としての機能を発揮するため新たな建物が建てられたものである[153]。新館は本部構内の北西に位置し、「地域社会に公開されることをめざし」東大路通に向けて正面入口を設けた[154]。開館翌日の一一月一日から一二月一九日まで開館記念展示「日本の中の京都」が開催され、以後毎年春・秋に一般公開の展示が開催されることになった[155]。

情報基盤の整備

京大における情報基盤整備は、一九八〇年一〇月三日の学術情報問題調査検討委員会による「京都大学における学術情報システムの在り方について（中間答申）」において、学術情報システム研究開発センター設置が提言されたことに始まっている。[156]これは、この年一月二九日に学術審議会が文部大臣に提出した「今後における学術情報システムの在り方について（答申）」において、大学における学術情報の体系的な収集システムと迅速で的確な提供システムを有する学術情報ネットワーク構成の必要が述べられている[157]ことを受けたものであった。

その後一九八四年一〇月一七日に、全学ネットワークによる学術情報システム整備について審議する学術情報システム整備委員会が発足し、[158]同委員会は翌一九八五年七月に、構内の通信網をいわゆる統合通信網の形ですべてのキャンパスで等質のサービスが受けられることを目標に整備すべきとして具体的な計画を提起した。[159]そしてこれに基づいた概算要求が認められ、一九八七年四月一四日に統合情報通信システム建設本部が設置された。建設されることになった統合情報通信網はＫＵＩＮＳ（Kyoto University Integrated information Network System）と名づけられた。[160]ＫＵＩＮＳ計画は、大学の全情報活動を支えるインフラとして京大のすべてのキャンパスに学術情報通信網を構築するもので、デジタル交換機、基幹ループＬＡＮ、パケット交換機、マルチメディア多重化装置がこの計画により導入された。[161]

このＫＵＩＮＳ第一期計画は一九九〇年三月に完成し統合情報通信システム建設本部は解散したが、これに替わり四月一日に学術情報ネットワーク機構が設置され、さらなる高度情報化が目指されることになった。[162]

一九八四年三月二一日には附属図書館の新館が開館した。一九四八年竣工の従来の建物（本編第一章第三節参照）は、老朽化し面積不足や機能面で図書館活動の拡大が困難になっており、新たな建物が求められていた。新館は旧館の約三倍の延面積（一万四〇〇〇平方メートル）を有し、学習支援機能だけでなく研究調査活動の支援も重視して参考図書室・特殊資料室・バックナンバーセンターなどを設置、ＡＶホールも設けて視聴覚資料による教育研究活動に供された。[163] 新たな附属図書館において図書館業務の機械化が進み、一九八八年九月一日には利用者用オンライン目録ＯＰＡＣ（Online Public Access Catalog）による検索サービスが開始された。[164]

キャンパスの整備と新キャンパス問題

この時期、本部構内では工学部8号館（一九七二年竣工、現総合研究8号館）、法経済学部北館（一九七二年竣工）、附属図書館（一九八三年竣工）、文学部博物館（一九八六年竣工）などが、教養部構内では教養部図書館（一九七三年竣工、現吉田南総合図書館）などが建てられた。また、医学部構内および附属病院構内では再開発が進み、医学部2号館（一九七九年竣工、現医学部D棟）、総合解剖センター（一九八一年竣工）、医学部1号館（一九八六年竣工、現医学部C棟）、外科系病棟（一九七〇年竣工、現存せず）、医用高分子実験研究棟（一九八三年竣工、現ウイルス再生研3号館）、内科系病棟（一九八七年竣工、現北病棟）、分子生物実験研究棟（一九九〇年竣工）などが建てられた。

京大は創立以来移転をしておらず、また幸いキャンパスは大きな自然災害や戦災に遭っていないため、古い建物が比較的多く残っている。従来そうした建物の保存について十分な配慮がなされているとはいえない状況にあったが、一九七四年一二月一七日に建築委員会のもとに歴史的建築物保存調査専門委員会が設置され敷地内の歴史的建築物の保存に関する調査研究を行うことになった。[165] 同委員会は一九七九年九月までの間に五次に

写真２－３－２　医学部１号館（1986年）

わたる報告を行い、旧工学部石油化学教室（第三高等中学校物理学実験場、第一編第一章第三節参照）などいくつかの建築物につき保存を図るべきことを提言した。[166]また同委員会はキャンパスの歴史的建築物について網羅的に調査し、その結果を『京都大学建築八十年のあゆみ』として公表した。[167]

一方この時期になると大学の機能が拡大するなか、吉田キャンパスの狭隘化が問題になりつつあった。一九八三年一一月一三日総長選挙で再選された沢田敏男は、施設の一部移転も考えなければならないとして、関西文化学術研究都市の建設が計画されている京阪奈丘陵がその有力な候補地と記者会見で語った。[168]これを受けて一九八四年三月一三日の部局長会議において、京都大学の将来計画立案のための準備委員会設置が決定され、[169]準備委員会における審議を経て一〇月一七日に将来計画検討委員会が発足した。同委員会の任務は「二十一世紀を展望した京都大学の在り方及びそれに即した施設の整備について調査審議する」こととされた。[170]

将来計画検討委員会は、翌一九八五年三月二九日に第

一次答申を沢田総長に提出した。この答申では、京大の研究機能重視の傾向は今後も強まっていくとしたうえで、現教育研究体制の整備充実、新分野の開拓、総合性・学際性の視点、学術的国際交流などを課題として挙げた。そして、吉田キャンパスはすでに高密度で長期的な将来計画の検討には不十分であり、機能の一部を移転させる新キャンパスが必要であること、その候補地の一つとして関西文化学術研究都市を考慮することは意義があること、将来計画の実現のためには約一〇〇ヘクタールの面積を確保することが妥当であること、などが提言された[171]。さらに一九八六年一二月二三日付の同委員会第三次答申では、新キャンパス候補地は関西文化学術研究都市の南田辺・狛田地区（綴喜郡田辺町・相楽郡精華町）が適切であると結論づけた[172]。

第三節　学生生活

生活の諸相

一九七六年三月の『京都大学新聞』には「気楽に行ける喫茶店あんない」という記事が掲載され、新入生向けに「潤いに満ちた生活を送っていただくために」京大近辺や四条河原町周辺の喫茶店が紹介されている。特に京大の近くでは、「メルヘン」（今出川通農学部前）、「彷徨館」（百万遍北）、「チコ」（川端今出川東）、「ON&ON」（同）、「しあんくれる」（河原町通荒神口）、「サンタクロース」（東山丸太町東）などジャズ喫茶が多く紹介されていて[173]、当時の学生の趣味嗜好の一端を垣間見ることができる。

一九八〇年代に入ると、学生生活が豊かになっていったことが学生部が行っている学生生活実態調査から分かる。一九八三年から一九九五年までにおける学部学生の住居種別の変遷を表2-3-10に示した。自宅外学生の住居のなかでマンションが最も多くなるのは一九八九年のことである。また同じく一九八三年から一九九五年までにおける自宅外学部学生が所有する耐久消費財の変遷を表2-3-11に示した。ビデオ・クーラー・電話などの所有率が急増しており、ワープロやパソコンについても所有する学生が増えているのが見てとれる。

寮問題

すでに述べたように（本編第二章第二節参照）、一九六四年の文部省通達「学寮における経費の負担区分について」に反発して、寮生は寄宿料および水光熱費の不払い闘争を展開していた。吉田寮・熊野寮における炊事人の人件費についても右の通達では寮生負担となっていたが、京大では一九六八年二月二三・二四日の寮生と学生部長との話し合いによりその公務員化が確認され[174]、その結果寄宿料の不払いは一旦解消された。しかし一九七〇年三月二〇日の寮自治会との話し合いで募集要項から寄宿料に関する事項が削除されることになり、以後支払いの状況は極めて悪くなった[175]。また、吉田寮・熊野寮の入寮選考について寮生側はその一切を寮自治会が行い、入寮者氏名を『京都大学新聞』に発表するとしたため、大学当局としては在寮者を正確に把握することができない状態が続いていた[176]。こうした管理状況について、一九七九年九月には会計検査院から「速やかに学寮の正常化の方途を講じ」寄宿料の未納分に対する措置をとること、国費による炊事人の採用および寮生の私生活に関する水光熱費負担は当を得ないこと、との指摘を受けていた[177]。

学生部は寮生に対して右のような事態の解消を繰り返し求めるとともに、学内に対して状況の説明を行ってきたが[178]、進展が見られないため、一九八二年九月北川善太郎学生部長名の「本学の学寮問題について」におい

表２－３－10　学生住居種別（1983〜1995年）　（%）

	自宅	自宅外				
		寮	貸間	アパート	マンション	その他
1983	30.7	1.9	22.8	29.1	8.3	2.9
1985	32.1	3.7	20.3	29.0	11.9	2.8
1987	28.7	3.4	14.2	28.1	22.9	2.3
1989	24.4	3.5	11.3	24.4	33.8	2.1
1991	25.0	4.3	8.8	27.0	32.9	1.6
1993	27.8	3.1	5.3	25.6	34.9	2.1
1995	26.6	1.2	5.7	27.7	36.3	1.6

・京都大学学生部委員会生活実態調査集大成編集委員会『京都大学学生生活実態調査集大成—昭和28年度〜平成７年度までの調査の分析・総括—』1998年、102頁より作成。

表２－３－11　自宅外生所有の耐久消費財（1983〜1995年）　（%）

	冷蔵庫	洗濯機	テレビ	ラジカセ	ビデオ	ワープロ	パソコン	クーラー	電話
1983	89.7	13.2	65.3	90.4	4.3	12.5	9.9	14.6	25.6
1985	87.0	13.1	70.4	92.9	7.8	13.7	13.9	15.9	37.5
1987	90.9	16.1	76.9	91.5	16.1	8.7	14.3	20.6	55.0
1989	91.8	25.7	81.9	79.3	31.9	17.3	13.7	35.6	73.1
1991	93.1	27.1	85.9	70.9	51.5	22.2	23.4	46.1	83.2
1993	93.7	31.8	87.1	72.4	61.6	23.8	24.1	49.1	90.5
1995	96.9	43.4	91.4	73.8	68.2	28.5	29.6	63.6	94.8

・京都大学学生部委員会生活実態調査集大成編集委員会『京都大学学生生活実態調査集大成—昭和28年度〜平成７年度までの調査の分析・総括—』1998年、104頁より作成。

て寮問題についての基本方針を公表した。それは「本学における学寮管理の正常化と老朽寮の問題は、放置しえない状態にいたっている」としたうえで、その解決のため新寮の建設を含めて寮の正常化を実現するというものであった。そしてこの方針を具体化するため在寮期限を設定し、期限の到来とともに老朽寮を廃止し、それと併行して新寮の建設に努めることを提起した[179]。

右の基本方針を受けた学生部委員会での検討を経て、一九八二年一二月一四日の評議会において、吉田寮について「学寮として存置・使用し難い状況にある」として在寮期限を一九八六年三月三一日とすることが提案された。期限日を三年あまり後にした理由としては、吉田寮の老朽化が進み一刻も早い建て替えが必要なこと、現寮生の通常の在学期間は居住を続けられるようにすること、新寮の建設に時間が必要なこと、が挙げられた。沢田敏男総長が「大変気の重いことで恐縮でございますが」と諮った末、在寮期限の設定は評議会で了承された。[180]

　これに対して吉田寮生らは強く反発し、評議会当日に会場前の本部本館二階廊下に座り込みを行って職員との間で小競り合いがあった。[181] 翌一九八三年五月一八日には前月一五日の会計検査院来学時に総長室に乱入したとして吉田・熊野寮生三名が逮捕され、[182] 同日逮捕に抗議した寮生ら約一〇〇名が学生部に押しかけると大学当局は機動隊の出動を要請し、さらに学生三名が逮捕された。[183]

　その一方で問題とされた寮の管理に関して一定の変化があった。水光熱費の寮生負担については学生部委員会で審議の末最小限の合理的な金額を寮生に請求することにして、一九八三年三月一九日に各寮自治会委員長宛に請求を行った。[184] その後も繰り返し請求を行ったが支払いがなかったため一〇月分から寮生個人に請求を行ったところ、[185] 寮自治会側は支払いのための交渉に応じ、[186] 一九八四年に入ると各寮とも順次支払うようになった。[187] また、在寮確認についても一九八三年以降本人や父兄に繰り返し連絡を行った結果、寮に居住していると推定される学生の大半が入寮届を提出するようになった。[188] しかし、新寮建設の前提のため一九八五年七月二九日に予定された吉田寮南側の埋蔵文化財調査は、熊野寮自治会の一部学生の阻止行動のため断念され、[189] 新寮建設の見込みは当面立たなくなった。

　そうしたなか吉田寮の在寮期限が近づき、一九八五年一二月三日に学生部は寮生・父兄（保証人）・自治会委員長に在寮期限の到来を文書で伝えたが、[190] 一九八六年三月には「在寮期限の到来をもって直ちに強制的な手段に訴えることは必ずしも適切な措置とは考えておりません」と、四月一日以降は在寮期限を「執行中」として、寮の機能を縮小しつつ寮生に自主的な退寮を求めることにする方針を明らかにした。[191] これに対して吉田寮自治会は、「「在寮期限」・旧寮の老朽化を、新自治寮を戦い取ることによって粉砕していく」との基本方針を一九八六年度前期に打ち出す[192]などして対抗した。

その後事態は動かず、特に新寮建設具体化にはさらに時間が必要と判断される状況で、一九八八年一一月七日河合隼雄学生部長は吉田寮生との話し合いにおいて、老朽化の甚だしい吉田西寮の撤去、吉田東寮の補修および入寮禁止措置解除、入寮届の提出と寄宿料の納入によって寮の正常化・老朽寮改善を履行するという新たな提案を行った。[193] 河合学生部長と吉田寮自治会は話し合いを重ねた結果合意に達し、一九八九年三月二五日に吉田西寮は撤去、二七日には吉田寮入寮禁止措置が解除され、四月一四日には入寮者名簿の提出と寄宿料納入が行われた。[194] そして四月一八日の評議会において西島総長から「吉田西寮の撤去、吉田東寮の補修完了、在寮者名簿の提出及び寮費の納入等在寮期限設定の趣旨が達成されたことにより、吉田寮の在寮期限設定からの一連の措置の執行を完了した」と提案されこれが了承された[195]ことによって、一九六〇年代半ば以来の寮問題は解決した。

註

（1）『京都新聞』一九七〇年六月九日付朝刊。
（2）『京都新聞』一九七〇年六月一一日付朝刊。
（3）註（2）に同じ。『京都新聞』一九七〇年六月一三日付朝刊。「学生部長の告について」（『京大広報』第三七号、一九七〇年六月二六日）。
（4）『京都新聞』一九七一年三月二四日付夕刊。「附属病院の新病棟移転について」（『京大広報』第五三号、一九七一年四月二日）。
（5）『京都新聞』一九七一年一〇月四日付夕刊。

(6)「定員外職員の在職状況について」(『京大広報』第九八号、一九七四年七月一九日)。
(7)『京都新聞』一九七一年六月一五日付朝刊。
(8)『京都新聞』一九七一年六月一六日付朝刊。
(9)「工学部石油化学教室における事態の経緯および工学部長室占拠の事態について」(『京大広報』第七四号、一九七二年七月二六日)。
(10)『京都新聞』一九七二年九月二六日付夕刊。
(11)『朝日新聞』一九七一年一一月九日付朝刊。
(12)「国立大学の授業料の増額について」(『京大広報』第六四号、一九七一年一二月一〇日)。
(13)『朝日新聞』一九七二年一月一〇日付朝刊。
(14)『京都新聞』一九七二年一月一七日付夕刊。
(15)『京都新聞』一九七二年一月二〇日付朝刊。
(16)『京都新聞』一九七二年一月二八日付朝刊。
(17)「入学試験の実施にあたってとられた措置について」(『京大広報』第六八号、一九七二年三月一七日)。
(18)「教育実習オリエンテーションについて」(註(9)前掲『京大広報』第七四号)。
(19)「同和対策審議会答申および同和対策事業特別措置法について」(『京大広報』号外、一九七二年九月一一日)。
(20)「同和問題委員会の設置と発足後の経過について」(『京大広報』第八六号、一九七三年七月二〇日)。
(21)「同和問題委員会中間報告について」(『京大広報』第一〇七号、一九七五年三月一四日)。
(22)「同和問題文献・資料コーナーの設置について」(『京大広報』第一二四号、一九七六年五月二一日)。
(23)註(21)に同じ。
(24)「同和問題委員会答申の趣旨実現の経過報告」(『京大広報』第一一七号、一九七五年一一月二八日)。
(25)「同和問題等人権に関する教育及び研究の在り方について」(『京大広報』第四〇二号、一九九一年一月一五日)。
(26)『平成5年度　全学共通科目委員会1』(京都大学大学文書館所蔵、18B03169)。
(27)庶務部広報調査課『京都大学学報』第四五六五号、一九九五年七月七日。
(28)「自然科学系研究廃棄物の処理について」(『京大広報』第七六号、一九七二年一一月一七日)。『京都新聞』一九七二年九月二七日付朝刊。
(29)『京都新聞』一九七二年九月二七日付朝刊。

(30) 「総長声明について」(『京大広報』第七八号、一九七二年一二月二七日)。
(31) 「廃棄物処理等専門委員会およびその中間答申について」(註 (28) 前掲『京大広報』第七六号)。
(32) 「有機廃液処理装置に関する報告」(『京大広報』第一一五号、一九七五年一〇月二四日)。
(33) 『京都新聞』一九七二年一月一〇日付朝刊。
(34) 「分限処分の審査について」(『京大広報』第七九号、一九七三年一月一九日)。
(35) 註 (34) に同じ。
(36) 『評議会議事録　自昭和四十七年四月至昭和四十八年五月』(京都大学大学文書館所蔵、MP00018)。
(37) 『京都新聞』一九七三年二月一〇日付朝刊。
(38) 『京都新聞』一九七三年二月一六日付朝刊。
(39) 「竹本助手の免職処分に断固反対する」(京都大学大学文書館所蔵『京大闘争関係資料』MP70131)。
(40) 京都大学経済学部『竹本助手の処分問題について疑問に答える』(京都大学大学文書館所蔵『大学紛争関係資料Ⅱ』MP70091)。
(41) 『評議会議事録　自昭和四十八年六月至昭和四十八年十二月』(京都大学大学文書館所蔵、MP00019)。
(42) 「6月28日及び7月10日の事態について」(『京大広報』第八七号、一九七三年九月二一日)。
(43) 註 (42) に同じ。
(44) 註 (41) に同じ。
(45) 「11月6日の掲示について」(『京大広報』第九〇号、一九七三年一一月一六日)。
(46) 「11月7日の事態について」(註 (45) 前掲『京大広報』第九〇号)。『京都新聞』一九七三年一一月八日付朝刊。
(47) 註 (41) に同じ。
(48) 『評議会議事録　自昭和四十八年十二月至昭和四十九年十二月』(京都大学大学文書館所蔵、MP00020)。
(49) 「大学問題検討委員会の「総長選挙制度の改正について」の答申について」(『京大広報』第八四号、一九七三年六月二二日)。
(50) 註 (41) に同じ。
(51) 「総長選考基準改正案調整委員会の「総長選考基準改正案について」の答申について」(『京大広報』第八九号、一九七三年一〇月一九日)。
(52) 京都大学事務局『学報』第三五五三号、一九七三年一一月二日。

(53) 註（41）に同じ。
(54) 「次期総長に岡本道雄教授を選出」（『京大広報』第九一号、一九七三年一一月二四日）。
(55) 「次期総長に岡本道雄総長が再選」（『京大広報』第一四九号、一九七七年一二月一日）。
(56) 「次期総長に沢田敏男教授を選出」（『京大広報』第一八七号、一九七九年一二月一日）。
(57) 「次期総長に沢田敏男現総長を再選」（『京大広報』第二六三号、一九八三年一二月一日）。
(58) 「次期総長に西島安則教授を選出」（『京大広報』第三〇二号、一九八五年一二月一日）。
(59) 「次期総長に西島安則現総長を再選」（『京大広報』第三八一号、一九八九年一二月一日）。
(60) 『評議会議事録　自昭和五十二年二月至昭和五十二年四月』（京都大学大学文書館所蔵、MP00023）。
(61) 註（60）に同じ。
(62) 「竹本信弘助手の分限処分についての審査評議会の審議経過」（『京大広報』号外、一九七七年七月八日）。
(63) 『評議会議事録　自昭和五十二年四月至昭和五十二年十二月』（京都大学大学文書館所蔵、MP00024）。
(64) 註（62）に同じ。
(65) 註（63）に同じ。
(66) 『朝日新聞』一九七七年三月一四日付朝刊。
(67) 『朝日新聞』一九七七年二月二六日付夕刊。
(68) 『朝日新聞』一九七七年三月一日付夕刊。
(69) 『朝日新聞』一九七七年三月二四日付夕刊。
(70) 「3月30日の掲示」（『京大広報』第一三八号、一九七七年四月一五日）。
(71) 『京都新聞』一九七七年六月一八日付朝刊。
(72) 註（63）に同じ。
(73) 『京都新聞』一九七七年六月二四日付朝刊。
(74) 『京都新聞』一九七七年七月一日付夕刊。
(75) 『京都新聞』一九七七年一〇月八日付夕刊。
(76) 『京都新聞』一九七七年一〇月二五日付夕刊。
(77) 「10月27日の事態について」（『京大広報』第一四八号、一九七七年一一月一五日）。「11月8日の事態について」（同）。「12月20日の事態について」（『京大広報』第一五一号、一九七八年一月一五日）。

(78) 教育事情研究会編『中央教育審議会答申総覧（増補版）』ぎょうせい、一九九二年、一八二頁。
(79) 教育政策研究会編著『臨教審総覧　上巻』第一法規出版、一九八七年、五八頁。
(80) 註（79）に同じ、八三頁。
(81) 註（79）に同じ、一五六頁。
(82) 註（79）に同じ、一七〇頁。
(83) 清水栄「御挨拶」（『Ｒｉニュース』第一号、一九七二年）一頁。
(84) 重松恒信「共同利用開始にあたって」（『Ｒｉニュース』第三号、一九七四年）一頁。
(85) 註（36）に同じ。
(86)『京都新聞』一九七二年六月二一日付夕刊。
(87) 京都大学医療技術短期大学部創立二十周年記念事業委員会『京都大学医療技術短期大学部創立二十周年記念誌』一九九六年、三一・三七頁。
(88) 註（87）に同じ、三九頁。
(89)『評議会議事録　自昭和五十年一月至昭和五十年十一月』（京都大学大学文書館所蔵、MP00021）。
(90) 日本学術会議編『日本学術会議二十五年史』一九七四年、一九二頁。
(91) 京都大学医学部「放射線生物研究センター」（『京都大学放射線生物研究センター設置準備関係書類』京都大学大学文書館所蔵、07A02160）。
(92)「環境保全について」（『京大広報』第一四〇号、一九七七年五月一五日）。
(93)「埋蔵文化財研究センターの発足」（註（55）前掲『京大広報』第一四九号）。
(94)「情報処理教育センターの設置」（『京大広報』第一六二号、一九七八年七月一日）。
(95)『評議会議事録　自昭和五十四年一月至昭和五十四年六月』（京都大学大学文書館所蔵、10A00400）。
(96) 山室隆夫「センター設置の経緯と基本理念」（『京都大学医用高分子研究センター年報　第一巻（一九八〇〜一九八三）』一九八四年）一頁。
(97)『評議会議事録　自昭和五十三年一月至昭和五十三年十二月』（京都大学大学文書館所蔵、MP00025）。
(98)「アフリカ地域研究センターの設置」（『京大広報』第三一一号、一九八六年五月一日）。
(99) 京都大学百年史編集委員会編『京都大学百年史　部局史編二』一九九七年、八二〇頁。
(100) 京都大学百年史編集委員会編『京都大学百年史　部局史編三』一九九七年、九一六頁。

(101)「国際交流事業について」(『京大広報』第一六一号、一九七八年六月一五日)。
(102)「京都大学国際交流センター設立に関する答申」(『京大広報』第三二七号、一九八七年三月一日)。
(103)『京都大学国際交流センター綴』(京都大学大学文書館所蔵、01A21577)。
(104)『評議会議事録　自昭和四十四年九月至昭和四十六年三月』(京都大学大学文書館所蔵、MP00016)。「大学問題検討委員会の「教養課程の改善について」の答申について」(『京大広報』第二四号、一九七〇年一月二一日)。
(105)「教養部改革の特別委員会発足」(『京大広報』第三九号、一九七〇年七月一七日)。
(106)京都大学教養部『教養部特別委員会報告書　京大広報　第九一号別刷』一九七三年。
(107)『教養部改善案作成委員会答申、ほか　昭和四十九年度(案)』(京都大学大学文書館所蔵、21B12389)。
(108)『S53・10～54・4　部局長会議関係』(京都大学大学文書館所蔵、10B03921)。
(109)『科学基礎研究科設置案等調査検討委員会』(京都大学大学文書館所蔵、21B12355)。
(110)註(95)に同じ。
(111)『部局長会議綴　自昭和五十九年六月十二日至昭和五十九年十二月十九日』(京都大学大学文書館所蔵、15A05096)。
(112)「教養部にかかわる大学院問題検討委員会の発足と科学基礎研究科設置案等調査検討委員会の廃止」(『京大広報』第二八四号、一九八五年一月一五日)。
(113)『評議会議事録　自昭和六十年五月至昭和六十年十二月』(京都大学大学文書館所蔵、16A01206)。
(114)「教養部にかかわる構想検討委員会の発足と教養部にかかわる大学院問題検討委員会の廃止」(『京大広報』第三三二号、一九八七年五月一五日)。
(115)『部局長会議議事メモ　昭和62年1月から昭和62年12月』(京都大学大学文書館所蔵、18A00909)。
(116)「教養部にかかわる構想検討委員会からの報告」(『京大広報』第三四六号、一九八八年二月一五日)。
(117)「教養部にかかわる構想検討委員会の報告について」(『京大広報』第三六六号別冊、一九八九年三月一日)。
(118)熊谷信昭「入学者選抜制度の変遷について」(国立大学協会50周年記念行事準備委員会編『国立大学協会五十年史』二〇〇〇年)一一九頁。
(119)国立大学協会入試改善調査委員会『国立大学入試改善調査研究報告書』一九七七年、二三頁。
(120)「新しい大学入学者選抜方法の実施をめぐる本学の動き」(『京大広報』第一六三号、一九七八年九月一五日)。
(121)註(118)に同じ、一二一頁。
(122)京都大学『昭和六二年度　学生募集要項』。

(123)『朝日新聞』一九八六年四月四日付朝刊。
(124)『朝日新聞』一九八六年五月八日付朝刊。
(125)西島安則「受験機会の複数化について」(『京大広報』第三一六号、一九八六年七月一〇日)。
(126)註(123)に同じ。
(127)『部局長会議綴　自61・4・8至61・6・14』(京都大学大学文書館所蔵、17A01941)。
(128)『朝日新聞』一九八六年四月一七日付朝刊。
(129)『京都新聞』一九八六年四月一八日付朝刊。
(130)京都大学法学部創立百周年記念事業委員会・記念冊子小委員会編『京大法学部一〇〇年のあゆみ』一九九九年、一一〇頁。
(131)註(127)に同じ。
(132)「国際交流委員会の発足」(『京大広報』第一四三号、一九七七年七月一日)。
(133)「パリ第七大学との学術交流協定の締結」(『京大広報』第一八六号、一九七九年一一月一五日)。
(134)京都大学国際交流委員会『京都大学における国際交流』一九八五年、三〇頁。
(135)京都大学百年史編集委員会編『京都大学百年史　資料編三』二〇〇一年、六一三頁。
(136)『京都新聞』一九八三年二月九日付朝刊。
(137)『京都新聞』一九八三年九月一二日付夕刊。
(138)「京都大学名誉博士の制度に関する答申」(註(125)前掲『京大広報』第三一六号)。
(139)京都大学庶務部広報調査課『学報』第四二〇二号、一九八七年二月二七日。
(140)「名誉博士称号贈呈式」(『京大広報』第三六九号、一九八九年四月一五日)。
(141)大学情報課『京都大学学報』第四八三五号、二〇〇三年一月三一日。
(142)「京都大学名誉博士」(京都大学ホームページ、https://www.kyoto-u.ac.jp/ja/about/history/honorary-doctor、二〇二二年一月五日閲覧)。
(143)註(134)に同じ、三五頁。
(144)川上尚恵「戦後の日本国内の外国人留学生　一九五〇～六〇年代の「留学生教育問題」を中心として」(『神戸大学留学生センター紀要』第二二号、二〇一六年)二三頁。
(145)「日本語・日本文化研修留学生の受入れ」(『京大広報』第二四〇号、一九八二年一〇月一日)。
(146)「国際交流会館が完成」(『京大広報』第二三八号、一九八二年七月一日)。「国際交流会館の開館式」(『京大広報』第二三九号、一九八二年九月一五日)。
(147) 京都大学国際交流委員会『京都大学における国際交流(第二号)』一九九〇年、五六頁。
(148) 「京都大学市民講座の開催」(『京大広報』第一八三号、一九七九年一〇月一日)。
(149) 『市民講座　S54~S55』(京都大学大学文書館所蔵、01A16995)。
(150) 註(148)に同じ。
(151) 「京都大学春秋講義の開催」(『京大広報』第三五六号、一九八八年九月一五日)。
(152) 西島安則「はじめに」(「京都大学を紹介する冊子」編集委員会編『京都大学　—研究教育の現状と展望—』一九八七年)。
(153) 「文学部博物館の歴史と現在」(『京大広報』号外、一九八七年一一月一日)。
(154) 京都大学文学部編『京都大学文学部博物館』一九八七年、二頁。
(155) 「開館記念展示〝日本の中の京都〟」(註(153)前掲『京大広報』号外)。「建物と観覧の案内」(同)。
(156) 「京都大学における学術情報システムの在り方」(『京大広報』第二〇九号、一九八一年二月一日)。
(157) 文部省『学制百二十年史』ぎょうせい、一九九二年、五四〇頁。
(158) 「学術情報システム整備委員会の発足」(『京大広報』第二八三号、一九八四年一二月一五日)。
(159) 「学術情報システム統合通信網整備に関する長期計画」(『京大広報』第二九六号、一九八五年七月一〇日)。
(160) 「京都大学統合情報通信システム建設本部の設置と開所式」(註(114)前掲『京大広報』第三三二号)。
(161) 長尾真「KUINS計画の概要と進捗状況」(『KUINSニュース』第一号、一九八八年二月二九日)三頁。
(162) 「京都大学学術情報ネットワーク機構の設置と発足式」(『京大広報』第三九〇号、一九九〇年五月一日)。
(163) 「新しい図書館像　—機能面からみた整備の概要」(『京大広報』号外、一九八四年四月一日)。
(164) 「変りゆく目録　—オンライン検索はじまる—」(『静脩』第二五巻第二号、一九八八年九月)。
(165) 「歴史的建築物保存調査専門委員会第一次報告について」(『京大広報』第一一二号、一九七五年六月二〇日)。
(166) 「歴史的建築物保存調査専門委員会第二次報告について」(『京大広報』第一一六号、一九七五年一一月二一日)。「歴史的建築物保存調査専門委員会第四次報告について」(註(148)前掲『京大広報』第一八三号)。「歴史的建築物保存調査専門委員会第五次報告について」(『京大広報』第一八四号、一九七九年一〇月一五日)。京都大学百年史編集委員会編『京都大学百年史　総説編』一九九八年、八八七頁。
(167) 京都大学歴史的建築物保存調査専門委員会『京都大学建築八十年のあゆみ　京都大学歴史的建造物調査報告　京大広報別冊』一九七七年。

(168)『京都新聞』一九八三年一一月一四日付朝刊。
(169)『部局長会議　自昭和五十九年一月三十一日至昭和五十九年五月二十八日』（京都大学大学文書館所蔵、15A05095）。
(170)「将来計画検討委員会の発足」（『京大広報』第二八〇号、一九八四年一一月一日）。
(171)「将来計画検討委員会第一次答申」（『京大広報』第二九〇号別冊、一九八五年四月一五日）。
(172)「将来計画検討委員会第三次答申」（『京大広報』第三二四号、一九八七年一月一五日）。
(173)『京都大学新聞』一九七六年三月一六日付。
(174)京都大学学生部『京都大学学寮の現状と問題』一九八一年、一七頁。
(175)註（174）に同じ、一五頁。
(176)「吉田寮熊野寮の現状と問題」（『京大広報』第二一〇号、一九八一年二月一五日）。
(177)註（174）に同じ、二二頁。
(178)「学寮における当面の諸問題に関する学生部の基本的な方針」（『京大広報』第一九〇号、一九八〇年二月一日）。註（176）前掲「吉田寮熊野寮の現状と課題」。「吉田寮熊野寮に関するその後の経過」（『京大広報』第二二二号、一九八一年一〇月一日）。
(179)北川善太郎「本学の学寮問題について」（京都大学大学文書館所蔵『吉田寮関係資料』吉田寮Ⅰ-9-1）。
(180)『評議会議事録　自昭和五十七年十一月至昭和五十八年四月』（京都大学大学文書館所蔵、14A05129）。
(181)『京都新聞』一九八二年一二月一五日付朝刊。
(182)『京都新聞』一九八三年五月一八日付夕刊。
(183)『京都新聞』一九八三年五月一九日付朝刊。
(184)神野博「学寮問題について　―その後の経過―」（京都大学大学文書館所蔵『吉田寮関係資料』吉田寮Ⅰ-9-3）。
(185)註（184）に同じ。
(186)『京都大学新聞』一九八四年二月一六日付。
(187)加藤幹太「本学の学寮問題について」（京都大学大学文書館所蔵『吉田寮関係資料』吉田寮Ⅰ-9-4）。
(188)註（184）に同じ。
(189)註（187）に同じ。
(190)「吉田寮の在寮期限」（『京大広報』第三〇四号、一九八六年一月一五日付）。
(191)朝尾直弘「吉田寮の在寮期限到来にあたって」（京都大学大学文書館所蔵『吉田寮関係資料』吉田寮Ⅰ-9-5）。

(192) 吉田寮自治会文化部情報局編『吉田寮資料集　「在寮期限」の到来からその終結へ　一九八五―九〇』資料集を刊行する会、一九九四年、三六〇頁。
(193) 河合隼雄「吉田寮問題について」（京都大学大学文書館所蔵『吉田寮関係資料』吉田寮I-9-7）。註(192)前掲『吉田寮資料集　「在寮期限」の到来からその終結へ　一九八五―九〇』四五〇頁。
(194) 西島安則「吉田寮在寮期限設定に伴う一連の措置の完了について（所感）」（『京大広報』第三七五号、一九八九年七月一〇日）。
(195) 『評議会議事録　自平成元年一月至平成元年五月』（京都大学大学文書館所蔵、20A01418）。

第四章　改革期

本章で主に対象としている一九九一（平成三）年から二〇〇三年までの京大の状況を概観すると次のとおりである。

一九九一～二〇〇三年の概観

まず学部では一九九二年五月六日公布の法律第三七号によって総合人間学部が新設された。大学院では学部をもたない独立研究科として一九九一年三月三〇日公布の政令第八〇号によって人間・環境学研究科が新設され、次いで一九九六年三月二七日公布の政令第四八号によってエネルギー科学研究科が、一九九八年三月二七日公布の政令第六九号によってアジア・アフリカ地域研究研究科と情報学研究科が、一九九九年三月三一日公布の政令第八九号によって生命科学研究科が、二〇〇二年三月二八日公布の文部科学省令第八号および三月二九日公布の政令第七七号によって地球環境学研究部および地球環境学教育部が新設されている。また、二〇〇〇年四月に医学研究科に置かれた社会健康医学系専攻は、二〇〇二年一一月二九日公布の法律第一一八号学校教育法の一部改正によって専門職大学院制度が始まるとともに、専門職大学院に移行した。附置研究所については、一九九一年四月一二日公布の政令第一一六号によって木材研究所が木質科学研究所に改組され、一九九

表２－４－１　新設・改組されたセンター等（1991～2003年）

名称	設置日	備考
生態学研究センター	1991年４月12日	
高等教育教授システム開発センター	1994年６月24日	
アフリカ地域研究資料センター	1996年４月１日	学内措置、アフリカ地域研究センターを改組
総合情報メディアセンター	1997年４月１日	情報処理教育センターを改組
総合博物館	1997年４月１日	
カウンセリングセンター	1999年６月１日	学内措置
宙空電波科学研究センター	2000年４月１日	超高層電波研究センターを改組
大学文書館	2000年11月１日	学内措置
国際融合創造センター	2001年４月１日	
低温物質科学研究センター	2002年４月１日	学内措置
福井謙一記念研究センター	2002年４月１日	学内措置、2003年４月１日基礎化学研究センターに改組
学術情報メディアセンター	2002年４月１日	大型計算機センターと総合情報メディアセンターを統合
フィールド科学教育研究センター	2003年４月１日	
高等教育研究開発推進センター	2003年４月１日	高等教育教授システム開発センターを改組

表２－４－２　学部入学者数（1991～2003年）

	総合人間	文	教育	法	経済	理	医	薬	工	農	計
1991	—	242	75	415	276	326	102	87	1062	338	2923
1992	—	244	74	412	268	326	102	88	1060	330	2904
1993	133	246	73	418	271	326	102	90	1057	333	3049
1994	134	222	63	408	241	326	102	85	1061	335	2977
1995	130	224	63	408	241	326	102	85	1051	325	2955
1996	138	234	70	417	263	329	102	83	1066	320	3022
1997	132	227	69	421	269	326	103	84	1072	323	3026
1998	140	231	68	419	264	328	102	87	1048	315	3002
1999	135	231	68	421	273	312	105	88	1001	309	2943
2000	138	235	70	397	276	301	105	83	996	312	2913
2001	131	229	71	390	266	302	103	81	999	311	2883
2002	136	231	72	401	258	303	106	87	988	313	2895
2003	135	227	70	391	263	301	100	84	996	315	2882

・『京都大学概要』（各年度）より作成。

表 2－4－3　大学院入学者数（1991～2003年）

	文学		教育学		法学		経済学		理学		医学			薬学		工学	
	修士	博士	修士	博士	修士	博士	修士	博士	修士	博士	修士	博士 一貫制博士課程	博士 社会健康医学系	修士	博士	修士	博士
1991	69	56	23	16	16	20	18	16	185	138	—	127	—	46	18	652	74
1992	63	65	22	13	68	20	26	27	208	112	—	139	—	53	15	634	115
1993	58	51	13	19	66	10	29	21	214	141	—	148	—	65	23	657	124
1994	90	55	19	21	68	25	57	19	258	158	—	141	—	64	19	712	156
1995	95	61	33	11	73	19	58	30	273	162	—	143	—	61	23	758	137
1996	110	66	29	16	68	22	68	44	288	190	—	168	—	64	26	754	133
1997	115	61	38	24	56	28	79	41	291	176	—	164	—	77	20	739	148
1998	106	81	46	24	52	18	73	49	276	194	—	156	—	80	29	614	111
1999	119	78	39	33	65	22	57	42	243	194	—	155	—	79	26	607	115
2000	102	69	38	32	74	12	70	46	230	179	30	161	9	79	35	610	119
2001	106	80	40	25	68	26	82	46	245	142	37	156	8	78	30	622	101
2002	107	62	47	26	56	17	77	45	247	147	41	147	15	84	34	615	124
2003	104	66	44	25	63	17	86	50	259	177	34	171	9	84	19	608	114

	農学		人間・環境学		エネルギー科学		アジア・アフリカ地域研究	情報学		生命科学		地球環境学舎		計	
	修士	博士	修士	博士	修士	博士	博士	修士	博士	修士	博士	修士	博士	修士	博士
1991	164	58	38	—	—	—	—	—	—	—	—	—	—	1211	523
1992	172	73	46	—	—	—	—	—	—	—	—	—	—	1292	579
1993	207	85	126	29	—	—	—	—	—	—	—	—	—	1435	651
1994	207	94	127	32	—	—	—	—	—	—	—	—	—	1602	720
1995	214	104	123	81	—	—	—	—	—	—	—	—	—	1688	771
1996	252	105	122	90	107	22	—	—	—	—	—	—	—	1862	882
1997	266	103	138	86	110	18	—	—	—	—	—	—	—	1909	869
1998	271	105	137	64	120	24	17	189	32	—	—	—	—	1964	904
1999	265	121	127	92	116	25	23	193	27	70	—	—	—	1980	953
2000	290	107	136	95	116	20	27	177	44	83	—	—	—	2035	955
2001	317	92	134	67	119	19	33	188	53	85	41	—	—	2121	919
2002	282	116	158	65	125	20	25	192	41	72	57	39	21	2142	962
2003	297	102	162	75	133	21	30	190	46	80	49	28	11	2172	982

・『京都大学概要』（各年度）より作成。

表2－4－4　教職員数（1991～2003年）

	総長	教授	助教授	講師	助手	その他の職員	計
1991	1	719	717	169	1060	2810	5476
1992	1	717	730	162	1071	2767	5448
1993	1	747	708	160	1078	2724	5418
1994	1	776	690	163	1063	2700	5393
1995	1	818	679	163	1040	2640	5341
1996	1	843	711	148	1013	2590	5306
1997	1	859	724	137	1024	2559	5304
1998	1	891	733	135	1049	2524	5333
1999	1	907	757	140	1043	2516	5364
2000	1	928	743	138	1049	2487	5346
2001	1	934	762	131	1053	2453	5334
2002	1	958	774	138	1041	2398	5310
2003	1	958	781	151	1015	2366	5272

・『京都大学概要』（各年度）より作成。

六年五月一一日公布の政令第一一九号によって原子エネルギー研究所がヘリオトロン核融合研究センターと統合しエネルギー理工学研究所に改組され、一九九八年四月九日公布の政令第一五五号によって胸部疾患研究所が生体医療工学研究センターと統合し再生医科学研究所に改組され、二〇〇一年三月三一日公布の政令第一五一号によって食糧科学研究所が廃止された。新設・改編されたセンター等については、表2－4－1のとおりである。このほか、二〇〇三年四月一日公布の文部科学省令第二六号によって体育指導センターが廃止された。

学部および大学院研究科ごとの入学者数の変遷は表2－4－2と表2－4－3のとおりである。学部については、総合人間学部の新設はあったものの他学部はいずれも微減傾向にあったため、全体としては僅かに減っている。一方大学院については、独立研究科の新設に加え、既存の研究科でも入学者数が増加しているため、全体として修士・博士課程とも大幅に増加している。

教職員数の変遷は表2－4－4のとおりである。教授数および助教授数は増加しているものの、「その他の職員」数の減少が続いており、総数としては減少している。

総長については、一九九一年一一月一六・一七日実施の選挙で井村裕夫医学部教授が候補者に選出され[1]、井村は一二月一六日付で就任した。井村は一九九五年一一月一八・一九日実施の選挙で再選されている[2]。次いで一九九七年一一月一四・一五日実施の選挙で長尾真工学研究科教授が候補者に選出され[3]、一二月一六日付で就任した。その後二〇〇一年七月三日の評議会で総長選考基準が一部改正され（後述）、長尾は改正された基準にもとづいて行われた同年九月二八・二九日実施の選挙で再選されている[4]。さらに、二〇〇三年九月二六・二七日実施の選挙で尾池和夫理学研究科教授が候補者に選出され[5]、尾池は一二月一六日付で就任した。

第一節　大学改革（一）

大学設置基準の大綱化

文部大臣の諮問機関である大学審議会は一九九一年二月八日「大学教育の改善について（答申）」を提出した[6]。すでに述べてきたように（本編第一章第一節参照）、一九五六年に文部省令として定められた大学設置基準は、この時点まで根本的な改正をされることはなかった。しかし、すでに一九七一年の中央教育審議会による答申や一九八六年の臨時教育審議会による第二次答申（本編第三章第二節参照）において、一般教育・専門教育の区分廃止や設置基準の大綱化、簡素化は提起されていた。大学審議会の答申はそうした流れを受け、大学設置基準によってカリキュラムの枠組みが細かく規定されているために各大学が自由で個性的なカリキュラムを設計することが阻害されているとして、授業科目の区分を撤廃することなどを求めた。ただその際、一般教育等を軽視する大学が出てくるのではないかと危惧する向きもあるとして、大学審議会は「一般教育等の理念・目標は極めて重要」でありこの理念・目標の実現のための「大学人の見識を信ずるものである」と付け加えていた。(7) また、同答申では大学が教育研究水準の向上や活性化に努めてその社会的責任を果たしていくため、不断の自己点検・評価を行い、改善への努力を行っていくことが重要であるとも指摘していた。(8)

この答申を受けて、一九九一年六月三日公布の文部省令第二四号によって大学設置基準が改正された。これにより、従来の一般教育科目・外国語科目・保健体育科目・専門教育科目という授業科目の区分はすべて廃止され、どの授業科目を開設しそれをどのような教育課程のもとに位置づけるかは各大学に任されることになった。さらにこれに加えて、大学は教育研究活動等の状況について自ら点検および評価を行うことに努めなければならないと規定された。

なお大学審議会は右の答申と同時に「学位制度の見直し及び大学院の評価について（答申）」(9)と「学位授与機関の創設について（答申）」(10)も提出しており、これらにもとづき一九九一年六月三日公布の文部省令第二七号によって学位規則が一部改正され、学士を学位とすること、専攻分野の名称を付した修士・博士の種類を廃止すること、新たに設置される学位授与機構（一九九一年七月設置）にも学位授与の権限を与えることが定められた。

大学院人間・環境学研究科と総合人間学部

一九九一年四月に大学院人間・環境学研究科が設置された。すでに述べたように（本編第三章第二節参照）

一九八九年一月二一日、教養部にかかわる構想検討委員会は総合人間学部新設、教養課程改革と大学院学術総合研究科の基本構想をまとめた報告を西島安則総長に提出していたが、そのうちの学術総合研究科構想が人間・環境学研究科に改編されて、一九九〇年六月二六日の評議会で承認され概算要求が行われた結果設置に至ったものである。[11]発足時は西島総長が研究科長事務取扱となったが、一〇月に竹市明弘教授が研究科長に就任した。

人間・環境学研究科における研究・教育の主題は「人間と環境とのさまざまな関わりを明らかにするとともに、その望ましい関わり方を実現しうる新しい科学・技術と人間のあり方の、原理的な研究を遂行すること」とされ、[12]まず人間・環境学専攻が置かれた。京大で初めて学部卒業者のほかに大学に三年以上在学し所定の単位を優れた成績で取得したと認められる者にも入学資格が付与され、さらに社会人の入学も認められた。初年度の入学者三八名のうち大学三年次終了者が一名、社会人が二名含まれていた。[13]

続いて一九九二年一〇月に文化・地域環境学専攻が、一九九六年四月にアフリカ地域研究専攻が、一九九七年四月に環境相関研究専攻が設置されている（アフリカ地域研究専攻は一九九八年四月の大学院アジア・アフリカ地域研究研究科設置に伴い、同研究科に移管された）。

総合人間学部は一九九二年一〇月に設置され、翌一九九三年四月に最初の学生を受け入れた。「総合人間学」とは、「人間存在を、人間の内面的な心理とか価値や思想の面、あるいは身体面からだけではなく、人間の置かれた社会、政治、経済、文化、歴史環境、さらには、物質や生物などの自然環境との関係を含めて、総合的に理解しようとする学問」とされた。[14]総合人間学部は人間学科・国際文化学科・基礎科学科・自然環境学科の四学科と一三講座（大講座）からなり、初年度には一三三名の学生が入学した。学部長には木下富雄教授が就任した。

総合人間学部は学部固有の専門科目を提供する以外に、全学共通科目の実施責任部局ともなり（次項参照）、教員の大多数は大学院人間・環境学研究科の協力講座に参加して大学院教育にも携わった。また、主専攻のほかに副専攻制度を設けて、学生に各自の専門分野以外の特定の分野を系統的に履修させるようにした[15]。

総合人間学部設置に伴い、一九九二年九月三〇日公布の文部省令第三二号によって教養部の廃止が規定され、教養部は翌一九九三年三月三一日に廃止された。

その後二〇〇三年四月一日に両部局は再編整備され、一体となって「大学院人間・環境学研究科・総合人間学部」となった。二〇〇二年六月二五日の評議会に提出された資料によると、大学院人間・環境学研究科の教員と総合人間学部の教員が一体化することによって、格段に幅広い「専門知」を結集し一丸となって「統合知」を目指す体制が高いレベルで整うとされていた。これに伴い、大学院人間・環境学研究科は共生人間学、共生文明学、相関環境学の三専攻で構成されるようになるとともに、総合人間学部を引き継いで全学共通教育の中心的な実施責任部局となった。一方、総合人間学部は教員が大学院人間・環境学研究科、大学院理学研究科などへ移籍して純然たる教育組織となり、それを機に人間科学系・国際文明学系・文化環境学系・認知情報学系・自然科学系の五学系に再編成された[16]。

教養教育

大学設置基準の改正で授業科目区分がなくなったことにより、京大では一九九二年度から一般教育科目・外国語科目・保健体育科目に替わり全学共通科目が開講された。全学共通科目は、従来の一般教育科目における人文科学系科目と社会科学系科目をA群、自然科学系科目をB群、外国語科目をC群、保健体育科目をD群とし、一九九二年度中は従来から教養部で開講されてきた授業を踏襲するが、一九九三年度から総合人間学部の科目を中心に他部局からも提供される科目も加えて実施されることになった[17]。そして各学部は独自に全学共通科目における修得すべき単位数を定めることになった[18]。

総合人間学部の設置などに伴う教育課程の再編・高度化などについて検討するため一九九一年七月九日に設置された教育課程等特別委員会は、一九九二年九月二九日付で井村裕夫総長に報告書を提出し、「人間らしさを擁護し促進する態度を涵養するための高度な一般教育」を「教養教育」と呼び、京都大学がこれを重視する基本姿勢を確立することを提言した。また、総合人間学部が全学的協力体制の構築を基本に教養教育の実施に責任をもつこと、全学共通科目の企画・調整・運営を行う恒常的機関として教育課程委員会を設置することを提案した（教育課程委員会は総長を委員長として一一月一〇日に設置された[19]）。

しかし、全学共通科目の本格的開設から四年足らずの一九九七年一月一三日に全学共通科目レビュー委員会は井村総長に報告書を提出し、「全学共通科目は危機的状況にある」と厳しく指摘した。具体的な問題点としては、A群科目を中心とした過大な受講者数（履修登録五〇〇名以上の科目が四七）、非常勤講師の多さ（総合人間学部提供の一二三五コマのうち六一一コマ）などが取り上げられ、総合人間学部教員の重い教育負担が問題となっているとした。そして、学部カリキュラムの見直し、教育課程委員会の権限の明確化、一回生向け少人数教育の開始、総合人間学部への教員配置などの提案を行った[20]。

このうち一回生向け少人数教育は、一九九八年度開講の新入生向け少人数セミナー（ポケット・ゼミ）によって実現した。ポケット・ゼミは新入生を対象にして、大学とはどういうところか、学問をするとはどういうことか、最先端の学問分野ではどんなことが行われているかなどについて、さまざまな形態で授業を行う「京都大学そのものへの入門」としての役割を果たすもので、前期のみ開講、一授業あたりの受講定員は一〇名程度とされた。[21] 開始年度の一九九八年度は九六科目開講され受講許可者は六五七名、六年後の二〇〇三年度は一三四科目、一一三六名とポケットゼミは増加傾向にあり、[22] 学生・教員双方から高い評価を得ていたが、全学の教員のボランティアによる科目という位置づけの限界や、希望者全員が受講できる体制の確立などの課題も指摘された。[23]

また、二〇〇二年度から全学共通科目はセメスター制に改編された。セメスター制の導入により、学習効果の向上、科目選択幅の拡大、留学生受入および学生の海外留学の円滑化などが期待されるとされ、それに伴い前期の定期試験が夏季休業前に実施されるようになった。[24]

その後さらに教養教育を担う体制の改編が進められ、二〇〇三年四月一日に高等教育研究開発推進機構が設置された。同機構は、教養教育の企画・運営の責任組織として設置され、副学長を機構長として、高等教育研究開発推進センター（高等教育教授システム開発センター（後述）を改組）を併設した。そして同センターにおける研究を教養教育の実践に具体的に結びつけるとともに、機構長・実施責任部局長・センター専任教員などからなる執行役員会が設けられ、教養教育の改善・実施・評価の全般にわたって執行責任をもつ体制を構築するとされた。[25]

独立研究科と大学院重点化

一九七〇年代には高等教育の拡充や学術研究の進展に伴い、大学院の整備充実や多様化への要請が高まりつつあった。一九七四（昭和四九）年六月二〇日公布の文部省令第二八号「大学院設置基準」では、課程制大学院の原則が改めて確認されるとともに、研究科や専攻に教育研究上必要な教員を置くものとされた。続いて一九七六年五月二五日公布の法律第二五号で学校教育法の一部が改正され、教育研究上特別の必要がある場合には「学部を置くことなく大学院を置くものを大学とすることができる」と定められ、いわゆる独立研究科の設置が可能になった。

京大では、一九七三年二月六日に総長の諮問機関として置かれた大学院制度検討委員会によって大学院制度の改革について審議が行われ、一九七五年三月三一日付で「大学院制度の改革について（答申）」が岡本道雄総長に提出された。ここでは、学問の総合化および今後における学問の発達を考慮して、学部・学科に対応しない研究科・専攻を設置することを認めるよう提案があり、[26]その結果同年四月に理学研究科に数理解析専攻が最初の独立専攻として設置された。[27]その後も一九八七年一月二三日には、大学院審議会制規等専門委員会（一九七七年一月一一日設置）によって、「大学院の整備・充実について（答申）」がまとめられ、研究科・専攻の設置・整備には学術的な内発的必要性に基づくこととともに社会などからの外的要請も考慮することが適当であり、学際領域や新分野が相当な広がりをもつ場合は、独立研究科設置が適当な場合があるとされた。[28]教養部改革において提起された科学基礎研究科や学術総合研究科は、こうした議論を受けたものであり、その帰結となった大学院人間・環境学研究科が京大最初の独立研究科として設置されることになった。

こうした大学院改革の動きのなか、一九九一年四月に東京大学法学部において大学院重点化が行われた。これは学部に配置されていた講座を研究科に移行して担当教員も同時に異動する一方、学部は学科目制の教育組織となり研究科の教員がこれを兼担する形をとるものであった。同時に東大法学部では大講座制の採用、新専攻設置、社会人養成コースの導入などの改革も行われた。[29]また、これに伴い配分される研究費が約二五％アップしたとも報じられた。[30]

京大ではまず一九九二年度に法学部が大学院重点化を実現した。講座を大学院に移すとともに大講座に再編し、大学院講座の担当教員が学部教育を兼担する形をとった。さらに修士課程の定員を増やして半数を職業人から選抜する専修コースを設置し、少人数による専攻横断的な教育を行った。重点化を実施した背景としては、社会の高度専門化・国際化などに対応した研究体制強化が必要であること、法学・政治学に関する高度専門教育への需要が高まっているにもかかわらず従来の学部教育では十分な対応ができていないこと、が挙げられていた。(31)

続いて、医学部（一九九三年度から九五年度）、工学部（一九九三年度から九六年度）、理学部（一九九四年度から九五年度）、農学部（一九九五年度から九七年度）、文学部（一九九六年度から九七年度）、薬学部（一九九七年度）、教育学部（一九九八年度）が順次大学院重点化を行った。いずれの学部でも講座を大学院に移行させるとともに大講座化し、講座担当教員が学部教育を兼担した。また専攻の改編を実施したり、研究所・センター教員による協力講座を設置した研究科も多かった。(32)

この間、一九九三年二月二三日に総長を委員長として設置された将来構想検討委員会は、大学院の将来構想とキャンパス問題を主な議題として検討を行った。同委員会は一九九四年二月に「二一世紀における京都大学のあり方について　—中間報告—」を公表し、「京都大学は、教育研究機能の高度化を図るため、大学院を拡充しなければならない」として、大学院重点化推進と独立研究科新設の検討を求めた。そして設置が考えられる具体的な独立研究科として総合エネルギー科学研究科、生物・生命科学研究科、アジア・アフリカ地域研究研究科、多元価値総合政策研究科、そして情報システム関係の研究科を挙げていた。(33)

これを受けてまず一九九六年四月に大学院エネルギー科学研究科が設置された。前述の「二一世紀における京都大学のあり方について　—中間報告—」では、エネルギー問題は開発・利用に関する理学・工学的側面、社会・産業構造の視点から見る経済学的側面、利用の実態と将来を地域的・歴史的に考える人文社会学的側面、環境に与える問題を考える環境学・生態学的側面、など総合的領域にわたっていると位置づけていた。(34) 設置された研究科は、エネルギー社会・環境科学専攻、エネルギー基礎科学専攻、エネルギー変換科学専攻、エネルギー応用科学専攻の四専攻からなっており、(35) 研究科長には新宮秀夫教授が就任した。

続いて一九九八年四月に大学院アジア・アフリカ地域研究研究科が設置された。アジア・アフリカ地域研究研究科は、京大におけるアジア・アフリカ地域に関する研究の蓄積を踏まえ、両地域の自立と共存を可能にする新たな世界秩序を支えるパラダイムを求め、既存の学問分野の枠組みを超えた総合的な地域研究教育を推進することを目指すとされた。同研究科は、大学院人間・環境学研究科のアフリカ地域研究専攻の全講座と文化・地域環境学専攻の東南アジア地域研究講座を母体とし、東南アジア地域研究専攻とアフリカ地域研究専攻の二専攻からなっていた。また長期にわたるフィールドワークを基本とするため五年一貫の博士課程の体制をとることとした。(36) 研究科長には坪内良博教授が就任した。

同じく一九九八年四月に大学院情報学研究科が設置された。一〇年前の一九八八年五月一〇日の評議会において、情報学部構想検討委員会が作成した情報学部および情報学研究科設置を求める答申が了承され概算要求が提出されていたが、(37) このときは実現に至らなかった。情報学研究科は情報処理技術や通信技術の一層の高度化と知能化をはかるための基礎研究推進とともに、人間社会、生態系、地球環境系などとの接点をもちながら情報問題を把握し問題解決にあたれる能力をもった人材育成を行う研究教育機関として位置づけられた。同研究科は、知能情報学専攻、社会情報学専攻、複雑系科学専攻、数理工学専攻、システム科学専攻、通信情報システム専攻の六専攻からなり、(38) 研究科長には池田克夫教授が就任した。

一九九九年四月に大学院生命科学研究科が設置された。同研究科は一九九四年に設けられた生物・生命科学研究科構想専門委員会において設置が検討されてきたもので、従来理学、農学、医学、薬学などの各領域で展開されてきた生命科学関連研究を総合して、二一世紀の人類社会を支える人材を養成することを目指すとされた。同研究科は統合生命科学専攻、高次生命科学専攻の二専攻からなっており[39]、研究科長には大山莞爾教授が就任した。

さらに二〇〇二年四月に大学院地球環境学研究部と地球環境学教育部が設置された。地球環境問題に対処するためには、その複雑性と広がりを従来の基礎科学の上に立って展望し新しい「地球環境学」を開拓する高度な研究者と、地球環境を持続可能な形態で改善維持経営する能力を有し地球レベルと地域レベルの具体的な問題を解決しうる高度な実務者の養成が必要であり、そのため学際領域の融合性および流動性を確保した研究組織（研究部）と総合的かつ高度な能力を持つ人材を持続的に養成するための教育組織（教育部）を分立させた。前者は「地球環境学堂」、後者は「地球環境学舎」と名づけられ、さらに教育研究支援組織として「三才学林」も合わせて設置された。地球環境学舎は地球環境学専攻、環境マネジメント専攻で構成されることになった[40]。学堂長・学舎長には内藤正明教授が就任した。

センターなどの設置・改編

一九九一年四月に生態学研究センターが設置された。京大における琵琶湖の淡水生物学の研究は、すでに述べたように一九一四（大正三）年設置の臨湖実験所以来の伝統があった（第一編第三章第二節参照）。理学部は一九六七年以降臨湖実験所部門増をはじめ生態学関連の講座・部門増に関する概算要求を行っており[41]、日本学術会議も一九七七年四月二六日の総会で勧告「生態学研究所（仮称）の設立について」を採択する[42]など、生態学に関する研究機関設置を求める動きは学内外で高まっていた。生態学は、生物間の相互利用系と、それと環境との関係を研究し多様な生物の共存機構の解明を目指す学問で、地球規模の環境問題の深刻化が生態学研究センター設置の背景にあった。[43] 生態学研究センターは理学部附属臨湖実験所跡に設置され、センター長には川那部浩哉理学部教授が就任した。

一九九四年六月に高等教育教授システム開発センターが設置された。同センターは、教授法、カリキュラムと教育内容・教材、教育評価という三つの領域からなる大学教育の教授システムを理論的・実践的に開発することを目的としており、大学教育を対象とする施設としては国立大学で最初であった。[44] 当時総長であった井村裕夫の回想によると、米国のハーバード大学に教授法を研究する機関があり、教える側だけでなく学ぶ側の立場にも立って研究することに興味を抱いたことがセンター設置のきっかけであったという。[45] センター長には岡田渥美教育学部教授が就任した。なお高等教育教授システム開発センターは二〇〇三年四月一日に高等教育研究開発推進センターに改組され、高等教育研究開発推進機構に併設された。

一九九六年四月にアフリカ地域研究資料センターが設置された。これは、一九八六年設置のアフリカ地域研究センター（本編第三章第二節参照）が一〇年の時限を迎えるとともに大学院人間・環境学研究科アフリカ地域研究専攻に改組転換されたため、アフリカ地域研究センターが有していた国内外の学術交流や情報資料の集積・発信センターとしての役割を果たすため学内措置で設置されたものである。[46] センター長には高村泰雄人間・環境学研究科教授が就任した。

一九九七年四月に総合情報メディアセンターが設置された。これは、情報処理教育センターと工学部附属高度情報開発実験施設の廃止・転換によって設置されたもので、情報処理教育環境および発信型語学教育環境の提供、メディアを利用した教材作成支援、遠隔講義・会議の支援などを具体的な事業とした。[47] センター長には富田真治工学部教授が就任した。また、二〇〇二年四月には総合情報メディアセンターと大型計算機センターが統合され、学術情報メディアセンターが設置された。同センターは、安全で利便性の高いネットワーク基盤および高度なコンピューティング機能を活用した情報メディアの高度利用を図ること、次世代情報・語学教育システムおよび学術標本・資料のデジタルアーカイブ化の実現に向けた研究開発と学内外へのサービスを提供することを目的とした。[48]センター長には松山隆司教授が就任した。

同じく一九九七年四月に総合博物館が設置された。京大が所蔵する自然史関係の学術標本に関する調査が理学部・農学部・教養部の合同調査委員会によって一九八六年度から行われた結果、多数の貴重な資料が劣悪な収蔵状況にあることが判明し、自然史博物館の設置が構想されるようになった。[49]その後一九八九年になり、総長の諮問機関として設置された京都大学総合博物館機構構想検討委員会により、自然史博物館と既設の文学部博物館を統合した総合博物館が新たに構想され、[50]設置に至ったものである。総合博物館は、二五〇万点にのぼる学術標本資料の保全、学術資料を使った先端的学術研究・教育、展示や公開講座および学芸員再教育などを通じた生涯学習の実施・支援、学術資料情報や研究・教育成果の世界への発信などをその役割とした。[51]館長には河野昭一理学研究科教授が就任した。建物は文学部博物館の南側に接して新たに建てられ（南館。従来の文学部博物館の建物は北館となった）、二〇〇一年六月一日より一般公開を開始した。[52]

一九九九年六月にカウンセリングセンターが設置された。学生の個人的問題についての相談を受ける組織としては、一九五六年四月二四日に学生懇話室が学生部に設置され、[53]活動を続けていた。加えてこの時期になると職場などにおけるセクシュアル・ハラスメントが社会問題となり、一九九八年一一月一三日には人事院規則一〇―一〇（セクシュアル・ハラスメントの防止等）が制定されるようになっていた。京大においては、総長の諮問に答えて同和・人権問題委員会が提出した答申が一九九九年三月九日の部局長会議で了承され、[54]これを受けて四月二七日の部局長会議で、セクシュアル・ハラスメントの防止対策などの検討を行う人権問題対策委員会の設置と並んで、学生・職員の修学上・就労上および適応上の相談ならびにセクシュアル・ハラスメントに関する苦情などに応じるカウンセリングセンターの設置が了承された。(55) センター長には岡田康伸教育学研究科教授が就任した。

二〇〇〇年四月に宙空電波科学研究センターが設置された。これは一九八一年に設置された超高層電波研究センター（本編第三章第二節参照）が改組されたもので、電波を共通の研究対象・手段として宙空（大空から宇宙空間までの領域）を占める地球大気やプラズマの諸現象の解明、電波の新たな利用方法の確立などを行うことを目的とした。(56) センター長には深尾昌一郎教授が就任した。

二〇〇〇年一一月に大学文書館が設置された。設置の契機の一つは『京都大学百年史』（後述）編集のために収集された各種の資料を利用した研究・教育を行う恒久的組織が求められたことであり、もう一つは二〇〇一年四月一日施行の「行政機関の保有する情報の公開に関する法律」に対応するなかで、京大では現用の行政文書だけでなく保存期間が満了した行政文書のうち学術的価値の高いものを保存・公開する組織を整備する必要があると考えられたことである。(57) 以後大学文書館は学内の各部署・部局から毎年度保存期間満了となる行政文書（法人化後は法人文書）の移管を受け、評価選別の後保存・公開する業務を行うほか、京大の歴史についての展示や各種調査研究活動を展開するようになった。(58) 館長には佐々木丞平文学研究科教授が就任した。

二〇〇一年四月に国際融合創造センターが設置された。これは産学共同で研究開発を進める拠点として設置されたもので、産業界を含む社会全体の学問的ニーズ・シーズと京大における理論的・技術的蓄積の積極的交流の推進、異なる専門分野の融合や国際的・地域的連携による新しい学問領域の創出、教員・大学院生などによるベンチャー起業やＮＰＯ立ち上げの支援などを目的とした。(59) センター長には松重和美工学研究科教授が就任した。

二〇〇二年四月に低温物質科学研究センターが設置された。これは一九六四年にヘリウム液化機が京大に設置された際に置かれた理学部の極低温研究室と、一九七五年設置の理学部附属機器分析センターが統合されたものである。[60]全学の低温利用研究者に対する研究支援、寒剤利用者のための保安教育、研究機器の全学共同利用やそれに伴う利用者講習、学生に対する低温物質科学の基礎教育などに加えて、低温物質科学についての先端的な研究を行うことを目的とした。[61]センター長には水崎隆雄理学研究科教授が就任した。

二〇〇二年四月に福井謙一記念研究センターが設置された。福井謙一工学部教授のノーベル化学賞受賞（一九八一年）を記念して、一九八四年に財団法人基礎化学研究所が京都市左京区高野に設けられていたが、同研究所が京大に寄附移管されたことを受けて福井謙一記念研究センターとして発足した。福井謙一の研究理念を継承し、最先端の基礎化学並びに関連する諸分野の科学を融合して次世代の化学理論の構築を行うことで、世界を先導する新たな物質観の創造を目指すことを目的とした。[62]センター長には森島績工学研究科教授が就任した。なお同センターは、二〇〇三年四月一日公布の文部科学省令第二六号によって基礎化学研究センターとして法制化されたが、学内では引き続き福井謙一記念研究センターと称した。

二〇〇三年四月にフィールド科学教育研究センターが設置された。同センターは、理学研究科附属瀬戸臨海実験所・農学研究科附属演習林・同亜熱帯植物実験所・同水産実験所が統合されて設置されたものである。京大におけるフィールドサイエンスの伝統の上に、自然を主なフィールドにして人と自然の共生に資する新しい統合科学「森里海連環学」の創生と、それを基本理念とした教育研究を行うことを目的とした。[63]センター長には田中克教授が就任した。

自己点検・評価

すでに述べたように、一九九一年六月に改正された大学設置基準には、大学は教育研究活動などの状況について自ら点検・評価を行うことに努めなければならないと規定されていた。同年七月九日に京大に設置された教育課程等特別委員会は、教育課程と並んで自己点検・評価についても審議を行い、一九九二年九月二九日井村裕夫総長に報告書を提出した。ここでは、自己点検・評価を行い評価結果を活動のなかに活かしていく必要があること、評価基準の一元化は望ましくないこと、評価は大学全体と部局単位の二本立てで行うべきこと、が提案されていた。(64)

これを受けて一九九三年二月二三日に「京都大学自己点検・評価実施規程」が制定され、総長を委員長とする全学委員会である自己点検・評価委員会を設置すること、その下に自己点検・評価を実施する自己点検・評価実行委員会を設置すること、各部局にも当該部局の自己点検・評価を実施するため委員会を設置することなどが定められた。(65)

京大における最初の自己点検・評価報告書は『京都大学自己点検・評価報告書　自由の学風を検証する』と題されて、一九九四年六月に刊行された。Ａ４判、四一六頁に及ぶ同報告書は「理念・現状・目標・将来構想」「教育活動」「学生生活」「研究活動」「診療活動」「教員組織」「管理・運営」「財政」「施設設備」「学術情報」「国際交流」「社会との連携」の各項目からなり、京大における活動を包括的に点検・評価したものであった。(66)

二〇〇一年二月には『京都大学自己点検・評価報告書Ⅱ』が刊行された。これは一九九四年の報告書刊行以後において大学全体に関わり、かつ多くの問題を抱えている課題を扱うことにし、「組織と運営」「情報の発信」「学生の受入れと学生生活」「全学共通教育の在り方」「学部教育・大学院教育の在り方」「教育改善の努力」で構成されていた。[67] 続いて二〇〇二年三月には「教育・研究と社会」「国際交流」にテーマを絞り、卒業生や卒業生が就職している企業、さらに受け入れた留学生や招へい外国人学者などにアンケートを実施した『京都大学自己点検・評価報告書Ⅲ』が刊行された。[68] さらに二〇〇三年三月には学生支援・学生サービスをテーマにした『京都大学自己点検・評価報告書Ⅳ　学生支援・学生サービス』[69]が、二〇〇四年三月には入学試験をテーマにした『京都大学自己点検・評価報告書Ⅴ　入学試験』が刊行されている。[70]

一方、この間文部大臣の諮問機関である大学審議会は、一九九八年一〇月二六日に「二一世紀の大学像と今後の改革方策について（答申）―競争的環境の中で個性が輝く大学―」を提出していた。多岐にわたるこの答申のなかで、評価については「多元的な評価システムの確立」が必要であるとされ、自己点検・評価の実施および公表の義務化に加え、国立大学については透明性・客観性の高い第三者評価を行うよう求めていた。[71] この答申に基づき一九九九年九月一四日公布の文部省令第四〇号で大学設置基準が改正され、自己点検・評価の実施と公表が義務化されるとともに点検・評価結果について当該大学職員以外の者による検証を行うことが努力義務とされた。また、二〇〇〇年四月には学位授与機構が改組されて大学評価・学位授与機構となった。

創立百周年記念事業

一九九七年に京大が創立百周年を迎えるにあたり、その記念事業について一〇年前の一九八七年五月二六日の部局長会議で意見交換が行われた。ここでは「創立一〇〇周年記念事業についての提案」という資料が配付され、建物の建設・環境整備、記念イベントの開催、出版物等の刊行、奨学事業等の設立などが事業として提案されていた[72]。翌一九八八年一一月二二日の評議会において、創立百周年記念事業実施の提案が西島安則総長よりなされたところ、これが了承され[73]、次いで一九八九年五月一六日の評議会では創立百周年記念事業の企画・立案・実施のため創立百周年記念事業委員会設置が決定された[74]。

その半年後の一九八九年一一月一四日の評議会では、創立百周年記念事業委員会作成の創立百周年記念事業計画案が審議され決定された。事業としては記念行事実施、百年史刊行、記念建造物建設・整備、国際交流・学術研究活動・奨学制度拡充などが挙げられ、募金目標額は一〇〇億円とされた[75]。また同案は一二月一一日に財団法人京都大学後援会の了承も得た[76]。しかし、その後日本は戦後最長といわれた不況に見舞われたため記念事業の内容は再検討を余儀なくされ、創立百周年記念事業計画が確定し公表されたのは一九九四年六月二一日のことであった。事業計画は次のとおりであった。

事業計画を募金事業と国費を予定して行う事業の二本立てとし、募金目標額を六〇億円として事業計画を実施する。

Ⅰ　募金により実施する事業

一　記念行事

（一）記念式典　（二）記念特別講演会　（三）音楽会　（四）新「学歌」の制定　（五）その他

二　記念シンポジウム

三　百年史の刊行

四　百周年時計台記念館の建設（時計台の再生）

五　国際交流事業の推進（協定校等との学生交流制度の新設等）

II　国費により実施を予定する事業
時計台の改修及び管理棟等の新築(77)

一連の記念行事は一九九七年一一月を中心に開催された。まず一一月一日に京都コンサートホールを会場に記念音楽会が催され、続いて翌二日午前には京都会館において記念式典が、同日午後には京都市勧業館において記念祝賀会が開催された。三日午前には京都テルサホールにおいて記念特別講演会があり、ユルゲン・ハーバーマス（フランクフルト大学名誉教授）とシドニー・ブレンナー（ケンブリッジ大学教授）が講演を行い、引き続き同日午後には同所で「二〇世紀から新世紀へ　―知の軌跡と大学の可能性」と題した記念シンポジウムが、利根川進（マサチューセッツ工科大学教授）・森嶋通夫（ロンドン大学名誉教授）・広中平祐（山口大学長）・藤沢令夫（前京都国立博物館長）をパネリストとして開催された。このほか、「知的生産の伝統と未来」をテーマにした記念展示会が総合博物館・附属図書館などで開催され、記念公開講座や記念地域講演会も開かれた。一方、新「学歌」については募集を行ったが、最終審査の結果最優秀作品がなかったので制定を断念することになった。(78)

『京都大学百年史』については、一九九〇年九月一一日に百年史編集委員会が設置され、翌一九九一年四月に編集を担当する事務室が発足して（六月一〇日に百年史編集史料室と命名）、編集作業が開始された。百年史は総説編一巻、部局史編三巻、資料編三巻に写真集も加え、一九九七年から二〇〇一年にかけて刊行された。(79)百年史編集委員会は、京大の歴史をコンパクトにまとめた小冊子『京大百年』も合わせて刊行した。(80)

国際交流事業の推進については、寄附金のうち二〇億円余りを財団法人京都大学後援会の資金に組み入れ、その資金を含む財団資金の運用により毎年度大学に助成を行うことになった。具体的には、若手研究者派遣、学部学生・大学院生の大学間学生交流協定校への留学派遣、事務系・技術系職員の研修派遣、研究者の招聘などの国際交流事業のほか、京大教員による学術研究書などの刊行、学術講演会や展示会など文化の普及活動などに対する助成が行われた。[81]

本部本館を改修した百周年時計台記念館は二〇〇三年一二月一三日に竣工式典と祝賀会が催され、一五日に開館した。北側にあった法経第一教室跡には五〇〇名収容可能な百周年記念ホールが設けられ、国際交流ホール、京大サロンなども置かれた。[82]また展示ホールでは大学文書館の制作による「常設展　京都大学の歴史」が開始された。[83]

この創立百周年記念事業における法人・個人からの寄附金受入総額は六六億一五三九万円に上った。[84]

第二節　大学改革（二）

法人化の動き

国立大学法人化の動きが本格的に始まったのは、一九九六年一一月二一日に第二次橋本龍太郎内閣が行政改革会議を発足させてからのことである。行政改革会議は、翌一九九七年九月三日に内閣機能の強化や省庁再編と並んで、省庁の業務実施部門を独立させるエージェンシー（独立行政法人制度）の導入を盛り込んだ中間報告を決定した。[85]そして一〇月一五日の同会議には、水野清事務局長が「東大、京大の独立行政法人化について（案）」という文書を提出していた。ここでは、現在の国立大学が予算面・人事面で多くの制約を受け他の先進諸国に比べ高等教育の競争力で見劣りがすること、一方海外の有力大学は多額の基金の運用や政府・民間企業などからの資金により競争力を向上させていること、少なくとも東大・京大は独立行政法人としてやっていけると思われること、が問題提起されていた[86]。また同じころ、自民党の行政改革推進本部でも国立大学の民営化またはエージェンシー化を検討することが決まったとの報道があった[87]。これに対して、蓮実重彦東大総長および井村裕夫京大総長がそれぞれ町村信孝文部大臣に面会し、独立行政法人化反対を申し入れ、一〇月一七日町村文相は国立大学独立行政法人化に反対する声明文を発表した[88]。京大でも同日臨時部局長会議が開催され、終了後記者会見で井村総長は、独立行政法人に課せられる主務大臣による三〜五年ごとの中期的目標の提示および中期計画の認可などの仕組みは教育の一貫性に悪影響を及ぼしかねないこと、経済的効率だけを重視しては国際的にレベルの高い研究が継承されない可能性があること、などを理由に独立行政法人化に反対を表明した[89]。こうした反対を受け、行政改革会議による一二月三日付の最終報告では、国立大学改革の早急な推進の必要性を述べつつ、独立行政法人化は「長期的な視野に立った検討を行うべきである[90]」と位置づけられるにとどまった。

この間の一〇月三一日、町村文相は大学審議会に「二一世紀の大学像と今後の改革方策について」と題した諮問を行っており[91]、大学審議会は翌一九九八年一〇月二六日、「二一世紀の大学像と今後の改革方策について―競争的環境の中で個性が輝く大学―」と題した答申を提出した。答申では、すでに述べた多元的な評価システム確立のほか、課題探求能力の育成を目指した教育研究の質の向上、教育研究システムの柔構造化による大学の自律性の確保が提唱された。さらに学長補佐体制整備、学部長職務の明確化、評議会・教授会の審議事項・手続きの明確化、外部有識者による助言・勧告を行う大学運営協議会（仮称、運営諮問会議として制度化）の設置など、大学の組織運営体制整備についても言及されていた[92]。これは、設置形態の変更を行わずに国立大学改革を更に進めるという文部省の方向性を示したものといえた。

ところが橋本内閣の後を受けて一九九八年七月三〇日に小渕恵三内閣が発足すると、小渕首相は国家公務員を一〇年間で二〇％削減することを公約し、八月七日の所信表明演説でも明言した[93]。さらに小渕内閣は自由党との連立を目指し、その協議を行うなかで自由党の主張を受け入れて削減比率は二五％に上昇した[94]。こうした公務員削減の流れを背景に、国立大学を独立行政法人化の検討対象とする動きが再燃することになった。

検討の主体となったのは、行政改革会議の最終報告に基づいて一九九八年六月二三日に首相を本部長として発足していた中央省庁等改革推進本部であり、同本部は一九九九年一月二六日「中央省庁等改革に係る大綱」を決定し、国立科学博物館や国立公文書館など八四機関の独立行政法人化を定めるとともに、国立大学の独立行政法人化については、「大学の自主性を尊重しつつ、大学改革の一環として検討し、平成一五年までに結論を得る」と明記し[95]、その内容は四月二七日には閣議決定された[96]。この推進本部の決定は、前年一二月ごろに数回行われた有馬朗人文部大臣と行政改革を担当する太田誠一総務庁長官との会談がもとになっており、有馬は後に、太田から国立大学独立行政法人化の強い要請があり、有馬は二〇年待ってくれと言ったが太田に「政治家にとって二〇年というのは未来永劫と同じことである。三年以上待てない」と言われ平成一五年（二〇〇三年）までに結論を得ることになったのだと回想している[97]。

以後文部省は独立行政法人化を含めた設置形態のあり方の検討に着手した。一九九九年九月二〇日、国立大学長・大学共同利用機関長会議において有馬文相は、現在中央省庁等改革の推進に関する方針に明らかにされている独立行政法人制度はそのままでは国立大学にふさわしくないとしつつ、国立大学が自主性・自律性を高め、自己責任を果たすためには法人格をもつことが適当であり、教育研究の特性を踏まえ相当な特例措置を講じた上で独立行政法人化を検討すると表明した[98]。同じ会議には文部省の作成による法人化する場合の方向性を示した「国立大学の独立行政法人化の検討の方向」が配付された。ここでは、各大学に法人格を付すこと、法人役員として学長・副学長・監事を置くこと、主務大臣が中期目標を決定する際には各大学からの事前の意見聴取を義務とすること、役員・教職員の身分は国家公務員とすること、学長・教員人事については現行の教育公務員特例法を前提にすること、などが挙げられていた。[99]

一方、自民党内でも国立大学の法人化を検討する動きがあった。二〇〇〇年五月一一日に自民党政務調査会は「提言　これからの国立大学の在り方について」を承認した。この提言は、前年九月の国立大学長・大学共同利用機関長会議以後起こった地方国立大学を中心とする独立行政法人化反対運動に応えるため作成されたといわれている。[100] 提言には、国立大学に法人格を与える意義は大きいが、独立行政法人通則法をそのまま適用することは大学の特性に照らして不適当として、名称も「国立大学法人」など大学にふさわしいものとするとした。さらにそのうえで二〇〇一年度中に具体的な法人像を整理し、できるだけ早期に移行させるべきとしていた。[101] これを受けた形で、五月二六日の国立大学長・大学共同利用機関長会議において中曽根弘文文相は、文部省に調査検討会議を設けて国立大学を独立行政法人化する具体的な検討に入り、二〇〇一年度中にとりまとめを行うことを表明した。[102] 国立大学協会も六月一三・一四日の総会で、協会内部で設置形態の検討を行うとともに、文部省が設置する「国立大学等の独立行政法人化に関する調査検討会議」への参加を決定した。調査検討会議は総計八七名をメンバーとし（うち五一名が国立大学関係者）、四つの課題別委員会とそれらの統括にあたる連絡調整委員会で構成され、連絡調整委員会の主査には当時国立大学協会副会長を務めていた長尾真京大総長が就いた。[103]

こうした法人化の動きをさらに加速させたのが二〇〇一年四月二六日発足の小泉純一郎内閣であった。「聖域なき構造改革」を内閣の基本方針として掲げた小泉は、五月一一日の参議院本会議において、民主党の小林元が、国立大学に「徹底的に競争原理を導入するのであれば、中途半端な法人化よりも、思い切って国立大学の民営化を目指すべきだとも言えます。総理、どのようにお考えでしょうか」と質したのに対して「私はこれには賛成であります」と答弁した。(104) これに対して遠山敦子文部科学大臣（文部省は二〇〇一年一月六日の中央省庁再編で科学技術庁と統合され、文部科学省になっていた）は、急遽民営化の対案を練り六月六日小泉首相に資料を提出して小泉の了承を得た。さらに一一日に開催された経済財政諮問会議（首相を議長とし、経済財政政策に関する重要事項を調査審議する機関）にその資料が提出され、公表された。(105)

資料は「大学（国立大学）の構造改革の方針　―活力に富み国際競争力のある国公私立大学づくりの一環として―」と題され（文部科学大臣の名から「遠山プラン」ともいわれた）、A4判一枚に箇条書きで簡潔にまとめられた基本方針であった。これは三つの柱からなり、その第一は「国立大学の再編・統合を大胆に進める」、第二は「国立大学に民間的発想の経営手法を導入する」、第三は「大学に第三者評価による競争原理を導入する」であり、それぞれ「スクラップ・アンド・ビルドで活性化」する、「新しい「国立大学法人」に早期移行」する、「国立私「トップ三〇」を世界最高水準に育成」すると結論づけられていた。(106) そしてこの方針を受けて六月二一日の経済財政諮問会議で決定された「今後の経済財政運営及び経済社会の構造改革に関する基本方針」に、「国立大学については、法人化し、自主性を高めるとともに、大学運営に外部専門家の参加を得、民営化を含め民間的発想の経営手法を導入し国際競争力のある大学を目指す」という文言が組み入れられ、(107) 二六日には閣議で同趣旨の内容が決定された。(108) こうした動きを「とかく閉鎖的、硬直的な日本の大学の体質を改める格好の機会になる」(109) と社説で論じる新聞もあった。

その後文部科学省に置かれた国立大学等の独立行政法人化に関する調査検討会議は具体的な検討を進め、二〇〇二年三月二六日に「新しい「国立大学法人」像について」と題した最終報告を公表した。ここでは、検討の視点として「個性豊かな大学づくりと国際競争力ある教育研究の展開」「国民や社会への説明責任の重視と競争原理の導入」「経営責任の明確化による機動的・戦略的な大学運営の実現」の三点を挙げ、具体的な制度設計を提示していた。その主なものは次のとおりである。

学内運営組織　教学面を審議する評議会（仮称）と並んで経営面を審議する運営協議会（仮称）を設けそこに相当程度の学外有識者を参画させる。学長は両者の審議を踏まえ最終的な意思決定を行うが、特定の重要事項についてはそれに先立ち役員会（仮称）の議決を経る。

学長選考　運営協議会・評議会双方のメンバーから構成される学長選考委員会（仮称）において選考基準・手続きを定め、候補者を選考する。

教職員身分　弾力的な人事制度を実現できる非公務員型が適当。

中期目標・中期計画　大学の自主性・自律性を尊重する観点からあらかじめ各大学が文科相に原案を提出し、文科相がこれを十分に尊重して定める。

評価　文部科学省に国立大学評価委員会を設けるが、教育研究に関わる事項については大学評価・学位授与機構の意見を尊重する。評価結果は次期以降の中期目標期間における運営費交付金等の算定に反映させる。

財務会計　運営費交付金は使途を特定せず各大学が弾力的に執行する。学生納付金は国が示す範囲内で各大学が設定する。寄附金などの自己収入は運営費交付金とは別に経理する。(110)

国立大学協会は四月一九日に臨時総会を開催して右の最終報告について審議した。その結果「今回まとめられた法人像は、全体として見るとき、二一世紀の国際的な競争環境下における国立大学の進むべき方向としておおむね同意できる」とする長尾真会長（京大総長）の談話を採決の結果承認した。[111] 長尾はこのときのことを後に「国大協としてそれまで何年もこの問題を議論し、文部科学省、自民党、また経済界などが、国立大学がこのままではこれからの国際化する時代にはやってゆけない、抜本的に改革しなければならないと考えているということは身にしみて感じていたし、これまでの経緯からして調査検討会議の最終報告を受け入れざるをえないと思った[112]」と回想している。

文部科学省は以後国立大学法人法案の作成に入り、翌二〇〇三年二月二八日に法案は閣議決定され国会に提出された。そして五月二二日に衆議院、七月九日に参議院で可決され成立、国立大学法人法は七月一六日に公布された。

管理運営制度の改編

この間、学内の管理運営制度の改編が進んだ。

一九九四年一一月二二日、総長を補佐する体制の在り方についてのワーキンググループは、部局をこえて全学的に検討・実施を進めなければならない課題が山積している状況を踏まえ、総長を補佐する何らかの体制が必要であるとして、学内の教授から原則二名の総長特別補佐を任命し当面キャンパス問題などの将来構想事項関係、創立百周年記念事業関係などを担当させることを提案した。[113] これを受けて一九九五年二月七日に学内措置で総長特別補佐制度が発足し、四月一日に佐藤幸治法学研究科教授と西川禕一工学研究科教授が任命された。

一九九七年六月二四日の評議会では、次年度概算要求に副学長制の設置と学生部の事務局への一元化を提出することが決定された。副学長は、学内措置である総長特別補佐ではさまざまな制約があることから提案されたものであり、二名のうち一名は従来の学生部長の職を引き継ぐとされた。また、それまで学生部は事務局とは別組織として位置づけられていたが、事務職員の定員削減が強く求められているなかで二元的な体制を続けると両方が弱体化してしまうため、一元化を図ったものであった。それに伴い学生部長には事務職員が就任するが、前述のように副学長のうち一名が厚生補導に責任をもつことにするとされた[114]。この案に対して一部の学生が、学生らに告知せず合意形成のないまま決定したと反発した[115]結果、七月一一日には井村裕夫総長による説明会が開かれた。説明会には学生・教職員ら約五〇〇名が参加し、決定の撤回を求める学生側に対し井村総長は「機構改革しても学生にとっては何も変わらない」「学生に意見を聞く必要があったとは思わない」などと述べ、平行線のまま話し合いは終了したと報じられた[116]。

右の概算要求は認められ、一九九八年四月九日公布の文部省令第二一号国立学校設置法施行規則一部改正で京大に副学長が置かれることになり、三好郁朗総合人間学部教授と古沢巌農学研究科教授が任命された。

すでに述べたように一九九八年一〇月二六日の大学審議会答申「二一世紀の大学像と今後の改革方策について　—競争的環境の中で個性が輝く大学—」においては、評議会・教授会の審議事項・手続きの明確化、外部有識者による助言・勧告を行う大学運営協議会（仮称）の設置が求められていた。このうち後者は運営諮問会議と名づけられ、一九九九年五月二八日公布の法律第五五号国立学校設置法一部改正によって制度化された。それによると、運営諮問会議は当該国立大学職員以外の委員若干名で構成され、「大学の教育研究上の目的を達成するための基本的な計画に関する重要事項」「大学の教育研究活動等の状況について当該大学が行う評価に関する重要事項」「その他大学の運営に関する重要事項」について、学長の諮問に応じて審議および学長に対して助言または勧告を行うとされた。

京大では井村裕夫総合科学技術会議議員（前総長）を委員長として合計一一名の委員による運営諮問会議が発足し、その第一回は二〇〇〇年七月二一日に開かれた。[117] 運営諮問会議は二〇〇四年二月一三日の第八回会議まで開催されたが、国立大学法人化とともに廃止された。

また、同じ法律第五五号において評議会および教授会も規定された。評議会については従来「国立大学の評議会に関する暫定措置を定める規則」（一九五三年四月二二日公布文部省令第一一号）によって規定されており、審議事項として「学則その他重要な規則の制定改廃に関する事項」「予算概算の方針に関する事項」「学部、学科その他重要な施設の設置廃止に関する事項」などが挙げられていた。今回の法改正によって評議会は法律で規定される組織となり、審議事項として教育研究上の目的達成のための基本的な計画に関する事項、教育課程編成方針に係る事項、教育研究活動などの状況についての自己評価に関する事項などが加わった。一方教授会については、すでに述べたように（本編第一章第一節参照）学校教育法（一九四七年三月三一日公布法律第二六号）に「重要な事項を審議するため」設置するとのみ規定されていたが、今回の法改正でその審議事項は学部・研究科の教育課程編成に関する事項、学生の入学・卒業や学位授与に関する事項など、教育研究に関わる内容であることが明示された。

二〇〇一年七月三日の評議会において総長選考基準の改正が決定された。これは同年三月三〇日の「総長選考の在り方に関するワーキンググループ」の報告[118]に基づいて行われたもので、第一次投票で選出された第一次候補者一五名について、従来は全学の講師以上が投票していた第二次投票を評議会が行い第二次候補者五名を選出することが新たに定められた（第三次投票は従来どおり[119]）。改正の理由としては、「部局に偏りなく候補者を選ぶため」と報じられた。[120] 本章の冒頭で述べたように、この改正された総長選考基準による総長選挙が九月二八・二九日に行われ、長尾真総長が再選された。

桂キャンパス

新キャンパスについては、一九九四年二月に将来構想検討委員会が公表した「二一世紀における京都大学のあり方について　―中間報告―」において、一九八六年一二月の将来計画検討委員会の第三次答申（本編第三章第二節参照）を引き継いで「京阪奈学研都市付近とするのが適当と考えられる」と提案されていた。だがその一方で、この中間報告では大学の街である京都の再生を図る観点から「新キャンパスを京都市域内に見出す可能性も視野に入れる必要があろう」とも述べられていた(121)。

以後しばらく学内で動きはなかったが、一九九九年六月二二日の評議会において京都市西京区の桂・御陵坂地区への移転に関わる費用を概算要求することが提案された。要求の理由について記した資料によると、近年の行財政などの状況変化を踏まえて新たなキャンパスの立地条件としては、①比較的吉田キャンパスとの連絡に支障のない京都市内であること、②環境に大きな負荷をかける大規模な造成を必要とせず土地の整備にあまり年限を要しないこと、③吉田キャンパスの一構内程度の規模で組織改編に柔軟に対応した施設計画が立案できること、が挙げられ、候補地を検討していたところ、住宅・都市整備公団が整備中である桂・御陵坂地区が浮上したとされた(122)。長尾の後の回想では桂・御陵坂地区に関する情報を得たのは一九九八年の末で、以後将来計画検討委員会で審議を行っていたものだという(123)。

六月二二日の評議会では、この議案は継続審議として六月二八日に臨時評議会を開催して改めて審議することになった(124)。ところが、一部学生が合意形成の手続きに問題があると抗議して二五日に二名の副学長が話し合いを行ったところ、副学長は学生側の主張を認め辞表を提出したため長尾総長はこれを受理、二八日の臨時評議会は中止となった(125)（副学長は七月三〇日付で辞任した）。そのため、新キャンパスにかかわる経費を次年度概算要求に提出することは時間的に不可能になった。

その後九月一七日および二二日に大学主催で教職員・学生を対象にした新キャンパスについての説明会が実施され、「学生側の主張と大学当局の主張はすれ違ったままだった」とされたが、[126] 九月二八日の評議会で新キャンパス構想について再び提案が行われて了承され、次年度の補正予算に計上され移転計画が実質的に動き出すことになった。[127] 評議会に提出されたキャンパス構想によると、桂・御陵坂地区の四三・六ヘクタールを京都大学の桂キャンパスとして取得して大学院工学研究科と情報学研究科を移転し、同時に吉田・宇治キャンパスにおける施設再配置を行うとされた。そして、全学部と文系・理系の研究科を置き学問の伝承を行いながら基礎研究を推進する吉田、自然科学系の研究所が結集し先端的研究を展開する宇治と並んで、桂キャンパスでは理学と工学とが融合し、社会に開かれた領域を開拓することを目指す関西のテクノサイエンスヒルとして発展していくことが目標とされた。[128]

桂キャンパスは二〇〇一年一月に着工され、二〇〇三年六月二三日にまず大学院工学研究科の化学系専攻および先端学術研究拠点となる工学研究科附属桂インテックセンター（二〇〇四年四月一日発足）の移転が開始された。[129] 以後国立大学施設整備費の削減などで当初予定より遅れたが、二〇一二年度末の物理系専攻の移転で大学院工学研究科の桂キャンパスへの移転は完了した。[130]

基本理念・環境憲章

二〇〇一年一二月四日の評議会において「京都大学の基本理念」が承認された。これは二〇〇〇年一〇月二四日に部局長会議の下に置かれた京都大学の基本理念検討ワーキンググループによって検討されてきたものである。[131]基本理念の全文は次のとおりである。

京都大学の基本理念

京都大学は、創立以来築いてきた自由の学風を継承し、発展させつつ、多元的な課題の解決に挑戦し、地球社会の調和ある共存に貢献するため、自由と調和を基礎に、ここに基本理念を定める。

研究

一、京都大学は研究の自由と自主を基礎に、高い倫理性を備えた研究活動により、世界的に卓越した知の創造を行う。

二、京都大学は、総合大学として、基礎研究と応用研究、文科系と理科系の研究の多様な発展と統合をはかる。

教育

三、京都大学は、多様かつ調和のとれた教育体系のもと、対話を根幹として自学自習を促し、卓越した知の継承と創造的精神の涵養につとめる。

四、京都大学は、教養が豊かで人間性が高く責任を重んじ、地球社会の調和ある共存に寄与する、優れた研究者と高度の専門能力をもつ人材を育成する。

社会との関係

五、京都大学は、開かれた大学として、日本および地域の社会との連携を強めるとともに、自由と調和に基づく知を社会に伝える。

六、京都大学は、世界に開かれた大学として、国際交流を深め、地球社会の調和ある共存に貢献する。

運営

七、京都大学は、学問の自由な発展に資するため、教育研究組織の自治を尊重するとともに、全学的な調和をめざす。

八、京都大学は、環境に配慮し、人権を尊重した運営を行うとともに、社会的な説明責任に応える。[132]

京都大学の基本理念検討ワーキンググループの座長を務めた赤岡功によると、右の基本理念におけるキーワードは「地球社会の調和ある共存」であった。これは長尾真総長の、二一世紀においては「『進歩』を追及する従来型の概念から方向転換し、『調和ある共存』という概念によって学術を進めていくことが肝要である」という考えに基づき、なおかつ人類社会にとどまらず生物・無生物も含んだ地球社会全体を対象とすることが含意されていた。また、「自由の学風」「自学自習」「学問の自由」といった京都大学の個性は継承・発展させつつも、それらから起こる問題にも目を向け、「多様かつ調和のとれた教育体系のもと」や「全学的な調和をめざす」など「調和」を強調した構成にしたという。[133]

続いて二〇〇二年二月五日の評議会において「京都大学環境憲章」が承認された。そのうちの「基本理念」は次のとおりである。

京都大学は、その伝統によって培われた自然への倫理観と高度な学術性や国際的視野を活かし、環境保全のための教育と研究を積極的に推進し、社会の調和ある共存に貢献する。

また、本学は、人類にとって地球環境保全が最重要課題の一つであると認識し、大学活動のすべてにおいて環境に配慮し、大学の社会的責務として環境負荷の低減と環境汚染の防止に努める。[134]

環境憲章の成案を作成した環境保全委員会によると、同委員会は一九九七年ごろから京大も主体的に環境問題に取り組み地球社会に貢献すべきであるとの議論を行っていたが、新設される桂キャンパスに環境マネージメントシステムの導入が検討されていることを契機に環境憲章の作成を開始したものであった(135)。

二一世紀COEプログラム

二〇〇二年度から文部科学省は「二一世紀COEプログラム」を実施した。これは、前述の遠山敦子文部科学大臣による「大学（国立大学）の構造改革の方針　―活力に富み国際競争力のある国公私立大学づくりの一環として―」にあった「国公私「トップ三〇」を世界最高水準に育成」という方針が原型であり、研究上のポテンシャルの高いとされる研究教育拠点に対し重点支援を行うものであった。公募は大学院（博士課程）レベルの専攻などを対象とし、どの専攻をいかにして世界的な研究教育拠点に育成するかという大学としての戦略に基づき、学長から申請するものとした。審査は日本学術振興会を中心にした「二一世紀COEプログラム委員会」が行い、採択された拠点には一件当たり年間一～五億円程度を原則として五年間交付、事業開始から二年経過した後に中間評価、期間終了時に事後評価を実施するとした(136)。

二〇〇二年度は「生命科学」「化学・材料科学」「情報・電気・電子」「人文科学」「学際・複合・新領域」の五分野が公募対象となり、全国から一六三大学、四六四件の申請があり、五〇大学、一一三件が採択された。二〇〇三年度は「医学系」「数学・物理学・地球科学」「機械・土木・建築・その他工学」「社会科学」「学際・複合・新領域」の五分野が公募対象となり、二二五大学、六一一件の申請があり、五六大学、一三三件が採択された。また、二〇〇四年度は「革新的な学術分野」が公募対象となり、一八六大学、三二〇件の申請があ

り、二四大学、二八件が採択された。(137)

京大は二〇〇二年度については一五件申請して一一件が採択され、総額一九億五八〇〇万円が支給された。(138)続いて二〇〇三年度も一五件申請して一一件が採択され、新規分として総額一四億七三〇〇万円が支給され、(139)二〇〇四年度は七件申請して一件が採択され、新規分として一億四九〇〇万円が支給された。(140)各年度に採択されたプログラムは表2-4-5のとおりである。

国際交流

一九九一年から二〇〇三年までに受け入れた外国人研究者数は表2-4-6のとおりであり、全体としては増加傾向にあった。

一方、一九九一年から二〇〇三年までに受け入れた外国人留学生数は表2-4-7のとおりである。増加傾向は続いており、多くが大学院生および研究生であることも以前の時期と変わっていない。国・地域別でみるとアジアからの留学生が圧倒的に多い。例えば二〇〇三年では、中国四六〇名、韓国二一一名、台湾六三名、タイ五七名、インドネシア四〇名の順になっている。

一九九〇年代には文部省による推進もあって諸外国から日本への学生の短期留学が活発になっていた。京大でも一九九五年九月二六日の部局長会議において、学部留学生の受入促進を図るため「京都大学国際教育プログラム（仮称）」の実施に向けて準備を進めることが決定された。(141)その後国際教育プログラム準備委員会によって検討が進められた結果、プログラムの名称は京都大学国際教育プログラム（ＫＵＩＮＥＰ、Kyoto University International Education Program）とされ、目的は諸外国の大学から学部学生レベルの留学生を一年程度受

表２－４－５　「21世紀 COE プログラム」採択一覧

年度	分野	分科	申請部局	プログラム名称
2002	生命科学	バイオサイエンス	生命科学研究科、ウイルス研究所	先端生命科学領域の融合的相互作用による拠点形成
		生物学	理学研究科、生態学研究センター、霊長類研究所	生物多様性研究の統合のための拠点形成
	化学・材料科学	化学	理学研究科、工学研究科、化学研究所	京都大学化学連携研究教育拠点
		材料科学	工学研究科	学域統合による新材料科学の研究拠点
	情報・電気・電子	情報科学	情報学研究科、学術情報メディアセンター	知識社会基盤構築のための情報学拠点形成
		情報科学、電気通信工学	情報学研究科、工学研究科	電気電子基盤技術の研究教育拠点形成
	人文科学	文学、史学、哲学	文学研究科	グローバル化時代の多元的人文学の拠点形成
		心理学	連合構想	心の働きの総合的研究教育拠点
	学際・複合・新領域	地域研究	アジア・アフリカ地域研究研究科、東南アジア研究センター	世界を先導する総合的地域研究拠点の形成
		エネルギー科学	エネルギー科学研究科、エネルギー理工学研究所、宙空電波科学研究センター	環境調和型のエネルギーの研究教育拠点形成
		災害科学	防災研究所	災害学理の究明と防災学の構築
	医学系	基礎医学	医学研究科、医学部附属病院	病態解明を目指す基礎医学研究拠点（多重遺伝子変異モデルによる病態解明）
		外科系臨床医学	医学研究科、医学部附属病院、再生医科学研究所	融合的移植再生治療を目指す国際拠点形成

2003	数学・物理学・地球科学	数学	数理解析研究所、理学研究科	先端数学の国際拠点形成と次世代研究者育成
		物理学	理学研究科、基礎物理学研究所、化学研究所、国際融合創造センター	物理学の多様性と普遍性の探求拠点（素核・物性・宇宙を統合して推進する研究と教育）
		地球惑星科学	理学研究科、防災研究所、宙空電波科学研究センター	活地球圏の変動解明（アジア・オセアニアから世界への発信）
	機械・土木・建築その他工学	機械工学	工学研究科、情報学研究科、国際融合創造センター	動的機能機械システムの数理モデルと設計論
	社会科学	法学	法学研究科	21世紀型法秩序形成プログラム
		経済学	経済研究所、経済学研究科	先端経済分析のインターフェイス拠点の形成（理論・応用・政策の創生と融合）
	学際・複合・新領域	ゲノム科学	化学研究所、薬学研究科、医学部附属病院	ゲノム科学の知的情報基盤・研究拠点形成
		生物分子科学	農学研究科	微生物機能の戦略的活用による生産基盤拠点
		人文社会情報学	人文科学研究所、人間・環境学研究科、東南アジア研究センター	東アジア世界の人文情報学研究教育拠点（漢字文化の全き継承と発展のために）
2004	革新的な学術分野	応用昆虫学	農学研究科、フィールド科学教育研究センター	昆虫科学が拓く未来型食料環境学の創生

・『京大広報』第573号・第582号・第593号より作成。

表２－４－６　外国人研究者受入数（1991～2003年）

	外国人教師	非常勤講師	外国人研究員	招へい外国人学者	外国人共同研究者	計
1991	15	21	54	308	150	548
1992	12	21	65	268	167	533
1993	12	25	67	262	215	581
1994	11	38	63	203	241	556
1995	10	41	83	265	263	662
1996	11	75	93	294	239	712
1997	12	46	95	309	257	719
1998	10	47	102	268	266	693
1999	12	61	107	229	231	640
2000	10	49	121	170	203	553
2001	10	53	129	218	288	698
2002	11	61	104	238	351	765
2003	13	85	125	275	279	777

・『京都大学概要』（各年度）より作成。

表２－４－７　外国人留学生数（1991～2003年）

	学部		大学院			研究生	計
	学生	聴講生	修士課程	博士課程	聴講生		
1991	67	19	117	303	0	264	770
1992	70	4	122	307	0	305	808
1993	82	1	148	330	0	331	892
1994	87	2	179	323	4	297	892
1995	96	9	195	353	0	268	921
1996	99	7	194	392	15	261	968
1997	108	4	198	406	5	253	974
1998	119	24	215	420	5	212	995
1999	125	22	222	427	1	273	1070
2000	134	0	202	444	4	280	1064
2001	136	3	220	440	0	350	1149
2002	140	38	271	448	7	293	1197
2003	146	32	286	481	21	278	1244

・『京都大学概要』（各年度）より作成。

け入れて京大の正規課程の学生とともに英語で教育することにより、留学生と京大学生の国際性を育成し相互交流を活発にすることとされた。そして授業は一〇月から三月を前期、四月から九月を後期とする二学期制として、留学生の定員は二〇名、京大と学生交流協定を締結している世界各国の大学に在籍している学部学生を対象に募集することになった。(142)

国際教育プログラムは一九九七年一〇月に開始された。初年度は「日本の文化と芸術」「日本の社会」「情報と社会」「エネルギーと環境」「ライフ・サイエンス」など文系・理系にまたがる一六の科目が用意され、各学部の教員が分担して授業を行った。(143) 留学生の参加者は、初年度の一九九七／九八年度が二五名、一九九八／九九年度が二三名、一九九九／二〇〇〇年度が二三名、二〇〇〇／〇一年度が二四名を数えた。(144)

社会連携と広報

一九九二年一一月一〇日に寄附講座及び寄附研究部門規程が制定された。民間等からの寄附により設置・運営に必要な経費をまかなう寄附講座・寄附研究部門は、一九八七年五月一六日公布の文部省令第一三号国立学校設置法施行規則の一部改正によって認められたものである。京大においては「学内の産学協同への反発から導入に慎重だった」(145)が、いくつかの部局から設置の希望があり、(146)規程の制定に至った。規程では「本学の主体性が確保されるよう十分な配慮のもとに」寄附講座・寄附研究部門を設置・運営するとされ、寄附講座等審査委員会を設置して必要事項を審議するとした。(147) この規程に基づき、一九九四年一〇月一日に京大初の寄附講座「国際予防栄養医学講座」が大塚製薬株式会社からの寄附に基づき大学院人間・環境学研究科に設置された。(148)

寄附講座・寄附研究部門以外には、外部から研究者・研究経費などを受け入れて共通の課題につき学内の研

表２－４－８　外部資金受入件数・金額（1991〜2003年）

（金額の単位は千円）

	民間等との共同研究		受託研究		奨学寄附金	
	件数	金額	件数	金額	件数	金額
1991	25	101,904	164	352,542	2,936	2,861,466
1992	35	85,846	159	339,848	2,935	2,882,625
1993	40	130,522	166	377,915	2,960	2,646,292
1994	35	100,870	178	437,963	2,842	2,755,072
1995	56	187,650	209	1,166,596	2,691	2,637,254
1996	60	181,029	283	2,240,328	2,825	2,766,747
1997	73	279,523	333	3,567,314	2,662	2,899,624
1998	80	306,155	375	3,872,821	3,288	5,766,087
1999	96	331,312	444	4,493,120	3,821	2,706,028
2000	137	540,159	522	5,821,343	2,765	3,716,191
2001	166	580,769	440	3,987,322	2,670	3,224,556
2002	227	983,851	486	4,179,101	2,543	4,902,486
2003	299	1,327,414	527	6,161,347	2,537	3,537,884

・京都大学百年史編集委員会編『京都大学百年史　資料編３』2001年、736頁、および『京都大学概要』（各年度）、より作成。

究者と共同で研究を行う「民間等との共同研究」、外部からの委託を受けて委託者の経費負担のもと研究を行う「受託研究」、奨学を目的として受け入れる「奨学寄附金」が受け入れる外部資金として挙げられるが、この時期特に民間等との共同研究と受託研究が大幅な増加傾向にあった。外部資金受入件数・金額の変遷は表２−４−８のとおりである。

この時期、インターネットの普及に伴って一九九三年に非公式ながら京大ホームページのトップページが作られ、各部局のホームページがそれにリンクする形で順次開設されていった。そして、一九九六年六月一八日にトップページがリニューアルされてホームページとしての体裁が整えられ、一九九八年六月にはトップページに「京大この一年」「刊行物」「入学案内」「公開講座など」「京大の概要」「学内掲示板」「国際交流」「キャンパスライフ」の八つのコンテンツが設けられるなど、次第に充実していった。[149]

一方、紙媒体の広報誌として二〇〇二年三月に国内向けの『紅萌（くれなゐもゆる）』が、同年春に外国向けの『楽友（Raku-Yu）』が創刊された。前者は「「京都大学の現在」の姿をわかりやすい形で広く社会にお知らせする」ことを目的としており、[150]国内の企業約一〇〇〇社をはじめ公立図書館、国公私立大学などに送られた。また後者は在外公館、学術協定締結校、在日大使館・公館などに送られた。[151]

同じ二〇〇二年には受験生を対象にしたオープンキャンパスが初めて開催された。これは受験生によりよく京大を理解してもらうために企画されたもので、八月八日に文系学部、九日に理系学部で実施された。両日とも午前に全体説明会があり、午後は各学部で模擬授業や研究室訪問などが行われ、合計で約四〇〇〇名が訪れた。[152]オープンキャンパスは以後毎年八月に開催されている。

キャンパスの整備

一九九六年に竣工した工学部物理系校舎と文学部校舎は、京大で初めてとなる八階建ての建物であった。京大のキャンパス一帯は都市計画法の高度地区、第二種住居専用地域に指定され、建物の高さは二〇メートル以下に制限されていたが、京大が東山の眺望を妨げないよう新校舎を東西に長い形にすることなどを内容とするキャンパス整備構想を京都市に提示して、特例許可を得たものであった。[153]

この時期には、大学院人間・環境学研究科や総合人間学部の新設、全学共通科目の開講などに伴って吉田南構内の整備が進んだ。人間・環境学研究科校舎（一九九六年竣工）、総合人間学部棟（一九九八年竣工）、吉田南

写真2－4－1　吉田南総合館（北棟）

一号館（二〇〇三年竣工）のほか、第三高等学校以来の建物であった総合人間学部A号館（北棟）が取り壊されて吉田南総合館（二〇〇四年竣工）が建てられ、吉田南構内正門から見た風景は大きく変貌した。また、北部構内では動物・植物学科研究棟（一九九三年竣工、現理学研究科二号館）、理学部校舎（二〇〇二年竣工）、総合研究棟（化学系）（二〇〇三年竣工、理学部校舎と合わせて現理学研究科三号館）などが建てられ、附属病院構内では中央診療棟・第二臨床研究棟（一九九一年竣工）、外来診療棟（一九九九年竣工）などが建てられた。さらに桂キャンパスでも総合研究棟Ⅰ（現A2棟・A3棟・A4棟）、総合研究棟Ⅱ（現A1棟）、総合研究管理棟（現事務管理棟）といった最初の建物群が二〇〇二年に竣工した。

一九九六年六月一二日公布の法律第六六号によって文化財保護法が改正され、文化財としての価値に鑑み保存および活用のための措置が特

表２－４－９　登録有形文化財一覧

建造物名称	登録日
理学部附属地球熱学研究施設	1997年６月12日
楽友会館	1998年７月23日
農学部表門及び門衛所	1998年７月23日
文学部陳列館	1998年９月２日
尊攘堂	1998年９月２日
農学部演習林事務室	1998年９月２日
本部構内正門	2000年10月18日
総合人間学部正門	2000年10月18日
総合人間学部門衛所	2000年10月18日
人文科学研究所附属漢字情報研究センター	2000年10月18日
清風荘	2007年５月15日
理学研究科附属地球熱学研究施設火山研究センター本館	2012年２月23日

・建造物名称は登録時のもの。
・清風荘は重要文化財指定とともに、登録有形文化財の登録を抹消された。

に必要な建造物を文部大臣が文化財登録原簿に登録する登録有形文化財の制度が設けられた。同年八月三〇日付の文部省告示第一五二号によると、登録の基準は、原則として建設後五〇年を経過し「国土の歴史的景観に寄与しているもの」「造形の規範となっているもの」「再現することが容易でないもの」のうちいずれかに該当するものとされた。京大では、別府市にある理学部附属地球熱学研究施設をはじめ表2－4－9のとおり一二の建造物が登録有形文化財に指定された。

さらに二〇一二年七月九日には、西園寺公望の別邸として建てられ一九四四年六月に京大に寄贈された清風荘が、「近代和風建築の精華の一つ」として重要文化財に指定された(154)。

註

(1)「次期総長に井村裕夫教授を選出」(『京大広報』第四一九号、一九九一年一二月一日)。
(2)「次期総長に井村裕夫現総長を再選」(『京大広報』第四九五号、一九九五年一二月一日)。
(3)「次期総長候補者に長尾真教授を選出」(『京大広報』第五一九号、一九九七年一二月)。
(4)「次期総長候補者に長尾真現総長を再選」(『京大広報』第五六二号、二〇〇一年一一月)。
(5)「次期総長候補者に尾池和夫教授（副学長）を選出」(『京大広報』第五八三号、二〇〇三年一〇月)。
(6)高等教育研究会編『大学審議会全28答申・報告集　―大学審議会14年間の活動の軌跡と大学改革―』ぎょうせい、二〇〇二年、二二一頁。
(7)註(6)に同じ、二二六頁。
(8)註(6)に同じ、二三九頁。
(9)註(6)に同じ、一六五頁。
(10)註(6)に同じ、二七七頁。
(11)京都大学大学院・人間・環境学研究科設置準備室『京都大学大学院人間・環境学研究科』一九九一年、二頁。
(12)註(11)に同じ、三頁。
(13)「大学院人間・環境学研究科の設置」(『京大広報』第四一一号、一九九一年六月一日)。
(14)京都大学百年史編集委員会編『京都大学百年史　部局史編二』一九九七年、二頁。
(15)「総合人間学部構想の骨子」(『京大広報』第四一九号別冊、一九九一年一二月一日)。
(16)『評議会議事録　平成一四年一月一五日~平成一五年四月一五日』(京都大学所蔵、B56000000141919)。
(17)「教養部開講の「平成四年度における全学共通科目」について」(『京大広報』第四二五号、一九九二年三月一五日)。
(18)京都大学自己点検・評価実行委員会編『京都大学自己点検・評価報告書Ⅱ』二〇〇一年、一一四頁。
(19)「教育課程等特別委員会からの報告について」(『京大広報』第四三五号別冊、一九九二年一〇月一五日)。
(20)『全学共通科目レビュー委員会　カリキュラム専門委員会』(京都大学大学文書館所蔵、03A00382)。
(21)京都大学高等教育研究開発推進機構全学共通教育システム委員会教養教育専門委員会少人数教育部会編『新入生向け少人数セミナー（ポケット・ゼミ）の現状と課題　―平成一五年度アンケート調査報告』二〇〇四年、一頁。
(22)註(21)に同じ、八頁。
(23)註(21)に同じ、一頁。

（24）「セメスター制の実施について」（https://www.kyoto-u.ac.jp/GAD/topic/data01/tpc011019/tpc011019.htm、二〇二二年二月一日閲覧）。『京都新聞』二〇〇一年一〇月二〇日付朝刊。
（25）「京都大学における全学共通教育の改革」（『京大広報』第五七三号、二〇〇二年一一月）。
（26）「大学院制度検討委員会の答申について」（『京大広報』第一〇九号、一九七五年四月一一日）。
（27）「制規等専門委員会報告」（『京大広報』第三七二号別冊、一九八九年六月一日）。
（28）「大学院の整備・充実に関する答申」（『京大広報』第三二六号別冊、一九八七年二月一五日）。
（29）東京大学編『東京大学　現状と課題1　1990―1991』東京大学出版会、一九九二年、四三頁。
（30）『朝日新聞』一九九一年一二月二五日付朝刊。
（31）「大学院法学研究科」（『京大広報』第四四三号、一九九三年三月一日）。
（32）京都大学百年史編集委員会編『京都大学百年史　総説編』一九九八年、七六九頁。京都大学教育学部六十年史編集委員会編『京都大学教育学部六十年史（一九八九〜二〇〇九）』二〇〇九年、二〇頁。
（33）「二一世紀における京都大学のあり方について　―中間報告―」（『京大広報』号外、一九九四年二月八日）。
（34）註（33）に同じ。
（35）「大学院エネルギー科学研究科の設置」（『京大広報』第五〇三号、一九九六年六月）。
（36）「大学院アジア・アフリカ地域研究研究科の設置」（『京大広報』第五二五号、一九九八年六月）。
（37）『評議会議事録　自昭和六十三年一月至昭和六十三年五月』（京都大学大学文書館所蔵、19A00594）。
（38）京都大学大学院情報学研究科広報・図書委員会編『京都大学大学院情報学研究科　自己点検・評価報告書』二〇〇一年、一頁。
（39）「大学院生命科学研究科の設置」（『京大広報』第五三五号、一九九九年五月）。
（40）「大学院地球環境学堂・学舎の設置」（『京大広報』第五六八号、二〇〇二年五月）。
（41）京都大学百年史編集委員会編『京都大学百年史　部局史編三』一九九七年、九九八頁。
（42）日本学術会議編『日本学術会議五十年史』一九九九年、一〇二頁。
（43）「生態学研究センターの設置」（註（13）前掲『京大広報』第四一一号）。
（44）「高等教育教授システム開発センター」（『京大広報』第四七四号、一九九四年一一月一日）。
（45）井村裕夫『医の心　私の人生航路と果てしなき海図』京都通信社、二〇一八年、一六八頁。
（46）「アフリカ地域研究資料センターの設置」（註（35）前掲『京大広報』第五〇三号）。

(47)「総合情報メディアセンターの設置」(『京大広報』第五一三号、一九九七年五月)。
(48)「学術情報メディアセンターの設置」(『京大広報』第五六九号、二〇〇二年六月)。
(49) 京都大学教育研究特別経費による理学部・農学部・教養部合同調査委員会『京都大学自然史博物館構想と設立の必要性に関する答申』一九八八年、一頁。
(50)『京都大学所蔵自然史関係標本資料の収蔵状況と自然史博物館設立計画』一九九六年、一頁。
(51)「総合博物館」(『京大広報』第五一六号、一九九七年八月)。
(52)「総合博物館いよいよ公開」(『京大広報』第五五九号、二〇〇一年七月)。
(53) 京都大学学生懇話室『京都大学学生懇話室一覧』一九五八年、一頁。
(54)『部局長会議　自平成一一・一・一二至平成一一・七・六』(京都大学所蔵、B56000040222)。
(55) 註(54)に同じ。
(56)「宙空電波科学研究センターの設置」(『京大広報』第五四六号、二〇〇〇年五月)。
(57) 佐々木丞平「大学文書館の設置」(『京都大学大学文書館だより』第一号、二〇〇一年)四頁。
(58) 京都大学大学文書館『京都大学大学文書館自己点検・評価報告書　二〇一六―二〇一九年度』二〇二〇年、一頁。
(59)「国際融合創造センターの設置」(『京大広報』第五五八号、二〇〇一年六月)。
(60) 水崎隆雄「巻頭言」(『京都大学低温物質科学研究センター誌』創刊号、二〇〇三年)三頁。
(61)「低温物質科学研究センターの設置」(『京大広報』第五七〇号、二〇〇二年七月)。
(62)「福井謙一記念研究センター銘板除幕式」(『京大広報』第五七一号、二〇〇二年九月)。
(63) 田中克「ニュースレターの発刊に当たって」(『FSERC News』第一号、二〇〇四年)一頁。
(64) 註(19)に同じ。
(65) 庶務部広報調査課『京都大学学報』第四四六七号、一九九三年三月五日付。
(66) 京都大学自己点検・評価委員会編『京都大学自己点検・評価報告書　自由の学風を検証する』一九九四年。
(67) 註(18)に同じ。
(68) 京都大学自己点検・評価等専門委員会編『京都大学自己点検・評価報告書Ⅲ』二〇〇二年。
(69) 京都大学自己点検・評価等専門委員会編『京都大学自己点検・評価報告書Ⅳ　学生支援・学生サービス』二〇〇三年。
(70) 京都大学自己点検・評価等専門委員会編『京都大学自己点検・評価報告書Ⅴ　入学試験』二〇〇四年。
(71) 註(6)に同じ、九八頁。

(72)『昭和六二年度部局長会議　昭六二・五・二六〜昭六二・七・一四』（京都大学大学文書館所蔵、18A00911）。
(73)『評議会議事録　自昭和六十三年六月至昭和六十三年十二月』（京都大学大学文書館所蔵、19A00593）。
(74)『評議会議事録　自平成元年一月至平成元年五月』（京都大学大学文書館所蔵、20A01418）。
(75)『評議会議事録　自平成元年六月至平成元年十二月』（京都大学大学文書館所蔵、20A01414）。
(76)財団法人京都大学後援会・京都大学創立百周年記念事業推進実行委員会『京都大学創立百周年記念事業募金報告書』一九九九年、三三頁。
(77)「京都大学創立百周年記念事業について」（『京大広報』号外、一九九四年六月二一日）。
(78)註（76）に同じ、一二頁。
(79)註（32）前掲『京都大学百年史　総説編』一三三三頁。註（41）前掲『京都大学百年史　部局史編三』一〇六九頁。京都大学百年史編集委員会編『京都大学百年史　資料編三』二〇〇一年、一一二四頁。京都大学百年史編集委員会編『京都大学百年史　写真集』一九九七年。
(80)京都大学百年史編集委員会編『京大百年』一九九七年。
(81)註（76）に同じ、二五・四六頁。
(82)「百周年時計台記念館が竣工」（『京大広報』第五八六号、二〇〇四年一月）。
(83)西山伸「大学文書館における展示活動　―常設展「京都大学の歴史」を中心に―」（『京都大学大学文書館研究紀要』第三号、二〇〇五年）。
(84)註（76）に同じ、四六頁。
(85)『朝日新聞』一九九七年九月四日付朝刊。
(86)国立大学法人法制研究会「国立大学法人法コンメンタール（歴史編）第3回　行政改革会議における議論（その③）」（『文部科学教育通信』第二六七号、二〇一一年五月九日）二二頁。
(87)『朝日新聞』一九九七年一〇月一七日付朝刊。
(88)註（86）に同じ、二三頁。
(89)『京都新聞』一九九七年一〇月一八日付朝刊。
(90)社団法人国立大学協会事務局編『国立大学法人化の経緯と国立大学協会の対応　資料集　第一部』二〇〇七年、六四頁。
(91)註（6）に同じ、四七〇頁。
(92)註（6）に同じ、三五頁。

(93)『第百四十三回国会参議院会議録第二号（その一）』四頁。
(94)『読売新聞』一九九九年一月二二日付朝刊。
(95)「中央省庁等改革に係る大綱・推進本部決定」（https：//www.kantei.go.jp/jp/990126kettei/9901taikou-index.html、二〇二二年二月一七日閲覧）。
(96)註（90）に同じ、七二頁。
(97)大﨑仁『国立大学法人の形成』東信堂、二〇一一年、五七頁。
(98)註（90）に同じ、一一九頁。
(99)註（90）に同じ、一二四頁。
(100)註（97）に同じ、七八頁。
(101)註（90）に同じ、一六二頁。
(102)註（90）に同じ、一七一頁。
(103)註（90）に同じ、一九一頁。国立大学法人法制研究会「国立大学法人法コンメンタール（歴史編）第25回　調査検討会議と「遠山プラン」（その①）」（『文部科学教育通信』第二八九号、二〇一二年四月九日）一六頁。
(104)『第百五十一回国会参議院会議録第二十三号』一七・一九頁。
(105)国立大学法人法制研究会「国立大学法人法コンメンタール（歴史編）第33回　調査検討会議と「遠山プラン」（その⑨）」（『文部科学教育通信』第二九七号、二〇一二年八月一三日）一九頁。
(106)註（90）に同じ、二一五頁。
(107)国立大学法人法制研究会「国立大学法人法コンメンタール（歴史編）第35回　調査検討会議と「遠山プラン」（その⑪）」（『文部科学教育通信』第二九九号、二〇一二年九月一〇日）一九頁。
(108)註（90）に同じ、二二八頁。
(109)「めざすべきは活性化だ　大学改革」（『朝日新聞』二〇〇一年六月二四日付朝刊）。
(110)国立大学等の独立行政法人化に関する調査検討会議『新しい「国立大学法人」像について』二〇〇二年（https：//www8.cao.go.jp/cstp/siryo/haihu16/siryo2-2.pdf、二〇二二年三月一日閲覧）。
(111)註（90）に同じ、二七一・二六九頁。
(112)長尾真『情報を読む力、学問する心』ミネルヴァ書房、二〇一〇年、二〇〇頁。
(113)「総長を補佐する体制について」（『京大広報』第四七七号、一九九四年一二月一五日）。

(114)「副学長制の設置及び学生部の事務局への一元化をめぐって」(『京大広報』第五一五号、一九九七年七月)。
(115)『朝日新聞』一九九七年七月二日付朝刊。
(116)『京都新聞』一九九七年七月一二日付朝刊。
(117)「第一回運営諮問会議開催」(『京大広報』第五五〇号、二〇〇〇年一〇月)。
(118)『部局長会議　平成十三年二月十三日〜平成十三年八月十三日』(京都大学所蔵、B5600000085947)。
(119)『評議会議事録　平成12年9月26日〜平成13年12月18日』(京都大学所蔵、B5600000085952)。
(120)『京都新聞』二〇〇一年七月四日付朝刊。
(121) 註(33)に同じ。
(122)『評議会議事録　平成一一・一・二六〜平成一二・七・四』(京都大学所蔵、B5600000040106)。
(123) 註(112)に同じ、一七三頁。
(124)『京都新聞』一九九九年六月二三日付朝刊。
(125) 註(112)に同じ、一七六頁。『京都大学新聞』一九九九年六月一六日付。
(126)『京都大学新聞』一九九九年九月一日付。『京都大学新聞』一九九九年九月一六日付。
(127) 註(112)に同じ、一七七頁。赤岡功「桂キャンパス、京都大学の基本理念、そして県立広島大学　―京都大学経営学の勧め―」(『京大広報』第六四二号、二〇〇九年二月)。
(128) 註(122)に同じ。長尾真「京都大学の新しい方向を求めて」(『京大広報』第五四二号、二〇〇〇年一月)。
(129)「工学研究科(化学系・電気系専攻等)が本格的な移転を開始」(https://warp.ndl.go.jp/info:ndljp/pid/233861/www.adm.kyoto-u.ac.jp/GAD/topic/2001.htm、二〇二二年三月四日閲覧)。
(130)『京都新聞』二〇一三年一月七日付朝刊。
(131)「京都大学の基本理念の制定」(『京大広報』第五六四号、二〇〇二年一月)。
(132)「基本理念」(京都大学ホームページ、https://www.kyoto-u.ac.jp/ja/about/operation/ideals/basic、二〇二二年三月八日閲覧)。
(133) 赤岡功「京都大学の基本理念について」(註(131)前掲『京大広報』第五六四号)。
(134)「環境憲章」(京都大学ホームページ、https://www.kyoto-u.ac.jp/ja/about/foundation/environment/charter、二〇二二年三月八日閲覧)。
(135)「京都大学環境憲章について」(『京大広報』第五六六号、二〇〇二年三月)。

(136) 『平成一五年度　文部科学白書』https://warp.ndl.go.jp/info:ndljp/pid/11293659/www.mext.go.jp/b_menu/hakusho/html/hpab200301/hpab200301_2_036.html、二〇二一年三月一八日閲覧。

(137) 『平成一六年度　文部科学白書』https://warp.ndl.go.jp/info:ndljp/pid/11293659/www.mext.go.jp/b_menu/hakusho/html/hpab200401/hpab200401_2_145.html、二〇二一年三月一八日閲覧。

(138) 「平成一四年度「二一世紀COEプログラム」の採択結果」(『京大広報』第五七三号、二〇〇二年一一月)。「二一世紀COEプログラム」(https://www.mext.go.jp/a_menu/koutou/coe/main6_a3.htm、二〇二一年三月一八日閲覧)。

(139) 「平成一五年度「二一世紀COEプログラム」の採択結果」(『京大広報』第五八二号、二〇〇三年九月)。註(138)前掲「二一世紀COEプログラム」。

(140) 「平成一六年度「二一世紀COEプログラム」の採択結果」(『京大広報』第五九三号、二〇〇四年九月)。註(138)前掲「二一世紀COEプログラム」。

(141) 「「京都大学国際教育プログラム(仮称)」の実施について」(『京大広報』第四九三号、一九九五年一一月一日)。

(142) 「京都大学国際教育プログラムの実施について(第一次報告)」(『京大広報』第五〇一号別冊、一九九六年四月)。

(143) 京都大学国際交流委員会『京都大学における国際交流　第四号』二〇〇〇年、三六頁。

(144) 註(143)に同じ、三八頁。

(145) 『京都新聞』一九九二年一一月二六日付朝刊。

(146) 「京都大学における寄附講座について」(『京大広報』第四三二号、一九九二年七月一日)。

(147) 庶務部広報調査課『京都大学学報』第四四五五号、一九九二年一一月二〇日。

(148) 『評議会議事録　平6・5月~平7・4月』(京都大学所蔵、B56000000040102)。

(149) 『ホームページ専門部会』(京都大学大学文書館所蔵、17A01438)。註(18)に同じ、四九頁。

(150) 京都大学広報委員会国内向け広報誌編集専門部会『紅萌』第1号、二〇〇二年三月二五日、二二頁。

(151) 「広報誌「紅萌(くれなゐもゆる)」及び「楽友(Raku-Yu)」を創刊」(『京大広報』第五六九号、二〇〇二年六月)。

(152) 「「受験生のためのオープンキャンパス二〇〇二」を開催」(『京大広報』第五七一号、二〇〇二年九月)。

(153) 『京都新聞』一九九五年六月二八日付朝刊。

(154) 「清風荘が重要文化財に指定されました」(京都大学ホームページ、https://www.kyoto-u.ac.jp/ja/archive/prev/news_data/h/h1/news7/2012/120709_1、二〇二二年三月一七日閲覧)。

第三編　国立大学法人京都大学

第一章　法人化

第一節　各種体制整備

国立大学法人法

すでに述べたように（第二編第四章第二節参照）、国立大学法人法は二〇〇三年七月一六日に公布された（法律第一一二号）。同法の施行は一〇月一日と定められたが、国立大学法人は、同法と同時に公布された「国立大学法人法等の施行に伴う関係法律の整備等に関する法律」（法律第一一七号）第二条の規定（国立学校設置法および国立学校特別会計法の廃止）が施行される時に成立するとされた（国立大学法人法附則第三条）ため、その施行日である二〇〇四年四月一日に国立大学法人京都大学を含む八九の国立大学法人が発足した。

国立大学法人法に定められた国立大学法人の枠組みは、従来の国立大学のそれとは全く異なるものであった。まず、国立大学法人とは「国立大学を設置することを目的として、この法律の定めるところにより設立される法人」とされ（第二条）、国立大学の設置者が国立大学法人であることが明示された。

国立大学法人の長は学長であり、学長は「国立大学法人を代表し、その業務を総理する」とされた（第一〇条、第一一条）。同時に学長は、学校教育法に規定された「校務をつかさどり、所属職員を統督する」（第五八条第三項）職務も行い、「経営・教学双方の最終責任者」として位置づけられた。[1] 学長の任命については、「国立大学法人の申出に基づいて、文部科学大臣が行う」とされ、その申出は経営協議会（後述）から選出された学外者の委員と教育研究評議会（後述）から選出された委員により構成された学長選考会議の選考により行い、この両者の委員は同数とされた。また学長選考会議には学長または理事（後述）を加えることもできるとされた（第一二条）。学長の任期は二年以上六年を超えない範囲内で各国立大学法人が定めるとされた（第一五条）。

各国立大学法人には役員として学長、法人業務を監査する監事二名（文科相の任命）、学長を補佐する理事が置かれることになった。理事は学長の任命により、その員数は法人によって異なるが、京大では七名以内とされた。また理事および監事には学外者を含まなければならないとされた（第一〇条、第一一条、第一二条、第一三条、第一四条）。そして学長と理事は役員会を構成し、中期目標に関する意見および年度計画に関する事項、文科相の認可・承認を受ける事項、予算作成・執行および決算に関する事項、重要な組織の設置・廃止に関する事項などについては、役員会の議を経なければならないとされた（第一一条）。

審議機関としては、経営協議会と教育研究評議会が置かれることになった。経営協議会は、法人の経営に関する重要事項を審議する機関であり、学長、学長が指名する理事・職員、学長が任命する学外者で構成され、学外者は委員総数の二分の一以上とされた（第二〇条）。一方、教育研究評議会は大学の教育研究に関する重要事項を審議する機関であり、学長、学長が指名する理事、学部・研究科・附置研究所などの長のうち教育研究評議会が定める者、その他学長が指名する職員で構成されるとされた（第二一条）。

中期目標および中期計画についても規定された。「文部科学大臣は、六年間において国立大学法人等が達成すべき業務運営に関する目標を中期目標として定め」ることになったが、これを定め、または変更しようとするときは「あらかじめ、国立大学法人等の意見を聴き、当該意見に配慮する」こととされた（第三〇条）。また、国立大学法人等は「中期目標を達成するための計画を中期計画として作成し、文部科学大臣の認可を受けなければならない」とされた（第三一条）。

そしてこうした国立大学法人の業務の実績を評価するため、国立大学法人評価委員会を文部科学省に置くことが定められた（第九条）。なお、二〇〇二年一一月二九日公布の法律第一一八号で学校教育法が改正され、大学は教育研究等の総合的な状況について文部科学大臣の認証を受けた機関による評価を受ける（いわゆる認証評価）ことがすでに定められていたが、認証評価が教育研究等に関する評価であるのに対して、国立大学法人評価委員会による評価は国立大学法人を対象とするものであった。

京大では、国立大学法人発足の二〇〇四年四月一日に「国立大学法人京都大学の組織に関する規程」が制定され、「学長として総長を置く」こと、総長の任期は六年とすることが定められた（第二条）。そして前年一二月に総長に就任していた尾池和夫がそのまま任に就くことになった（ただし、同規程により尾池の任期は二〇〇八年九月三〇日までとされた）。また、同規程により七名以内の理事を置くこと（第三条、四月一日付で七名が就任）、総長と理事で組織される役員会を置くこと（第四条）、監事二名を置くこと（第五条、四月一日付で就任）、学長選考会議として総長選考会議を置くこと（第六条）なども定められた。[2]

同じく四月一日制定の「国立大学法人京都大学経営協議会規程」により、総長、総長が指名する理事、総長が指名する京都大学職員、総長が任命する京都大学役員・職員以外の者で構成される経営協議会が規定され、[3]学外者一二名を含む二四名の委員による経営協議会が発足し、その第一回が四月二日に開催された。さらに同日制定の「国立大学法人京都大学教育研究評議会規程」により、総長、総長が指名する理事、各研究科長、各研究科教授二名（学部をもたない研究科は一名）、附置研究所長、高等教育研究開発推進センター長、国際融合創造センター長、フィールド科学教育研究センター長、生態学研究センター長、学術情報メディアセンター長および附属図書館長で構成される教育研究評議会が規定され[4]、その第一回は四月一日に開催された。

一方従来法令で設置が規定されていた副学長は、法人化に伴い大学で独自に任命することになり、四月一日付で八名（うち六名は理事と兼任）が任命された。

中期目標・中期計画

前述のように、文科相は六年間で各国立大学法人が達成すべき業務運営に関する目標を中期目標として定め、国立大学法人はその中期目標を達成するための計画を中期計画として作成し、文科相の認可を受けることになった。

中期目標については文科相が定めるとされたが、各国立大学法人の意見を聴くことが前提とされており、各国立大学法人は中期目標の素案を作成することになった。京大では、二〇〇二年三月一九日の部局長会議において中期目標・中期計画作成準備委員会が設置され[5]、学内各部局の方針を取りまとめながら具体的な作業が行われた。そして二〇〇三年九月二九日に中期目標・中期計画（素案）が決定され[6]文科相に提出された。最終的に中期目標は二〇〇四年五月二六日に文科相から提示を受け、中期計画は六月三日に文科相の認可を受けた。

中期目標は、「(前文）大学の基本的な目標」に始まり、以下「Ⅰ中期目標の期間及び教育研究上の基本組織」「Ⅱ大学の教育研究等の質の向上に関する目標」「Ⅲ業務運営の改善及び効率化に関する目標」「Ⅳ財務内容の改善に関する目標」「Ⅴ自己点検・評価及び当該状況に係る情報の提供に関する目標」「Ⅵその他業務運営に関する重要目標」が掲げられ、ⅡからⅥまでについてはそれぞれの項目について個別的な目標が、さらにその下に基本方針が記されていた。そして、中期目標に記された個々の目標・基本方針を実現するための具体的方策が中期計画として記されるという形をとっていた(7)。

このうち、前文は京都大学の基本理念（第二編第四章第二節参照）にならい、次のとおりになっていた。

大学の基本的な目標

・自由の学風を継承・発展させつつ多元的な課題の解決に挑戦し、地球社会の調和ある共存に貢献することを目的として、下記の基本的な目標を定める。

【研究】

・研究の自由と自主を基礎に、高い倫理性を備えた研究活動により、世界的に卓越した知の創造を行う。

・総合大学として、研究の多様な発展と統合を図る。

【教育】

・多様かつ調和のとれた教育体系のもと、自学自習を促し、卓越した知の継承と創造的精神の涵養に努める。

・豊かな教養と人間性を備えるとともに責任を重んじ、地球社会の調和ある共存に貢献し得る、優れた研究能力や高度の専門知識をもつ人材を育成する。

【社会との関係】

・国民に開かれた大学として、地域を始めとする国内社会との連携を強め、自由と調和に基づく知を社会

表3－1－1　第1期中期目標における主要項目とそれに対する評価

項目	評価結果
教育に関する目標	おおむね良好である
研究に関する目標	良好である
社会との連携、国際交流等に関する目標	良好である
業務運営の改善及び効率化に関する目標	非常に優れている
財務内容の改善に関する目標	非常に優れている
自己点検・評価及び当該状況に係る情報の提供に関する目標	良好である
その他業務運営に関する重要目標	非常に優れている

・「第1期中期目標期間に係る業務の実績に関する評価結果　国立大学法人京都大学」（京都大学ホームページ、https://www.kyoto-u.ac.jp/sites/default/files/embed/jaaboutevaluationhoujin1st_mediumdocumentsallfirst-05.pdf、2022年4月1日閲覧）より作成。

に還元する。

・世界に開かれた大学として、国際交流を深め、地球社会の調和ある共存に貢献する。

【運営】

・学問の自由な発展に資するため、教育研究組織の自治を尊重しつつ全学的な調和を目指す。

・環境に配慮し、人権を尊重した運営を行うとともに、社会的な説明責任に応える。

第一期中期目標・中期計画期間は二〇一〇年三月三一日までであり、各国立大学法人は国立大学法人評価委員会によって期間中の業務の実績に関する評価を受けた。各法人は二〇一〇年六月三〇日までに実績報告書および財務諸表などを提出し、国立大学法人評価委員会はこれを受けて審議、ヒアリングなどを実施し、二〇一一年五月二四日に評価結果を決定した[8]。評価は各法人が立てた中期目標の達成状況について「非常に優れている」「良好である」「おおむね良好である」「不十分である」「重大な改善事項がある」の五段階で行われた。京大が受けた各項目の評価は表3－1－1のとおりである（「大学の教育研究等の質の向上に関する目標」は教育、研究、社会連携・国際交流等に分けて評価された）。
その後も各国立大学法人は六年ごとに文科相から中期目標の提示および中期計画の認可を受け、それぞれの実績につき国立大学評価委員会の評価を受けている。

専門職大学院

二〇〇二年一一月二九日公布の法律第一一八号学校教育法の一部改正により、専門職大学院が置かれることになった。その目的は「大学院のうち、学術の理論及び応用を教授研究し、高度の専門性が求められる職業を担うための深い学識及び卓越した能力を培うこと」であった。また、二〇〇三年三月三一日公布の文部科学省令第一六号「専門職大学院設置基準」により設置基準が定められ、専任教員のうちには専攻分野における実務経験者を必ず配置することとされた。さらに専門職大学院は、大学全体の認証評価のほかに、教育研究活動の状況について五年ごとに認証評価を受けることが義務づけられた。京大では、まず医学研究科の社会健康医学系専攻が二〇〇三年四月から専門職大学院に移行した。

これに先立つ二〇〇一年六月一二日、内閣に置かれていた司法制度改革審議会は「二一世紀の日本を支える司法制度」と題した報告を提出し、複雑・多様化する社会において司法機能の充実が不可欠として、法曹人口の拡大（二〇一八年ごろに五万人規模にする）、法科大学院設置を中心とした法曹養成制度の改革を提言した[9]。これを受けて二〇〇二年三月一九日には、司法制度全般の改革を進める「司法制度改革推進計画」が閣議決定され[10]、二〇〇四年四月から学生の受入が可能となるよう法科大学院の制度を設けることになった。その結果、国公私立合わせて六八大学に法科大学院が設置された。

京大でも二〇〇四年四月一日、法学研究科に法科大学院が設置された。設置が承認された二〇〇三年七月八日の評議会に提出された「京都大学大学院法学研究科の改組」によれば、法科大学院の目的は「現代社会における複雑かつ多様な法的諸問題の適正・迅速な解決を支える高度の能力を持った法曹を養成すること」とされ、法曹養成専攻が置かれ入学定員は二〇〇名であった。(11)

二〇〇六年四月一日には公共政策連携研究部・公共政策連携教育部（公共政策大学院）が設置された。その目的は、「公共政策の立案・執行・評価等に関する幅広い能力を備えた、公共的部門を担うべき高度専門職業人の養成」であり、教員配置・開設科目の両面で法学研究科および経済学研究科との密接な連携を維持していくとされた。両研究科から移籍してきた教員による公共政策第一講座と実務経験を有する教員による公共政策第二講座からなり、入学定員は四〇名、一般選抜（三〇名）、職業人選抜（一〇名）、外国人特別選抜（若干名）の三種類の入試が実施された。(12)部長には小野紀明教授が就任した。

同じ二〇〇六年四月一日に経営管理研究部・経営管理教育部（経営管理大学院）が設置された。その目的は「マネジメントに関する高度な専門的かつ実践的な能力を有するプロフェッショナルを育成すること」であった。入学定員は六〇名で、入学生は事業創再生マネジメント、プロジェクト・オペレーションズマネジメント、ファイナンシャルリスクマネジメント、ファイナンス・会計、サービス価値創造という五つのプログラムのいずれかを選択し授業を受けていくことになった。(13)部長には吉田和男教授が就任した。

社会連携と広報

法人化に伴い、大学の知的資産や成果の社会への還元を通した社会貢献が一層求められるようになり、それに合わせた体制整備が急務とされた。二〇〇三年九月二日には知的財産企画室が設置され、京大における知的財産ポリシーの検討が開始された。「京都大学知的財産ポリシー」は二〇〇三年一二月二四日の部局長会議で承認され、[14]知的財産権の原則機関帰属と権利の承継、産業財産権（特許権・実用新案権・意匠権）の取り扱いなどについての基本的な考え方が示された。[15]続いて二〇〇四年三月一六日には「京都大学産学官連携ポリシー―法人化後の産学官連携活動アクションプラン―」が策定された。[16]

二〇〇五年四月一日に全学機構の一つとして国際イノベーション機構が設置された。国際イノベーション機構は産学官連携活動、知的財産権の取得と活用、ベンチャー支援活動などを全学一体的な管理体制のもとで総合的かつ機能的に実施するとともに、外部からの問い合わせなどに対する一元化された窓口となり、学内各部局の産学官連携活動の連携や支援を行うことを目的としていた。知的財産企画室は知的財産部と改称され、同機構に組み込まれた。[17]

さらに二〇〇七年七月一日には、国際イノベーション機構に替わり新たに全学機構として産官学連携本部が置かれ、同時に二〇〇一年に設置されていた国際融合創造センター（第二編第四章第一節参照）が産官学連携センターに改組され、産官学連携本部の実務を担当することになった。[18]この改編に先立って、二〇〇七年三月二九日に「京都大学産官学連携ポリシー」が役員会で決定された。ここでは「学問の源流を支える基礎研究を重視し、その基盤のもとに先端的・独創的な研究を推進し、世界最高水準の研究拠点としての機能を高め、卓越した知の創造を図るとともに、産官学連携研究を通してイノベーションの創出と社会貢献を積極的に推進する」とされ、そのために「産官学連携活動の推進及び創出される知的財産の活用を図る全学組織のもとで、学内外に対して透明性と説明責任を明確にした運営を行う」と謳われていた。[19]そしてこの方向に沿って利益相反ポリシー（二〇〇七年二月二六日役員会決定）[20]、国際産官学連携ポリシー（二〇〇八年二月四日役員会決定）[21]が制定され、知的財産ポリシーも改訂された（二〇〇七年六月二八日役員会決定)[22]。その後さらに二〇一〇年四月一日に産官学連携センターが産官学連携本部に統合され、活動が一元化されることになった。

二〇〇五年九月二三・二四日に、京都市および近郊の中学生と保護者などを対象にしたジュニアキャンパスが京都市教育委員会と共催で初めて開催された。「学問の不思議を知ろう　—京都大学を体験する」をテーマに特別講義、保護者向け講演会、少人数による授業（ゼミ）などが行われ、中学生一四二名、保護者など四二名が参加した[23]。ジュニアキャンパスは以後毎年開催されている。

同じ二〇〇五年の九月二七日から三〇日にかけて合宿形式でシニアキャンパスが開催された。シニアキャンパスはすべての人に開かれた生涯学習の場として企画されたもので、第一回となるこの年は「交響する身体—ひと・もの・自然を考える」をテーマに、講義、フィールド学習、総合博物館・附属図書館などを見学するミニツアーなどが行われ、三七名が受講した[24]。シニアキャンパスは以後二〇〇八年度まで開催された。

二〇〇六年一一月三日、京都大学同窓会設立総会が百周年時計台記念館で開催された[25]。京大にはこれまで学部・学科や研究科単位の同窓会、地域同窓会などはあったが、全学の同窓会は初めてであった。会の目的は「会員相互の交流と親睦を図り、併せて、京都大学の発展を期し、これに貢献すること」とされ、学部・研究科などの同窓会およびその会員、地域同窓会およびその会員、公認課外活動団体の同窓会およびその会員に加え、こうした同窓会に所属していない卒業生や京大の役員・教職員およびこれらの職にあった者で入会を希望する者を会員とした[26]。また同窓会設立総会に合わせて、卒業生と在学生・京大関係者の交流を図るホームカミングデイが開催され、キャンパスツアーが行われた[27]。ホームカミングデイは以後毎年一一月に開催されている。

二〇〇七年三月二九日には京都大学基金が創設された[28]。京都大学基金は、京都大学における教育・研究・社会貢献をより一層充実させるための基盤の一つとして創設されたもので、大学全体への支援、修学支援を目的としたもののほか、各種プロジェクトや課外活動支援などのための基金も設置されている。

男女共同参画

一九九九年六月二三日、男女共同参画社会基本法が公布・施行された（法律第七八号）。同法は「男女が、互いにその人権を尊重しつつ責任も分かち合い、性別にかかわりなく、その個性と能力を十分に発揮することができる男女共同参画社会の実現は、緊要な課題となっている」としたうえで、「男女共同参画社会の形成を総合的かつ計画的に推進すること」を目的としていた。

京大における女子学生や女性研究者のネットワーク作りや組織的な活動としては、まず一九五一年結成の女子学生懇親会の活動があった（第二編第一章第四節参照）。さらに一九六三年に女子大学院生によって始められた共同保育や、翌一九六四年に女子学生・大学院生によって結成された京都婦人研究者連絡会[29]、一九八一年一一月二一日に発足した女性教官懇話会[30]なども挙げることができる。

男女共同参画社会基本法を受けて、二〇〇五年一〇月三日に男女共同参画企画推進委員会が置かれ、二〇〇六年三月に「京都大学における男女共同参画（基本理念・基本方針）」が制定された。基本理念においては、基本法の理念を敷衍しつつ日本の大学の現状をみると「多くの問題が潜んでいる」として、「自由な討論と多様性に開かれた学風をより発展深化させ、創造的かつ人類の幸福に資する学問の発展を図るためにも、男女共同参画＝ジェンダー平等に基づいた大学を構築していく必要がある」とした。そして、これを踏まえて基本方針では「男女共同参画の視点に立った教育・研究および就業の確立」「教育・研究および就業と家庭生活との両立支援」「男女共同参画に資する教育・学習・研究の充実」「性差別への敏感な対応と迅速な解決」「教職員・学生への啓発活動の推進」「国・地方自治体、企業や市民セクターとの連携」「国際的な連携の促進」の七項目が掲げられた[31]。

さらに、高いポテンシャルを持つ女性が研究者の道に進むことを全学的に支援するため、女性研究者の包括的支援「京都大学モデル」計画を立ち上げたところ、これが二〇〇六年度の科学技術振興調整費「女性研究者支援モデル事業」に採択された。同計画は、「交流・啓発・広報」「相談・助言」「育児・介護支援」「柔軟な就労形態による支援」の四つの事業からなり、これらの事業推進のため二〇〇六年九月五日に女性研究者支援センターが設置された[32]。また、二〇〇八年には翌年度からの五年計画の「京都大学男女共同参画推進アクション・プラン」が策定され、前述の基本方針に基づく具体的な活動が全学的に進められた[33]。

その後、女性研究者支援センターの事業は、男女共同参画推進本部（二〇一四年四月一日設置）のもとに置かれた男女共同参画推進センターが引き継ぎ、現在に至っている。

研究所・センターなどの設置・改編

この時期研究所としては、二〇〇四年四月一日に生存圏研究所が設置されている。これは木質科学研究所と宙空電波科学研究センターが統合・再編されたものである。生存圏科学とは、「人間生活圏、森林圏、大気圏、宇宙空間圏を人類の「生存圏」として組織的、包括的に捉え、生存圏の状態を正確に「診断」し、生存圏の現状と将来を学術的に正しく評価・理解するだけでなく、生存圏を新たに開拓・創成するための先進的技術開発を目指す分野横断的な学際総合科学」であり、「環境計測・地球再生」「太陽エネルギー変換・利用」「宇宙環境・利用」「循環型資源・材料開発」の四つのミッションが設定された。[34]所長には松本紘教授が就任した。

同じ二〇〇四年四月一日には、東南アジア研究センターが東南アジア研究所に改組されている。また、後述するように二〇一〇年四月一日にｉＰＳ細胞研究所が設置されている。

センターとしては、まず二〇〇六年四月一日に地域研究統合情報センターが全国共同利用施設として設置された。同センターは、国立民族学博物館地域研究企画交流センター（二〇〇六年三月三一日廃止）の事業を継承しながら、地域研究を発展させるための施設として設置され、地域研究情報資源の統合と共有化、相関型地域研究の推進を目的とした。[35]センター長には田中耕司教授が就任した。

二〇〇七年四月一日にこころの未来研究センターが設置された。設置には、二〇〇二年採択の二一世紀ＣＯＥプログラム「心の働きの総合的研究教育拠点」と、二〇〇三年から京大が文化庁、京都府、京都市、財団法人稲盛財団などと共に毎年開催してきた「京都文化会議　地球化時代のこころを求めて」における成果の蓄積が大きかったという。同センターは、心理学、認知科学、脳科学に人文科学を含めた「こころ」についての学際的な総合研究拠点であり、「こころとからだ」「こころときずな」「こころと生き方」の三つの研究領域が設定された。[36]センター長には吉川左紀子教授が就任した。

二〇〇八年四月一日に野生動物研究センターが設置された。同センターは、野生動物に関する教育研究を通じて、地球社会の調和ある共存に貢献することを目的としており、動物園科学、保全生物学、人類進化科学、比較認知科学、健康長寿科学の五部門に加えて寄附部門としての福祉長寿研究部門から構成された。また、国内外に研究拠点を有するほか、京都市動物園および名古屋市東山動植物園と連携しより実践的な教育研究も進めることになった。[37]センター長には伊谷原一教授が就任した。

二〇一〇年三月九日に学際融合教育研究推進センターが設置された。京大では、複数の部局による分野横断型の教育研究プロジェクトとして時限付きの「教育研究ユニット」が設置されていたが、同センターはこうした学際融合教育研究活動を支援することを目的として設置された[38]。センター長には余田成男理学研究科教授が就任した。

二〇〇五年四月一日には全学に係る業務を実施するための組織として、環境安全保健機構、国際交流推進機構、情報環境機構、図書館機構、国際イノベーション機構が設置された（情報環境機構は学術情報ネットワーク機構の改組）。そして、従来のセンターのうち、保健管理センター、放射性同位元素総合センター、環境保全センターは二〇一一年四月一日に環境安全保健機構へ、国際交流センターは同じく二〇一一年四月一日に国際交流推進機構に組み込まれた。さらに二〇一三年八月一日には学生の修学上、適応上および就労上の相談、苦情などへの対応、就職支援および障害のある学生の修学上の支援を行う学生総合支援センターが設置され、カウンセリングセンターはそこに組み込まれた。

また、二〇〇三年一〇月一日に医学部に保健学科が設置され翌二〇〇四年四月から学生の受入を開始した（二〇〇八年四月一日に人間健康科学科に改称）。それに伴い、医療技術短期大学部（第二編第三章第二節参照）は二〇〇七年三月三一日に廃止された。

第二節　諸改革の実施

総長選考

法人化に伴い総長選考のしくみも改編された。

二〇〇四年五月一九日に「国立大学法人京都大学総長選考規程」が総長選考会議によって決定された。これによると、総長候補者選考の手順は①総長選考会議が教育研究評議会に総長候補者の適任者一〇名程度の推薦を求め、総長選考会議はそれをもとに六名の第一次候補者を定める、その際総長選考会議は教育研究評議会によって推薦された者のほかに学外者を二名まで第一次候補者に含めることができる、②総長選考会議は第一次候補者について、理事、教授・助教授・講師および課長補佐相当職以上の事務職員・技術職員・教務職員を有資格者とする学内意向投票を実施する、③総長選考会議は、学内意向投票の投票結果を基礎に総長候補者を選考する、となっていた。[39]

これに加えて、二〇〇四年六月八日に「国立大学法人京都大学総長学内予備投票規程」が教育研究評議会で決定された。これによると、教育研究評議会は総長選考会議に総長候補者の適任者一〇名を推薦するのに先立ち、学内予備投票を実施するとされた。学内予備投票は理事、教授・助教授・講師・助手およびその他の職員(日々雇用・時間雇用を除く)を投票の有資格者とし、学内の理事および教授から候補者を選ぶと規定された。[40]

右の仕組みに基づき二〇〇八年五月一五日に学内予備投票が行われ、二一日の総長選考会議で第一次候補者が決定、二二日に学内意向投票実施、そして二三日の総長選考会議で松本紘理事・副学長を総長候補者に決定した。[41] 松本は同年一〇月一日に総長に就任した。

先端的研究拠点

文部科学省は二〇〇七年度より「グローバルCOEプログラム」を実施した。これは、「二一世紀COEプログラム」(第二編第四章第二節参照)を引き継ぐもので、国際的に卓越した教育研究拠点の形成を重点的に支援し、国際競争力のある大学づくりを推進することを目的としていた。「二一世紀COEプログラム」と同様、大学院(博士課程)レベルの専攻などを対象とし、申請者は学長、採択された拠点には一件当たり年間五〇〇〇万〜五億円程度を五年間交付、事業開始から二年経過した後に中間評価、期間終了後に事後評価を実施するとした。[42]

分野別に三年間にわたって公募が行われ、二〇〇七年度は全国から一一一大学、二八一件の申請があり、二八大学、六三件が採択された。続いて二〇〇八年度は一三〇大学、三一五件の申請があり、二九大学、六八件が採択され、二〇〇九年度には八五大学、一四五件の申請があり、九大学、九件が採択された。[43] 各年度に採択された京大の拠点プログラムは表3-1-2のとおりである。

また、文部科学省は二〇〇七年度より「世界トップレベル研究拠点プログラム(WPI)」を開始し、高いレベルの研究者を中核とした世界トップレベルの研究拠点形成を目指す構想に対して集中的な支援を行った。同プログラムは一拠点あたり年間五〜二〇億円程度の支援を一〇年間(特に優れた拠点についてはさらに五年間延長)行うものであり、全国二二機関から三三件の応募があった。そして最終的に五機関、五件が採択され、そのなかに京大の「物質—細胞統合システム拠点」が含まれていた。[44]

表3－1－2　「グローバル COE プログラム」採択一覧

採択年度	分野	中核となる専攻等	プログラム名称
2007	生命科学	理学研究科生物科学専攻	生物の多様性と進化研究のための拠点形成　―ゲノムから生態系まで
	化学・材料科学	工学研究科高分子化学専攻	物質科学の新基盤構築と次世代育成国際拠点
	情報・電気・電子	情報学研究科社会情報学専攻	知識循環社会のための情報学教育研究拠点
		工学研究科電子工学専攻	光・電子理工学の教育研究拠点形成
	人文科学	教育学研究科教育科学専攻	心が活きる教育のための国際的拠点
	学際・複合・新領域	東南アジア研究所	生存基盤持続型の発展を目指す地域研究拠点
2008	医学系	医学研究科医学専攻	生命原理の解明を基とする医学研究教育拠点
	数学・物理学・地球科学	理学研究科数学・数理解析専攻	数学のトップリーダーの育成　―コア研究の深化と新領域の開拓
		理学研究科物理学・宇宙物理学専攻	普遍性と創発性から紡ぐ次世代物理学　―フロンティア開拓のための自立的人材養成―
	機械・土木・建築その他工学	工学研究科都市環境工学専攻	アジア・メガシティの人間安全保障工学拠点
	社会科学	文学研究科行動文化学専攻	親密圏と公共圏の再編成をめざすアジア拠点
	学際・複合・新領域	エネルギー科学研究科エネルギー基礎科学専攻	地球温暖化時代のエネルギー科学拠点　―CO_2ゼロエミッションをめざして
2009	学際・複合・新領域	防災研究所	極端気象と適応社会の生存科学

・『京大広報』第625号・第636号・第647号より作成。

物質―細胞統合システム拠点（iCeMS、Institute for Integrated Cell-Material Sciences）は、同年一〇月一日に設置された。同拠点は、五〜一〇〇ナノメートルのメゾ空間での分子複合体の制御を実現し「環境を破壊しない化学工業、再生医学の発展、体内で必要な部位に必要な薬剤を供給する医療」などの次世代技術イノベーションを目指すとした。さらに同拠点では、拠点長による迅速な意思決定、共通使用言語としての英語の使用、能力給システムの導入、研究者の国際公募など、「従来の発想にとらわれない」運営方針を打ち出した。(45) 拠点長には中辻憲夫教授が就任した。

二〇〇六年八月一一日、山中伸弥再生医科学研究所教授らがマウスの皮膚細胞からさまざまな組織に育つ万能細胞作製に成功したと発表した。(46) さらに翌年には人の皮膚細胞からの作製の成功が発表され、(47) 再生医療の実現に近づくものとして大きな注目を集めた。万能細胞は山中によってiPS細胞（人工多能性細胞、induced pluripotent stem cells）と名づけられた。二〇〇八年一月二二日、物質―細胞統合システム拠点内にiPS細胞研究センターが設置され、同センターは二〇一〇年四月一日にiPS細胞研究所に発展的に改組された。また、二〇一〇年二月には研究棟が竣工した。

iPS細胞研究所は、iPS細胞技術を利用した病態解明、創薬、再生医学の推進および幹細胞分野をはじめとする学理の発展への貢献という二つの使命をもち、初期化機構研究部門、増殖分化機構研究部門、臨床応用研究部門、規制科学部門の四部門で構成された。(48) 所長には山中教授が就任した。

山中伸弥教授はこうしたiPS細胞開発に関する一連の業績、すなわち成熟細胞が初期化され多様性を獲得し得ることの発見により、二〇一二年度のノーベル生理学・医学賞を受賞した。

入試改革

すでに述べたように（第二編第三章第二節参照）、京大では一九九〇年度から募集人員を前・後期に分けて入試を実施する分離・分割方式を全学部で採用していたが、二〇〇五年三月一日、二〇〇七年度入試からすべての学部において募集人員を前期に一本化し、後期の入学試験を行わないことを公表した。[49] 理由としては、前後期の併願率が高いこと、大学院進学率などで後期試験入学者が劣ること、などの調査結果があることが挙げられた[50]（なお、医学部保健学科のみ二〇〇八年度まで後期入試を実施した）。

その後京大では入試改革についての検討が重ねられ、二〇一二年六月二二日に新機軸入試導入についての検討に関する記者会見が行われた。出席した松本紘総長は、現行のペーパーテストによる選抜方法の意義を認めつつ、「入試で高得点をとることのみに特化した外発的動機に基づく受動的学びは、本学のような研究型大学が重視している「自ら課題を発見し、チャレンジする」という自発的・能動的な学びとは異なる」として、高等学校における幅広い学習との接続および受験者の志ならびに各学部のアドミッションポリシーとディプロマポリシーに則った京大方式特色入試の導入について、各学部で検討を行っていると述べた。[51]

翌二〇一三年三月二六日には、松本総長および全学部長が記者会見を行い、特色入試を二〇一六年度より全学部で実施すると発表した。[52] 特色入試では、①高等学校での学修における行動と成果の判定、②個々の学部におけるカリキュラムや教育コースへの適合力の判定を行い、両者を併せて総合的に評価して選別するとした。①については、従来の「調査書」に加え高等学校長などの作成による「学業活動報告書」あるいは「推薦書」の提出を求め、そこには出願者の高等学校在学中の顕著な活動歴（例えば、数学オリンピック出場、各種大会における入賞など）を記載する。また、志願者の作成による「学びの設計書」の提出も求め、そこには志願者自らの学ぶ意欲や志について記載することとした。また、②については大学入試センター試験の成績のほか、学部ごとに論文、口頭試問、面接などを組み合わせて実施するとした。募集人員は、各学部三〜二五名で、二〇一五年一〇月下旬から翌年三月中旬までの間に学部単位で選考が実施され[53]、二〇一六年四月に最初の特色入試合格者が入学した。

教養・共通教育

すでに述べたように（第二編第四章第一節参照）、二〇〇三年四月に教養教育の企画・運営の責任組織として高等教育研究開発推進機構が設置されていた。しかし、全学共通科目の実施については人間・環境学研究科と理学研究科が責任部局で、企画・運営を行う同機構と二元的な体制になっており、「将来への展望を見据えた全学共通教育の改善については、その広範な取り組みに完全には対応しきれていなかったことは否めない」という状況[54]にあった。

二〇一二年一二月一八日の教育研究評議会に提出された資料によると、二〇〇九年一一月一七日に研究科長部会の下に「学士課程における教養・共通教育検討会」が設置されて、教養・共通教育のあり方の検討が開始された。そしてその結果、全学共通教育の企画、調整および実施などを一元的に所掌する全学責任組織「国際高等教育院」の設置が提案されるに至った[55]。当初の計画では、人間・環境学研究科から多数の教員が国際高等教育院に配置換えされることになっていたこともあり、同研究科の教員などから設置に反対する意見が表明された[56]が、教育院内に設置される企画評価委員会で必要な組織・定員につき検討することで、二〇一二年一二月一八日の教育研究評議会において二〇一三年四月一日の設置が承認された[57]。

設置された国際高等教育院においては、各部局から推薦されて教育院に移籍あるいは併任となった教員で構成された企画評価専門委員会が教養・共通教育の改編に向けて検討を行った。そして、例えばカリキュラムについては、従来は無構造に列挙された科目から学生が自由に選択する方式が中心であったのを、科目名の大括り化と階層化を行い、年次進行や学生個々の興味・予備知識に応じてより適切な科目選択ができるようになる(58)などの改革が進められた。

白眉プロジェクト

二〇〇九年度から、次世代研究者育成事業「白眉プロジェクト」が開始された。これは、優秀な若手研究者を年俸制特定教員（准教授、助教）として採用し、全学的な支援のもと自由な研究環境を与える仕組みであり、すべての学問分野を対象として博士学位取得者を国際公募し、年間二〇名程度を採用するとした。選考は学外者も交えた選考委員会「伯楽委員会」が、書類選考および面接を行って総合的に判断し、支援期間は五年間で、毎年研究活動の報告は行うが中間評価などは実施せず、任期終了時に研究成果の発表を求めることになった(59)。

白眉プロジェクトを実施するための拠点として、二〇〇九年九月八日に次世代研究者育成センターが設置され、伏木亨農学研究科教授がセンター長に就任した。初年度には五八八名の応募があり、一七名が二〇一〇年四月に第一期として採用された(60)。採用された教員は、次世代研究者育成センターに所属しつつ、実際の研究は京大内の受け入れ先において行う形がとられたが、頻繁にセミナーを開催するほか多様な領域の優れた研究者と日常的に交流の機会をもった(61)。白眉プロジェクトを主導した松本紘総長は、後に「自由な発想、知的好奇心・探究心、広い視野、柔軟な発想を持つ創造性豊かな人材を育成するのは、京都大が研究大学として世界で存在感を発揮するための施策と考えた」と回想している[62]。

なお、次世代研究者育成センターは二〇一二年四月一日に白眉センターに改称された。

博士課程教育リーディングプログラム

文部科学省は二〇一一年度より「博士課程教育リーディングプログラム」を実施した。これは、環境問題、エネルギー問題など人類社会が複雑かつ深刻な問題に直面していることを踏まえ、専門分野の枠を超えて全体を俯瞰し社会的課題の解決に導く高度な人材を養成する学位プログラムを構築・展開する大学院教育を最大で七年間支援するものである。国内外で活躍しグローバル社会を牽引するトップリーダーを養成するオールラウンド型、人類社会が直面する課題の解決に向けてイノベーションを牽引する複合領域型、新たな分野を拓くリーダーを養成するオンリーワン型の三類型別に、三年間にわたって公募が行われた[63]。

二〇一一年度は全国から六三大学、一〇一件の申請があり一三大学、二一件が採択された。続いて二〇一二年度は七〇大学、一二四件の申請があり一七大学、二四件が採択され、二〇一三年度には六二大学、一〇二件の申請があり、一五大学、一八件が採択された[64]。京大からは計五件が採択された。各年度に採択された京大のプログラムは表3-1-3のとおりである。

このうち思修館については、大学院を新設して継続的に人材育成を行うことになり、二〇一三年四月一日に大学院総合生存学館（通称を思修館とした）が設置された。総合生存学とは「「人類と地球社会の生存」を基軸に、関係する諸々の学問体系の「知」を結び付け、編み直し、駆使して、複合的な社会課題の発掘・分析と定

表3－1－3　博士課程教育リーディングプログラム採択一覧

年度	類型	名称
2011	オールラウンド型	京都大学大学院思修館
	複合領域型（安全安心）	グローバル生存学大学院連携プログラム
2012	複合領域型（生命健康）	充実した健康長寿社会を築く総合医療開発リーダー育成プログラム
	複合領域型（情報）	デザイン学大学院連携プログラム
2013	オンリーワン型	霊長類学・ワイルドライフサイエンス・リーディング大学院

・「博士課程教育リーディングプログラム採択プログラム一覧」（日本学術振興会ホームページ、https：//www.jsps.go.jp/j-hakasekatei/saitaku.html、2022年５月２日閲覧）より作成。

式化・構造化を行い、社会実装までの解決や思想・政策や方法を幅広く探求する学問」とされ、総合的知識を備え日本をよりよい方向へ牽引していく国際的リーダーの育成を目指すことになった[65]。総合生存学館は五年一貫制博士課程大学院で、学生一人一人に応じたカリキュラム設計を行い、学生は合宿型研修施設で共同生活を送るなど、既存の大学院とは異なった教育システムを導入した[66]。また、一～二年次には「熟議」と名づけられた社会のさまざまなセクターで活躍するトップリーダーとのセミナーや、国内外でのインターンシップが実施され、三年次には文系、理系にまたがる八つの専門分野の基礎を通じて現代世界の問題を考える講義を受けるとされた。そして四年次になると海外の国際機関、企業、研究所などで実践活動に取り組む「武者修行」が課され、五年間の実践的教育の集大成として、学生自らが研究を社会実装につなげるためのプロジェクトを企画・立案・実行する「プロジェクトベースリサーチ」を行うことになった[67]。

初年度にあたる二〇一三年度には学生一〇名が入学した。学館長には川井秀一教授が就任した。

国際戦略の策定

京大では、二〇〇五年度に諸外国の教育研究組織などと緊密に連携しつつ国際化を展開するための要綱として「国際戦略」が策定され[68]、積極的な国際交流が展開されてきた。しかし、社会・経済のグローバル化が急速に進むなか、新たな国際戦略の策定が必要とされるようになり、二〇一三年六月一一日の役員会において「京都大学の国際戦略「2x by 2020」」が決定された。

ここではまず、国際化推進の基本理念として「「地球規模の視野と多様な地域文化への理解と敬意を根底にすえた教育研究の伝統」および「京都における一二〇〇年に及ぶ東西交流が生みだした重層的な文化の蓄積」、そして「京都大学が培ってきた、新しいパラダイムを提唱できる独創力」を原動力としていく」ことが謳われた。そして、基本目標として「研究・教育・国際貢献」を掲げ、その実現に向けた取り組みや当面の重点施策について二〇二〇年度までに達成すべき目標を主に数値で示した。具体的には、外国人研究者や外国人教員の受入数、京大の学生の海外留学者数、留学生の受入数などを現状からほぼ倍増させること、全学共通科目・専門科目について英語による講義実施率三〇％（現状五・一％）を目指すこと、一定の英語力（ＴＯＥＩＣ八〇〇点以上）を有する職員数一四九名（現状四九名）を目指すこと、などのほかＴＨＥ（Times Higher Education）の世界大学ランキングでトップ一〇入りに挑戦することも掲げられ、これらの施策実現に必要な体制強化も求められた[69]。

註

（1）　国立大学法人法制研究会編著『国立大学法人法コンメンタール　改訂版』ジアース教育新社、二〇一七年、一二〇頁。

（2）「国立大学法人京都大学の組織に関する規程」（京都大学ホームページ、https：//www.kyoto-u.ac.jp/sites/default/files/embed/jaaboutorganizationotherrevisiondocumentspast001.pdf、二〇二二年三月二九日閲覧）。

（3）「国立大学法人京都大学経営協議会規程」（京都大学ホームページ、https：//www.kyoto-u.ac.jp/sites/default/files/embed/jaaboutorganizationotherrevisiondocumentspast003.pdf、二〇二二年三月二九日閲覧）。

（4）「国立大学法人京都大学教育研究評議会規程」（京都大学ホームページ、https：//www.kyoto-u.ac.jp/sites/default/files/embed/jaaboutorganizationotherrevisiondocumentspast004.pdf、二〇二二年三月二九日閲覧）。

（5）『部局長会議　平成14年3月5日〜平成14年5月28日』（京都大学所蔵、B56000000085949）。

（6）『評議会議事録　H15・5・27〜H16・3・16』（京都大学所蔵、B56000000141920）。

（7）「国立大学法人京都大学　中期目標・中期計画一覧表」（京都大学ホームページ、https：//www.kyoto-u.ac.jp/sites/default/files/embed/jaaboutevaluationhoujin1st_mediumdocuments1st_itiran.pdf、二〇二二年四月一日閲覧）。

（8）「国立大学法人・大学共同利用機関法人の第一期中期目標期間の業務の実績に関する評価の概要」（https：//www.mext.go.jp/component/a_menu/education/detail/__icsFiles/afieldfile/2011/05/24/1306345_1.pdf、二〇二二年四月一日閲覧）。

（9）「司法制度改革審議会意見書　―二一世紀の日本を支える司法制度―」（https：//www.kantei.go.jp/jp/sihouseido/report/ikensyo/index.html、二〇二二年四月五日閲覧）。

（10）「司法制度改革推進計画」（https：//www.kantei.go.jp/jp/sihouseido/keikaku/020319keikaku.html、二〇二二年四月五日閲覧）。

（11）註（6）前掲『評議会議事録　H15・5・27〜H16・3・16』。

（12）大石真「京都大学公共政策大学院について」（『京大広報』第六五四号、二〇一〇年三月）。

（13）小林潔司「文理融合型ビジネススクールの発展をめざして」（『京大広報』第六五五号、二〇一〇年四月）。

（14）京都大学産官学連携本部・京都大学産官学連携センター『文部科学省大学知的財産本部整備事業［平成一五〜一九年度］京都大学報告書』二〇〇九年、四頁。

（15）「京都大学知的財産ポリシー」（京都大学ホームページ、https：//www.uji.kyoto-u.ac.jp/06fund/data/policy_chiteki.pdf、二〇二二年四月七日閲覧）。

（16）「京都大学産学官連携ポリシー　―法人化後の産学官連携活動アクションプラン―」（京都大学ホームページ、https：//www.uji.kyoto-u.ac.jp/06fund/data/policy_sangakukan.pdf、二〇二二年四月七日閲覧）。

（17）註（14）に同じ、五頁。

(18) 註（14）に同じ、八頁。

(19) 「京都大学産官学連携ポリシー」（京都大学ホームページ、https://www.saci.kyoto-u.ac.jp/wp-content/uploads/2007/06/sankangaku_policy070329.pdf　二〇二二年四月七日閲覧）。

(20) 「京都大学利益相反ポリシー」（京都大学ホームページ、https://www.kyoto-u.ac.jp/sites/default/files/embed/enresearchresearch-compliance-ethicsconflict_of_interestdocuments01-j.pdf　二〇二二年四月七日閲覧）。

(21) 「京都大学国際産官学連携ポリシー」（京都大学ホームページ、https://www.saci.kyoto-u.ac.jp/wp-content/uploads/2018/07/globalpolicy20080204.pdf　二〇二二年四月七日閲覧）。

(22) 「京都大学知的財産ポリシー」（京都大学ホームページ、https://www.t.kyoto-u.ac.jp/ja/research/iga/seido/chizai_policy　二〇二二年四月七日閲覧）。

(23) 「「ジュニアキャンパス二〇〇五」を開催」（『京大広報』第六〇六号、二〇〇五年一一月）。

(24) 「「シニアキャンパス二〇〇五」を開催」（註（23）前掲『京大広報』第六〇六号）。

(25) 「京都大学同窓会発足」（『京大広報』第六一八号、二〇〇六年一二月）。

(26) 「京都大学同窓会会則」（京都大学同窓会ホームページ、http://hp.alumni.kyoto-u.ac.jp/about/rule/　二〇二二年四月一二日閲覧）。

(27) 註（25）に同じ。

(28) 京都大学総務部広報課『京都大学　法人化の前後　尾池和夫第二十四代京都大学総長アクションレポート』二〇〇八年、四頁。

(29) 塩田浩平「「京都大学女性研究者支援センター」の発足にあたって」（『京大広報』第六一七号、二〇〇六年一一月）。

(30) 瀬尾芙巳子「京都大学女性教官懇話会の成立と理念」（京都大学女性研究者支援センター編『京都大学　男女共同参画への挑戦』明石書店、二〇〇八年）一四八頁。

(31) 「男女共同参画について」（京都大学ホームページ、https://www.kyoto-u.ac.jp/ja/about/gender-equality　二〇二二年四月一五日閲覧）。

(32) 註（29）に同じ。

(33) 京都大学男女共同参画推進本部『京都大学男女共同参画推進アクション・プラン実施報告書（平成二一年度〜平成二五年度）』二〇一四年、一一頁。

(34) 『京都大学生存圏研究所』（京都大学大学文書館所蔵、P02910）。

(35)『京都大学地域研究統合情報センター』(京都大学大学文書館所蔵、P04642)。
(36) 吉川左紀子「こころの未来研究センターの設立と課題」(『京大広報』第六二七号、二〇〇七年一〇月)。
(37) 京都大学野生動物研究センター『二〇〇八年度　京都大学野生動物研究センター年報』二〇〇九年。伊谷原一「新たな学問領域を目指して」(『京大広報』第六三五号、二〇〇八年六月)。
(38) 余田成男「学際融合教育研究推進センターが発足　―部局を超えた教育研究の連携を推進」(『京大広報』第六六一号、二〇一〇年一一月)。
(39) 京都大学『京都大学規程集　平成十七年度版』二四一頁。
(40) 註(39)に同じ、二四七頁。
(41)「次期総長候補者に松本紘理事・副学長を選出」(『京大広報』第六三五号、二〇〇八年六月)。
(42)「平成一九年度「グローバルCOEプログラム」の公募について(通知)」(https://www.mext.go.jp/a_menu/koutou/globalcoe/06122626.htm、二〇二二年四月二〇日閲覧)。
(43)「平成一九年度「グローバルCOEプログラム」審査結果について」(https://www.jsps.go.jp/j-globalcoe/data/shinsa/sinsakekka.pdf、二〇二二年四月二〇日閲覧)。「平成二〇年度「グローバルCOEプログラム」審査結果について」(https://www.jsps.go.jp/j-globalcoe/data/shinsa/h20shinsakekka.pdf、二〇二二年四月二〇日閲覧)。「平成二一年度「グローバルCOEプログラム」審査結果について」(https://www.jsps.go.jp/j-globalcoe/data/shinsa/h21shinsakekka.pdf、二〇二二年四月二〇日閲覧)。
(44)「世界トップレベル研究拠点プログラムの採択拠点の決定について」(https://warp.ndl.go.jp/info:ndljp/pid/287175/www.mext.go.jp/b_menu/houdou/19/09/07091102.htm、二〇二二年四月二〇日閲覧)。
(45) 中辻憲夫「物質―細胞統合システムの設立とミッション」(『京大広報』第六三四号、二〇〇八年五月)。
(46)『朝日新聞』二〇〇六年八月一一日付朝刊。
(47)『朝日新聞』二〇〇七年一一月二一日付朝刊。
(48) 山中伸弥「iPS細胞研究所の発足を迎えて」(『京大広報』第六五六号、二〇一〇年五月)。
(49)「平成一九年度入学者選抜における学力検査実施教科・科目等について発表」(https://warp.ndl.go.jp/collections/info:ndljp/pid/8380058/www.kyoto-u.ac.jp/cgi_build/back_number/2004.htm、二〇二二年四月二一日閲覧)。
(50)『京都新聞』二〇〇五年三月二日付朝刊。
(51)「京都大学における新機軸入試の導入についての検討に関する記者会見について」(京都大学ホームページ、https://www.k

yoto-u.ac.jp/ja/archive/prev/news_data/h/h1/news7/2012/120622_1/、二〇二一年四月二一日閲覧）。

（52）「京都大学特色入試についての検討結果に関する記者会見を行いました」（京都大学ホームページ、https://www.kyoto-u.ac.jp/ja/archive/prev/news_data/h/h1/news7/2012/130326_3/、二〇二一年四月二一日閲覧）。

（53）『平成二八年度　京都大学特色入試学生募集要項』（京都大学大学文書館所蔵、P08681）。

（54）山本行男「全学共通教育へなお一層のご支援をお願いします」（『京大広報』第六五三号、二〇一〇年二月）。

（55）『教育研究評議会　平成24年度（平成24年4月10日～）』（京都大学所蔵、B560000242671）。

（56）人間環境学研究科・総合人間学部教員有志「私たちは「国際高等教育院」構想に反対します」（京都大学大学文書館所蔵『国際高等教育院設置反対関係資料』国際高等―8）。

（57）註（55）に同じ。

（58）北野正雄「国際高等教育院における教育改革」（『京大広報』第七〇三号、二〇一四年九月）。

（59）『平成21年度　白眉プロジェクト　新規公募関係①』（京都大学大学文書館所蔵、15A02264）。

（60）伏木亨「自律と高い学術の次世代を育むセンターへ」（『京大広報』第六五八号、二〇一〇年七月）。

（61）『京都大学次世代研究者育成センターだより』第一号、二〇一一年。

（62）松本紘『改革は実行　私の履歴書』日本経済新聞出版社、二〇一六年、一八五頁。

（63）「平成二三年度博士課程教育リーディングプログラム公募要領」（https://www.mext.go.jp/a_menu/koutou/kaikaku/hakushikatei/__icsFiles/afieldfile/2011/06/15/1307350_01_1.pdf、二〇二一年五月二日閲覧）。

（64）「平成二三年度博士課程教育リーディングプログラム申請・採択状況一覧」（https://www.mext.go.jp/a_menu/koutou/kaikaku/hakushikatei/__icsFiles/afieldfile/2011/11/29/1313575_01.pdf、二〇二一年五月二日閲覧）。「平成二四年度博士課程教育リーディングプログラム申請・採択状況一覧」（https://www.mext.go.jp/a_menu/koutou/kaikaku/hakushikatei/__icsFiles/afieldfile/2012/10/01/1326299_01.pdf、二〇二一年五月二日閲覧）。「平成二五年度博士課程教育リーディングプログラム申請・採択状況一覧」（https://www.mext.go.jp/a_menu/koutou/kaikaku/hakushikatei/__icsFiles/afieldfile/2013/10/01/1339980_01.pdf、二〇二一年五月二日閲覧）。

（65）京都大学大学院総合生存学館『京都大学大学院総合生存学館年次報告書　総合生存学研究』第一号、二〇二一年、四頁。

（66）京都大学大学院総合生存学館ホームページ（https://www.gsais.kyoto-u.ac.jp/、二〇二一年五月四日閲覧）。

（67）川井秀一「京都大学大学院総合生存学館（思修館）の開設」（『京大広報』第六九九号、二〇一四年四月）。

（68）「国際戦略（平成一七年度～二一年度まで）」（京都大学ホームページ、https://www.kyoto-u.ac.jp/ja/archive/prev/research/

international/plan/h17_senryaku、二〇二三年五月四日閲覧）。

（69）「京都大学の国際戦略「2x by 2020」」（京都大学ホームページ、https://www.kyoto-u.ac.jp/ja/archive/prev/research/international/plan、二〇二三年五月四日閲覧）。

第二章　現在

総長選考

二〇一三年一一月に開催された総長選考会議において総長選考にあたって実施されていた教職員による意向投票の廃止が提案され、この提案が学外委員の賛同を集めている一方、学内からは反対の声があがっている、と報じられた(1)。

こうした提案の背景には、大学のガバナンス改革推進への政府当局などの要求があったと考えられる。二〇一四年二月一二日、中央教育審議会大学分科会は「大学のガバナンス改革の推進について（審議まとめ）」を報告し、さらなる大学改革を進めるうえで、大学のガバナンスのあり方についてさまざまな問題が提起されていると指摘した。そして学長のリーダーシップ確立の必要を強調するとともに、学長選考にあたって一部の国立大学法人では「学長選考組織が、主体的に選考を行っているとは言い難い状況も見られる」とした。加えて、学部教授会の審議事項が「学長のリーダーシップを阻害しているとの指摘もある」と、教授会の審議事項の明確化・透明化なども求めていた(2)。

これを受けて六月二七日公布の法律第八八号で国立大学法人法が一部改正され、第一二条七の学長選考について「学長選考会議が定める基準により」という文言が加えられ、合わせて第二〇条三の経営協議会の構成について、学外者の委員が「二分の一以上」から「過半数」に改められた。また、同じ法律第八八号で学校教育法も一部改正され、教授会の権限について、学生の入学・卒業・課程修了、学位授与、その他教育研究に関する重要事項に関して、学長が「決定を行うに当たり意見を述べるものとする」と規定された。

京大では二〇一四年四月二三日の総長選考会議で総長選考規程が改正された。改正された規程では、従来総長選考会議が定めた第一次候補者に対して行っていた「学内意向投票」を「意向調査」と改めたほか、総長選考会議による第二次選考は従来「学内意向投票の投票結果を基礎に」としていたものを「意向調査の結果を基礎に、第一次総長候補者に関する事項を総合的に判断して」行うと改めた(3)。しかし、同時に定められた総長選考意向調査規程では、意向調査は「一人一票の単記無記名による投票により行う」とされており(4)、実質的には従来の手順が維持された形になった。新聞では、意向投票廃止の提案に対して学外委員と学内委員の「意見が真っ二つに分かれた」が、次期総長選考の「手続き上の期限が迫り、時間切れの決着となった一面もある」と評された(5)。

改正された総長選考規程に基づいて、総長選考会議は二〇一四年六月一九・二一日に第一次候補者を選考し、その候補者について七月三日に学内の意向調査を実施、四日の第二次選考の結果、山極寿一理学研究科教授が総長候補者に選出された(6)。山極は一〇月一日総長に就任した。

ＷＩＮＤＯＷ構想

二〇一五年五月二六日の教育研究評議会において、「京都大学の改革と将来構想（ＷＩＮＤＯＷ構想）」が承認された。[7] これは、大学が直面している状況を正しく認識したうえで京都大学が歩む指針として構想されたもので、掲げられた六つの目標の頭文字を取ってＷＩＮＤＯＷ構想と名づけられた。山極寿一総長は、「大学を社会や世界に開く窓として位置づけ、有能な学生や若い研究者の能力を高め、それぞれの活躍の場へと送り出す役割を大学全体の共通のミッションとして位置づけたいと思った」と、構想立案の意図を述べている。[8]

ＷＩＮＤＯＷ構想に掲げられた六つの目標は次のとおりである。

WILD AND WISE

未知の世界に挑戦できる実践の場として、学生への多様な教育研究環境を提供し、野性的で賢い学生を育成します。

INTERNATIONAL AND INNOVATIVE

対話を重視した教育研究環境を基盤とする研究の国際化を一層推進し、イノベーションの創出を図ります。

NATURAL AND NOBLE

自然に親しみ、広く深く学び、高い品格と高潔な態度を身に付けられるよう、全学の意識を高め、魅力あるカリキュラムや快適な学びの環境および制度を作ります。

DIVERSE AND DYNAMIC

多様な文化や考え方を常に受け入れ、自由に学べる精神的風土を培いながら、悠久の歴史の中に自分を正しく位置づけて堂々と振る舞う心構えを涵養するとともに、その躍動を保証しつつ静かで落ち着いた学問の場を提供します。

ORIGINAL AND OPTIMISTIC

失敗や批判を恐れず、それを糧にして異なる考えを取り入れて目標達成に導くような能力を涵養できる環境および制度を整え、分野を超えた多様な人材の協働による新たな学術領域の創成など、未踏科学領域の開拓を目指し、それを支援します。

WOMEN AND THE WORLD

男女共同参画推進アクション・プランに基づき環境・支援体制整備に加え、休業から復帰後の子育て期に柔軟な働き方を選べる制度を構築します。また、学生が希望をもってキャリアパスを描くことができる環境を整えます。(9)

指定国立大学法人

二〇一六年五月一八日公布の法律第三八号によって国立大学法人法が改正され、新たに指定国立大学法人制度が創設された。この制度のもとになったのは、第二次安倍晋三内閣において日本経済再生本部の下に置かれた産業競争力会議が二〇一四年一二月一七日にまとめた「イノベーションの観点からの大学改革の基本的な考え方」で提言した特定研究大学制度であった。ここでは、中長期的な経済成長を実現するうえで、大学の知の創出機能・イノベーション創出力・人材育成機能の強化が求められるとして、大学改革のさらなる加速が経済成長を実現するうえでの鍵になるとされた。そして、その大学改革の基本的な考え方の一つとして、世界の研究大学と競争する特定研究大学制度を創設することが提言されていた。(10)

次いで文部科学省に設置された「特定研究大学（仮称）の制度検討のための有識者会議」は、二〇一六年一月一三日に審議のまとめを公表し、「世界の有力大学と伍して国際競争力をもち、我が国の高等教育をリードする国立大学を国際的な研究・人材育成／知の協創拠点とする」として、指定国立大学を置くことを求めた[11]。

こうした動きを受けた前述の国立大学法人法改正によって「文部科学大臣は、国立大学法人のうち、当該国立大学法人に係る教育研究上の実績、管理運営体制及び財政基盤を総合的に勘案して、世界最高水準の教育研究活動の展開が相当程度見込まれるものを、その申請により、指定国立大学法人として指定することができる」と定められた（第三四条の四）。そして指定された場合は、研究成果の事業化に取り組む企業への出資が可能になるほか、役職員の報酬・給与などに特例が認められ、例えば世界的な研究者を高給で雇用することもできるようになった。同年一一月三〇日に文部科学省より各国立大学法人に指定国立大学法人の公募が通知されたが、その際申請要件として「研究力」「社会との連携」「国際協働」の三つの領域においてすでに国内最高水準に達していることが求められた[12]。

公募に応じて七国立大学法人が指定国立大学法人の指定を申請し、二〇一七年六月三〇日、東北大学、東京大学、京都大学の三国立大学法人が文部科学大臣より指定を受けた[13]。申請にあたって、京大が指定国立大学法人の取組として打ち出した「四つの柱」およびその目標は次のとおりであり、それぞれの柱には実行すべき具体的な内容が挙げられていた。

一、柔軟かつダイナミックな体制による知の創造

学内組織間の境界を越えた自由で弾力的な教員間の相互作用により、世界を先導する最先端研究をさらに伸長させ、未踏領域を切り開く。

二、高度で多様な頭脳循環の形成

学生から教員まで、国内外の多様な人材を本学に受け入れ育成し社会に輩出することで、様々なセクターとの間で積極的な交流を推進する「人の循環」を作り出す。

三、新たな社会貢献を目指して

伝統ある学術分野の国際化と学際化を推進し、新たな価値を発信することで、社会にインパクトを与える。ホールディング・カンパニー設立を視野に、産官学連携活動を推進する体制を再構築し、研究成果を社会に還元する。

四、世界に伍する京大流大学運営

恒常的にトップダウンの方針とボトムアップの提案を調整できる大学運営体制を構築し、多様な教育研究組織の自立性を尊重しつつ強力な本部ガバナンスの徹底と迅速な施策実行を可能にするとともに、安定的な自己収入確保のための基盤を強化する。[14]

各種の取組

ＷＩＮＤＯＷ構想策定や、指定国立大学法人指定に伴い各種の取組が行われた。

教養・共通教育では、国際高等教育院により二〇一六年度に①科目群と科目の見直し、②英語で実施する科目の充実（二〇一六年度で二二五科目開講）、③ポケット・ゼミを衣替えしたＩＬＡＳセミナーの拡充などを中心とした少人数教育と学際教育の充実、④学部・学科単位でクラス指定科目の曜時限を重複しないようにして、選択科目の選択肢を確保する時間割のブロック化、⑤入学予定者に対する手続き・授業情報提供などの早期対応、⑥附属国際学術言語教育センター、附属日本語・日本文化教育センター設置などによる課外学習への対応強化と学習環境の整備、などを柱とする改革が実施された[15]。

二〇一六年四月一日に高等研究院が設置された。高等研究院は、分野を問わず、世界的に極めて優れた研究業績を有する研究者、次世代を担う若手研究者が、高度な研究活動を実践し最先端の研究を持続的に展開するとともに、国内外の卓越した研究者が集う世界トップレベルの国際研究のハブとなる組織として設置されたものであり、機動性の高い運営体制をもち、従来の停年制度にとらわれず研究者が研究活動を継続できる形をとった。院長には森重文特別教授が就任した。

高等研究院は二〇一七年四月一日に物質―細胞統合システム拠点（iCeMS）を研究拠点として設置した。同拠点は、同年に世界トップレベル研究拠点プログラム（WPI）のミッションを達成し極めて高い研究水準と優れた研究環境にある研究拠点をメンバーとする「ＷＰＩアカデミー」に認定された[16]。続いて高等研究院は、二〇一八年一〇月三〇日にヒト生物学高等研究拠点（ASHBi）を研究拠点として設置した。ヒト生物学高等研究拠点は、生命・数理・人文科学の融合研究を推進し、ヒトに付与された特性の獲得原理とその破綻を究明する先進的ヒト生物学を創出、革新的医療開発の礎を形成することを目的とし、同年に世界トップレベル研究拠点プログラムに採択された[17]。

二〇一八年九月にはOn-site Laboratoryが制度化された。On-site Laboratoryとは、海外の大学や研究機関などと共同で設置する現地運営型研究室で、海外機関などと活発な研究交流を行って世界をリードする最先端研究を推進するとともに、優秀な外国人留学生の獲得、産業界との連携の強化など、大学への波及効果が見込めるさまざまな取組の実現を目指している。学内公募・審査を経て、次のとおり二〇二〇年度までに一二件が認定された（括弧内は設置場所と京大側の実施部局）。

二〇一八年度　京都大学サンディエゴ研究施設（アメリカ、医学研究科）、IFOM-KU国際共同ラボ（日本、医学研究科）、京都大学―精華大学環境技術共同研究・教育センター（中国、工学研究科・地球環境学堂）、Mahidol環境学教育・研究拠点（タイ、地球環境学堂）、スマート材料研究センター（タイ、高等研究院iCeMS）

二〇一九年度　京都大学上海ラボ（中国、化学研究所）、マケレレ大学遺伝学・フィールド科学先端研究センター（ウガンダ、霊長類研究所）、グラッドストーン研究所・iPS細胞研究拠点（アメリカ、iPS細胞研究所）、統合バイオシステムセンター（台湾、高等研究院iCeMS）、量子ナノ医療研究センター（日本、高等研究院iCeMS）、比較認知科学ラボラトリー（フランス、高等研究院）

二〇二〇年度　グリーン多孔性材料ラボラトリ（シンガポール、高等研究院iCeMS）(18)

組織面では、二〇一六年四月一日から学域・学系制が導入された。これは、二〇一一年度から検討されていた教育研究組織改革が、二〇一四年三月二七日の役員会で決定されたものであった。教員人事、定員管理、各教員の服務・エフォート管理に係る機能を有する組織として新たに学系を設置し、各教員は従来の教育研究組織に所属するとともに学系にも所属するとされ、各教育研究組織に人員を配置する必要が生じた際は学系会議で選考を行うことになった。そして、複数の学系を学術分野などに応じて大括りにした集合体系として学域を設け、各学域において学系間の協力体制を構築するとともに、各学系間の人事情報の共有などを通じて人事の透明化が図られることになった。二〇一三年一二月二二日制定の「京都大学の学系、学域及び全学教員部に関する規程」により、四つの学域（人文・社会科学域、自然科学域、医・薬学域、学際学域）および四〇の学系が設置された。またこれとは別に、高等教育研究開発推進センターや総合博物館など全学として担うべき教育研究その他の業務を実施・支援する組織の教員は全学教員部に所属し、本部執行部のもとに設けられた教員選考会議でその教員選考が実施されることになった[19]。

二〇一七年一〇月一日にはプロボスト制が導入された。プロボストは、法人および京都大学の将来構想、組織改革などの包括的または組織横断的課題について、総長、理事または部局、学系などからの要請を受け、それらの間の連携または調整を行い戦略を立案するとともに、策定された戦略の推進に向け調整を図る役割をもち、理事のうち一名が総長の指名により任じられることになった。またプロボストはこうした連携または調整を行うために設置された戦略調整会議の議長を務めることになった。プロボストには、湊長博理事・副学長が指名された[20]。

ほかにこの時期における組織の改編としては、二〇一六年一〇月一日にウイルス研究所と再生医科学研究所が統合されてウイルス・再生医科学研究所が発足し、二〇一七年一月一日には東南アジア研究所と地域研究統合情報センターが統合されて東南アジア地域研究研究所が発足、二〇一八年四月一日には原子炉実験所が複合原子力科学研究所に改称された。また、二〇一六年四月一日に低温物質科学研究センターは環境安全保健機構に統合され、二〇一八年四月一日に放射線生物研究センターは生命科学研究科に統合された。

二〇一八年四月一日に京大オリジナル株式会社が設立された。同社は指定国立大学法人のみが出資可能な子会社として設立されたもので、研究成果として得られた京大の「知」を産業界・社会に発信し、その社会的価値を最大化するとともに、対価として得た収益によって研究環境を整備し、さらなる京大の「知」の創出の基盤を築く役割を担う会社であった[21]。同社は、すでに京大の出資を受けていた京都大学イノベーションキャピタル株式会社（二〇一四年一二月設立）、株式会社ＴＬＯ京都（一九九八年一〇月関西ティー・エル・オー株式会社として設立、二〇一九年一〇月社名変更）と有機的に連携し、産官学連携の新しい「京大モデル」構築を進めた。

新型コロナウイルス感染拡大への対応

二〇一九年一二月に中国で発生した新型コロナウイルス感染症（COVID-19）は、短期間で世界中に拡大した。日本国内でも翌二〇二〇年一月一五日に感染が確認されて以後急速に拡大し、三月一三日公布の法律第四号で新型インフルエンザ等対策特別措置法が改正され、都道府県知事が感染拡大防止のため各種の措置を要請できる緊急事態宣言発出が新型コロナウイルス感染拡大でも可能となった。三月二四日には、この年八月に予定されていた東京オリンピック・パラリンピックの延期が決定され、四月七日には東京都・大阪府など七都府県に緊急事態宣言が発出された。京都府にも緊急事態宣言が四月一六日に発出され、解除されたのは五月二一日であった（その後も感染の拡大状況に応じて緊急事態宣言は発出され、京都府でも二〇二〇年度中では二〇二一年一月一四日から二月二八日まで発出された）。

京大では、二〇二〇年一月三一日に「新型肺炎（コロナウイルス）に対する本学の方針について（第一版）」を発し、中国への海外渡航制限などの方針を定めたのを皮切りに[22]、海外における感染拡大に応じて方針を改訂し渡航制限などを強化していった。また、三月二三日に予定されていた大学院学位授与式、同二四日に予定されていた卒業式、四月七日に予定されていた入学式はいずれも中止され[23]、総長の祝辞は動画で配信された。さらに二〇二〇年度の授業は、全学共通科目、学部専門科目、大学院専門科目のすべてについて五月六日まで休講とすることが適切であるが、一部の専門科目は必要性を考えて例外的にそれ以前の開講もありうると決定された[24]。

一方で総長を本部長とする危機対策本部は、各部局において必要な対策が講じられるよう「新型コロナウイルス感染拡大に伴う活動制限のガイドライン」を定め、四月一四日より各カテゴリーを「レベル２」として活動制限を行うこととした。ガイドラインの具体的内容は表3‒2‒1のとおりで、「レベル2」においては対面授業は原則停止するとともに、すべての課外活動は自粛、職員についても必要な業務の見直しを行いつつ在宅勤務を推奨するとされた。さらに、四月一七日には前日京都府に緊急事態宣言が発出されたことを受けて、対応レベルは「レベル3」に引き上げられた。これにより開始された授業は原則としてすべてオンラインで実施された（学部および大学院専門科目の一部授業については六月二二日以降段階的に対面で行うようになった）[25]。

なおお対応レベルは、五月二二日に「レベル2」、七月一〇日に「レベル2（二）」に引き下げられたが、その後の感染状況により二〇二〇年度を通じて「レベル2」と「レベル1」の間を推移した。

総長選考と創立百二十五周年記念事業

山極寿一総長の任期満了に伴い、後任総長の選考が実施された。総長選考会議は二〇二〇年七月三日に第一次候補者を選考し、その候補者について七月二〇日に学内の意向調査を実施、翌二一日の第二次選考の結果、湊長博理事・副学長が総長候補者に選出された[26]。湊は一〇月一日に総長に就任した。

湊長博総長は、二〇二一年三月五日に「任期中の基本方針　―世界に輝く研究大学を目指して―」を公表した。ここで表明された「基本的な考え方」は次のとおりである。

> 本学の基本理念に従った職務遂行を進める。その中でもとりわけ、自由の学風の下で独創的な研究を推進するため、多様で有為の人材が世界中から本学へ集うことのできる魅力ある教育・研究環境の整備と、自律的な運営を可能とする基盤の強化に注力したい。

表３－２－１　新型コロナウイルス感染拡大に伴う活動制限のガイドライン

	授業	課外活動	学内会議	職員の勤怠	研究活動
レベル1	オンライン授業を積極的に活用し、対面授業においては感染拡大の防止に最大限の配慮をしたうえ実施する。	宿泊を伴う遠征、試合、公演、集会等の活動を自粛する。	感染拡大の防止に最大限の配慮をしたうえで、通常通り実施する。	通勤時の混雑を回避しつつ、時差出勤を推奨する。	感染拡大の防止に最大限の配慮をしたうえで、研究業務は通常通り継続する。
レベル2(－)	対面授業は原則停止し、オンライン授業を中心に実施する。やむを得ず対面授業を実施する場合には、感染拡大の予防に十分留意しつつ、必要な安全対策を確認した上で実施する。	感染拡大の予防に関して十分な安全対策が確認された屋外における活動など一部を除き課外活動を自粛する。	感染拡大の防止に最大限の配慮をしたうえで、対面会議を実施する場合には、オンライン参加を推奨する。	通常の業務量の維持に努めつつ、在宅で可能な業務は在宅勤務を推奨する。時差出勤を推奨する。	研究室内の換気、各員の手洗い、マスク着用の徹底、及び接触や不要不急な滞在時間の削減など、感染防止に充分な注意を払いつつ、通常の研究活動への復帰をめざす。
レベル2	対面授業は原則停止し、オンライン授業を中心に実施する。やむを得ず対面で実施する場合には感染拡大の防止に最大限の配慮をして行う。特に演習、実験、実習を対面で行う場合には、密集、密閉、密接を厳密に排除できることを確認した上で実施する。	全ての課外活動を自粛する。	同上	執務室における人の密度を抑制するため、必要な業務の見直しを行いつつ、在宅で可能な業務は在宅勤務を推奨する。	感染拡大の防止に最大限の配慮をしたうえで、可能な限り研究室における研究作業時間を削減し、可能な作業は自宅で行うよう努める。研究室メンバー（学生を含む）の歓送迎会など、研究室外での行事や催しは禁止する。
レベル3	同上	同上	原則、オンライン会議で実施する。	運営上必要な業務を絞り、執務の体制を分割し、出勤と在宅勤務と交代で実施する。	現在実施中の実験等および研究室の運営に必要な最低限の研究室メンバーのみ出勤し、研究活動に従事する。あらたに実験を開始することは原則禁止する。

レベル4	オンライン授業のみ実施する。	全ての課外活動を停止する。	同上	非常に優先度の高い最小限の業務に従事する職員のみ出勤し、他は、原則として、在宅勤務とする。	以下に示す非常に優先度が高い研究や作業に従事する研究室メンバーのみ、出勤する。 ・容易に中断できない長期間に亘る実験等に従事している者 ・上記以外の実験等を終了または中断のための作業に従事する者 ・以下に従事する最低限の研究室構成員 機器装置・試薬類等の維持管理、実験動植物等の維持、寒剤の補充や研究室内設備等の維持管理など ・サーバーメンテナンスを行う者
レベル5	全ての授業を停止する。	同上	緊急に必要な会議のみオンラインで実施する。	緊急に出勤を要する最小限の要員以外、原則として、全ての職員の出勤を禁止する。	全ての研究活動を停止し、停止期間終了後の研究室再開に不可欠な以下の作業に従事する最低限の者以外の出勤を禁止する。 ・重要な機器装置・試薬類等の維持管理、不可欠で代替不能な実験動植物等の維持、寒剤の補充や研究室設備の緊急時対応など ・サーバーメンテナンスを行う者

魅力ある教育・研究環境を実現するための方策として、学生の修学環境や教育内容・体制の改善とともに、教員の教育・研究活動を支援する体制の整備や処遇の改善に取り組む。特に、学生・教員の多様性の確保は重要であり、優秀な海外留学生の増加や若手・女性教員の増員・育成に充分配慮する。また、自律的な運営を行う基盤の強化のため、社会への発信力の強化、産学連携活動や基金活動の一層の推進に積極的に取り組む。これらにより、本学の社会における存在感を高めるとともに、社会からのより大きな支援獲得へと繋げたい。

この「基本的な考え方」に沿って、「任期中の基本方針　―世界に輝く研究大学を目指して―」において、世界に伍する研究大学を目指し、教育・研究支援体制の再構築、人材多様性の確保、財政基盤の強化という三つのビジョンのもと、教育と学生支援、教員の研究活動支援、業務運営体制の改善、施設、組織運営、基金活動の六つの課題について方向性が示された(27)。

二〇二二年に京大が創立百二十五周年を迎えるにあたり、その記念事業を実施するため、総長を委員長とする京都大学創立百二十五周年記念事業委員会が二〇一三年一二月一〇日に設置された。そして二〇一六年九月一三日の創立百二十五周年記念事業委員会において、同委員会幹事会作成の創立百二十五周年記念事業計画（案）が了承され、具体的な準備が開始された。主な計画は次のとおりである。

○記念行事

（一）記念式典　（二）記念特別講演会　（三）記念学術シンポジウム　（四）記念誌・記念ＤＶＤ作成

○学生主体行事

（一）交流協定校学生との国際学生フォーラム　（二）音楽会　（三）海外の大学等とのスポーツ、学術、芸術関係等の学生交流行事
○教育研究活動奨励事業
（一）学部生に対する新たな経済的支援制度の創設　（二）新たな留学支援制度の創設　（三）新たな外国人留学生支援制度の創設　（四）新たな若手研究者（大学院学生含む）育成支援制度の創設
（五）国際交流施設の整備[28]

創立百二十五周年記念事業のスローガンは「京大力、新輝点。」と定められ[29]、京都大学基金を通じて一〇〇億円を目標額とする募金も開始された[30]。

二〇二二年六月一八・一九両日には、記念式典、京大にゆかりの深いノーベル賞受賞者（利根川進・野依良治・小林誠・山中伸弥・本庶佑・吉野彰）出演の記念フォーラムをはじめとした各種の創立百二十五周年記念行事が催されることになっている[31]。

註
（1）『京都新聞』二〇一三年一二月二一日付朝刊。
（2）中央教育審議会大学分科会「大学のガバナンス改革の推進について（審議まとめ）」（https://www.mext.go.jp/b_menu/shingi/chukyo/chukyo4/houkoku/1344348.htm、二〇二二年五月一二日閲覧）。
（3）『京都大学規程集　平成26年度版』二〇一四年、二四三頁。
（4）註（3）に同じ、二四五頁。
（5）『京都新聞』二〇一四年四月二四日付朝刊。
（6）「次期総長候補者に山極寿一理学研究科教授（前理学研究科長・理学部長）を選出」（『京大広報』第七〇二号、二〇一四年七月）。

（7）『教育研究評議会①　平成27年度』（京都大学所蔵、00295741）。

（8）京都大学総務部広報課『京都大学第26代総長山極壽一活動報告書　おもろい大学の歩み』二〇二一年、三四頁。

（9）註（8）に同じ、三五頁。

（10）「イノベーションの観点からの大学改革の基本的な考え方」（https://www.kantei.go.jp/jp/singi/keizaisaisei/wg/pdf/innovationkangaekata.pdf、二〇二二年五月一五日閲覧）。

（11）「「特定研究大学（仮称）制度検討のための有識者会議」の審議のまとめの公表について」（https://www.mext.go.jp/b_menu/shingi/chousa/koutou/070/gaiyou/1365935.htm、二〇二二年五月一五日閲覧）。

（12）「第三期中期目標期間における指定国立大学法人の公募について（通知）」（https://www.mext.go.jp/a_menu/koutou/houjin/1380303.htm、二〇二二年五月一五日閲覧）。

（13）「第三期中期目標期間における指定国立大学法人の指定について」（https://warp.ndl.go.jp/info:ndljp/pid/11373293/www.mext.go.jp/b_menu/houdou/29/06/1387558.htm、二〇二二年五月一五日閲覧）。

（14）「指定国立大学法人に指定されました（二〇一七年六月三〇日）」（京都大学ホームページ、https://www.kyoto-u.ac.jp/ja/news/2017-06-30、二〇二二年五月一五日閲覧）。

（15）京都大学国際高等教育院編『大いに学んで世界に羽ばたけ　―新しくなった教養・共通教育―』二〇一六年。

（16）「世界トップレベル研究拠点プログラム　ＷＰＩアカデミー」（https://www.jsps.go.jp/j-toplevel/18_academy.html、二〇二二年五月一八日閲覧）。

（17）「世界トップレベル研究拠点プログラム　採択拠点」（https://www.jsps.go.jp/j-toplevel/04_saitaku.html、二〇二二年五月一八日閲覧）。

（18）「On-site Laboratory」（京都大学ホームページ、https://www.kyoto-u.ac.jp/ja/about/operation/designation/onsitelab、二〇二二年五月一八日閲覧）。「On-site Laboratory を新たに六件認定しました。（二〇一九年七月二三日）」（京都大学ホームページ、https://www.kyoto-u.ac.jp/ja/news/2019-07-23-1、二〇二二年五月一八日閲覧）。

（19）「組織改革の取組について」（『京大広報』号外、二〇一四年五月）。

（20）「プロボストの指名について（二〇一七年一〇月一日）」（京都大学ホームページ、https://www.kyoto-u.ac.jp/ja/news/2017-10-01、二〇二二年五月二〇日閲覧）。

（21）「京大オリジナル株式会社を設立しました（二〇一八年六月一日）」（京都大学ホームページ、https://www.kyoto-u.ac.jp/ja/news/2018-06-08-0、二〇二二年五月二〇日閲覧）。

(22) 「新型肺炎（コロナウイルス）に対する本学の方針について（第一版）」（京都大学ホームページ、https://www.kyoto-u.ac.jp/ja/news/2020-01-31、二〇二一年五月二三日閲覧）。

(23) 「【開催中止】京都大学令和元年度大学院学位授与式・卒業式および令和二年度入学式について」（京都大学ホームページ、https://www.kyoto-u.ac.jp/ja/news/2020-03-10-0、二〇二一年五月二三日閲覧）。

(24) 「令和二年度授業実施の変更について（二〇二〇年四月一日）」（京都大学ホームページ、https://www.kyoto-u.ac.jp/ja/news/2020-04-01、二〇二一年五月二三日閲覧）。

(25) 「専門科目における対面授業の一部再開等について」（京都大学ホームページ、https://www.kyoto-u.ac.jp/ja/news/2020-06-19、二〇二一年五月二三日閲覧）。

(26) 「第二七代京都大学総長選考結果」（京都大学ホームページ、https://www.kyoto-u.ac.jp/sites/default/files/embed/jaaboutoperationsenkoudocuments27senkoukekka.pdf、二〇二一年五月二四日閲覧）。

(27) 「任期中の基本方針　―世界に輝く研究大学を目指して―」（京都大学ホームページ、https://www.kyoto-u.ac.jp/ja/about/president/kihon-houshin、二〇二一年五月二四日閲覧）。

(28) 『部局長会議　研究科長部会　平成28年度②』（京都大学所蔵、00326481）。

(29) 「創立一二五周年について」（京都大学創立一二五周年記念事業特設サイト、https://125th.kyoto-u.ac.jp/statement/、二〇二一年五月二四日閲覧）。

(30) 「一二五周年記念事業に向けたご支援のお願い」（京都大学基金ホームページ、https://www.kikin.kyoto-u.ac.jp/about/、二〇二一年五月二四日閲覧）。

(31) 「創立一二五周年記念行事」（京都大学創立一二五周年記念事業特設サイト、https://125th.kyoto-u.ac.jp/ceremony/、二〇二一年五月二四日閲覧）。

編集後記

京都大学が二〇二二（令和四）年に創立百二十五周年を迎えるにあたり、その記念事業計画案が承認されたのは二〇一六年九月一三日の創立百二十五周年記念事業委員会においてであった。承認された記念事業計画案の「記念行事」の第四項目に「記念誌」の作成が挙げられており、これに基づいて『京都大学百二十五年史』の編纂が行われることになった。

続いて二〇一六年一二月一三日の創立百二十五周年記念事業委員会において、「京都大学百二十五年史編集委員会要項」が決定された。これによると、百二十五年史編集委員会（以下、「編集委員会」と表記）は、京都大学百二十五年史の構成および内容に関する基本的計画の立案その他編集の総括を行うため、創立百二十五周年記念事業委員会の下に置かれるもので、総務担当理事が務める委員長および若干名の委員で組織されることになった。編集委員会には、京都大学百二十五年史の構成および内容に関する基本的計画の素案の作成その他編集に関する業務を行う京都大学百二十五年史編集室（以下、「編集室」と表記）が置かれた。また、編集委員会の事務は、大学文書館事務室の協力を得て、総務部総務課において処理することも定められた。

編集委員会は、二〇一七年四月一日に発足した。発足時の編集委員は次のとおりである。

理事	（総務担当）		森田正信
文学系	（文学研究科）	准教授	谷川　穣
教育学系	（教育学研究科）	准教授	田中智子
法学系	（法学研究科）	教授	奈良岡聰智

生命科学系　（生命科学研究科）　教授　永尾雅哉
基礎・社会医学系（医学研究科）　教授　小泉昭夫
統合化学系　（化学研究所）　教授　辻井敬亘
全学教員部　（大学文書館）　教授　西山　伸
　　　　　　大学文書館　特定助教　久保田裕次

委員長には森田が、副委員長および編集室長には西山が就任した。なお編集委員はその後、二〇一八年三月三一日に小泉昭夫が停年退職し、その代わりとして人間健康科学系（医学研究科）教授の足立壯一が翌二〇一九年一月一日に就任、二〇一九年四月一日に久保田裕次に代わり大学文書館特定助教の川口朋子が就任、二〇一九年一一月一日には森田正信委員長に代わり理事の平井明成が委員長に就任、二〇二二年四月一日には平井明成に代わり理事の稲垣恭子が委員長に就任した。また編集室には特定助教が配置され、二〇一七年四月一日に久保田裕次が就任し、二〇一九年四月一日には久保田の後任として川口朋子が就任した。

第一回編集委員会は二〇一七年七月一〇日に開催され、『京都大学百二十五年史』編集方針（案）が審議の結果承認された。編集の基本方針は次のとおりである。

一　『京都大学百二十五年史』として、京都大学創立以来の歴史を叙述した通史編を作成する。また、昨今のいわゆる大学改革開始以後の京都大学に関する資料を系統的に収集・整理した資料編も作成する。
二　通史編は、『京都大学百年史』刊行後における資料の収集・整理状況も踏まえ、学術的実証性を保ちつつ、読みやすい文体で叙述する。
三　事務本部・各部局所蔵の法人文書、大学文書館所蔵の特定歴史公文書等の網羅的な調査を行い、基本的な資料を収集・整理し、資料編に収録する。

四　学生数、教職員数、経費、主要人事等の基本的データを整理し、資料編に収録する。
五　いわゆる大学改革開始以後の京都大学に関する詳細な年表を作成し、資料編に収録する。
六　京都大学の歴史に重要な役割を果たしたキーパーソンに聞き取り調査を行う。
七　学外の諸機関からも可能なかぎり関係資料を収集する。

また、通史編については京大創立から二〇二一年三月までを対象年代とし、A５判三〇〇から四〇〇頁、紙媒体で刊行すること、資料編については一九九一年四月から二〇二一年三月までを対象年代として、電子媒体による刊行の可能性を検討することも合わせて決定された。

二〇一九年一月一三日開催の第二回編集委員会では、通史編および資料編の目次案が審議され承認された。その結果、通史編は「第一編　京都帝国大学」「第二編　京都大学」「第三編　国立大学法人京都大学」の三編一〇章、資料編は「第一編　法令・規則」「第二編　目標・計画・評価等」「第三編　総長式辞」「第四編　一覧・統計」「第五編　年表」の五編で構成されることになった。また、通史編各章の節まで定め、頁数を四四〇とした細目次案は二〇二〇年三月二日の第三回編集委員会において承認された。

この間編集室では学内外の各種資料の収集・整理を行うとともに、最近沿革史を刊行した、あるいは現在沿革史を準備中である他大学の編集担当組織を訪問し、編集の経緯などについて直接話を伺う機会を得た。訪問した他大学の編集担当組織は次のとおりである。

立命館史資料センター、九州大学大学文書館、広島大学75年史編集室、北海道大学大学文書館、熊本大学文書館、東海大学学園史資料センター、拓殖大学創立百年史編纂室、大東文化歴史資料館

通史編の執筆は、すべて編集室長の西山が行い、その原稿を編集委員が査読し承認する形をとった。二〇二一年一月二八日の第四回以降の編集委員会では、原稿はその完成に従って順次承認された。一方資料編の編集

は、編集室の久保田・川口両特定助教を中心として、大学発行の刊行物や事務本部の各部署から提供された資料・情報などをもとに行われた。両特定助教以外に事務補佐員あるいはオフィス・アシスタントとして編集作業を行ったスタッフは次のとおりである。

奥田夕子、藤井崇史、星野香織、劉迎春、下坂碧、川高純貴、包福昇、朱穎嬌、竹中勇貴、西川雄也、鷲澤遼祐

刊行形態については、通史編を紙媒体とすることはすでに決まっていたが、その部数を三〇〇〇部とすることが第四回編集委員会で決定された。印刷・出版については京都大学学術出版会と契約を行った。また資料編は電子媒体で、京都大学学術情報リポジトリＫＵＲＥＮＡＩに公開することになった。

『京都大学百二十五年史　通史編』の執筆・編集にあたっては、言うまでもないことであるが京都大学の歴史に係る各種の資料が不可欠であった。その一つは、学内の各部署・部局から京都大学大学文書館（二〇〇〇年設置）に移管された公文書類であり、もう一つは、二五年前の『京都大学百年史』（全七巻、一九九七～二〇〇一年刊行）編集時に百年史編集史料室に、あるいはその後大学文書館に、卒業生・元教員をはじめ京都大学に関わる人々から寄贈された資料である。貴重な資料をご寄贈くださった皆様に、この場を借りて改めて厚くお礼を申し上げる。また、『京都大学百二十五年史　資料編』の編集にあたっては、前述のように事務本部の各部署から資料・情報の提供を受けた。個々の部署名は挙げないが、積極的なご協力に深く感謝する。

編集委員会の運営や印刷・出版の契約をはじめとした事務一切については、総務部総務課の尽力があった。さらに『京都大学百二十五年史　通史編』の刊行にあたっては、京都大学学術出版会の大橋裕和氏にお世話になった。記してお礼申し上げる。

編集後記

二〇二二年六月一八日

京都大学百二十五年史編集委員会副委員長・百二十五年史編集室長

西山　伸

参考文献一覧（編著者の五十音順）

複数の章に関するもの

・天野郁夫『大学の誕生』（全二巻）中央公論新社、二〇〇九年
・天野郁夫『高等教育の時代』（全二巻）中央公論新社、二〇一三年
・天野郁夫『新制大学の誕生　大衆高等教育への道』（全二巻）名古屋大学出版会、二〇一六年
・天野郁夫『帝国大学　―近代日本のエリート育成装置』中央公論新社、二〇一七年
・天野郁夫『新制大学の時代　日本的高等教育像の模索』名古屋大学出版会、二〇一九年
・伊藤孝夫『瀧川幸辰　汝の道を歩め』ミネルヴァ書房、二〇〇三年
・伊藤隆監修・百瀬孝著『事典　昭和戦前期の日本　制度と実態』吉川弘文館、一九九〇年
・遠藤芳信『近代日本軍隊教育史研究』青木書店、一九九四年
・大﨑仁『大学改革　１９４５〜１９９９』有斐閣、一九九九年
・大﨑仁『国立大学法人の形成』東信堂、二〇一一年
・海後宗臣編『臨時教育会議の研究』東京大学出版会、一九六〇年
・九州大学百年史編集委員会編『九州大学百年史』（全一一巻）二〇一四〜二〇一七年
・教育史編纂会編『明治以降教育制度発達史』（全一四巻）芳文閣、一九九〇年
・京都大学学生部『京都大学学寮の現状と問題』一九八一年
・京都大学寄宿舎史編纂委員会編『京都帝国大学寄宿舎誌』一九八六年
・京都大学胸部疾患研究所創立五十周年記念編集委員会編『五十年の歩み』一九九一年
・京都大学教養部『教養部特別委員会報告書　京大広報第九一号別刷』一九七三年
・京都大学経済学研究科・経済学部、経済学部百年史編纂委員会編『京都大学経済学部百年史』二〇一九年

・京都大学広報委員会『京大広報』第一号～、一九六九年五月二〇日～
・京都大学人文科学研究所『人文科学研究所50年』一九七九年
・京都大学創立九十周年記念協力出版委員会編『京都大学創立九十周年記念協力出版　京大史記』一九八八年
・京都大学七十年史編集委員会編『京都大学七十年史』一九六七年
・京都大学農学部創立四十周年記念事業会編『京都大学農学部創立四十周年記念　歴史を語る』一九六四年
・京都大学百年史編集委員会編『京都大学百年史』（全七巻）一九九七～二〇〇一年
・京都大学附属図書館編『京都大学附属図書館六十年史』一九六一年
・京都大学文学部『京都大学文学部五十年史』一九五六年
・京都大学文学部編『以文会友　京都大学文学部今昔』京都大学学術出版会、二〇〇五年
・京都大学法学部創立百周年記念事業委員会・記念冊子小委員会編『京大法学部一〇〇年のあゆみ』一九九九年
・京都大学歴史的建築物保存調査専門委員会『京都大学建築八十年のあゆみ　京都大学歴史的建造物調査報告　京大広報別冊』一九七七年
・京都帝国大学『京都帝国大学史』一九四三年
・草原克豪『日本の大学制度　―歴史と展望―』弘文堂、二〇〇八年
・黒羽亮一『新版　戦後大学政策の展開』二〇〇一年、玉川大学出版部
・黒羽亮一『大学政策　改革への軌跡』二〇〇二年、玉川大学出版部
・国立教育研究所編『日本近代教育百年史』（全一〇巻）教育研究振興会、一九七四年
・国立大学協会50周年記念行事準備委員会編『国立大学協会五十年史』二〇〇〇年
・国立大学法人法制研究会編著『国立大学法人法コンメンタール　改訂版』ジアース教育新社、二〇一七年
・神陵史編集委員会編『神陵史　第三高等学校八十年史』三高同窓会、一九八〇年
・戦前期官僚制研究会編・秦郁彦著『戦前期日本官僚制の制度・組織・人事』東京大学出版会、一九八一年
・橘木俊詔『京都三大学　京大・同志社・立命館　東大・早慶への対抗』岩波書店、二〇一一年

- 橘木俊詔『東大vs京大　―その〝実力〟を比較する』祥伝社、二〇一六年
- 寺﨑昌男『東京大学の歴史　大学制度の先駆け』講談社、二〇〇七年
- 寺﨑昌男『日本近代大学史』東京大学出版会、二〇二〇年
- 東京大学百年史編集委員会編『東京大学百年史』（全一〇巻）一九八四～一九八七年
- 東北大学百年史編集委員会編『東北大学百年史』（全一一巻）二〇〇三～二〇一〇年
- 鳥養利三郎『敗戦の痕』一九六八年
- 名古屋大学史編集委員会編『名古屋大学五十年史』（全四巻）一九八九～一九九五年
- 西山伸「学友会の歴史　―前身から敗戦直後の改編まで」（京都大学大学文書館編『『学友会関係資料』解説・目録』二〇〇七年）
- 日本学術会議編『日本学術会議二十五年史』一九七四年
- 日本学術会議編『日本学術会議五十年史』一九九九年
- 秦郁彦『旧日本陸海軍の生態学　組織・戦闘・事件』中央公論新社、二〇一四年
- 北海道大学編『北大百年史　通説』ぎょうせい、一九八二年
- 松尾尊兊『滝川事件』岩波書店、二〇〇五年
- 松田文彦・今西純一・中嶋節子・奈良岡聰智編著『清風荘と近代の学知』京都大学学術出版会、二〇二一年
- 文部省編『学制百年史』（全二巻）株式会社帝国地方行政学会、一九七二年
- 文部省『学制百二十年史』ぎょうせい、一九九二年
- 安原義仁・大塚豊・羽田貴史編著『大学と社会』放送大学教育振興会、二〇〇八年
- 吉田文『大学と教養教育　戦後日本における模索』岩波書店、二〇一三年
- 立命館百年史編纂委員会編『立命館百年史』（全六巻）一九九九～二〇一四年

第一編第一章

・潮木守一『京都帝国大学の挑戦』講談社、一九九七年
・海後宗臣編『井上毅の教育政策』東京大学出版会、一九六八年
・京都大学事務局『京都大学概覧　昭和廿二年』一九四七年
・京都帝国大学文学部『京都帝国大学文学部三十周年史』一九三五年
・京都府立医科大学百年史編集委員会編『京都府立医科大学百年史』一九七四年
・佐藤憲三『国立大学財政制度史考』第一法規出版、一九六四年
・斬馬剣禅『東西両京の大学』講談社、一九八八年
・週刊朝日編『値段史年表　明治・大正・昭和』朝日新聞社、一九八八年
・第一高等学校『第一高等学校六十年史』一九三九年
・高木英明「京都帝国大学（法科大学）の創設期における教育方法の制度化　―日本の帝国大学における社会科学の制度化の一断面―」（『教育行財政論叢』第二号、一九九一年）
・高根義人「大学ノ目的」（『法律学経済学内外論叢』第一巻第二号、一九〇二年）
・高根義人「大学制度管見」（『法律学経済学内外論叢』第一巻第五号、一九〇二年）
・田中智子『近代日本高等教育体制の黎明　―交錯する地域と国とキリスト教界』思文閣出版、二〇一二年
・千葉豊「第三高等中学校移転時に作成された測量図と派生する諸問題　―京都大学吉田キャンパスにおける土地利用の一齣―」（『京都大学構内遺跡調査研究年報　二〇一九年度』二〇二一年）
・寺﨑昌男「「講座制」の歴史的研究序説　―日本の場合（1）（2）―」（『大学論集』第一集・第二集、一九七三・一九七四年）
・寺﨑昌男「自治寮制度成立史論　―とくに木下広次とその二演説をめぐって―」（『旧制高等学校史研究』第一五号、一九七八年）
・寺﨑昌男『増補版　日本における大学自治制度の成立』評論社、二〇〇〇年

・冨岡勝「京都帝国大学における寄宿舎「自治」の成立とその変化」(『日本の教育史学』第三八集、一九九五年)
・西山伸「47人か53人か54人か　—京大第一期生の数」(『京都大学大学文書館だより』第一五号、二〇〇八年)
・西山伸「京都帝国大学の創立をめぐって　—井上構想の放棄と関連して—」(『京都大学大学文書館研究紀要』第一七号、二〇一九年)
・羽田貴史「帝国大学財政制度の理念と構造」(『北海道大学教育学部紀要』第三二号、一九七八年)
・宮武実知子「「帝大七博士事件」をめぐる輿論と世論　—メディアと学者の相利共生の事例として」(『マス・コミュニケーション研究』第七〇号、二〇〇七年)
・宮本雅明『日本の大学キャンパス成立史』九州大学出版会、一九八九年
・立命館大学西園寺公望伝編纂委員会編『西園寺公望伝　第二巻』岩波書店、一九九一年

第一編第二章

・稲葉宏雄『近代日本の教育学　—谷本富と小西重直の教育思想—』世界思想社、二〇〇四年
・上田久『山本良吉先生伝』南窓社、一九九三年
・澤柳政太郎著、成城学園澤柳政太郎全集刊行会編『澤柳政太郎全集　別巻』国土社、一九七九年
・沢柳礼次郎『吾父　沢柳政太郎』大空社、一九八七年
・鈴木良「史料紹介　岡村司譴責事件に関わる資料について」(『立命館百年史紀要』第三号、一九九五年)
・高山義三『わが八十年の回顧』若人の勇気をたたえる会、一九七一年
・中野実「水野直教育関係文書　教育調査会関係史料(一)」(『東京大学史紀要』第三号、一九八〇年)
・中野実『近代日本大学制度の成立』吉川弘文館、二〇〇三年
・並松信久『報徳思想と近代京都』昭和堂、二〇一〇年
・西川正治郎『田辺朔郎博士六十年史』一九二四年
・西山伸「一九〇八年京大岡田総長退職事件」(朝尾直弘教授退官記念会編『日本社会の史的構造　近世・近代』思文

閣出版、一九九五年)
・新田義之『澤柳政太郎　随時随所楽シマザルナシ』ミネルヴァ書房、二〇〇六年
・花見朔巳編『男爵山川先生伝』故男爵山川先生記念会、一九三九年
・福西信幸「沢柳事件と大学自治」(「講座日本教育史」編集委員会編『講座日本教育史　第三巻　近代Ⅱ／近代Ⅲ』第一法規、一九八四年)
・渡部宗助「京大「沢柳事件」再考　(上)」(『大学論集』第八集、一九八〇年)

第一編第三章

・伊藤彰浩『戦間期日本の高等教育』玉川大学出版部、一九九九年
・伊藤孝夫『大正デモクラシー期の法と社会』京都大学学術出版会、二〇〇〇年
・大内兵衛・大島清編『河上肇より櫛田民蔵への手紙』法政大学出版局、一九七四年
・奥平康弘『治安維持法小史』岩波書店、二〇〇六年
・鎌谷親善「京都帝国大学附置化学研究所　―創立期―」(『化学史研究』第二一巻第一号、一九九四年)
・川口朋子「京大農学部の設置とその準備に関する考察」(『京都大学大学文書館研究紀要』第一九号、二〇二一年)
・菊川忠雄『学生社会運動史』中央公論社、一九三一年
・京大新聞史編集委員会編『権力にアカンベエ！　京都大学新聞の六五年』草思社、一九九〇年
・京都市編『京都の歴史　第八巻　古都の近代』京都市史編さん所、一九七五年
・京都大学大学院理学研究科附属天文台『花山天文台七〇年のあゆみ』一九九九年
・京都大学農学部附属農場編『農場五十年のあゆみ』一九七八年
・京都大学理学部附属大津臨湖実験所編『大津臨湖実験所五十年その歴史と現状』一九六四年
・京都大学理学部附属瀬戸臨海実験所創立五十周年記念事業実行委員会編『瀬戸臨海実験所五十年史　一九二二―一九七二』一九七二年

・京都帝国大学学生運動史刊行会編『京都帝国大学学生運動史』昭和堂、一九八四年
・京都帝国大学農学部附属演習林『京都帝国大学農学部附属演習林概要　昭和三年十月』一九二八年
・古武弥四郎『荒木寅三郎』伝記刊行鳳会、一九五七年
・小林輝次・堀江巳一・松方三郎・宮川實編『回想の河上肇』世界評論社、一九四八年
・佐々木惣一『道草記』甲鳥書林新社、一九五七年
・志田順「別府地球物理研究所開所式に於ける謝辞（深発地震存在の提唱）」（『地球物理』第一巻第一号、一九三七年二月）
・杉原四郎・一海知義編『河上肇　自叙伝』（全五巻）岩波書店、一九九六〜一九九七年
・住谷悦治『河上肇』吉川弘文館、一九六二年
・平原春好『野間教育研究所紀要第三六集　配属将校制度成立史の研究』野間教育研究所、一九九三年
・福家崇洋「一九二〇年代前期における学生運動の諸相　―京都帝国大学社会科学研究会を中心に―　（上）（下）」（『京都大学大学文書館研究紀要』第九号・第一〇号、二〇一一年・二〇一二年）
・福家崇洋「一九三〇年前後における京大学生運動」（『京都大学大学文書館研究紀要』第一一号、二〇一三年）
・湯川次義『近代日本の女性と大学教育　教育機会開放をめぐる歴史』不二出版、二〇〇三年

第一編第四章

・大隅健一郎『商事法六十年』商事法務研究会、一九八八年
・核戦争防止・核兵器廃絶を訴える京都医師の会編『医師たちのヒロシマ　復刻増補　原爆災害調査の記録そして今』つむぎ出版、二〇一四年
・加藤仁平『小西重直の生涯と思想』黎明書房、一九六七年
・川口朋子「京都帝国大学における図書疎開　―附属図書館所蔵貴重和漢書の事例を中心に―」（『京都大学大学文書館研究紀要』第一八号、二〇二〇年）

・姜徳相『朝鮮人学徒出陣　もう一つのわだつみのこえ』岩波書店、一九九七年
・京都工芸繊維大学開学一〇〇周年・大学創立五〇周年事業マスタープラン委員会記念誌刊行専門部会編『京都工芸繊維大学百年史』二〇〇一年
・京都大学経済学部『思いで草』一九六九年
・京都大学新聞社編『天皇制論叢2　口笛と軍靴　天皇制ファシズムの相貌』社会評論社、一九八五年
・京都大学大学文書館編『京都大学における「学徒出陣」調査研究報告書』（全二巻）二〇〇六年
・京都大学文学部考古学研究室編『濱田先生追悼録』一九三九年
・駒込武・川村肇・奈須恵子編『戦時下学問の統制と動員　日本諸学振興委員会の研究』東京大学出版会、二〇一一年
・七人共編『京大事件』岩波書店、一九三三年
・世界思想社編集部編『瀧川事件　記録と資料』世界思想社、二〇〇一年
・高橋佐門『旧制高等学校全史』時潮社、一九八六年
・瀧川事件・東大編集委員会編『私たちの瀧川事件』新潮社、一九八五年
・瀧川幸辰『激流　昭和レジスタンスの断面』河出書房新社、一九六三年
・田中耕太郎・末川博・我妻栄・大内兵衛・宮沢俊義『大学の自治』朝日新聞社、一九六三年
・田中剛「日本敗戦前後の中国人留日学生政策　―汪精衛政権・「満洲国」・「蒙疆政権」―」（森時彦編『長江流域社会の歴史景観　京都大学人文科学研究所附属現代中国研究センター研究報告』二〇一三年）
・東京大学史史料室編『東京大学の学徒動員・学徒出陣』東京大学出版会、一九九八年
・冨永望「京大と満洲国　―満蒙研究会・満蒙調査会の活動を中心に―」（『京都大学大学文書館研究紀要』第一五号、二〇一七年）
・冨永望「占領期における京大の自然科学研究　―緊急科学研究体制から綜合研究体制へ―」（『京都大学大学文書館研究紀要』第一七号、二〇一九年）
・西山伸「徴集猶予停止に関するいくつかの問題について」（『京都大学大学文書館研究紀要』第一四号、二〇一六年）

・西山伸「「教育熱心」だった京大　―戦時下の一コマ―」（『京都大学大学文書館だより』第三〇号、二〇一六年）
・西山伸「滝川事件とは何だったのか」（『大阪市立大学史紀要』第九号、二〇一六年）
・西山伸「戦時期における高等教育機関の在学・修業年限短縮について」（『京都大学大学文書館研究紀要』第一五号、二〇一七年）
・西山伸「一九四三年夏の大動員　―「学徒出陣」の先駆として―」（『京都大学大学文書館研究紀要』第一六号、二〇一八年）
・橋本鉱市「軍医増産の教育社会史　臨時附属医学専門部をめぐって」（青木保・川本三郎・筒井清忠・御厨貴・山折哲雄編『戦争と軍隊　近代日本文化論10』岩波書店、一九九九年）
・広川禎秀『恒藤恭の思想史的研究　戦後民主主義・平和主義を準備した思想』大月書店、二〇〇四年
・廣重徹『科学の社会史』（全二巻）岩波書店、二〇〇二〜二〇〇三年
・福間敏矩『学徒動員・学徒出陣　―制度と背景』第一法規出版、一九八〇年
・福間敏矩『集成　学徒勤労動員』ジャパン総研、二〇〇二年
・藤森耕介『ある学徒出陣の記録　海軍兵科予備学生』日経事業出版社、一九八九年
・牧健二「滝川事件における法学部存続当時の追想」（『有信会誌』第一三号、一九六六年）
・明治大学百年史編纂委員会編『明治大学百年史　第二巻史料編Ⅱ』一九八八年
・森嶋通夫『智にはたらけば角が立つ　ある人生の記録』朝日新聞社、一九九九年
・山本礼子『占領下における教職追放　―GHQ・SCAP文書による研究』明星大学出版部、一九九四年
・吉葉恭行『戦時下の帝国大学における研究体制の形成過程　―科学技術動員と大学院特別研究生制度　東北帝国大学を事例として―』東北大学出版会、二〇一五年
・「座談会　佐伯千仭先生に「京大事件」を聞く」（『立命館百年史紀要』第五号、一九九七年）

第二編第一章
・伊ヶ崎暁生・吉原公一郎編著『戦後教育の原典2　米国教育使節団報告書他』現代史出版会、一九七五年
・大藤修『検証イールズ事件　占領下の学問の自由と大学自治』清文堂、二〇一〇年
・小野信爾著、宇野田尚哉・西川祐子・西山伸・小野和子・小野潤子編『京大生小野君の占領期獄中日記』京都大学学術出版会、二〇一八年
・小畑哲雄『占領下の「原爆展」　平和を追い求めた青春』かもがわ出版、一九九五年
・海後宗臣・寺﨑昌男『大学教育　戦後日本の教育改革　第九巻』東京大学出版会、一九六九年
・河西秀哉「敗戦後における学生運動と京大天皇事件　―「自治」と「理性」というキーワードから―」(『京都大学大学文書館研究紀要』第五号、二〇〇七年)
・河西秀哉『「象徴天皇」の戦後史』講談社、二〇一〇年
・木田宏監修『証言　戦後の文教政策』第一法規出版、一九八七年
・木村作治郎「京大生協の誕生と初期の歩み」(『協同』第八巻第七号、一九六四年一一月六日)
・京都大学教育学部四十年記念誌編集委員会編『京都大学教育学部四十年記念誌』一九八九年
・京都大学職員組合編『京都大学職員組合結成50周年記念誌』一九九八年
・京都大学食糧科学研究所『京都大学食糧科学研究所五十年史』一九九六年
・京都大学防災研究所編『京都大学防災研究所十年史』一九六一年
・小林稔・湯川秀樹・長谷川万吉・武谷三男・中村誠太郎・高木修二・吉田思郎「座談会　基礎物理学研究所をめぐってⅠ建設時代(湯川記念館として)」(『自然』第一三巻第一号、一九五八年一月)
・戦後大学史研究会『戦後大学史　―戦後の改革と新制大学の成立―』第一法規出版、一九八八年
・大学基準協会十年史編纂委員会編『大学基準協会十年史』一九五七年
・田中智子「京都(帝国)大学同学会と戦後の学生運動　―一九四五‐四九年の再編過程を追って―」(『日本の教育史学』第四九集、二〇〇六年)

・田中征男『ＪＵＡＡ選書第二巻　戦後改革と大学基準協会の形成』エイデル研究所、一九九五年
・土持ゲーリー法一『米国教育使節団の研究』玉川大学出版部、一九九一年
・鳥養利三郎『鳥養利三郎随筆集』一九七四年
・西山伸「「分校」とは何だったのか」（『京都大学大学文書館だより』第三五号、二〇一八年一〇月）
・西山伸「「国立大学管理法案」の起草経緯（上）―「大学管理法要綱試案」の作成まで―」（『京都大学大学文書館研究紀要』第一九号、二〇二一年）
・羽田貴史『戦後大学改革』玉川大学出版部、一九九九年
・林屋辰三郎・藤岡謙二郎編『宇治市史　４　近代の歴史と景観』宇治市、一九七八年
・日高第四郎『教育改革への道』（『日本現代教育基本文献叢書　戦後教育改革構想　Ⅱ期16』日本図書センター、二〇〇一年）
・福家崇洋「一九五〇年前後における京大学生運動（上）（下）」（『京都大学大学文書館研究紀要』第一三号・第一四号、二〇一五年・二〇一六年）
・堀尾輝久・寺﨑昌男編『戦後大学改革を語る　一般教育を中心に』東京大学教養学部一般教育研究センター、一九七一年
・松田陽一『京都大学における「学生の祭」の歴史に関する調査報告書　～陸上運動大会・園遊会・文化祭・11月祭を中心にして（修正版）』二〇一六年
・百瀬孝『事典　昭和戦後期の日本　占領と改革』吉川弘文館、一九九五年
・安嶋彌『戦後教育立法覚書』第一法規出版、一九八六年

第二編第二章

・伊藤彰浩「高度成長期と技術者養成教育　―高等教育機関をめぐって」（『日本労働研究雑誌』第六三四号、二〇一三年五月）

・大﨑仁編『「大学紛争」を語る』有信堂高文社、一九九一年
・大嶽秀夫『新左翼の遺産　ニューレフトからポストモダンへ』東京大学出版会、二〇〇七年
・奥田東『おもいで』松香堂書店、一九九六年
・小熊英二『1968』（全二巻）新曜社、二〇〇九年
・木村毅一『アトムのひとりごと』木村毅一先生文集出版事業会、一九八二年
・京大新聞社編『京大闘争　京大神話の崩壊』三一書房、一九六九年
・京大闘争記録刊行会編『京大闘争の記録　スクラムの海から』一九六九年
・京大問題記録編纂会編『レポート　揺れる京大　―紛争の序章―』現代数学社、一九六九年
・京大薬学史記編集委員会編『京大薬学史記』一九八九年
・京都大学大型計算機センター『京都大学大型計算機センター十年史』一九八〇年
・京都大学学生部『学生生活実態調査報告　昭和三五年度』一九六一年
・京都大学熊野寮五十周年記念誌を発刊する会編『熊野寮五十周年記念誌』（全二巻）二〇一四年
・京都大学原子炉実験所『京都大学原子炉実験所四十年史』二〇〇三年
・京都大学吉田寮卒寮五十年記念誌編集委員会編『紫匂う　京都大学吉田寮卒寮五十年記念誌』二〇一六年
・「京都大学霊長類研究所五十年の歩み」編集担当鈴木樹里・髙井一恵・野田直美編『京都大学霊長類研究所五十年の歩み』二〇一七年
・〝この十年の歩み〟編集担当近藤四郎・室伏靖子・野上裕生編『この十年の歩み』京都大学霊長類研究所、一九七七年
・創設70周年記念誌編集委員会編『京都大学薬学部　創設70周年誌』二〇〇九年
・竹内洋『教養主義の没落　変わりゆくエリート学生文化』中央公論新社、二〇〇三年
・西山伸「京都大学における大学紛争」（『京都大学大学文書館研究紀要』第一〇号、二〇一二年）
・西山伸「全共闘運動・三島事件・連合赤軍事件」（筒井清忠編『昭和史講義【戦後編】（下）』筑摩書房、二〇二〇年）

・森毅『ボクの京大物語』福武書店、一九九二年
・文部省『わが国の高等教育　―戦後における高等教育の歩み―』一九六四年
・文部省大学学術局庶務課分室『大学紛争関係資料』一九七〇年
・山本義隆『私の１９６０年代』金曜日、二〇一五年

第二編第三章

・岡本道雄『大学の内と外　脳・科学技術・教育と人間』里文出版、一九八六年
・金子元久「受益者負担主義と「育英」主義　―国立大学授業料の思想史―」（『大学論集』第一七集、一九八七年）
・川上尚恵「戦後の日本国内の外国人留学生　一九五〇～六〇年代の「留学生教育問題」を中心として」（『神戸大学留学生センター紀要』第二二号、二〇一六年）
・京都大学医療技術短期大学部創立二十周年記念事業委員会『京都大学医療技術短期大学部創立二十周年記念誌』一九九六年
・「京都大学を紹介する冊子」編集委員会編『京都大学　―研究教育の現状と展望』一九八七年
・京都大学学生部委員会生活実態調査集大成編集委員会『京都大学学生生活実態調査集大成　―昭和28年度～平成7年度までの調査の分析・総括―』一九九八年
・京都大学国際交流委員会『京都大学における国際交流』一九八五年
・京都大学国際交流委員会『京都大学における国際交流（第二号）』一九九〇年
・京都大学文学部編『京都大学文学部博物館』一九八七年
・国立大学協会第六常置委員会『国立大学における定員削減の現状と問題点』一九七八年
・国立大学協会入試改善調査委員会『国立大学入試改善調査研究報告書』一九七七年
・重松恒信「共同利用開始にあたって」（『Ｒｉニュース』第三号、一九七四年）
・清水栄「御挨拶」（『Ｒｉニュース』第一号、一九七二年）

・大膳司「戦後日本における大学入試の変遷に関する研究（一）―臨時教育審議会（一九八四～一九八七年）以降を中心として―」（『大学論集』第三八集、二〇〇七年）
・長尾真「ＫＵＩＮＳ計画の概要と進捗状況」（『ＫＵＩＮＳニュース』第一号、一九八八年）
・日本教育学会入試制度研究委員会編『大学入試制度の教育学的研究』東京大学出版会、一九八三年
・林哲介『教養教育の思想性』ナカニシヤ出版、二〇一三年
・降旗武彦『大学生活ものがたり―京都大学での幾星霜―』現代図書、一九九八年
・山室隆夫「センター設置の経緯と基本理念」（『京都大学医用高分子研究センター年報』第一巻（一九八〇―一九八三）、一九八四年）
・吉田寮自治会文化部情報局編『吉田寮資料集　「在寮期限」の到来からその終結へ　一九八五―九〇』資料集を公刊する会、一九九四年

第二編第四章

・朝日新聞教育取材班『大学激動　転機の高等教育』朝日新聞社、二〇〇三年
・天野郁夫編『学長　大学改革への挑戦』玉川大学出版部、二〇〇〇年
・有馬朗人・太田時男・塩野谷祐一編『国立大学ルネサンス　生まれ変わる「知」の拠点　2』同文書院、一九九三年
・井村裕夫『時計台の朝　―大学の未来をみつめて』一九九八年
・井村裕夫『医の心　私の人生航路と果てしなき海図』京都通信社、二〇一八年
・京都大学学生懇話室『京都大学学生懇話室一覧』一九五八年
・京都大学教育学部六十年史編集委員会編『京都大学教育学部六十年史（一九八九～二〇〇九）』二〇〇九年
・京都大学高等教育研究開発推進機構全学共通教育システム委員会教養教育専門委員会少人数教育部会編『新入生向け少人数セミナー（ポケット・ゼミ）の現状と課題　―平成一五年度アンケート調査報告―』二〇〇四年
・京都大学国際交流委員会『京都大学における国際交流（第三号）』一九九五年

・京都大学国際交流委員会『京都大学における国際交流　第四号』二〇〇〇年
・京都大学自己点検・評価委員会編『京都大学自己点検・評価報告書　自由の学風を検証する』一九九四年
・京都大学自己点検・評価実行委員会編『京都大学自己点検・評価報告書Ⅱ』二〇〇一年
・京都大学自己点検・評価等専門委員会編『京都大学自己点検・評価報告書Ⅲ』二〇〇二年
・京都大学自己点検・評価等専門委員会編『京都大学自己点検・評価報告書Ⅳ　学生支援・学生サービス』二〇〇三年
・京都大学自己点検・評価等専門委員会編『京都大学自己点検・評価報告書Ⅴ　入学試験』二〇〇四年
・京都大学大学院・人間・環境学研究科設置準備室『京都大学大学院人間・環境学研究科』一九九一年
・京都大学大学文書館『京都大学大学文書館自己点検・評価報告書二〇一六―二〇一九』二〇二〇年
・熊本大学六十年史編纂委員会編『熊本大学六十年史　通史編』二〇一四年
・国立大学法人法制研究会「国立大学法人法コンメンタール（歴史編）」（全一〇六回）（『文部科学教育通信』第二六五号（二〇一一年四月一一日）～第三七〇号（二〇一五年八月二四日）
・財団法人京都大学後援会・京都大学創立百周年記念事業推進実行委員会『京都大学創立百周年記念事業募金報告書』一九九九年
・佐々木丞平「大学文書館の設置」（『京都大学大学文書館だより』第一号、二〇〇一年）
・佐滝剛弘『登録有形文化財　保存と活用からみえる新たな地域の姿』勁草書房、二〇一七年
・産経新聞社会部編『大学を問う　―荒廃する現場からの報告―』新潮社、一九九六年
・田中克「ニュースレターの発刊に当たって」（『FSERC News』第一号、二〇〇四年）
・東京大学編『東京大学　現状と課題1　1990―1991』東京大学出版会、一九九二年
・遠山敦子『こう変わる学校　こう変わる大学』講談社、二〇〇四年
・中井浩一『徹底検証　大学法人化』中央公論新社、二〇〇四年
・長尾真「法人化される国立大学の発展のために」（『ＩＤＥ　現代の高等教育』二〇〇三年八―九月号）
・長尾真『学術無窮　大学の変革期を過ごして』京都大学学術出版会、二〇〇四年

・長尾真『情報を読む力、学問する心』ミネルヴァ書房、二〇一〇年
・西山伸「大学文書館における展示活動　―常設展「京都大学の歴史」を中心に―」(『京都大学大学文書館研究紀要』第三号、二〇〇五年)
・水崎隆雄「巻頭言」(『京都大学低温物質科学研究センター誌』創刊号、二〇〇三年)

第三編第一章

・天野郁夫『国立大学・法人化の行方　自立と格差のはざまで』東信堂、二〇〇八年
・尾池和夫『京都大学総長メッセージ　二〇〇三～二〇〇八　変動帯の文化　国立大学法人化の前後に』京都大学学術出版会、二〇〇九年
・京都大学広報センター『京都大学のいま　年次活動報告書［二〇〇五・一〇～二〇〇七・三］』二〇〇七年
・京都大学産官学連携本部・京都大学産官学連携センター『文部科学省大学知的財産本部整備事業［平成一五～一九年度］京都大学報告書』二〇〇九年
・京都大学渉外部広報・社会連携推進室『松本紘第二十五代総長の挑戦　～魅力・活力・実力ある大学を目指して～』二〇一四年
・京都大学女性研究者支援センター編『京都大学　男女共同参画への挑戦』明石書店、二〇〇八年
・京都大学総務部広報課『法人化一年目の取り組み　平成一六年度年次活動報告書』二〇〇五年
・京都大学総務部広報課『京都大学のいま　年次活動報告書［二〇〇七・四～二〇〇八・九］』二〇〇八年
・京都大学総務部広報課『京都大学　法人化の前後　尾池和夫第二十四代京都大学総長アクションレポート』二〇〇八年
・京都大学総務部広報課『京都大学のいま　年次活動報告書［二〇〇八・一〇～二〇一〇・九］』二〇一〇年
・京都大学大学院総合生存学館『京都大学大学院総合生存学館年次報告書　総合生存学研究』第一号、二〇二一年
・京都大学男女共同参画推進本部『京都大学男女共同参画推進アクション・プラン実施報告書（平成二一年度～平成二

五年度）』二〇一四年
・京都大学野生動物研究センター『二〇〇八年度　京都大学野生動物研究センター年報』二〇〇九年
・松本紘『京都から大学を変える』祥伝社、二〇一四年
・松本紘『改革は実行　私の履歴書』日本経済新聞出版社、二〇一六年

第三編第二章

・京都大学国際高等教育院編『大いに学んで世界に羽ばたけ　―新しくなった教養・共通教育』二〇一六年
・京都大学総務部広報課『京都大学第26代総長山極壽一活動報告書　おもろい大学の歩み』二〇二一年
・山極寿一『京大というジャングルでゴリラ学者が考えたこと』朝日新聞出版、二〇二一年

人名索引

【や】

【ら】

【A–Z】

【な】

【た】

索　引

〈註〉
・本索引は、『京都大学百二十五年史　通史編』の本文を対象とした。
・見出し語のなかで、本文中の見出し（節、小見出し）となっているものについては、該当する頁をゴチックで表記した。
・学内の組織、規則については、原則として「京都帝国大学」「京都大学」「国立大学法人京都大学」を省略した。
・編者による註記は〔　〕で示した。

事項索引

※「資料編」については、京都大学学術情報リポジトリ KURENAI で公開されています。
https://repository.kulib.kyoto-u.ac.jp/dspace/handle/2433/274525

京都大学百二十五年史　通史編

2023 年 1 月 31 日　初版第一刷発行

編　者　京都大学百二十五年史編集委員会

発行人　足　立　芳　宏

京都大学学術出版会
京都市左京区吉田近衛町69番地
京都大学吉田南構内(〒606-8315)
電　話　(075)761-6182
FAX　(075)761-6190
Home page http://www.kyoto-up.or.jp
振　替　01000-8-64677

ISBN978-4-8140-0456-0
Printed in Japan

印刷・製本　亜細亜印刷株式会社
定価はカバーに表示してあります